W0025033

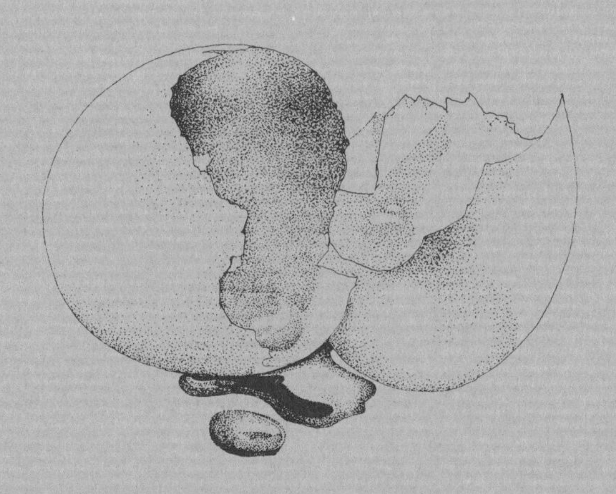

DAS GROSSE BUCH DER KUCHEN UND TORTEN

Teubn
Das gros
KUCHEN
Patisserie - vom Brioche
bis zur Festtagstorte

dition
E BUCH DER
D TORTEN
Christian Teubner · Jacques Charrette
Hannelore Blohm · Frank Wesel
Redaktion und Beiträge:
Brunhilde Thauer, Barbara Horle
Fotos: Christian Teubner
Gestaltung: Wolfgang Steger

INHALT

INHALT

EINLEITUNG

Mit dem großen Buch der »Kuchen und Torten« möchten wir allen Freunden der süßen Kunst des Backens ein Werk an die Hand geben, das jedem ein absolut zuverlässiger Helfer sein soll — unabhängig, ob er als Anfänger die Grundrezepte studiert oder er sich als erfahrener Profi vielleicht über ein Detail Klarheit verschaffen will. Das süße Backen, seit der Produktion des Zuckers zu einer eigenen Disziplin der Großen Kochkunst geworden, steht dem Koch ebenso nahe wie der Bäckerei — gleichgültig, ob man es Zuckerbäckerei oder Konditorei nennen mag. Aber anders als bei der Kochkunst, die dem geschmacklichen Empfinden absoluten Vorrang einräumt, ist beim süßen Gebäck ein Gleichklang zwischen »schmecken« und »schauen« festzustellen. Dieser hohe Stellenwert optischer Präsentation von Gebäck ist auch zu einem guten Teil auf das Material zurückzuführen, mit dem der Zuckerbäcker arbeitet und das sich zum gestalten geradezu anbietet. Man denke nur an Teige, die geformt und geflochten werden können, an das Marzipan als Modelliermasse oder an diverse Cremes zum Garnieren — alles Materialien, die, phantasievoll angewandt, dem Ausübenden fast keine Grenzen setzen. Dieser Umstand führt jedoch nicht immer zu geschmackvollen Kreationen und so sind Phantasie und Dekoration manchmal eine zwiespältige Sache. »Zuckerbäckerstil« ist nicht gerade Synonym für guten Geschmack, deshalb haben wir uns in diesem Buch so neutral wie möglich verhalten. Doch vor allem, weil wir den

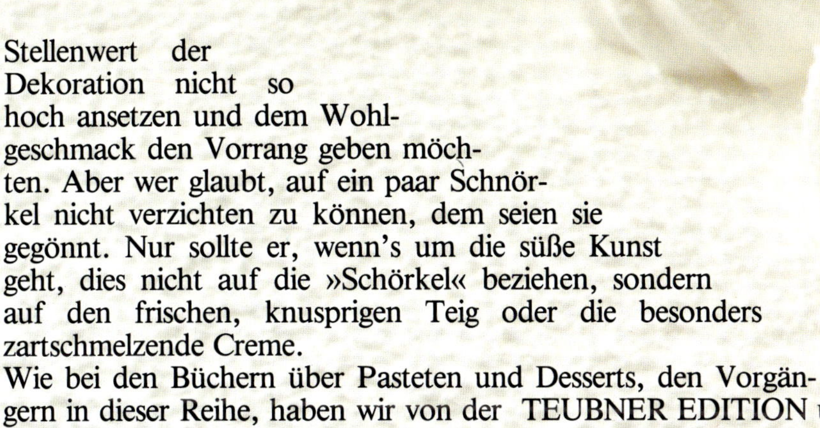

Stellenwert der Dekoration nicht so hoch ansetzen und dem Wohlgeschmack den Vorrang geben möchten. Aber wer glaubt, auf ein paar Schnörkel nicht verzichten zu können, dem seien sie gegönnt. Nur sollte er, wenn's um die süße Kunst geht, dies nicht auf die »Schörkel« beziehen, sondern auf den frischen, knusprigen Teig oder die besonders zartschmelzende Creme.

Wie bei den Büchern über Pasteten und Desserts, den Vorgängern in dieser Reihe, haben wir von der TEUBNER EDITION uns von dem Grundsatz leiten lassen, solides und themenbezogenes Fachwissen zu vermitteln. Darunter verstehen wir selbstverständlich auch eine internationale Beteiligung von Fachleuten ersten Ranges. — Auch bei diesem Buch sind wir von den wichtigsten Grundrezepten ausgegangen und haben diese in präzisen Bildfolgen erklärt. Aufbauend auf diese Basis ist dann das Nachvollziehen komplizierterer Rezepte oder das Schaffen eigener Kreationen problemlos.

Viel Erfolg wünschen Ihnen

Christian Teubner · Jacques Charrette

Christine Reuland, Füssen
Hannes Ehrenreiter, Vienna Inter-Continental
Maurice Stocker, Intercontinental Genève
Ernst Bachmann, Inter-Continental London
Susan Greenway, London

...in aller Absicht zu den Künsten...

Urbain Dubois, der große Pariser Küchenchef des 19. Jahrhunderts, nannte die Konditorei eine »Kunst voller Erinnerungen und Traditionen«. Das ist sie auch. Es gibt kaum ein Gebiet des profanen Daseins — und schon gar keines unter den Sparten der Kochkunst — welches mit seinen Wurzeln so tief hinabreicht in die Ursprünge menschlicher Kultur. Das Backwerk und seine Geschichte ist durchdrungen von Mythos, Zauberei, Spuk- und Geisterglauben. Die Wahl des Zeitpunkts, zu dem gebacken wird, die Zutaten, welche in die Teige und Massen eingehen, die Umstände ihrer Verarbeitung, die Gebilde, die man daraus formt — sei es von Hand oder Model, mit Backform oder Stempel — all die gekneteten, geflochtenen oder gemalten Verzierungen, das Ereignis der Gärung und endlich der Höhepunkt, das Backen selbst; die Rituale der Darbietung endlich, des Verzehrs, ja selbst der Umgang mit Übrigbleibseln, all das hat seinen Ursprung in der Frühgeschichte des Menschen.

In vielen Fällen wirken die Traditionen mythischer Glaubensvorstellungen, um die es sich handelt, ganz unverhohlen in unsere nur vordergründig so nüchternen Tage hinein.

Jedermann schätzt noch heute die uralten heidnischen Gebilde, all die Sterne und Monde und Brezeln, Hirsche und Hasen und alles mögliche Getier, welch magischer Mummenschanz schon bei den Gelagen der Urahnen seinen Platz hatte. Sicher, nur wenige kennen noch die ursprüngliche Bedeutung solcher Gebäcke und Formen. Um so erstaunlicher bleibt es, daß diese Versatzstücke längst untergegangener Religionen trotzdem fortleben. Die archaische Schönheit und die unbewußte Symbolkraft dieser Gebilde hat ungebrochen Macht über uns.

Noch immer diktieren die Gestirne, diktiert uralter Zauberglaube, vermischt mit Volksreligionen, was wann gebacken und verzehrt wird. Allerseelen, Allerheiligen, Advent, Weihnachten, Lichtmeß, Fastnacht, Ostern, Johannis: die alten Rauhnächte oder Weihe-Nächte des germanischen Götterglaubens lagen schon auf diesen Terminen. Die Sonnenwende, die kürzesten und die längsten Nächte, Tag- und Nachtgleiche, die Voll- und die Neumondnächte: nach solchen Ereignissen richten sich die Festzeiten unseres Kalenders noch heute und sind somit die Zeiten der Hochkonjunktur für die Konditoreien.

Vorräte für die dunkle Zeit

Der überwiegende Teil der Termine liegt heute wie damals im Winterhalbjahr. Das hat natürlich seine zweckgebundene Logik: Gebäcke sind Konserven! Mehl läßt sich lagern, Früchte lassen sich trocknen, Backen macht haltbar, Kandieren und Süßen konserviert. Alles Eigenschaften, die in Winterzeiten das Überleben sichern. In der dunklen Zeit des Winterhalbjahres ereigneten sich die Ungeheuerlichkeiten aus Sagen und Märchen; Hexen, Spuk-, Neck- und Poltergeister, weise Frauen und Gnome, das Volk der Zwerge wie das der Riesen trieben da ihr Unwesen.

Wenn in diesen finsteren Tagen gebacken wurde, so hat das nicht nur praktischen, sondern auch einen religiösen Sinn: die bösen und guten Geister zu beschwören, die gestorbenen Seelen zu besänftigen und die Gottheit günstig zu stimmen.

Schon die Zutaten, die für die große Weihe-Nachts-Bäckerei bereitgestellt wurden, waren diesem Sinn unterworfen. Das Mehl ist das purste Lebenselixier, gewonnen aus dem Getreide, welches die letzte Frucht des Jahres ist: nach alter Überzeugung enthielt es damit die gesamten Kräfte der Natur, konzentriert und gebündelt. Und das waren eben nicht nur diätetische, es waren geistige Kräfte. Sie machten stark gegen die Geister und verbündeten den, der sie aß, mit den Gewalten der Erde und des Himmels, die in ihnen versammelt waren. Die Kraft konnte aber noch gesteigert werden, wenn man den Teig um weitere, in ihrer Wirkung und Eigenschaft ähnliche Zutaten ergänzte. Die gedörrten Herbstfrüchte zum Beispiel, Nüsse und Pflaumen, Weinbeeren, Äpfel und Birnen enthalten ähnliche Kräfte wie das Mehl. Einen Teig mit diesen Früchten zu versetzen bedeutete Steigerung seines Zaubers. Auf diese Weise sind dann wohl die Kuchen entstanden, die bis heute als Hutzelbrot, Kletzenbrot oder auch Christstollen verbreitet sind.

Zucker war freilich unbekannt. Das wichtigste Mittel des Süßens war, neben dem Dörrobst, der Honig. Doch auch diese Viktualie war Göttertrank, Glücksbringer, Fruchtbarkeitsüberträger. Der Honig- oder Lebkuchen beweist in seiner Form noch heute, daß er eines der ältesten Gebäcke der Menschheitsgeschichte darstellt. Seine Form ist die des Fladens, die für den Lebkuchen geradezu buchstäblich ist: Die Silbe »Leb« leitet sich vom lateinischen »Libum« ab, was »Fladen«, »flacher Kuchen« bedeutet. Das erinnert an Tage, als Treibmittel für Teige noch weitgehend unbekannt waren, als Teige sich noch nicht vom Getreidebrei unterschieden, der im Ofen gehärtet wurde. Von den Abbildungen der Ägypter an ist diese Form des Fladens als Urform der Brote und Kuchen bekannt.

Zahlenmythos und Fruchtbarkeitsriten

Nach mythischer Überzeugung übertragen sich die Eigenschaften einer Speise auf den, der sie verzehrt. Wünschte man Potenz, so genügte es, die Hoden eines Stieres zu verzehren, dem das begehrte Vermögen zugeschrieben war. Den Kuchenteigen Samen zuzusetzen, verschaffte daher Fruchtbarkeit, auf die damals fast alles ankam. Anis-, Fenchel-, Koriandersamen, auch heute sind viele Kuchen mit ihnen versetzt, man denke an die Weihnachtsgebäcke.

Der Butter waren von Anfang an besonders starke magische Kräfte zu eigen. Mißlang ihre Herstellung, so war dies ein Vorzeichen unausbleiblichen Unglücks. Übermütiger Umgang mit ihr führt in zahlreichen Sagen (zum Beispiel aus Tirol) zu heimischen Katastrophen, zu Unwetter, Pest und siebenjährigem Mißwuchs.

Am besten war, man kombinierte alle »Elemente« des zauberkundigen Kücheneinmaleins. Mehl, Butter her, gedörrte Früchte hinein, Honig dazu, Mohn, eine Portion Branntwein kann nichts schaden, denn der war ebenfalls wundertätig. Das Resultat, welches in Tirol und anderen Alpengebieten noch als »Butterstrutzen« bekannt ist, ähnelt aber auch dem englischen Weihnachtskuchen, den keltischstämmigen Plumpuddings oder Mincepies.

Waren die sieben Sachen beisammen, die damals wie heute zum Kuchenbacken notwendig sind, so begann die Verarbeitung des Teiges. Auch hier blieb nichts dem Zufall überlassen. In England rührt beispielsweise die traditionsbewußte Familie heute noch den Teig für die Weihnachtsbäckerei von Hand. Sie tut dies im Uhrzeigersinn, als der Richtung, in welcher die Gestirne um die Erde kreisen. Diese Regel, die übrigens in modernsten Konditorei-Handbüchern wieder auftaucht, war ursprünglich mit abergläubischen Vorstellungen verknüpft.

Der Kuchen aber, der von so viel Zauberkraft durchdrungen war, war selbstredend Gegenstand der denkbarsten Ehrfurcht, ja Angst. Noch der Humanist Erasmus von Rotterdam schreibt vor, auf den Boden gefallenes Brot zu küssen. Eine wahrhafte Katastrophe war es, wenn einmal ein Teig nicht aufging: das bedeutete Unheil. Besonderes Augenmerk ist beim Kuchenverzehr genauem Zählen zuzumessen. Die Sieben und die Neun, diese Exponenten der alchimistischen Zahlenmystik, sind von ungeheurem Einfluß. »Wer will einen Kuchen backen, der muß haben sieben Sachen«. Neunerlei Krapfen soll man in Tirol zur Sonnwendfeier, neunerlei Kletzenbrot zu Weihnachten essen. Denn: »Wer neunerlei Kletzenbrot ißt, wird im nächsten Jahr heiraten«. Von ebendem »neunerlei Kletzenbrot« wird man im Ötschergebiet derart bärenstark, daß man neun (!) Fuder Heu bergauf rechen kann.

Das Anschneiden der Kuchen ist eine Zeremonie, deren Details minutiös geregelt sind. Selbst das Schärfen der Messer unterliegt einem exakt vorgeschriebenen Ritual. Andere Gebäcke, so der alpenländische »Osterfleck«, dürfen nur gebrochen werden, welches Privileg allein dem Familienoberhaupt zusteht.

Weit verbreitet ist in allen Zeiten und Regionen der Brauch, vom Gebackenen den armen Seelen abzutreten. Bis heute ist in den Alpenländern der Glaube verbreitet, daß in der Allerseelennacht die Toten in ihren alten Lebenskreis zurückkehrten. Deshalb stellt man Milch und Krapfen bereit, welche man »Totenlaibe« oder »Zehrungslaibe« heißt. Ähnliches gibt es in Sizilien, und in England findet der Brauch der Totenzehrung in der Weihnacht statt.

Der Glaube, daß die Toten nach ihrer Bestattung fortfahren, in das Alltagsleben hineinzuwirken, und daß sie periodisch leiblich wiedererscheinen, ist seit uralter Zeit mit den Gebäcken verbunden. In den Pyramiden der Ägypter fanden sich Unmengen von Kuchen, die als Wegzehrung der toten Pharaonen auf ihrer Reise vom Tal der Könige in die himmlischen Speisefelder gedacht waren. Es wird behauptet, daß hier die Geburtsstunde der Kuchen überhaupt geschlagen hätte: die Idee, einen Getreidebrei zu backen, hat womöglich ursprünglich dem Zweck gedient, die Speise für die lange Jenseitsreise haltbar zu machen.

Die Verwendung von Kuchen im Totenkult steht aber fast noch zurück hinter einem weiteren, noch bedeutenderen Motivkreis: dem der Fruchtbarkeit. Daß die Kuchen einen so hervorragenden Platz unter den Fruchtbarkeitsriten einnehmen, liegt wohl auch an dem faszinierendsten Vorgang bei ihrer Herstellung: dem Aufgehen und der Gährung des Teiges. Die Wallung eines Hefeteiges ist ja in der Tat ein Geschehen, das kaum etwas von seiner ursprünglichen Dramatik eingebüßt hat. Das faszinierende Sich-Wölben erscheint wie von unsichtbarer Kraft getrieben; Blasen entstehen, deren Herkunft unerklärlich scheint, und ein unverwechselbarer, intensiver Gährungsgeruch breitet sich aus. Von jeher hat das Aufgehen des Teiges Assoziationen mit Schwangerschaft und Geburt ausgelöst. Der Teig ist heilig, er ist eine Metapher der Mutter. »Der Backofen«, lautet ein russisches Sprichwort, »ist die Mutter«.

Die Symbolik der Fruchtbarkeitsgebäcke reicht aber viel weiter. Sie ist Teil einer Ordnung, die das Werden und Gedeihen, die Vegetation, das kosmische Ganze miteinschließt. Ein Fruchtbarkeitssymbol war so auch der Mond, der heute unter den Weihnachtsgebäcken eine ebensolche Schlüsselstellung einnimmt, wie Kipferl und Hörnchen im Gebiet der profanen Frühstücksbrötchen. Denn der Mond war das Gestirn, das die Vegetationsperioden am Himmel skandierte: Frühling, Sommer, Herbst und Winter, das Wachstum und das Gedeihen. In der Antike waren mondförmige Gebäcke Symbole der vielbrüstigen Göttin Artemis, Schützerin der unkeuschen Liebe und der Geburt.

Zu den Fruchtbarkeitssymbolen der Vorzeit gehörten vielfach auch Gebäcke in der Form anderer Gestirne, zum Beispiel der Sonne, welche in der Form des Rades ebenso verkörpert ist, wie in der des Kreuzes, das symbolisch für die Vierteilung der Jahreszeiten stand. Gebäckformen solcher Art erinnerten an Werden und Vergehen, Geburt und Tod, an den ewigen Kreislauf und an die immerwährende Wiederkehr, die man als Gesetze des Daseins erkannte.

Eine hochinteressante Verkörperung dieser Gesetze ist auch die des Zopfgebäcks. Es scheint seit früher Zeit die Darstellung der universalen Einheit des Alls gewesen zu sein. Zopfgebäcke sind, mit ihren verschlungenen Formen, sexuelle Symbole par excellence. Zugleich aber bedeutet der Zopf, bedeutet die Tätigkeit des Flechtens, des Ineinanderschlingens, in sinnfälliger Weise die Alleinheit und das geheimnisvolle Gefüge von Kuriositäten, als welche das Dasein erschien — und erscheint. Aus Teig einen Zopf zu flechten, muß wohl bedeutet haben, sich mit der unentwirrbaren Fülle der Merkwürdigkeiten und der Wunder des Lebens und der Lebensgeister zu verbünden. Diese Tätigkeit hielt daher genauso böse Kräfte ab, wie etwa auch die verschlungenen Formen des orientalischen Schwerttanzes. Das Zopfmotiv durchzieht die Kunstgeschichte des Abendlandes, es hat seinen nachgewiesenen magischen Ort etwa auch an den gewundenen Ornamenten der romanischen Kathedralen. Die Gebäcke aber scheinen, unter den heiligsten der heidnischen Symbole, einen ganz besonders hervorragenden Platz eingenommen zu haben.

Unter dem Christentum: Ora et labora! Ein Traum von Vernunft?

Seit dem Übertritt des Frankenkönigs Chlodwig zum christlichen Glauben (um 500), wurden mehr und mehr Klöster gegründet, die die Zentralstellen für die Missionierung der verschiedenen germanischen Stämme, und darüber hinaus richtungweisend für alle Bereiche des Lebens werden sollten.

Das Kloster Sankt Gallen wurde von Gallus, einem iroschottischen Missionar, um 720 gegründet, der Angelsachse Bonifatius wurde von Papst Gregor III. 722 zum Missionsbischof geweiht, der wieder 744 das Kloster Fulda gründete. Doch war die Missionierung nicht leicht, teilweise wurden die in ihrem Stolz und ihrem germanischen Glauben fest verwurzelten Volksstämme mit Gewalt in die neuen Kirchen gebracht. Viel Brauchtum fiel der Zerstörung anheim, wogegen sich die Betroffenen verständlicherweise wehrten. So griff man, vom Papst in Rom dazu ermuntert, zu einer List, um die alte Religion der Germanen zu unterlaufen. Die Produkte der klösterlichen Backstuben sind ein exponiertes Beispiel dafür.

Die Klöster als Lehrmeister

Die neue Religion war für das mittlere Europa eine Importware, nach der eigentlich niemand verlangte. Die Missionare mußten folglich die alte Religion übertrumpfen. Daß die neuerrichteten Klöster vielleicht zu den wesentlichsten Pionieren in der Kunst des Backens wurden,

Conrad Hagger gibt in seinem 1719 erschienenen Werk »Neues Saltzburgisches Koch-Buch« viele Beispiele raffinierter Dekorationen von Kuchen und Torten.

erklärt sich so. Hier wurden die gleichen Kuchen und Brote gebacken wie bei den Einheimischen von jeher, aber sie waren besser! Im Kloster Sankt Gallen wurden Brezeln, Biskuits, Lebkuchen, Oblaten und Zwieback hergestellt, andere Klöster sind noch heute für ihre Spezialitäten berühmt, die den Konsumenten der Jetztzeit genauso in Verzückungszustände versetzen, wie den staunenden Germanen von vor zwölfhundert Jahren. Speck, Butter, Eier, Honig und Obstsorten verbesserten die Feingebäcke aus der mustergültigen Backstube des Bruders Klosterkoch.

Aber nicht nur die Qualität, auch die äußere Erscheinungsform der Klostergebäcke konnte ihren Eindruck nicht verfehlen. Unbemerkt waren aus den gebackenen Nachbildungen der alten Götter und Geister nun die Heiligen der christlichen Kirche geworden. Unbemerkt: denn in vielen Fällen schien der Unterschied zwischen den alten Göttern und den neuen Heiligen kaum ins Gewicht zu fallen. Statt Freya oder Fricka verehrte man Maria und statt Wotan Christus. Hingegen fiel auf, daß die neuen »Götter« wesentlich prächtigerer Art zu sein schienen. Die Ginger-Bread-Gebilde, die in englischen Klöstern nun zu sehen waren, waren vergoldet!

Die Kuchen-Kunst der Klosterbackstube bot Möglichkeiten der Überredung, die vorher unausdenkbar gewesen waren. Hier ist der Ort, auf die Technik des Teig-Modelns zu sprechen zu kommen, welche in den Backstuben des Mittelalters entwickelt wurde. Mit Modeln ließen sich nicht nur die plump von Hand geformten und ungeschlacht ornamentierten Gebäcke der Heiden feiner ausarbeiten. Model erlaubten auch, die Aufmerksamkeit auf Einzelheiten des neuen Glaubens zu lenken, für die sich sonst so leicht keiner interessiert hätte.

Model — Bilderbuch biblischer Geschichte

Die bildhaften Gleichnisse des neuen Herrn, seine Taten und die Umstände seines Lebens, die Legenden der Heiligen, die Exempla der Kirchenväter, die entscheidenden Stellen des Evangeliums, nichts war ungeeignet, um nicht in Kuchen hineingemodelt zu werden. Szenen wie das Geschehen der Christnacht, in welches die vormalige Weihe-Nacht der Wintersonnenwende mühelos umfunktioniert worden war, Kreuzigung und Kreuzabnahme, die glorreiche Auferstehung waren Schlager der Klosterbäckerei und sind in einer ungeheuren Anzahl mittelalterlicher Model erhalten.

Die Präzision, welche mit Modeln erzielbar war, war Gebot einer differenzierteren rhetorischen Bildersprache, wie sie das Christentum für seine Zwecke benötigte. Ein herausragendes Symbol des neuen Glaubens war zum Beispiel das Rotkehlchen. Ein kleiner Vogel, dessen Brust sich durch Berührung mit dem Blut des Gekreuzigten rot gefärbt hatte. Eine solche Darstellung war eine Herausforderung an die Kunstfertigkeit, der sich die Konditoren von damals gewachsen zeigten.

Kein Schießbudenbesitzer kommt heute ohne die reichverzierten und beschrifteten Lebkuchenherzen aus, die sich in direkter Tradition aus der christlichen Bildersprache herleiten. Die mittelalterlichen Model, welche das Herz zum Gegenstand haben, sind von ungeheurer Zahl. Sie sind Teil einer Ikonographie, welche von damals an die gesamte Bildersprache der abendländischen Literatur, Malerei und Plastik zu beherrschen begann. Das Herz: das unersetzbarste, folglich kostbarste Organ des Leibes. Daß immer wieder das Herz, meist das durchbohrte Herz, Gegenstand der Model ist, hängt eng mit dem Charakter der Religion und überhaupt des Zeitalters zusammen, in dessen Zusammenhang es stand. Die Model zeigen das Dulden und sie zeigen auch die Belohnung für ausgestandene Leiden: Sie zeigen das blutende, durchbohrte Herz, aber über ihm schwebt eine KRONE! Leiden ist verschönt, überhöht, verklärt. Dies war eine

Model garantierten Präzision in Serie. Ob gestochener Holzmodel oder Schwefelform, damit konnten Dekorationen rationell in höchster Qualität gefertigt werden. Sie sind heute noch teilweise — vor allem für einige traditionelle Gebäcke — im Einsatz.

neue Daseinskonzeption. Eine Daseinskonzeption, die Disziplin und Einschränkung verlangte, die aber gleichzeitig ein besseres Leben versprach: ein Leben, weniger abhängig von den Gewalten der Natur, kein Hunger mehr, weniger Krankheit, größere Sicherheit, Wohlstand für alle. Die Klöster wollten Vorbild sein einer neuformierten, besser organisierten, effizienteren Wirtschaftsform, die zugleich eine gesellschaftliche Utopie darstellte. Und wirklich exerzierten die Mönche der mittelalterlichen Gesellschaft vor, wie sie sich das neue Dasein dachten. Vorher war die Produktion von bäuerlichen und handwerklichen Produkten ungetrennt, jeder machte alles, was ein gutes Lebensgefühl, aber vergleichsweise geringe Effizienz ergab. In den Klöstern dagegen war die Produktion aufgeteilt in verschiedene Gewerbe, welche jeweils einer straffen Organisationsform auf Basis wissenschaftlicher Erkenntnisse unterlagen. Dies war das Modell der gewerbsmäßigen und zunftmäßigen Herstellung, das sich zum Grundschema der mittelalterlichen Wirtschaft entwickelte, ein Jahrtausend lang bestimmend war und auf weiten Gebieten bis heute fortexistiert.

Alle Handwerke erfuhren durch dieses Schema einen traumhaften Antrieb und Aufschwung. Unter den hervorragendsten Beispielen findet sich das Back- und Konditoreiwesen. Plötzlich wirkte da eine ganze Reihe von Spezialisten zusammen, neue Berufe, die es vorher nicht gegeben hatte: Müller, Bäcker, Zeidler, 1652 wurden sogar die Lebküchler zu einem Berufsstand für sich. Jeder besaß ein hochentwickeltes, handwerkliches Organon, wie es von den Klöstern entwickelt worden war. Die Hochrangigkeit der Produkte, die dabei erzielt wurde, mußte schließlich überzeugen. Das Zunftwesen, welches zum wirtschaftlichen und gesellschaftlichen Grundschema der neuen Zeit avancierte, ist vom Vorbild der Klöster auf die profane Lebenswelt übertragen worden.

Fastengebote

Doch sollte eine weitere, christliche »Disziplin« den Backstuben einen ungeheuren Auftrieb verleihen: »Ein jeder entziehe seinem Körper etwas an Speise, an Schlaf, an Unterhaltung, an Scherz, und erwarte in der Freude geistlicher Sehnsucht das heilige Osterfest«, schrieb Benedikt von Nursia um 530 in seine Ordensregel.

Zwar gab es schon zu heidnischer Zeit so etwas wie eine Fastenzeit: den bacchantischen Vegetationsriten folgten schon in früherer Zeit ein paar Tage der Nüchternheit und der Entsagung, als Vorbereitung für das Säen und Pflanzen.

Das Christentum aber dehnte diese ursprüngliche »Fastenzeit« auf nicht weniger als 40 Tage aus, und machte darüber hinaus im Jahreslauf eine so große Zahl von Tagen zu »Fasten«, daß periodenweise mehr als die Hälfte

der Kalendertage betroffen war. Fasten- und Abstinenzgebot sollten dem Menschen leibliche und geistige Gesundheit bringen. Doch am meisten beeindruckten die Verbote diverser Speisen an den dazu bestimmten Tagen. Das Abstinenzgebot erlaubt Eier, Milch, Milchprodukte, Gewürze und verbietet das Fleisch warmblütiger Tiere. An den Fasten sind nach strenger Regel verboten Fleisch, Eier, Milch, Käse, Butter, Fisch (nicht Austern und Kaviar), Öl (nicht Oliven), und Wein. Heutzutage ist an Freitagen (in den bestimmten Fastenzeiten) der Genuß von Fleisch untersagt, es soll auch nur eine einmalige Sättigung pro Tag stattfinden, morgens und abends ist eine kleine Stärkung erlaubt. Das klingt nicht so schlimm.

Schlechte Zeiten also für die Kochkunst? Keineswegs! Die Klöster eiferten vielmehr dem Ziel nach, für die Fastenzeiten hochwertige und schmackhafte Nahrung bereitzustellen. Dem verdankt die abendländische Kochkunst viel: Unendliches aber die Konditorei!

Marzipan, die Medizin aus dem Orient

Zum Beispiel verdankt sie den Klöstern eines ihrer spektakulärsten Materialien: das Marzipan. Thomas von Aquin, der berühmte Kirchenlehrer des Hochmittelalters, ließ hören, daß »solche verzuckerten Gewürze die Fasten nicht brechen.« Der Ausdruck »Gewürze« weist darauf hin, wie kostbar diese Leckerei damals war; tatsächlich war sie durch Jahrhunderte hindurch ein Verkaufsschlager der Apotheken, teure Importware aus Arabien und aus Sizilien, ein Kalorien-Hammer und obendrein Medizin!

Wenn diese Nahrung ursprünglich nur als Überlebens-Mittel bei angreifenden Fasten-Tagen gedacht war, so entging doch keinem, daß sich mit ihr gar

Marzipan aus der klösterlichen Backstube. Im Kloster der Craueninsel im Chiemsee wird heute noch das Marzipan, gewürzt mit dem selbst hergestellten Klosterlikör, mit alten Modeln geformt. Ausgangsprodukt ist allerdings die industriell vorgefertigte Marzipanrohmasse.

nicht schlecht fasten ließ — wenn ausreichend davon vorhanden war. Es gab regelrechte Marzipan-Booms, und die Apotheker hatten über mangelnde Einnahmen nicht zu klagen. Zahllose Marzipan-Verbote bezeugen die allgemeine Tendenz, daß der Ersatz bald zur Hauptsache wurde. Die Klöster gingen auch hier voraus: noch heute stellen die ehrwürdigen Frauen des Klosters auf der Fraueninsel im Chiemsee ein köstliches Marzipan her, das vor der Konkurrenz aus Lübeck und Königsberg mühelos bestehen kann. Allerdings verwenden die Klosterschwestern heute als Ausgangsmaterial vorgefertigte Marzipanrohmasse. Doch liegt ihre Spezialität in der weiteren Verarbeitung: Die Masse wird unter anderem mit dem nach Spezialrezept hergestellten Klosterlikör parfümiert. Außerdem wird der Marzipanteig mit alten Modeln geformt. Und in Agrigent auf Sizilien erstand ich von Klosterfrauen ein köstliches Zuckergebäck, gefertigt aus Mandeln, Pistazien, kandierten Orangen, Schokolade und Puderzucker: Fastenspeise!

Bis heute verwahrt das Marzipan Erinnerungen an seine ursprüngliche Funktion als Fasten-Nahrung durch die mannigfaltigen Formen, die sich diese Speise gefallen läßt.

Denn da nun auch an Fasttagen das große Schlemmen eingerissen war, wollte man auch auf die liebgewordenen Braten und Würste und alle die anderen verbotenen Leckereien nicht länger verzichten — wenigstens der Gestalt nach. So ersann man denn einen veritablen »Rehbraten für die Fastenzeit« aus Feigen und Weinbeeren. Der Erfinder meinte dazu: »Bei Tisch wird niemand erkennen, was er ißt.« Ein »Hasenbraten für die Fastenzeit« bestand aus Kuchenteig und war mit Mandeln gespickt. Der Artenreichtum der Backformen aus dem Mittelalter, welche Tiere und Fische zu backen erlaubten, ist ungeheuer. Es gab einen Mandelkäse, wie überhaupt zerstoßene Nußarten das denkbar günstigste Ausgangsmaterial für die Verrenkungen der Fastenküche waren: Makrone, eine Masse aus geraspelten Nüssen, Mandeln oder Kokosnüssen, die sich in den Konditoreien noch heute elementarer Beliebtheit erfreut.

Visionen vom Schlaraffenland

Doch die große Entsagung, die den Menschen jahrhundertelang eingetrichtert worden war, hatte zu Mangelerscheinungen geführt, die sie auf alles andere als beschauliche Gedanken brachten. Am Ausgang des Mittelalters erreichte die Gier nach Sinneslust den Stellenwert einer Massenpsychose. Die Gebäcke waren natürlich einer ihrer vorrangigsten Gegenstände. In keinem Volksbuch fehlten die Halluzinationen vom Schlaraffenland, wo sogar die Fensterläden aus Lebkuchen bestehen. Die große Kuchengier war ausgebrochen und hielt sich über Jahrhunderte hinweg als Hoffnungsschimmer am Horizont der Überforderten, Unterdrückten, Bekümmerten und Gestreßten. Auf den bäuerlichen Festen, an denen ich als Kind teilnahm, waren pro Teilnehmer zwei wagenradgroße Kuchen veranschlagt, und ein halbes Dutzend rotbackiger und kugelrunder Tanten war eine Woche lang mit der Herstellung derselben betraut.

Die große Kuchenschlacht: sich einmal richtig sattessen an nichts als Kuchen, dem luxuriösesten der Lebensmittel: so viel davon essen, bis man nicht mehr kann. Dieser Menschheitstraum von Grenzenlosigkeit und Unbeschränktheit ist nicht nur das Erfolgsprinzip des Kindergeburtstages. Er ist auch ein Standardtopos der abendländischen Literatur geblieben, seit er erstmals in den Visionen vom Schlaraffenland geträumt wurde. Nicht nur Gargantua und Pantagruel haben an ihm weitergeträumt, nicht nur Hans Sachs und Abraham a Santa Clara, bis hin zur zeitgenössischen Krimiproduktion reicht der Reigen grotesker »Kuchenschlachten«. Italo Calvino schildert einen Überfall auf eine Konditorei, der kläglich scheitert, als ein Gangster an einer ausgestellten Torte zu naschen anfängt. Das Ganze endet mit einem gemeinsamen, wortlosen Kuchen-Mahl der Einbrecher mit den Polizisten, deren Eintreffen im Torten-Rausch untergeht, und die bald auch selbst mit vollen Backen kauen.

»... in aller Absicht zu den Künsten«: Von Zucker und Zuckerbäckern

Im Jahr 1774 konstatierte ein Altvater der Gilde mit Namen Stengel: »Der Conditeur gehört in aller Absicht zu den Künsten.« Der Hang zum Höheren durchwirkt die ganze Geschichte dieses Handwerks — pardon: dieser K u n s t . »Die Konditorei ist ihrem ganzen Grundwesen nach ein Zweig der großen Familie, die die Ästhetik im Wappen trägt«, verkündet ja der Autor eines Standardwerks. »Denn in der Tat: das ganze Gewerbe der Konditorei setzt unbedingt einen ausreichenden Fond von künstlerischem Sehen, Fantasie und Formensinn voraus, anders kann man den großen, geradezu endlosen Komplex von bedeutungsvollen Erfolgen nicht umfassen.« Den Verfasser dieser Sprache gewordenen Buttercremetorte überkommt indes gerechter Zorn, wenn er gegen »Schmutzkonkurrenz« eifert und zum »Kampf gegen gemeinsame Gegner« ruft. Hiermit können nur die ungeliebten Bäcker gemeint sein, mit denen die Künstler der Backstuben seit jeher im Hader lagen. Denn nichts verdrießt diese »große Familie« mehr, als das scheinbar unausrottbare Schicksal, ständig mit den Bäckern verwechselt zu werden: »Man braucht auf das Verfehlte der Anschauung gar nicht hinzuweisen, daß es sich bei der Konditorei um eine Art des Bäckerhandwerks handele«, beschwichtigt ein Vorwortschreiber sich und seine aufgebrachten Kollegen. Sie verschmähten es schon im Mittelalter, einer Zunft anzugehören, denn dies hätte bedeutet, unbilligerweise den ungeliebten Bäckern zugeschlagen zu werden. Niemals, so fanden sie, soll »unsere Kunst, unsere zu allen Zeiten freie Kunst, zu einem Handwerk gestempelt« sein. Mit den Lebküchlern zankten sie sich ob solcher Grenzkonflikte schon vor dreieinhalb Jahrhunderten derart, daß ein Gerichtsentscheid für alle Zeiten Klarheit schaffen sollte: fortan durften jene nur dunkles, die »Zuckerbäcker« indes nur helles Mehl verwenden.

Den strengen Fastenregeln verdankt die Zuckerbäckerei viel: Der Wildschweinkopf sollte so echt wie möglich wirken, womit man sich in der »fleischlosen Zeit« selbst bemogelte. Für die Konditoren waren das gute Gelegenheiten, ihr künstlerisches Können unter Beweis zu stellen.

Das wahre Unterscheidungsmerkmal indes hat mit Mehl so wenig zu tun, wie der Name »Zuckerbäcker« mit Backen. Als mit entstehendem Welthandel zuerst in italienischen und später auch in anderen europäischen Städten Zuckerraffinerien entstanden, in denen der von weither angelieferte Rohzucker »clarifiziert« wurde, preßte man das Erzeugnis in die bekannte Zuckerhut-Form, die, verpackt in blaues Papier, als Ausgangsmaterial der Konditoren diente. Diese Formung zum Zuckerhut war es, die man »Zuckerbacken« nannte, und ebendaher bekam der so entstandene Beruf den Namen »Zuckerbäcker«.

Damit ist angedeutet, worin das Neue dieses Standes lag: der Zucker, und nicht das Mehl, war das bevorzugte Material. Das war eine sensationelle Neuheit. Erst am

Ende des Mittelalters gelangte der Rohstoff Zucker in weiterem Ausmaß nach Europa; was vorher süß war, war es durch alles Mögliche, durch Honig, Früchte, Rosinen, nicht aber durch das, was uns heute mit dem Begriff »süß« nahezu verschwistert zu sein scheint: mit Zucker.

Die Confectionali von Salerno

Wie der Zucker nach Europa gelangte, ist eine Geschichte für sich, so kompliziert und umständlich wie vieles von dem, was man aus ihm dann herstellte. Man kann drei Stoßrichtungen oder Flankenbewegungen unterscheiden. Eine Bewegung erfolgte von Osten her: Dort belagerten 1683 die Türken Wien und brachten die Novität aus dem Orient mit, wo Zuckerrohr schon in der Antike kultiviert worden war. Eine Reihe süßer Gebäcke erinnert im benachbarten Donauland noch immer an jene Tage; so der Gugelhupf, der mancherorts »Türkenbund« heißt und dessen »Bund-Form« der des Turbans nachempfunden sein soll.

Eine zweite Bewegung erfolgte von Westen her, über die Meere, von wo das Zuckerrohr mit dem Welthandel kam — hauptsächlich von den Kanarischen Inseln. Die großen Hafenstädte wurden zu Metropolen des Zuckerhandels, aber auch selbst zu Zentralen der Zuckerbäckerei. Nicht umsonst sind die Hansestädte Lübeck und Königsberg für ihre Marzipanerzeugnisse weltberühmt.

Der weitaus wichtigste Zugangsweg aber war der von Süden her, über Spanien und vor allem Sizilien, welches um 800 von sarazenischen Invasoren erobert und zu einem der reichsten Nutzländer der Erde hochgehätschelt worden war. Die 400 Jahre arabischer Herrschaft in Sizilien sind überhaupt einer der wesentlichsten Antriebe für die Entwicklung der Kochkunst und vor allem des süßen Speise-Kanons der abendländischen Küche gewesen.

Noch heute ist die Architektur dieser Mittelmeerinsel von arabischen Erinnerungen ebenso erfüllt, wie der wahrhaft wunderbare Gestalten-Reichtum der Dolci in den omnipräsenten sizilischen Pasticcerias. Die Zuckerbäckerei hat sich von Sizilien her über ganz Europa ausgebreitet. 1225 entwickelte eine Ärzteschule in Salerno süße Dragees nach arabischem Muster. Die Hersteller nannten sich »confectionali«, und ihr Erzeugnis, von dem sich sprachlich das »Konfekt« herleitet, wurde zu einem ersten Mode-Schlager der neuen Kunst. Die Araber hatten dem neuen Berufsstand vorgeführt, was man mit diesem neuen Stoff alles machen kann.

Der 965 gestorbene Dichter Al Mutanabi erhielt für ein besonders gelungenes Gedicht einen aus Mandeln und Zucker geformten Fisch, der in einem Honigbad angerichtet war. Die Geburtsstunde der unsäglichen Hochzeitstorte, jenes Paradebeispiels der Ästheten der Backstube, schlug im Jahr 1087 bei der Eheschließung des Kalifen Bearitale Maskadi. Bei dem Beschneidungsfest eines türkischen Prinzen zogen 1580 die Sultaninnen »im Geleit des Zuckerwerks« ein: Sinnbild ihrer erotischen Süßigkeit.

»Der Zuckerbäcker in der Fabricke« (aus Chr. Suhr, Hamburgische Trachten, 1806) gab einem neuen Berufsstand seinen Namen. Mit Zuckerbacken war zunächst das Formen und Trocknen der Zuckerhüte gemeint.

Zucker ermöglichte Formgebungen von ungeahnter Differenziertheit, unvergleichbar denen jedes anderen eßbaren Materials. Die Resultate der Klosterküche verblassen daneben, niemals hätte sich mit zähflüssigem Honig auch nur annähernd derselbe Effekt erzielen lassen. Auch brauchten die neuen Gebilde nicht gebacken zu werden.

Der eigentliche Werkstoff des Zuckerbäckers bestand freilich nicht aus Zucker allein: Zucker war so hart, daß ursprünglich nur der Bildhauer damit umgehen konnte. Doch die Zuckerbäcker entdeckten ein Bindemittel, das den Zucker geschmeidig machte: Tragant. Zur damaligen Zeit war der Stoff in Apotheken als Arzneimittel erhältlich und half unter anderem gegen Seitenstechen (heute gilt Tragant als teuerstes Pflanzengummi und wird nur zu medizinischen Zwecken verwendet)! Dieser aus Bocksdorn, einem orientalischen Strauch, gewonnene Saft wurde einem Brei aus feinstgestoßenem Zucker und Wasser zugesetzt. Dadurch entstand eine modellierbare Masse, in der Festigkeit ähnlich dem Marzipan, die nach dem Verarbeiten beim Trocknen steinhart wurde. Die kühnsten Ornamente, Verzierungen und Aufsätze konnten damit von den Zuckerbäckern gefertigt werden.

Oft waren diese Erzeugnisse gar nicht zum Verzehr bestimmt, doch im Gegensatz zu heute, wurden früher mit Tragant hergestellte Kunstwerke auch gegessen.

Dieses Ausgangsmaterial erlaubte neuartige Verarbeitungstechniken, welche den Zuckerbäcker tatsächlich weit über andere Handwerker hinaushoben.

Listenreich hergestellter Spinnzucker ermöglichte die Fertigung naturgetreuer Wasserfälle. Die äußerst filigrane Technik des Zuckerblasens, der Glasbläserei nahe verwandt, ergab feinste Nachbildungen von Spiegeln, Flaschen, Gläsern. Sie wurde am Anfang dieses Jahrhunderts zu einem kuriosen Nebenzweck verwendet: in den frühen Wildwestfilmen waren sämtliche gläsernen Requisiten, wie Bierseidel, Whiskyflaschen, Saloon-Spiegel und dergleichen aus Zucker geblasen — damit sich die Helden gefahrlos damit bewerfen konnten, wenn es zur unvermeidlichen Saalschlacht kam.

Ein weiteres, ebenso neuartiges Material ergänzte die Gegenstände des zuckerbäckerlichen Schöpferdrangs. Der Welthandel brachte die Schokolade nach Europa, das aztekische »xocolatl«, das schnell nicht nur zum Modegetränk des Adels avancierte. Es wurde auch zum äußerst heiklen Werkstoff der Konditoren, die daraus nach exakten metrischen Zeichnungen die Aufsätze spritzten und mit größter Behutsamkeit zu Prachtbauten verfugten. Die Kakaomalerei des 19. Jahrhunderts ist womöglich ein noch diffizileres Feld der Ornamentierung. Mit Hilfe einer verblüffenden Schattierungstechnik gelang nun die realistische Darstellung von Jubilaren, Geburtstagskindern, Hochzeitspaaren, Firmenchefs und Staatspräsidenten. Jahreszahlen und Initialen, Wahrzeichen und Souvenirs, Pavillons, Amphoren, Wappen und Paläste — nichts war den Konditoren unmöglich.

Selbstredend ließ sich der Zucker auch mit den alten, überlieferten Materialien und den Techniken ihrer Verarbeitung kombinieren. Das Marzipan, das selbst Zucker enthielt, wurde zu einem der hervorragendsten Medien der neuen Kunst. »Denn wer den Marcepan wol machen kan, der kan allerhand Sachen machen, so der Mensch erdencken kan«, wußte Rumpolt schon vor 1600.

Und das scheint die größte Sorge der Zuckerbäcker aller Zeiten gewesen zu sein. Ihre Erzeugnisse dienten der Zerstreuung und der Repräsentation. Der verblüffende Gag, das unmöglich Scheinende und dennoch Gelingende, der Pomp auch, das Unsägliche und bisweilen Groteske schien nachgerade die Grundlage ihrer Existenz. Sie funktionierten im Dienste einer Kundschaft, die nach dem Erdenklichen und noch mehr dem Unerdenklichen oftmals geradezu hysterisch verlangte.

Zum Eindruck-Schinden hatten ja die Kuchen, hatte das Brot bereits von jeher dienen müssen. »Panem et Circenses« (Brot und Spiele) versprachen die römischen Staatenlenker ihrem Volk, wenn sie sich besonders beliebt machen wollten. Schien dieses Vorhaben aber aussichtslos, so verabreichten sie Kuchen, statt Brot.

Das Lamm Gottes ist eines der wenigen christlichen Symbole, die sich bis heute erhalten haben, wenn auch die Model inzwischen aus Weißblech gestanzt werden. Biskuit oder Rührteig wird in diesen Formen gebacken und dann einfach mit Puderzucker übersiebt. In Italien setzen die Konditoren ihren Ehrgeiz darein, sie kunstvoll mit Creme und Glasuren zu verzieren.

Waren schon die Kuchen ohne Rohrzucker Mittel der Repräsentation, um wieviel mehr mußten dann doch die Kunstwerke der Zuckerbäcker überzeugen! Allein schon deshalb, weil der Zucker, den sie verwendeten, so traumhaft teuer war, daß seine ausschweifende Verwendung ein Gefühl der verschwenderischen Überfülle erzeugen mußte. Astronomisch waren die Gelder, die die Potentaten der Renaissance für dieses »Gewürz« ausgaben.

Wenn so ein König oder Fürst ganze Säle mit den Herrlichkeiten seiner Zuckerbäcker ausstaffieren ließ, so konnte die gewünschte Wirkung der Werbung für sein System nicht ausbleiben.

Noch die offizielle Geburtstagstorte zum 250. Jubelfest der USA war 10 m hoch und wog nicht weniger als 350 Zentner. Ein Nichts — verglichen mit den Manifestationen zuckerbäckerlicher Vollendungswonne auf den Hoffesten vergangener Zeiten.

In Gotik, Barock und Renaissance kannte nahezu jeder Hof ein spezielles Hofamt, welches für Konzeption und Durchführung solcher Feste zuständig war: den berühmten »Maître de plaisir«. Ihm unterstand eine ganze Armee an Helfern, von denen die Zuckerbäcker nur ein Teil waren, so bedeutend ihre Zahl auch war. Die bedeutendsten Künstler des Abendlandes zeichneten verantwortlich für die Inszenierung: ein Jan van Eyck in Burgund, ein Leonardo da Vinci bei den Sforza in Mailand. Bildhauer und Architekten, Maler wie Graveure, Lithographen, Koloristen, Lackierer, Pappdeckelmacher, Gold-und Silberschläger und sogar der Seidenweber standen dem Zuckerbäcker zur Seite. Dazu kam noch das Orchester, der Hofkomponist, der Feuerwerker, das Heer der Köche, der Dichter, der Dramaturg, eine Legion an Sängern, Zwerge, Riesen, exotische Tiere: das Fest, in dessen Rahmen die süßen Sachen auftraten, war ein Gesamtkunstwerk.

1604 berichtet der Korrespondent der Fugger-Zeitung über ein Bankett in Rom: »Die herrlichsten Speisen in silbernen und vergoldeten Schüsseln und auch andere viele schöne Schaugerichte aus Zucker, Triumphpforten, Castelle, das Colloseum, Pyramiden und allerlei Tiere — wurden aufgetragen und hernach an die verzückten Gäste ausgeteilt.« Man ergötzte sich an Albernheiten wie den sogenannten »Vexiersachen«, täuschenden Nachbildungen saurer Speisen aus Zucker oder Marzipan: »wenn alles nach Lebens-Größe und wohl gemacht wird, kann man oft einen damit betriegen«, vermerkt Harsdörffer 1654. Und wenn man, wie bei einer Audienz Elisabeth I. 1592 in Greenwich, hinterher das ganze Werk auch noch mit verzuckerten Pflaumen bewerfen und so dem Erdboden gleichmachen durfte, war die Stimmung dem Höhepunkt nahe.

Doch auch wenn ein Fürst oder König starb, wurde ein funebrer Pomp entfaltet, der den Stellenwert und Rang der Zuckerbäcker deutlich zeigt. Zur Tafeldekoration gehörten noch im 18. Jahrhundert aus Tragant geformte Särge. Zur Trauerfeier des Grafen Rantzau-Breitenburg bestellte die gräfliche Familie einen 15-pfündigen, von Pyramiden umrahmten Marzipansarg. Dergleichen vermochte nur die Kunst der Konditoren!

Ihr einziger Nachteil war die Vergänglichkeit der Herrlichkeiten, die Konditoren wie Könige in etliche Verwirrung stürzte. Als fürchte er, daß mit dem Verzehr der zuckersüßen Prachtentfaltung auch die Macht der Vernichtung anheimfiele, rief der bayerische Prinzregent Luitpold angesichts eines herrlichen Tafeldesserts erschrocken aus: »Eßt mer's ja net auf!« Er muß schon geahnt haben, daß es einmal aus sein würde mit der Macht und Herrlichkeit der feudalen Höfe.

Die Monarchie fuhr hin — aber die Zuckerbäckerei blieb bestehen. Denn auch die Bürger, die nicht selten königlicher als die Könige leben wollten, welche sie beseitigt hatten, bedurften ihrer Werke auf das Dringlichste. Wie einst die Fürsten nach prunkvollen Darstellungen von Ehrsäulen, Triumphwagen, ihrer Wappenschilder und ihrer Kurtisanen verlangt hatten, verlangte jetzt die neue Kundschaft *ihre* Triumphe zu bestaunen.

Am Appetit der Auftraggeber und an der Vergänglichkeit des Materials mag es gelegen haben, daß die kunsthandwerklichen Leistungen der Konditoren nur in Skizzen, Stichen und Schilderungen der Nachwelt überliefert wurden, die Originale wurden verspeist. Erhalten geblieben ist die ironisch abwertende Bezeichnung »Zuckerbäckerstil« für überladenen architektonischen Zierrat.

Schlachten und Denkmäler — aus Marzipan

Das 19. Jahrhundert wurde zu einer Aktualisierungsphase der Model. Eisenbahnen und Luftschiffe, Autos und Motorräder, Schießgewehre und Kanonen, all das prangte nun farbig in den Marzipan-Bonbons, die man liebte. Man war stolz auf das Erreichte und freute sich, es auch essen zu können. Die Völkerschlacht bei Leipzig erstand aus Marzipan, ebenso Germania und die Wacht am Rhein, oder Schiller in der Karlsschule, wie er die »Räuber« liest, indem der König hereinplatzt. Man hatte nun eben seine eigenen Helden und Lieblinge. Neu waren die Marzipan-Puppenstuben und die Lebkuchen-Häuser, die Wohnzimmer-Idyllen, Tragant-Püppchen und Schäfer-Genres der Biedermeier-Zeit, mit denen die Bürger ihr etwas schales Dasein verzuckert sehen wollten.

Erst im 20. Jahrhundert sah es für ein paar Jahrzehnte so aus, als sei die Zuckerbäckerei zum Untergang verurteilt. Das geringschätzige Wort »Zuckerbäckerstil« diente einer Generation von Architekten und bildenden Künstlern als Schreckgespenst, aufgebracht von dem Bauhaus-Meister Mies van der Rohe. »Das Ornament ist tot«, verkündete sein Wiener Kollege Werner Loos. Die Architektur wurde zur Königin der Künste, der Bauhaus-Stil zum Stil-Prinzip der neuen Zeit erklärt: nüchtern wie Geldschränke, klar gegliedert wie Jahresbilanzen. Ein eigenwilliger Bauhaus-Anhänger versuchte da den Geist des neuen Stils auch auf Buttercremetorten zu applizieren: Bernhard Lambrecht hieß er, und war eine zeitlang »Pionier und Revolutionär der modernen Konditoreikunst«, wie Klaus Schneider schrieb: »Kühl und konstruktivistisch gestaltete Torten ohne Sterntüllen-Klackse und anderen Schnickschnack, ungefärbtes Marzipan, Backwerk mit hochstilisierten alten Tier- und Blumendekorationen.«

Doch als Lambrecht 1972 starb, fast vergessen und verbittert, hatte ihn ein abermals gewandelter Zeitgeist überholt.

Das Ornament war keinesfalls tot. Und genausowenig war es die Kunst der Zuckerbäcker. Das Wiener Café Demel verwendet heute die traditionellen Techniken für Pop- und Op-Art-Gebilde und, wie einstmals die Taten der Könige, konterfeit es jetzt Österreichs »roten Kaiser« Kreisky, Breschnew und Carter, Lenin und die Beatles in Zucker und Marzipan. Die alte Zuckerbäckerei war wiederauferstanden. Das hat wohl seine Logik. Wie sagte doch ein gewisser Sprengel: »Die Conditorei gehört in aller Absicht zu den Künsten«; und wahre Kunst kann bekanntlich nicht untergehn ...

Der gewundene Dorten, von gehackten Mandel, Marzipan, oder anderen Süssen Taig, u. ieden Zug mit anderer farb gefüllt.

Die Torte und das Kaffeehaus

Der Begriff »Torte« ist zwar nicht jung, jung aber ist das, was man heute darunter versteht: Sie stellt nichts Geringeres dar, als die bedeutendste und letzte Errungenschaft des Konditoreiwesens, die höchste Vollendung, welche das Handwerk zu erreichen vermochte.

Das Wort stammt vom lateinischen »tortus« ab, »gedreht«, »gewunden«, kennzeichnet also die runde Form des Gebäcks. Erst 1418 taucht das Wort »Torte« im deutschen Sprachschatz auf, als Lehnwort des italienischen »torta«, bzw. des französischen »tourte«. Alle bezeichneten damals etwas ganz anderes, als »Torte« in heutiger Verwendung meint. Sie bedeuteten so viel wie »Fleischtorte« oder »Ölkuchen« und waren somit Gerichte der mittelalterlichen Tradition. Es gab da Kalbfleischtorten oder Torten, die mit Kapaunstücken belegt waren, und in der Fastenzeit wurden beide Zutaten durch Fisch ersetzt. Es gab Gemüsetorten, Quarktorten, »Äpfeltorten«, die gefüllt waren mit in Wein gedünsteten Äpfeln, Feigen, Trauben, gebratenen Zwiebeln, Safran, Ingwer und Zimt.

Das was man heute als »Torte« bezeichnet, ist durch und durch ein Kind des 19. Jahrhunderts. Der Autor eines Wiener Konditorei-Handbuches definiert sie als »ein üppiges, schaumgefülltes Gebilde aus Eiern, Zucker, Butter, Schnee und wenig Mehl, ein Luxusprodukt, vitaminarm und kalorienreich.« Torten spiegeln den Geist eines Jahrhunderts wieder, in dem es keineswegs schändlich war, dick zu sein, wo Körperfülle im Gegenteil als Zeichen von Wohlstand und prosperierenden Daseinsumständen galt.

»Wenig Mehl«, heißt es, enthalten die Torten. Getreide ist, neben der Kartoffel, Speise der Bauern und der Arbeiter, nicht aber die der Bürger. Der neue Menschentyp hat keinen Hunger, er hat Appetit. Seine Tätigkeit ist keine des Körpers, sondern geistiger Art. Wo immer Schulen und Internate, Hörsäle und Seminare sind, sind folgerichtig die Konditoreien nicht weit. Bezeichnend ist in diesem Zusammenhang die Anekdotenvielzahl um einen Oberkellner Brüller in Göttingens formidablem Café »Lanz«, der die leidenschaftlichen und endlosen Diskussionen von Professoren und Studenten durch Baumkuchenrationen am Leben hielt, welche die Kombattanten vor dem sicheren Hungertod bewahrten.

Nicht Teig, Schaum ist der Hauptbestandteil der Torten, Biskuits, Baiser und Buttercreme: In der Geschichte des Backwerks sind diese Zutaten so revolutionär, wie es einst der Zucker gewesen war. Das Spektrum all der Cremes aus Sahne, Eiern, Butter entfaltet seine Pracht mit einer Raffinesse, vergleichbar vielleicht der zugleich entstehenden Kunst der Saucenherstellung in Frankreich. Weincreme, Schokoladencreme, Zitronencreme, schier endlos erscheint der Prospekt der Varianten und der Kreationen, welche dem Erfindungsreichtum der Zuckerbäcker entsprangen; ohne sie sind die Torten nicht, was sie sind. Die Wucht ihres Gehaltreichtums wird durch die schaumige Konsistenz dieser Elixiere nahezu unspürbar. Man merkt es gar nicht, wie satt man davon wird und glaubt, immer mehr essen zu können.

Die Cremes sind unter den Requisiten des Luxus, welchen das 19. Jahrhundert entfaltete, ein Luxus par excellence. Ihre Ingredienzien bestehen samt und sonders aus Lebensmitteln besonders wertvoller und auch kostspieliger Art: Butter, Sahne, Zucker, Eier, Schokolade, Vanille usw., von jeder einzelnen dieser Preziosen haben die Menschen vergangener Jahrhunderte nur geträumt. Jetzt sind sie alle zusammen in ein und demselben Lebensmittel konzentriert. Besser hätte sich das Selbstbewußtsein des Industriezeitalters nicht manifestieren können, welches in weniger als einem Jahrhundert das Gesicht der ganzen Welt radikal veränderte und in allen Bereichen den »Fortschritt« zum Sinn des Lebens werden ließ, an den man damals noch ungebrochen glaubte.

Dieses Selbstbewußtsein spiegelt sich auch in den Namen wieder, welche man den Torten verlieh und die nicht selten dem Besitzer zu einem Nachruhm verhalfen, den er sonst nicht gehabt hätte. Recht selten nur tragen die klassischen Torten den Namen ihrer Zutaten (»Sahnetorte«, »Nußkranz« und dergleichen). In einer großen Zahl von Fällen sind sie nach ihrem Erfinder benannt: Dobos, Pischinger, Schneider, Kauber, Damayer, Fokitansky, Lotti-Richter, Seleskowitz, Kofranek: Namen, die keiner mehr kennen würde, wären sie nicht mit den Torten verbunden, die sie tragen. Auch hier äußert sich das Selbstverständnis einer Epoche, welche individuellen Erfindungsreichtum und die Tatkraft des Einzelnen zu Kardinaltugenden gemacht hat. Als Franz Sacher seine berühmte Sacher-Torte erfand — hier ist sie nun also, die berühmteste aller Torten — fand er für seinen fürstlichen Auftraggeber Metternich recht respektlose Worte: »Er belästigte mich immerfort mit der Bitte, etwas Neues zu schaffen, als ob meine Kuchen nicht gut genug seien. Deshalb warf ich einfach ein paar Zutaten zusammen, und schon war sie fertig.«

Die respektlosen Worte erzeugen aber auch einen Eindruck von dem Prestigeverlust, dem die alten Machthaber unmerklich anheimgefallen waren. Die Sacher-Torte heißt eben Sacher-Torte und nicht etwa Metternich- oder Franz-Josef-Torte (die gibt es allerdings auch); ein Konditor war da selbstbewußt genug, seine Leistung höher einzustufen als die derjenigen, die dazu bloß den Auftrag gegeben hatten. In der Geschichte des Backwerks war dieses vom Feudalsystem emanzipierte Selbstbewußtsein etwas ebenso Neues wie in der Sozialgeschichte des Abendlands überhaupt.

Überaus aufschlußreich ist in diesem Zusammenhang die Lokalität, der die Torte entstammt. Einmal hatte doch die süße Kunst ihren Standort in den Backstuben der Klöster und in den Garküchen der feudalen Höfe gehabt. Erst jetzt, im 19. Jahrhundert, tritt an deren Seite das »Kaffeehaus«. Wir haben uns heute daran gewöhnt, daß das Café oder die Konditorei zum fast ausschließlichen Ort der gewerbsmäßigen Herstellung von Kuchen und Torten geworden sind. Doch diese Auslagerung des Handwerks aus den Institutionen der Feudalherrschaft bedeutete einmal eine nachgerade revolutionäre Umwandlung.

Dies läßt sich an einer der ersten solcher »Konditoreien«, die bis heute geradezu der Prototyp dieser neuen Institution geblieben ist, studieren. Gemeint ist die einstige k. u. k. Hofkonditorei Demel zu Wien. Der Name »Hofkonditorei« stellt eigentlich eine Täuschung dar. Sicher: einmal führte ein unterirdischer Gang von der Backstube »des« Demel direkt in die kaiserliche Hofburg gegenüber. Doch zeigt das nicht bereits, daß an der alten Kaiserherrlichkeit etwas marode geworden war? Die eigenen Zuckerbäcker schienen den feudalen Herrschaften offenbar nicht mehr gut genug. Es waren selbständige, bürgerliche Handwerker, welche zu Protagonisten der Konditor-Kunst aufgestiegen waren. Und der unternehmende Selfmademan Demel hielt die schmackhaften Zeugnisse seines großen Könnens ebenso Herrn Jedermann feil, in einem öffentlichen Lokal, das er am Kohlmarkt gepachtet hatte: in einem »Kaffeehaus«. Die Genüsse der Feudalaristokratie waren schon nicht mehr deren alleiniges Vorrecht, waren bereits allgemein erhältlich, demokratisch. Und so nimmt es nicht Wunder, daß ein zweiter Tunnel das Demel mit dem Burgtheater verband, wo ordinäre Schauspieler dieselben Törtchen verzehrten, wie nebenan der mächtigste Mann der Welt, seine allerhöchste Majestät, Kaiser Franz Joseph von Gottes Gnaden.

Es lohnt sich, diesem neuartigen Etablissement des »Kaffeehauses«, der Konditorei oder des Cafés noch etwas Aufmerksamkeit zu gönnen. Solche »Kaffeehäuser« hatte es in Europa schon seit langem gegeben, lange bevor diese Institution zum Ort der Herstellung von Kuchen und Torten wurde. Im Jahr 1683 hatte ein Franz Kolwitschniy 500 Sack türkischen »cahves« requiriert, der bei der Belagerung Wiens durch die Türken liegengeblieben war, und damit das erste Wiener Kaffeehaus mit dem anheimelnden Namen »Zur blauen Flasche« eröffnet. Noch früher, nämlich 1652, gab es in London ein »Virgin Coffee House«. Neumodische Treffpunkte, die jedermann offenstanden, welche man zu jeder Tageszeit in beliebiger Kleidung betreten durfte, um zu diskutieren, um Informationen auszutauschen, um zu arbeiten: Ein Forum der freien Begegnung, ein Markt der Meinungen, ein Fechtplatz der Argumente: niemals hatte es etwas Vergleichbares in Europa gegeben. Wie über Nacht veränderte sich das Antlitz der Städte. Plötzlich waren da überall »Cafés«. Waldcafé, Promenadencafé, Strandcafé, Weincafé, Cabaret-Café, Café-Restaurant, Revolutions-Café, Emigranten-Café, Diplomaten-Café: wir können nur ahnen, wie tiefgreifend diese Institution die Lebenssitten und Daseinsformen des Saeculums bestimmte, deren Ausdruck, ja Inbegriff es war. Hier vollzogen sich die Schicksale von Lebedamen und Morphinisten, abgewirtschafteten Baronen und ruinierten Hochstaplern, Epochen klirrten an Epochen, hier gingen Welten zugrunde.

Das Kaffeehaus war die Drehscheibe, auf der die eine Epoche verschwand, während die andere heraufzog; es war das Scharnier zwischen zwei Klassen, Lebensformen, Weltanschauungen. Eine Neuheit in Europa, dessen Metropolen sie stürmisch eroberte und deren Lebensformen es in weniger als einem Jahrhundert veränderte.

Die offene Begegnung, der freie Meinungsaustausch, die Grenzenlosigkeit des Denkens und Sprechens, vernunftgeleitete statt obrigkeitsorientierte Formen des mitmenschlichen Umgangs waren die Ideale der neuen Zeit; sie sind auch der Grundgedanke des Kaffeehauses.

Die kühnsten Gedanken, die unser Zeitalter hervorgebracht hat, wurden an Kaffeehaustischen ausgeheckt. Im Café »Procope« war es, wo Camille Desmoulins 1789 zum Sturm auf die Bastille aufrief, hier gasteten Mirabeau, Danton, Marat, Hébert und Robespierre. Im Studentencafé »Vachette«, im Quartier Latin, fielen 1848 die ersten Schüsse. Die Führer der Märzrevolution tagten im »Lamblin«. Im »Odéon« zu Zürich zirkulierten Lenin und Joyce, Freud und Trotzki im »Central« in Wien. Der Name Sartre ist mit den Pariser Kaffeehäusern »Flore« und »Deux Magots«, »Coupole« und »Dôme« ebenso verbunden wie die von Simone de Beauvoir, Hemingway und Henry Miller, Joseph Roth und Albert Camus und unzähligen anderen.

Es erscheint alles andere als folgerichtig, daß diese Orte der geistigen Auseinandersetzung prädestiniert sein sollen, zum Tatort der Kuchen und Torten zu werden. Sartre und Joyce, Lenin und Trotzki, Freud und Robes-

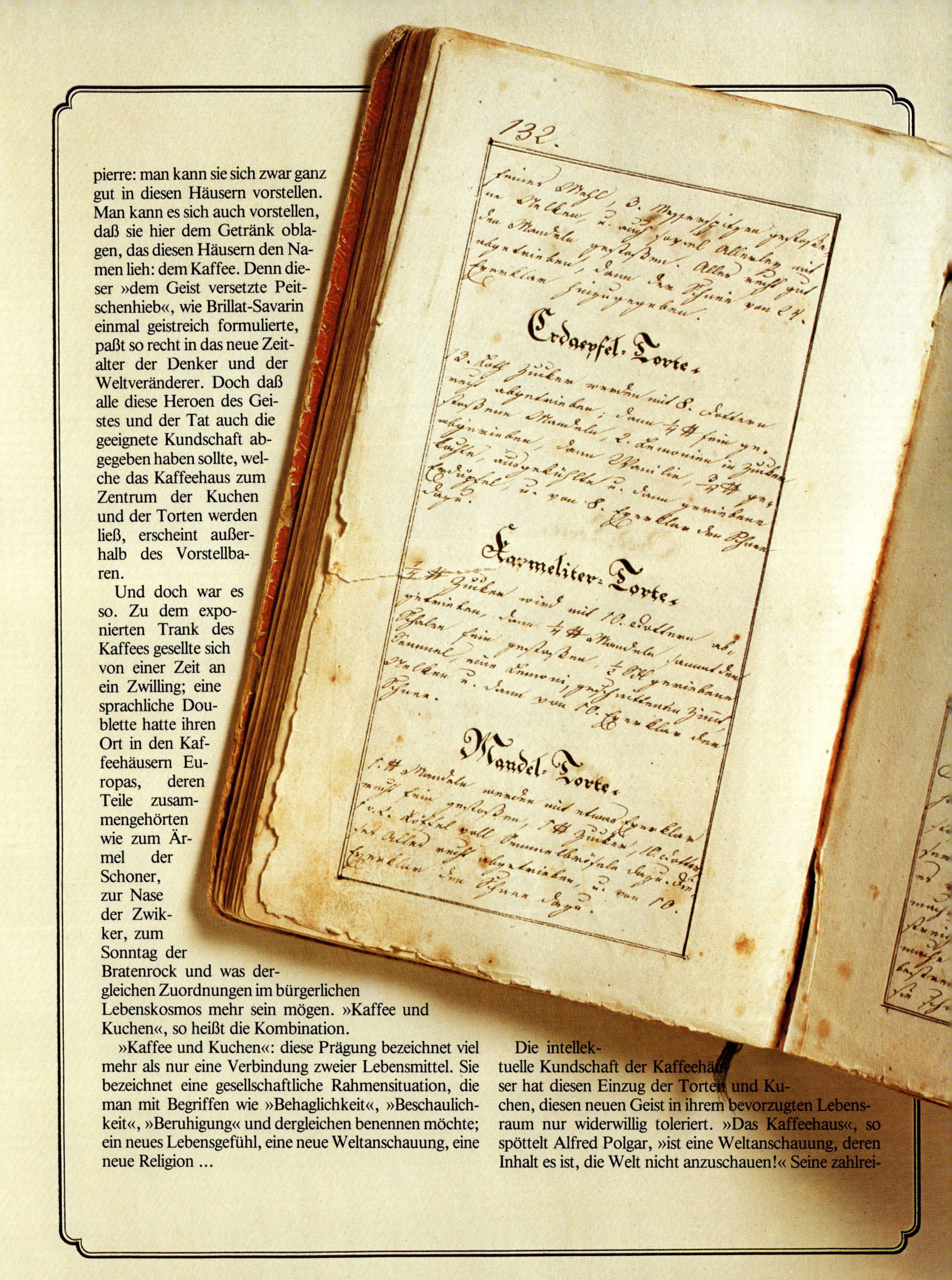

pierre: man kann sie sich zwar ganz gut in diesen Häusern vorstellen. Man kann es sich auch vorstellen, daß sie hier dem Getränk oblagen, das diesen Häusern den Namen lieh: dem Kaffee. Denn dieser »dem Geist versetzte Peitschenhieb«, wie Brillat-Savarin einmal geistreich formulierte, paßt so recht in das neue Zeitalter der Denker und der Weltveränderer. Doch daß alle diese Heroen des Geistes und der Tat auch die geeignete Kundschaft abgegeben haben sollte, welche das Kaffeehaus zum Zentrum der Kuchen und der Torten werden ließ, erscheint außerhalb des Vorstellbaren.

Und doch war es so. Zu dem exponierten Trank des Kaffees gesellte sich von einer Zeit an ein Zwilling; eine sprachliche Doublette hatte ihren Ort in den Kaffeehäusern Europas, deren Teile zusammengehörten wie zum Ärmel der Schoner, zur Nase der Zwikker, zum Sonntag der Bratenrock und was dergleichen Zuordnungen im bürgerlichen Lebenskosmos mehr sein mögen. »Kaffee und Kuchen«, so heißt die Kombination.

»Kaffee und Kuchen«: diese Prägung bezeichnet viel mehr als nur eine Verbindung zweier Lebensmittel. Sie bezeichnet eine gesellschaftliche Rahmensituation, die man mit Begriffen wie »Behaglichkeit«, »Beschaulichkeit«, »Beruhigung« und dergleichen benennen möchte; ein neues Lebensgefühl, eine neue Weltanschauung, eine neue Religion ...

Die intellektuelle Kundschaft der Kaffeehäuser hat diesen Einzug der Torten und Kuchen, diesen neuen Geist in ihrem bevorzugten Lebensraum nur widerwillig toleriert. »Das Kaffeehaus«, so spöttelt Alfred Polgar, »ist eine Weltanschauung, deren Inhalt es ist, die Welt nicht anzuschauen!« Seine zahlreichen Kernsätze zu diesem Thema gehören zum Geistreichsten, was über die Institution gesagt worden ist. »Seit zehn Jahren sitzen die beiden im Kaffeehaus«, sinniert er etwa über ein altes Ehepaar; »das ist eine gute Ehe? Nein! Das ist ein gutes Kaffeehaus.« — Ein anderer behauptet: »Die Wiener gehen ins Kaffeehaus, weil sie da erstens nicht zu Hause sind und zweitens nicht an der frischen Luft.« Und ein dritter schweift gar ins Philosophische: »Das klassische Nichts hat in der Konditorei seinen glänzendsten Ausdruck gefunden.«

Von dem Zeitpunkt an, als aus dem einstmals demokratischen Treffpunkt »Kaffeehaus« der Ort der Herstellung von Kuchen und Torten geworden ist, haftet dieser Institution der Nimbus von Trägheit und Dekadenz, Untätigkeit und Ermattung an. Da schreibt zum Beispiel ein Essayist namens Anton Kuh im Wien von 1918: »Der Bolschewismus steht vor den Toren Wiens, Bela Kun hat seine Banner entfaltet; ...« Doch was »da draußen« vor sich geht, will man im Kaffeehaus gar nicht so genau wissen. »Wenn sie Sägespäne zu essen bekämen — sie flüchteten lieber auf ihre geliebte Schutzinsel am Kohlmarkt, genannt Konditorei Demel, als in ein volkstümliches Arkadien der Völlerei. Aber sie bekommen Eiscreme und Schaumtorteletts und Waffeln.«

Es ist nicht ganz leicht, diese etwas verquälte Beziehung der Intellektuellen zu dem bevorzugten Ort ihres Erdendaseins zu verstehen. Einen »Januskopf« entdeckt Döbler im Kaffeehaus. Hier kann man über alles diskutieren; aber spätestens von der fünften Tasse Kaffee und vom dritten Sahnetörtchen an wird jedem klar, daß es nur beim Diskutieren bleiben wird und daß auf die Reden niemals Taten folgen.

Ja: der Einzug der Torten und der Kuchen scheint so etwas wie die politische Neutralisierung und Verharmlosung der einstigen freiheitlichen Ideale der Bürger eingeläutet zu haben. Es ist, als ob von einem Tag an den leidenschaftlich diskutierenden, aufgeklärten Bürgern der aufmüpfige Mund mit Sahne und Buttercreme gestopft worden wäre.

Es war bereits die Rede davon, daß der Wiener Kongreß von 1830 eines der Eckdaten für die Auslagerung des Konditorhandwerks aus den Feudalhöfen in das Kaffeehaus darstellt. Hier legte ein Sacher das Fundament seines Welterfolges, hier triumphierte ein Demel, hier entstanden in den Kaffeehäusern die Torten-Klassiker für alle Zeiten. Ist es nur ein Zufall, daß dieser Kongreß gleichzeitig eine reaktionäre »Tendenzwende« in Europa zur Folge hatte, eine Rückkehr nämlich zum straff obrigkeitlichen, autoritären, starken Staat?

Der dänische Bischof Mertensen, ein Gegner Kierkegaards, berichtet aus Wien: »Das Neunersche Café selbst war von der Regierung nicht wohl angesehen, weil man das Gefühl hatte, hier rege sich ein Geist, welcher für das Bestehende bedrohlich werden könnte.« Im gleichen Zeitraum, als die Spitzel Metternichs in die Kaffeehäuser an der Donaumetropole Einzug hielten, begann in denselben die Kunst der Torten und der Kuchen ihren epochalen Aufstieg. Und der Verzehr dieser Herrlichkeiten wurde dann eben zum Symbol für die lähmende Handlungsunfähigkeit, Tatenlosigkeit und Verzweiflung, die an die Stelle des einstigen freien Geistes der Umwälzung und der Erneuerung in den Kaffeehäusern getreten war. Als man an einem Oktobertag des Jahres 1917 dem damaligen k. u. k. Außenminister Czernin aufgeregt die Meldung brachte, in Rußland sei die Revolution ausgebrochen, blickte der kaum von seinen Akten auf und meinte nur: »Gehn's, wer soll denn in Rußland Revolution machen? Vielleicht der Herr Trotzki vom Café Central?«

Die gute Stube und das Kaffeekränzchen

Mit diesen Erscheinungen ging ein weiteres Phänomen einher, dem das Konditoreiwesen seinen letzten Schliff verdankt: der Rückzug der enttäuschten und entmutigten, entmachteten und verharmlosten Bürger ins Private, den man stilgeschichtlich als »Biedermeier« zu bezeichnen pflegt. Dieser Rückzug ist auch zeitlich eine Folgeerscheinung der Enttäuschung und Entmutigung der Bürger durch das Entstehen von straff obrigkeitsstaatlichen Zwangssystemen nach dem Vorbild des metternichschen Totalitarismus in Europa. Ruhe, Behaglichkeit und Geborgenheit waren jetzt die Ideale des Bürgertums, die Pflege der Familie stand hoch im Kurs. Der kulinarische Reflex dieser Lebensform aber war das »Kaffeekränzchen«.

Daß »Kaffee und Kuchen« nun nicht öffentlich, sondern privat konsumiert wurden, erscheint heute wenig aufregend, und war doch eine Neuheit. Bis zum 19. Jahrhundert war das Kaffeetrinken überhaupt eine öffentliche und keine private Angelegenheit.

Nun entfalteten die Bürger in der heimischen Backstube lebhafte Aktivität. Man eiferte den Errungenschaften der feinen Konditoreien nach und suchte sie nach Möglichkeit zu übertrumpfen. Bis heute sind ja auch bestimmte Arten von Kuchen und Torten eine Domäne der häuslichen Konditorei geblieben; und mit Recht sind unzählige Hausfrauen stolz auf ihre Obst-, Käse- oder Marmorkuchen, welche in der durchschnittlichen Bäckerei kaum so gelingen. Im Biedermeier wurde dies durch das neuerwachte Familiengefühl unterstützt.

Schmierer's Kaffeehaus in Wien, um 1810. Kaffee und Kuchen, diese beiden Begriffe, die wir heute mit dem Konditorei-Café oder dem Tearoom verbinden, standen sich vorher recht fremd gegenüber. Das Kaffeehaus hatte bis zum Ende des letzten Jahrhunderts andere Funktionen: Es war Begegnungsstätte einer fast ausschließlich von Männern geprägten Gesellschaft, die mit Süßigkeiten nicht viel im Sinn hatte.

Die Entstehung der häuslichen Kuchenkultur im Biedermeier wurde allerdings durch flankierende Umstände begünstigt, ohne die sie so nicht hätte statthaben können. Eine wichtige Voraussetzung war, daß von der Mitte des Jahrhunderts der Zucker, die wichtigste Zutat der häuslichen Konditorei, industriell hergestellt werden konnte. Das Biedermeier basierte ja auch sonst auf den neuen industriellen Herstellungsmethoden jener Tage. Sein berühmtes Mobiliar entsprang den technischen Neuerungen der holzverarbeitenden Industrie, der ersten maschinellen Serienproduktion von Möbeln überhaupt. Derartige Massenerzeugnisse erlaubten erst den Rückzug ins Private auf so breiter Front, wie dies im Biedermeier der Fall war. Mit solcher Hilfe konnte nun Frau Jedermann zu Hause fast ebenso repräsentativ tafeln wie Fürsten und Könige, welche man um jeden Preis zu imitieren bestrebt war. »Eine wahre Armee von Backwerk und Süßigkeiten«, so beschreibt ein Augenzeuge ein biedermeierliches Kaffeekränzchen in Berlin, habe dort auf der Tafel gestanden. »Das Zentrum der Heerflügel bildete eine riesenhafte Punsch-, dort eine ebenso große Sandtorte; Gugelhupfen mit und ohne Schokolade-Überguß beschützten das Zentrum wie schwere, zwölfpfündige Batterien, dann kamen ganze Regimenter von kleinem Backwerk, und es ist fast unmöglich, die Namen von all den Legionen, die hier aufmarschiert waren, anzugeben.«

Der Rückzug ins Haus, in die »gute Stube«, ins Behagliche der eigenen vier Wände ist wohl auch als Versuch zu deuten, eine Art Ersatzrealität zu schaffen. Es kommt nicht von ungefähr, daß gerade die Frauen, die macht- und einflußloseste Schicht des frauenfeindlichsten aller Jahrhunderte, zum Träger der Kultur des Kaffeekränzchens wurden. In den Ausmessungen einer aufs Wohnzimmer reduzierten Welt war man wieder wer, hier konnte sich ein Selbstbewußtsein entfalten, für das es draußen bei Gott keinen Grund gab. Man brauchte diese ganzen biedermeierlichen Winzigkeiten, die Döschen und Kißchen und all jene puppenstubenartigen Miniaturen, ein Repertoire zierlicher Verhaltensweisen auch, für welche das Kaffeetrinken und Kuchenessen geradezu ideale Voraussetzungen bot.

Das Kaffeehaus übrigens blieb von dieser Erscheinung keineswegs unberührt. Es hat den biedermeierlichen Lebensrahmen aufgegriffen und übernommen, es hat dabei seinen letzten Schliff, hat durch diese Stilepoche und in ihr gewissermaßen zu sich selbst gefunden: zu dem, was wir heute »Café« oder »Konditorei« nennen.

Das Kaffeehaus der »heroischen« Phase hatte in seinen Ausmessungen und in seiner räumlichen Gliederung an öffentliche Hallen erinnert, an Kontor, Börse, es war eher eine überdachte Straße, Passage, als behutsam umgrenzter Innenraum; vom Biedermeier an ähnelte es mehr der Puppenstube, die gleichzeitig beliebt wurde und deren Modell es abgesehen war. Die Innenarchitektur glich nun dem Wohnzimmer, der »guten Stube« des biedermeierlichen Wohnideals. Die Séparées entstanden. Es entstanden die Nischen, die Plüschmöbel, die Sofas und die geblümten Tapeten: all das, was man wohl heute noch »irgendwie« mit dem Wort »Konditorei« verknüpft. Und oftmals nicht ganz zu Unrecht ...

Parallel verlief die Entwicklung, welche sich hinsichtlich der Erzeugnisse nachzeichnen läßt, die in diesen salonartigen Etablissements nun hergestellt und angeboten wurden. Auch in den Backstuben diente die Puppenstube als Vorbild. Nicht umsonst war das Biedermeier eine Aktualisierungsphase der Model-Kunst. Rokokopärchen, Szenen aus dem Lebensmilieu des erträumten Bürgerlebens, Blumen- und Früchtearrangements, Schäferszenen und immer wieder Kinder-Genres: Wickelkinder und Schutzengelmotive, all das in unsäglichen Farben, waren der Stolz der Konditoren des 19. Jahrhunderts. Zartes Blätterteiggebäck wie Millefeuille, Törtchen und Schnittchen, all jene Fragilitäten und Kleinigkeiten voller Phantasie und Wohlgeschmack, der ganze Vorrat zerbrechlicher Belanglosigkeiten, die den Appetit eher anregen als befriedigen, kurz: die famosesten Errungenschaften der heutigen Konditorei haben ihren Ursprung in der Zeit des Biedermeier.

Sein Geist ist hier noch lebendig: Wenn wir heute eine Konditorei betreten, voll froher Erwartung all der Herrlichkeiten, unter denen wir wählen können, so ist dieser Ort gleichsam etwas weiter weg von allen Problemen und Konflikten. Das formidable Kuchenbüfett, an dem man zwischen den Köstlichkeiten der Konditor-Kunst wählen darf, erscheint als ein Ort wahrhaftigerer Freiheit als alle Abstimmungen und Wahlen der fortgeschrittenen Welt zusammengenommen. Wo sonst kann man im Zeitalter der Sachzwänge und der unterschiedslosen Machtblöcke noch wahrhaft entscheiden und handeln? Das belebende Gefühl, die ungeheure Erregung, welche sich im Angesicht einer gut bestückten Kuchenbar unweigerlich einstellt, ist nicht nur reiner Genuß, ist auch Ersatz für verlorengegangene Paradiese und erhält die Erinnerung daran aufrecht.

Kein Wunder also, daß die Intellektuellen, die die Welt verbessern wollten, gegen das Kaffeehaus gewütet und gewettert haben. Aber auch kein Wunder, daß das Kaffeehaus von allen Schmähungen und Beschimpfungen unbehelligt geblieben ist. Anton Kuh ist dahin wie Alfred Polgar, der Kaiser Franz Joseph wie Lenin, dahin sind Metternich und Biedermeier. Aber die weiland k. u. k. Hofkonditorei Demel zu Wien, die steht immer noch. Und leistete sich die Pointe, zum 50. Jahrestag der Oktoberrevolution den brennenden Winterpalast in ihren Schaufenstern auszustellen: aus Buttercreme ...

Frank Wesel

VOM FEINEN DAS FEINSTE

Interessantes und Wissenswertes über Zutaten und ihre Herkunft

Kuchen und Torten — mit diesen beiden Begriffen verbindet man grundsätzlich eine gewisse Qualität, die natürlicherweise bei den verwendeten Zutaten beginnen muß, und an die man dann auch höchste Ansprüche stellen sollte, will man eben diese »gebackene Qualität« genießen. Das klingt ganz selbstverständlich, ist doch leider nicht so.
Während der letzten 200 Jahre machte die Zuckerbäckerei eine sehr lebhafte Entwicklung durch, die gekennzeichnet war von den Bemühungen, aus den ehemals groben und primitiven Zutaten durch meist technische Veredelungen bessere Qualitäten zu erzielen. So konnten zum Beispiel die Mühlen durch bessere Mahlmethoden feinere Mehle liefern. Dies hat dem süßen Backgewerbe (und auch der Hausbäckerei) bessere Ergebnisse beschert. Dazu kam ein äußerst liberaler Welthandel, der es ermöglichte, die feinsten Zutaten aus aller Welt für die Erzeugnisse der Konditorei einzusetzen. Aber — und das war gar nicht so einfach — man mußte beim Einkauf schon einiges von den Produkten verstehen, wollte man wirklich Qualität erwerben. Da war ein Ei nicht wie das andere, die Milch hatte keinen standardisierten Fettgehalt, und um mit den Müllern ein Geschäft zu machen, mußte man nicht nur über Mehl Bescheid wissen, sondern auch dem Müller vertrauen können.
Das Industriezeitalter hatte nicht nur Auswirkungen bei der Produktion von Eisen oder Textilien; gleich danach wurden die Vermarkter landwirtschaftlicher Produkte aktiv, die es sehr schnell verstanden, die »Gaben Gottes« als Markenartikel an den Fachmann (an die Hausfrau) zu bringen. Diese Entwicklung lief über Jahrzehnte parallel, weil bei der selbstversorgenden Provinz nicht in gleichem Maß die hohe Wendigkeit bestand, sich der neuen, industriell verarbeiteten Produkte zu bedienen. Daß die Industrie letztlich mit ihren standardisierten Fabrikaten den Markt für sich gewann, war nur eine logische Entwicklung. Für den Fachmann bedeutete es Rationalisierung, für die Hausfrau wurde vieles leichter, zum Beispiel durch die Verwendung von Backpulver.
Keine Frage, daß die Lebensmittelindustrie in den letzten Jahrzehnten qualitativ hochwertige Grund- und Halbfabrikate entwickelt hat, aber der Fachmann und die Hausfrau müssen heute ebenso kritisch einkaufen wie ehedem. Man muß entscheiden, in welchen Bereichen die industriell vorgefertigten Halbfabrikate ohne Qualitätsminderung eingesetzt werden können oder wo sogar geschmackliche Verbesserungen erreicht werden können.
Beim Backen ist es nicht anders als beim Kochen, daß nämlich nur beste und frische Produkte auch gute Ergebnisse garantieren. Jedoch muß man für die Zubereitung feiner Kuchen und Torten nicht puristisch auf die Hilfestellung der Lebensmittelindustrie verzichten: Man denke nur an Marzipan-Rohmasse, Nougatmasse, Fondant oder gar Kuvertüre. Das sind einige Beispiele von vorgefertigten Produkten, die nicht nur die Arbeit wesentlich erleichtern, sondern die man selbst wohl selten in so ausgereifter Qualität herstellen kann. Es gilt also, Bewährtes mit den modernen Hilfsmitteln sinnvoll zu kombinieren. Wenn dazu noch solide Kenntnisse der Zubereitung kommen, dann müßte der Erfolg gesichert sein.

Mehl — Basis zum Backen

Im großen Brockhaus ist zu lesen: »Mehl ist ein Nahrungsmittel, das durch Mahlen von Getreidekörnern gewonnen wird.« Zu Mehl können alle Getreidearten wie Weizen, Roggen, Gerste, Reis oder Mais verarbeitet werden. Nach dem Grad der Feinheit unterscheidet man dann Schrot, Gries, Dunst- oder Auszugsmehl. Für Kuchen und Torten und Feingebäck interessiert jedoch nur das Weizenmehl, für einige spezielle Gebäcke wie zum Beispiel Honigkuchenteige noch das Roggenmehl.
Weizen ist nicht erst in unseren Tagen die wichtigste Nahrungspflanze der Welt, sondern schon von alters her eng mit der Geschichte der Menschheit verknüpft, seit in frühgeschichtlicher Zeit der Mensch, damals noch Jäger und Sammler, ansässig und zum Ackerbauern wurde. Von dieser Zeit an datieren auch die verschiedensten Methoden, das Korn zu Mehl zu vermahlen bis in unsere Tage, in denen mit modernster Technik das Mehl produziert wird.
Um das rechte Verständnis für Mehl zu bekommen, ist es nötig, sich etwas genauer mit dem Weizenkorn zu befassen. Sein innerer Aufbau ist höchst interessant! Ein Längsschnitt durch das Korn zeigt von der Mitte nach außen gesehen den großen Mehlkern (Endosperm), dann die Aleuron- oder Wabenschicht (wegen ihrer Struktur so genannt), welche die meisten Mineralstoffe enthält und welche schon zur Schalen- oder Randschicht gehört, dann die Samenhaut und zuletzt die äußere Schale, eine Faserschicht, die als Kleie bekannt ist. Am unteren Ende des angeschnittenen Korns liegt der Keimling, in dem die meisten Vitamine und auch Fett stecken. Die Wertstoffe wie Eiweiß (Proteine), Vitamine, Phosphor und Mineralsalze befinden sich also in den Randschichten des Korns.
Wie entsteht nun das Weizenmehl? Wir wollen uns bei dieser Frage nicht in technischen Einzelheiten verlieren, doch soll, stark vereinfacht, das System angedeutet werden, das uns zu dem kostbaren »Staub« verhilft: Das Getreide wird zuerst gereinigt und dann zwischen Walzen zerkleinert. Speziell beim Weizen haben die Walzen einen höheren Abstand voneinander (daher der Name »Hochmüllerei«), damit die Körner nur schwach angebrochen werden, um nicht allzuviel von den kostbaren Randschichten zu verlieren. Der darauf folgende Mahlvorgang wird als »Grieß-« oder »Weizenmüllerei« bezeichnet. Die besonderen Merkmale dieser Technik sind, wie schon beschrieben, der höhere Abstand der Walzen voneinander, der ein besonders schonendes Zerkleinern der Körner garantiert, und dann die darauf folgende stufenweise Vermahlung in mehreren Passagen. Zuerst werden »Grieße« gewonnen, die dann zu Mehl aufgelöst werden.
Um beim Mehl bestimmte Eigenschaften konstant zu erhalten, werden in den Mühlen verschiedene Weizensorten gemischt. Dadurch wird auch eine gleichbleibende Qualität erzielt. Unser Weizenmehl wird in bestimmten Typen hergestellt, die den jeweiligen Gehalt an Mineralstoffen bezeichnen. So hat das ganz helle feine Auszugsmehl, Type 405, leider den geringsten Anteil an Mineralstoffen, da überwiegend nur der innerste Teil des Weizenkorns fein vermahlen wurde. Schon bei Type 550 ist der Ausmahlungsgrad des Korns höher, es sind mehr Schalenteilchen darin enthalten. Damit verändert sich auch die Farbe des Mehles; es wird ein klein wenig dunkler. Für die ganz feinen Gebäcke, Kuchen und Torten, werden vor allem die Weizenmehltypen 405 und 550, allenfalls noch 1050 verarbeitet.
Der Vollständigkeit halber seien auch die anderen Mehltypen kurz vorgestellt:
Weizenmehle, die zum Teil auch noch in der Konditorei verwendet werden können, haben die Typen 630, 700, 812, 1000 und 1050. Das Mehl der letzteren Type hat bereits dunklere Farbe und einen kräftigeren Eigengeschmack. Daher kann es nur für ganz spezielle Teige, zum Beispiel für dunklere Weihnachtsgebäcke verwendet werden.
Type 1700 ist bereits Weizenschrot, stark ausgemahlen, mit hohem Mineralstoff- und Vitaminanteil. Die Farbe ist dunkel, der Geschmack sehr kräftig. Das Mehl wird in der Bäckerei auch zu Vollkornkuchen und in der Lebküchnerei eingesetzt.
Für den privaten Verbraucher sind allerdings nur die Typen 405 und 550 im Handel. Wer für den eigenen Gebrauch die eine oder andere Mehlart erwerben will, muß sich an Bäckereien, besser noch an Mühlen oder Reformhäuser wenden. Dort sind alle Mehle in guter Auswahl und Qualität vorhanden.

Der Kleber im Weizenmehl

Er ist der wichtigste Faktor für die Verwendungsmöglichkeiten des Mehles und besteht aus den Eiweißstoffen (Proteinen) Gliadin und Glutenin. Überraschenderweise enthält der innere Teil des Korns, aus dem vorwiegend die feinen Auszugsmehle gewonnen werden, den geringsten Kleberanteil. Immerhin gehen die einzelnen Kleberzonen ineinander über und sind nicht scharf abgegrenzt.
Die Eiweißstoffe des Klebers sind je nach Weizenart in größerer oder kleinerer Menge vorhanden. In warmen und trockenen Klimaten ist der Kleberanteil höher, und so ergeben beispielsweise amerikanische Hartweizensorten ein wesentlich kleberreicheres Mehl. Für einige Teigarten, zum Beispiel Hefeteig, ist der Kleberanteil im Mehl von entscheidender Bedeutung. Der Kleber ist in Wasser quellfähig, das heißt, er bindet die Flüssigkeit im Teig und bildet sozusagen ein elastisches Gerüst. Während des Backens entwickelt sich die durch den Kleber gebundene Flüssigkeit zu Dampf. Die im Teig eingeschlossene Luft kann sich ausdehnen. Bei etwa 70° C gerinnt der Kleber und bewirkt mit der im Mehl enthaltenen Stärke die gewünschte Krumenbildung. Der Teig ist aufgegangen, hat sich verfestigt und kann somit nicht mehr zusammenfallen.
Ein weiteres Kriterium bei der Beurteilung der Mehlqualität ist die »Griffigkeit«. Diese fühlbare Körnigkeit ist ein Qualitätsmerkmal, das auf ein besonders kleberreiches Mehl und auf eine einwandfreie Vermahlung hinweist, die aber bei den heutigen Mahlmethoden ohnehin gegeben ist. Auch an der Farbe ist qualitativ gutes Mehl zu erkennen, es soll glänzend gelblich-weiß sein. Da Mehl sehr geruchsempfindlich ist, empfiehlt sich eine luftige, aber trockene Lagerung, frei von Fremdgerüchen. Doch zu lange Lagerung bewirkt die Zersetzung des Mehlfettes. Das Mehl riecht und schmeckt dann ranzig und sauer.

Die Speisestärke

Beim Backen ist das Mehl wohl eine der wichtigsten Zutaten. Doch gibt es noch eine Gefährtin dazu, die in ihrer Wirkung nicht unterschätzt werden darf: die Speisestärke. Sie wird für die verschiedensten Teige benötigt, wie zum Beispiel für Rührteige, für Biskuit- und Baisermassen.
Das Mehl, mit seinem hervorragenden Wirkstoff Kleber, macht nämlich die Teige zäh, man kann auch sagen elastisch; dazu werden sie relativ großporig. Diese Eigenschaften sind jedoch nicht für alle Kuchen und Torten oder andere Gebäcke gleich wertvoll. Benötigt man einen besonders feinen, leichten Teig wie für Sandkuchen oder Biskuitmassen, so muß die Wirkung des Klebers reduziert werden. Dies geschieht, indem man einen Teil des Mehles durch Speisestärke ersetzt. Sie ist es, die den Sandkuchen feinporig und »sandig« macht. Je größer bei einer Biskuitmasse der Stärkeanteil ist, um so zarter und leichter wird das Endprodukt. Daher gilt: Überall, wo die volle Wirkung des Klebers nicht gefragt ist, kann ein Teil des Mehles durch Speisestärke ersetzt werden. Die Verarbeitung ist einfach: Zu Beginn der Teigherstellung wird sie mit dem Mehl zusammen gesiebt. Da es im Handel eine große Anzahl verschiedener Arten von Speisestärke gibt, ist es wichtig, die einzelnen Produkte zu unterscheiden. Je nach ihrem Ausgangsstoff tragen sie ihre Namen. Die bekanntesten Sorten sind Weizenstärke, Maisstärke, Kartoffelstärke, Reisstärke und Arrowroot-Stärke. Zum Backen bietet sich die Weizenstärke als erste an, da sie sich hierbei am besten bewährt hat. Sie entsteht als Neben-

produkt bei der Klebergewinnung aus Weizenmehl und fällt in zwei Varianten an: grobkörnig, aber sehr rein, und feinkörnig, doch etwas mit Kleber und anderen Stoffen verunreinigt. Doch auch die Maisstärke soll nicht unbeachtet bleiben, denn in der Lebensmittelindustrie wird sie am meisten verwendet. Feinkörnig, geruchlos und ohne Eigengeschmack wird sie ab und zu auch in Konditorei und Patisserie benutzt. Die übrigen Sorten der Speisestärke eignen sich zum Backen nicht so gut.

Die Hefe — ein Zauberding?

Zauber — nicht unbedingt, aber ein Wunder könnte man es schon nennen, was die Hefe alles vollbringt. Sie besteht aus Mikroorganismen, das heißt Kleinstlebewesen, die sich im Lauf jahrhundertelanger Forschung als Pilzzellen entpuppten. Diese teilen bzw. vermehren sich unter günstigen Bedingungen. Das ist ein Vorgang, der bei der Verwendung von Hefe zum Backen die Hauptsache ist.

Die Bedingungen, die die Hefe an uns stellt, sind Luft, Feuchtigkeit, Wärme und Nahrung, zum Beispiel in Form von Zucker. All dies finden die Pilzzellen in einem Teig vor. Sie teilen sich dann sehr schnell und verwandeln dabei den Zucker in Alkohol und Kohlendioxyd. Dieses wiederum tut sich mit dem Kleber des Mehles zusammen und bewirkt die alkoholische Gärung. Im Teig entstehen zahllose winzige, gasgefüllte Bläschen, die das Volumen des Teiges ständig vergrößern. Damit jedoch der Teig nicht »erstickt«, muß ihm durch kräftiges Schlagen oder andere Arbeitstechniken Luft zugeführt werden. Je mehr Sauerstoff in den Teig gelangt, um so luftiger und lockerer wird später das Gebäck. Frische Hefe riecht und schmeckt angenehm säuerlich, hat eine hellgraue Farbe, bricht blättrig und darf nicht schmierig sein. Neuerdings wird außer der inzwischen fest etablierten Trockenhefe auch haltbare Frischhefe (mit Verfalldatum) angeboten, die im Kühlschrank einige Wochen zu lagern ist.

Hefe ist jedoch kein Treibmittel aus unseren Tagen. Schon im 16. Jahrhundert wurde sie beim Backen benutzt. Nürnberger Bäckern sagt man nach, ihre Wirkungsweise entdeckt zu haben und zwar mit Hilfe der Hefe, die bei der Herstellung der obergärigen Biere in den dortigen Brauereien anfiel. Der französische Chemiker und Biologe Louis Pasteur (1822-1892) stellte fest, daß Hefe aus Mikroorganismen besteht. Doch erst dem Nobelpreisträger für Chemie, Eduard Buchner (1860-1917), gelang es, Hefe in ihre Bestandteile zu zerlegen und das Enzym Zymase, das die Gärung auslöst, zu isolieren. Seither ist es möglich, die verschiedensten Heferassen zu züchten.

Neben der Hefe, die ein biologisches Lockerungs- und Treibmittel ist, stehen auch chemische Produkte.

Backpulver, Hirschhornsalz und Pottasche

Backpulver besteht aus einer Mischung von Natriumcarbonat, einem Säureträger (zum Beispiel Weinstein oder Weinsäure) und einem Trennmittel, meist einer Puderstärke. Unter der Einwirkung von Luft, Flüssigkeit und Wärme entsteht Kohlendioxyd, das wiederum die Gärung auslöst. Das Trennmittel hat dabei die Aufgabe, zu verhindern, daß sich die beiden ersten Bestandteile nicht vorzeitig umsetzen — es stellt also eine Art Isolierschicht dar. Zusätzlich zieht es die in der Luft vorhandene Feuchtigkeit an sich, solange das Backpulver noch nicht verwendet wird. Je nach Wahl des Säureträgers kann Backpulver für eine schneller oder langsamer wirkende Treibkraft zusammengestellt werden.

Für größere Gebäckmengen, zum Beispiel in Konditoreien, wird vielfach der sogenannte ABC-Trieb verwendet. Der Name dieses Treibmittels, das wie Backpulver wirkt, ist die Abkürzung von Ammoniumbicarbonat.

Von alters her gibt es auch Hirschhornsalz. Dieses weiße Salz, früher wurde es aus Hörnern und Klauen gewonnen (daher der Name), besteht aus einer Mischung von Stoffen, die aus Ammoniak und Kohlensäure gebildet sind. Es zersetzt sich an der Luft und muß daher gut verschlossen aufbewahrt werden. Im Wasser löst es sich jedoch unzersetzt und läßt sich daher bequem dem Teig beifügen. Die Lockerung entsteht dann wie bei den anderen Treibmitteln. Am Ende des Backprozesses kann allerdings bei hohen Gebäcken ein Teil freier Ammoniak zurückbleiben, der im Geschmack recht unbeliebt ist. Ein Grund dafür, daß Hirschhornsalz nur für gewürzte Flachgebäcke (Lebkuchen) empfohlen wird.

Auch Pottasche (Kaliumcarbonat) ist ein altbewährtes Mittel. Das weiße Pulver ist geruchlos, schmeckt aber nach Lauge und wird deshalb auch nur bei Flachgebäcken eingesetzt.

Milch

Wo Milch und Honig fließt ..., das sagt schon etwas über die Bedeutung der Milch, die Basis ist für eine ganze Reihe weiterer Produkte wie Sahne, Quark, Joghurt, Butter. Milch gab es eigentlich schon immer. Für den Menschen erlangte sie Bedeutung von dem Zeitpunkt an, als er gelernt hatte, Muttertiere wie Kühe, Ziegen, Schafe, Esel-, Kamel- und Pferdestuten, auch Büffelkühe zu melken. Von Babylonien, dem reichen Land zwischen Euphrat und Tigris, ist bekannt, daß Milch schon 5000 Jahre vor der Zeitwende zu Ernährungszwecken verarbeitet wurde. Bei Ausgrabungen der Stadt Ur in eben diesem Land wurden Tontafeln gefunden, die belegen, daß dort 3000 v. Chr. bereits Milchkühe gehalten wurden. Auf Reliefbildern kann man sogar einzelne Phasen der Verarbeitung betrachten. — Aber auch andere Völker, Ägypter, Griechen, Römer, Germanen, nicht zuletzt die Reitervölker Zentralasiens beschäftigten sich intensiv mit der Milchgewinnung und der Verarbeitung der Milch. Quark, mit Honig oder Kräutern gewürzt, galt bei den Germanen als Delikatesse, und Dschingis-Khans Vorfahren stellten Kefir und Trockenmilch her: Der Rahm wurde abgeschöpft und in flachen Tellern an der Sonne getrocknet. So einfach war das damals. Die Milchwirtschaft unserer Tage verdanken wir der technischen Entwicklung vergangener Jahrhunderte. Schon Kaiser Karl der Große (Regierungszeit 800 bis 814) erließ anno 812 genaue Vorschriften über Milch-, Butter- und Käselieferungen an seinen Hof. 1679 entdeckte der Erfinder des Mikroskops, der Niederländer Leeuwenhoek (1632-1723) die Fettkügelchen in der Milch. Die Erfindung der Dampfmaschine war für die Milchwirtschaft von höchster Bedeutung. 1849 kam man auf die Milchkondensation, 1853 erfolgte die Erzeugung von Dauermilch durch Eindicken bei niedriger Temperatur, 1859 wurde der Nachweis von Eiweiß in der Milch erbracht.

Milch in konstanter Qualität

Der Fortschritt der Lebensmittelforschung und der Wunsch nach möglichst konstanter Qualität mündet zwangsläufig in Gesetzen und Verordnungen, und das Ende eines Naturproduktes — in diesem Fall Milch — ist damit besiegelt. Wer schon jemals ein Glas frische Milch so direkt auf dem Bauernhof trinken konnte, hat sicherlich wenig Ähnlichkeit mit der Einheitsmilch feststellen können. Für die Zuckerbäckerei ist das im Fall der Milch zu verschmerzen, weil sie ohnehin bei der Verarbeitung meist erhitzt werden muß, doch bei der Sahne, die ja überwiegend frisch, als Füllung oder Beigabe zum Kuchen verwendet wird, ist das schon eine gewaltige geschmackliche Einbuße.

Ein gehaltvolles Produkt

Kuhmilch — und nur sie ist bei der Zuckerbäckerei von Bedeutung — besteht zu 87% aus Wasser. Der Rest setzt sich aus höchst wertvollen Stoffen zusammen wie Fett, Milchzucker, Kasein, Globulin, Albumin (gerinnt beim Kochen und wird zur »Haut« auf der Milch), Mineralsalze in vielen Verbindungen und zahlreiche wichtige Vitamine, dazu noch einige Fermente und Hormone. Milch besitzt also alle wichtigen Stoffe, die der menschliche Körper braucht, verbunden mit einem hohen Nährwert.
Das leicht verdauliche und wertvolle Milchfett verleiht der Milch die gelblich-weiße Farbe. Es besteht aus winzigen Kügelchen, die eine Eiweißhaut haben und äußerst fein verteilt in der Flüssigkeit schwimmen. Milchzucker gibt der Milch ihren süßlichen Geschmack. Wird er mit Säurebakterien konfrontiert, bildet sich Milchsäure. Diese wiederum verbindet sich mit dem in der Milch enthaltenen Kalk, der bislang mit Eiweiß verbunden war. Das Eiweiß wird dadurch frei und flockt aus: Die Milch wird dick und sauer. Das für den menschlichen Organismus wichtige Milcheiweiß setzt sich, grob unterteilt, aus Kasein, Globulin und Albumin zusammen. Von den Mineralstoffen und Spurenelementen sind vor allem Kalzium und Phosphor unentbehrlich, doch auch Kalium, Natrium, Magnesium, Eisen und Jod werden vom Körper benötigt. Vitamine sind in der Milch geradezu geballt vorhanden. Vor allem der hohe Gehalt an Vitamin C, B_2, B_6, B_{12} ist für den gesamten Stoffwechsel von höchster Bedeutung.
Die Kuhmilch, so wie sie vom Bauern kommt, wird in den Molkereibetrieben auf Reinheit, Qualität, Vorhandensein von Antibiotika und anderen chemischen Verunreinigungen geprüft. Wird sie freigegeben, muß sie auf 4° C gekühlt werden. Die Rohmilch oder »Trinkmilch« wird durch Zentrifugieren in Magermilch und Rahm getrennt. Je nachdem, ob Vollmilch, fettarme Milch oder entrahmte Milch entstehen soll, wird der Magermilch wieder der jeweilige Fettanteil zugesetzt. Die Milch wird dann pasteurisiert, das heißt durch schonendes Erhitzen haltbar gemacht, ohne daß dabei die Wertstoffe leiden oder verändert werden. In jedem Fall wird die Milch anschließend homogenisiert. Die winzigen Fettkügelchen werden zusätzlich noch zerkleinert, so daß sie beim Stehen der Milch nicht mehr nach oben steigen bzw. keinen Rahm mehr bilden können. Diese Milch hat deswegen nicht weniger Fett — es ist nur besser verteilt. Neben den Methoden, die Milch länger haltbar zu machen (zum Beispiel sterilisieren), wurden auch verschiedene Verfahren für Milchkonserven entwickelt. So gibt es die allseits bekannte Kondensmilch, gezuckert und ungezuckert und als Kondensmagermilch. Wie schon der Name sagt, entsteht diese Art von Milch durch kondensieren, eindicken.
Eine andere Milchkonserve entsteht durch »evaporieren«, verdampfen: die Trockenmilch. Auch hier werden verschiedene Fettstufen angeboten: Trockenvollmilch, Trockenrahm und Trockenmagermilch. Für den Haushalt ist Trockenmilch unbedeutend und auch im Fachbetrieb sollte sie nur »eiserne Reserve« sein. Bei der Verarbeitung wird sie entweder trocken unter das Mehl gemischt oder entsprechend angerührt. Für unsere Belange wollen wir jedoch wieder zur Frischmilch zurückkehren. Als echtes Frischprodukt ist sie leicht verderblich und muß kühl gelagert werden. Wie die übrigen Milcherzeugnisse ist sie empfindlich gegen fremde Gerüche und sollte im Kühlschrank nur entsprechend geschützt aufbewahrt werden.

Sahne — eine Sache für Genießer

Schon das Wort »Sahne« hat einen besonderen, ja festlichen Klang. In weniger üppigen Zeiten schätzte man sich glücklich, zu allerhöchsten Festtagen Kuchen, Torten oder Desserts mit Schlagsahne zu krönen. Und auch heute hat die Sahne nichts von ihrer Feinheit und Exklusivität eingebüßt. Was auch immer mit Sahne oder Schlagsahne zubereitet wird, erhebt sich an Güte, Aroma, Zartheit und einem gewissen Schmelz über das »Normale« hinaus. Das wußten auch schon die reichen Ägypter, die Sahne sogar auf Reisen nicht missen wollten, und die Griechen schätzten ihre »Schaummilch« über alles. Doch kommen wir in unsere Tage zurück. Wie bei der Milchbearbeitung schon erwähnt, fällt bei der Entrahmung der Milch in der Zentrifuge Rahm in größeren Mengen an, weil die Naturmilch meist einen höheren Fettgehalt besitzt, als ihr nachher wieder zugesetzt wird. Sahne ist also das »abgeschöpfte« Milchfett. Verschwunden vom Markt ist leider die wirklich »frische Sahne«, deren hervorragender Geschmack nur noch Erinnerung ist. Durch das Pasteurisieren, so schonend es auch geschehen mag (darüber hinaus ist es gesetzlich verordnet), verliert die Sahne diesen ganz typischen frischen Charakter; ein geschmackliches Zugeständnis für ein keimfreies Lebensmittel und dessen Haltbarkeit.
Der Mindestfettgehalt der Sahne ist gesetzlich geregelt. Die Werte für die einzelnen Fettstufen sind: für Kaffeesahne 10%, Sahne (also auch Schlagsahne) 28%, saure Sahne (mit Milchsäurebakterien gesäuert) ebenfalls 28% und Crème fraîche 30% Fettanteil. Soweit es die Schlagsahne betrifft, ist dieser vorgeschriebene Mindestwert aber nicht der Ideal-Fettgehalt. Er liegt etwa bei 30-33%. Unter günstigen Voraussetzungen erreicht man mit Sahne dieses Fettgehaltes das optimale Ergebnis: Die Schlagsahne ist gut zu schlagen, sehr luftig und

leicht und hat trotzdem einen »guten Stand«, denn je höher der Fettgehalt, desto höher die Standfestigkeit der Schlagsahne. Damit verringert sich aber auch das Volumen, wodurch die Sahne weniger bekömmlich wird. Wenn auch von »frischer Sahne« gesprochen wird, so sollte sie doch mindestens 2-3 Tage bei einer Temperatur von 5-7° C reifen. Diese Zeitspanne braucht sie meist ohnehin, um vom Erzeuger zum Verbraucher zu gelangen. Wird sie darüber hinaus noch in einem vorgekühlten Gefäß und möglichst noch in einem kühlen Raum geschlagen, dann müßte sie eine ideale Konsistenz erreichen und das Volumen um das 2-3fache zunehmen.
Dieses so überaus empfindliche Milchprodukt bedarf auch bei der Lagerung größter Fürsorge, daher im Kühlschrank sorgfältig vor fremden Geruchseinflüssen schützen.

Pro und contra Butter

Diese mit allen wissenschaftlichen Erkenntnissen und ökonomischen Mitteln geführte Diskussion kann nicht Gegenstand unserer warenkundlichen Betrachtungen sein. Daß Fette den Geschmack und die Konsistenz der Feingebäcke verbessern, ist eine unwiderlegbare Tatsache. Daß dabei die Butter mit ihrem typisch feinen Geschmack die positivsten Auswirkungen auf das Gebäck oder gar auf Cremes hat, ist auch unbestritten. Daß andere Fette nicht nur Ersatzfunktion aus wirtschaftlichen oder gesundheitlichen Gründen haben, beweist, daß sie dank bester Grundstoffe und modernster Verarbeitungsmethoden auch gleich gute oder sogar bessere Ergebnisse liefern. Sie sind meist leichter zu verarbeiten und länger haltbar. Jeder »Kuchenbäcker« wird also selbst entscheiden müssen, ob er dogmatisch nur mit Butter arbeitet oder auch andere Fette sinnvoll einsetzt, denn es geht ja nicht nur um Butter oder Margarine, sondern auch um andere traditionelle Fette wie Öl, Schweineschmalz oder Rindertalg, die richtig eingesetzt durchaus auch ihre Vorteile haben.
Butter gibt es fast schon ebenso lange wie die Milch, aus der sie gewonnen wird. In der Bibel, in den Sprüchen Salomonis XXX, 33 heißt es, »wenn man Milch stößt, so wird Butter daraus.« Sie wurde vorwiegend in Vorderasien und rund ums Mittelmeer lange nicht als Nahrungsmittel, sondern als Heilsalbe verwendet. Die dortigen Bewohner hatten aufgrund der Oliven und anderer ölhaltiger Früchte keinen Mangel an Fett. In kühleren Klimagebieten wie Europa, vor allem Skandinavien, wurde die Butter schon wesentlich früher als Speisefett verwendet. Um 600 n. Chr. war Butter in unseren Gebieten als Nahrungsmittel bekannt. Im Mittelalter wurde an Fasttagen sogar der Verzehr von Butter verboten, da sie als Genußmittel, als Luxus galt. Butter ist das am vielseitigsten zusammengesetzte Fett. Sie enthält alle für den Körper lebensnotwendigen Fettsäuren, die der Organismus braucht, aber nicht selbst produzieren kann, dazu hochwertige Proteine, Mineralstoffe (vor allem Kalzium, Phosphor), Spurenelemente und die Vitamine A, D und E. Butter ist das bekömmlichste, das am leichtesten zu verdauende Fett. Dies kommt daher, daß der Schmelzpunkt noch unter der menschlichen Körpertemperatur liegt. Deshalb wird das Butterfett besonders schnell vom Körper aufgenommen.
Das Butterfaß war über Jahrhunderte das gebräuchliche Gerät zur Herstellung der Butter. Es hatte entweder einen rotierenden Quirl innen oder eine Scheibe mit Stiel, die auf und nieder bewegt wurde. Die Sahne wurde auf diese Weise geschlagen und »gestoßen«, bis sich die Rahmfettkügelchen zu Butterkörnchen zusammenballten und von der »Buttermilch« trennten. Die Butterballen wurden dann geknetet und geformt. Alte, kunsthandwerklich schöne Modeln künden davon heute noch.

Die moderne Butterproduktion garantiert absolut gleichbleibende Qualitäten. Nach gesetzlichen Vorschriften darf Butter nicht weniger als 82% Fett enthalten und nicht mehr als 16% Wasser. Generell werden heute die Buttersorten unter Anwendung eines Pasteurisierungsverfahrens hergestellt. Darunter sind Sorten vertreten, denen unterschiedliche Mengen an Salz zugesetzt werden. Leicht gesalzene Butter ist oft eine ideale Zutat für Mürb- oder Hefeteige, die ohnehin, zum Beispiel für Obstkuchenböden, etwas Salz vertragen. Daneben gibt es, zumindest in Deutschland, noch Landbutter. Sie wird nicht in Molkereien, sondern in kleinen Milcherzeugerbetrieben hergestellt. Für diese Butter bestehen in Bezug auf Qualität die gleichen Anforderungen, doch gibt es keine Vorschriften hinsichtlich eines Erhitzungsverfahrens. Landbutter darf nur, geformt oder ungeformt, in Pergamentpapier in den Handel kommen. Eine haltbare Variante ist das Butterschmalz. Man kann es selbst herstellen, indem man Butter »ausläßt«. Dabei verdunstet das Wasser, und vorhandene Bakterien werden durch die Hitze getötet. Mit diesem Vorgang vermindert sich aber der Eiweiß-, Milchzucker- und Salzgehalt. Butterschmalz hält sich in Steinguttöpfen, kühl gelagert, bis zu einem Jahr. Butter selbst ist sehr wärme-, licht- und geruchsempfindlich. Sie sollte daher am besten luftdicht, kühl und dunkel gelagert werden.
Butter bewirkt eine zarte Mürbung und vieles mehr, doch auch andere Fette werden zum Backen verwendet und benötigt. Da steht der Butter am nächsten die Margarine, die es für den Fachmann in drei Ausführungen gibt: Backmargarine ist fester und zäher als Butter und verträgt daher Kneten und Rühren besser. Sie ist für Mürb- und Zuckerteige gut geeignet. Die Teige werden nicht so leicht brüchig und halten auch lange frisch. Crememargarine dient zur Herstellung von Cremes, da sie sich gut aufschlägt, neutral im Geschmack ist, dazu gute Standfestigkeit und Bindefähigkeit aufweist. Sie verbindet sich gut mit Eiern, Zucker und Crème pâtissière. Ziehmargarine muß zäh, aber auch geschmeidig sein. Diese Eigenschaft, die besonders bei Blätterteig- und Plundergebäcken erwünscht ist, läßt sich mit Talgzusätzen oder mit talgähnlichen Fetten erreichen. Die Teige lassen sich

dann einerseits ungleich leichter verarbeiten als mit Butter, andererseits vemißt man gerade beim Blätterteig (besonders wenn das Gebäck nicht mehr ganz frisch ist) den zarten Buttergeschmack. Eine große Auswahl zum Teil absolut reiner Pflanzenfette und -öle sind in der Konditorei vielfältig einsetzbar. Vor allem beim Ausbacken von Fettgebäck haben sie besondere Vorteile, weil sie sich relativ stark erhitzen lassen, ohne zu verbrennen. Aber auch Butterschmalz und Schweinefett eignen sich dafür bestens. Letzteres taugt allerdings in guter Qualität auch für Mürbteige, die als Unterlage für Obstkuchen dienen.

Das Ei

Vor vielen Jahrtausenden schon war das Ei in allen Kulturen das Symbol der Fruchtbarkeit, die Quelle des Lebens schlechthin. Ob in den Mythen der Inder oder Ägypter, ob in den kultischen Gebräuchen der Völker Mittelamerikas oder Europas, die Menschen erhofften sich vom Ei Fruchtbarkeit und neues Leben für die Natur und für sich selbst. Unberechtigt waren diese Hoffnungen nicht, denn das Ei ist in seiner Geschlossenheit eines der hochwertigsten Nahrungsmittel, die es überhaupt gibt. Es enthält alles, was der Organismus zum Leben braucht: Proteine, Fett, Kohlenhydrate, Vitamine, Mineralstoffe und Spurenelemente. Höchst wertvoll als Nahrungsmittel an sich und besonders gut verdaulich für den menschlichen Organismus ist das Hühnerei, und nur um dieses geht es in den folgenden Ausführungen. Zum Kuchenbacken ist es ein unentbehrlicher Rohstoff. Betrachtet man es näher, so sieht das Ei recht einfach aus: Kalkschale, Eiklar, Dotter. Doch gerade die verschiedenartige Zusammensetzung und die leichte Trennbarkeit von Eiklar und Eigelb sind hervorragende Faktoren bei seiner Verarbeitung.

Das Gewicht eines Hühnereies beträgt etwa 60 g. Davon entfallen auf die Schale 6 g, auf das Eiklar 32 g und auf das Eigelb 22 g. Der Nährwert eines mittelgroßen Eies beläuft sich auf 75 bis 90 kcal (315-390 kJ). Das Eiklar besitzt ein gutes Schaumbildungsvermögen, es erhöht den Lockerungsgrad und vermag auch während des Backens die Lockerungsgase gut festzuhalten. Zusätzlich werden durch die Einwirkung von Hitze verschiedene Eiweißstoffe gewonnen. Eiklar enthält auch Glanzstoffe, die zur Verschönerung des Backgutes beitragen. Eigelb emulgiert wegen seines hohen Lezithingehaltes sehr gut, besonders bei fett- und zuckerreichen Massen, Cremes und natürlich auch Eis. Gebäck wird dadurch nicht nur mit wertvollen Nährstoffen angereichert, es wird durch Dotter mürber, erfährt eine wesentliche geschmackliche Verbesserung und bekommt durch die zarte Farbgebung ein schöneres Aussehen.

Wegen ihres hohen Nährstoff- und Feuchtigkeitsgehaltes verderben Eier leicht. Daher hat man von alters her versucht, Eier zu konservieren. Sie wurden in Kalkwasser eingelegt — damit konnte man sie über den Winter bringen — oder sie wurden mit Wachs bestrichen und kühl gelagert. Heutzutage werden Eier, die relativ kurzfristig lagern sollen, in Kühlhäusern aufbewahrt. Für längere Perioden gibt es zwei wichtige Konservierungsmethoden: durch Wasserentzug, dabei entsteht Trockenei, oder durch Wärmeentzug, und wir erhalten Gefriereier. Beides Produkte, die nur als Ersatz verwendet werden sollten, zumal heute die Versorgung mit Frischei das ganze Jahr über garantiert ist und es auch keine größeren saisonalen Preisschwankungen gibt. Wirtschaftlich sinnvoll kann die Verwendung von Gefrier-Eiweiß sein, wenn in der Backstube nicht genügend frisches Eiweiß anfällt und großer Bedarf (zum Beispiel für Baisermassen) vorhanden ist. Gefrorenes Vollei oder Eiweiß nur langsam auftauen (möglichst unter fließendem Wasser) und dann auch schnellstens verbrauchen!

In den Ländern der EG werden die Eier seit dem 1. Juli 1969 einheitlich gekennzeichnet und in Güte- und Gewichtsklassen eingeteilt. Die Farbe der Schale, braun oder weiß, spielt dabei keine Rolle, sie hat nichts mit der Qualität zu tun. Die Güteklassen A, B und C (das heißt die Qualität der Eier) beziehen sich auf folgende Merkmale: Stabilität und Form der Eischale. Größe der Luftkammer: mit zunehmendem Alter des Eies vergrößert sie sich. Für die Klasse A darf sie nicht höher als 6 mm sein. Das Eiklar besteht bei einem frischen Ei aus einer sehr zähflüssigen Schicht, die den Dotter fest umschließt, und einer etwas dünnflüssigeren. Fließt das Eiklar beim Aufschlagen dünn und breit auseinander, wurde das Ei bereits länger gelagert. Darüber hinaus muß das Eiklar auch frei von Einlagerungen aller Art sein. Der Dotter darf ebenfalls keinerlei Flecken oder Einlagerungen aufweisen. Die Farbe, heller oder dunkler, hat keinen Einfluß auf die Qualität und den Vitamin- und Nährstoffgehalt des Eigelbs. Die frischen Eier werden nach ihrer äußeren Beschaffenheit geprüft, nach der »inneren Qualität« durchleuchtet, dann gewogen, sortiert und verpackt. Als Frischeier werden im Handel nur Eier der Klasse A angeboten. Wenn auch in großen Betrieben vielfach mit Eikonserven gearbeitet wird, so kommt doch für individuelle Produkte höchster Qualität — wie hier die Kuchen und Torten zu verstehen sind — nur die Verwendung von bestem Frischei in Frage.

Honig

Lange vor der Zeitwende war Honig die Speise der Götter, vor allem im indogermanischen Raum. Doch auch die ältesten Bildwerke der Menschheit, die etwa drei Jahrtausende vor Christus entstanden sind, berichten von der Nutzung des Honigs durch den Menschen. So zeigt eine der berühmten Felszeichnungen in Ostspanien eine honigsuchende Gestalt, die mit Stricken an einer Felswand emporgeklettert war, da hier die Bienen in Felslöchern ihre Waben gebaut hatten. Aus der gleichen Zeit haben wir auch Kunde über Bienenzucht im alten Ägypten. Tonkrüge wurden auf die Seite gelegt, mit den

Öffnungen nach vorn, und übereinandergestapelt ergaben sie so die ersten Bienenhäuser. — Aus späteren Zeiten wissen wir, daß in den Gebieten der Germanen aus Honig ein berauschendes Getränk, der Met, gebraut wurde. Und aus dem Reich der Karolinger, etwa aus dem 10. Jahrhundert, kennen wir in althochdeutscher Sprache von einem rheinischen Kloster den »Lorscher Bienensegen«, sozusagen eine Beschwörungsformel an die Adresse der Bienen, der heiligen Maria zuliebe besonders viel Honig zu produzieren! Doch schon Karl der Große, deutscher Kaiser von 800 bis 814, der selbst 50 Bienenstöcke besaß, verordnete für die Landgüter den Anbau von Pflanzen und Sträuchern, deren Blütennektar speziell für Bienen gedacht war. Auch waren die Klöster verpflichtet, Zeidler und damit auch genügend Bienenvölker zu halten, da der Honig zum Süßen von Speisen und Getränken gebraucht wurde und das Wachs zur Beleuchtung für religiöse und profane Zwecke. Zur Ausstattung eines Bauernhofes gehörten ebenfalls einige Bienenstöcke. Honig war das meistgebrauchte Süßmittel bis weit ins 17. Jahrhundert. Der teure Rohrzucker wurde auch von reichen Bürgerfamilien nur bei besonders festlichen Gelegenheiten verwendet. Der wohlhabende Nürnberger Patrizier Anton Tucher, der von 1507 bis 1517 ein genaues Haushaltsbuch führte, verzeichnet einen sehr geringen Rohrzuckerverbrauch, dagegen riesige Mengen von Gewürzen wie Safran, Gewürznelken, Muskat, Zimt, Ingwer, Kardamom, Mandeln, Feigen und Honig. Diese Aufzeichnungen belegen die großen Feste des Tucherschen Haushaltes. Doch nur unter den Geschenken zum Jahreswechsel ist schon mal »fein zucker« aufgeführt. Im täglichen Gebrauch wurde noch lange mit Honig gesüßt.
Was ist nun Bienenhonig eigentlich? — Es ist ein »süßer Stoff«, von Bienen erzeugt. Die Tiere nehmen Nektarsäfte von Blüten auf, verändern sie in ihrem Körper, reichern sie auch mit körpereigenen Stoffen an, scheiden sie wieder aus und lassen dieses »Produkt« in ihren Waben reifen. Bienenhonig ist in Geruch, Geschmack, Farbe und Zusammensetzung je nach seiner Herkunft verschieden. Die Honigarten werden daher nach verschiedenen Kriterien unterschieden. Zuerst nach der pflanzlichen Herkunft, ob es Akazien-, Linden-, Wald-, Heidehonig oder ein anderer Blütenhonig ist. Außerdem nach der geographischen Herkunft. Doch auch der Verwendungszweck stellt ein Unterscheidungsmerkmal dar, je nachdem ob der Honig als Speise-, Back- oder Industriehonig gebraucht und verwendet wird.
Frischer Honig ist klar und flüssig. Mit der Zeit wird er jedoch leicht körnig, trübe und fest. Dies hat aber aber nichts mit der Qualität zu tun. Honig wird wieder flüssig, wenn man ihn in einem Wasserbad (nicht über 50° C) langsam erwärmt. Da auch Sonnenlicht seine Kristallisation fördert, sollte er luftig, doch dunkel und geschützt vor Fremdgerüchen aufbewahrt werden.

Zucker — aus Rohr und Rübe

Eine Welt ohne Zucker ist für uns heute nicht mehr vorstellbar. Und doch waren bis weit in die Neuzeit hinein Honig und süße Früchte die einzigen Süßmittel, die für die Allgemeinheit erschwinglich waren. — Der Rohrzucker hat seinen Ursprung vermutlich in Neuguinea. Schon Jahrtausende vor der Zeitwende gab es eine Kultivierung des Zuckerrohres. Indische Schriften von 1400 v. Chr. belegen dies. Von Indien hat sich die Pflanze nach allen Richtungen ausgebreitet. Alexander der Große machte im Tal des Indus, um 327 v. Chr., damit Bekanntschaft, zwischen 700 und 900 n. Chr. brachten die Araber das Zuckerrohr in den Mittelmeerraum. Auch Marco Polo traf auf einer seiner Reisen um 1280 das süße Rohr in China an. — Später wurde Zuckerrohr, das nur in den feucht-heißen Tropen gedeiht, von Spaniern und Portugiesen nach den Westindischen Inseln, Mittel- und Südamerika gebracht, die Holländer legten dagegen in Indonesien ihre Plantagen an. Mit der Neuzeit kam der Zucker nach Europa, doch blieb er jahrhundertelang ein Luxusartikel für Fürstenhöfe und reiche Handelshäuser.
Die große Revolution für alle Küchen und Backstuben kam mit der Entwicklung des Rübenzuckers. 1747 erkannte der Apotheker A. S. Marggraf in Berlin, daß der Zucker, der aus der Runkelrübe gewonnen werden konnte, mit dem Rohrzucker chemisch völlig identisch war. Doch erst sein Schüler, F. G. Achard, griff dies 1786 wieder auf. Mit Unterstützung des preußischen Königs Friedrich Wilhelm III. konnte in Cunern, in Schlesien, 1802 die erste Zuckerrübenfabrik in Betrieb genommen werden. Ab 1830 etwa konnte der Rübenzucker auch preislich mit dem Rohrzucker konkurrieren. Heute wird die Zuckerrübe in der ganzen Welt, wo immer Zuckerrohr nicht gedeiht, angebaut, auch in den Subtropen. Etwa 55% der Weltzuckerproduktion entfallen heute auf Rohrzucker, 45% auf Rübenzucker.
Ob nun von Rohr oder Rübe, Zucker besteht zu 99% aus wasserlöslichen Kohlenhydraten und zu einem Prozent aus Wasser. Die verschiedenen Zuckersorten werden nach Qualitätsmerkmalen unterschieden in Raffinade, Weißzucker, Halbweißzucker und Farin. Die Handelsformen unterscheiden sich jedoch meist nach der Form der Sorten, die in großer Fülle auftreten. Die wichtigsten sollen kurz genannt werden: »Raffinade« ist der gebräuchlichste weiße Streuzucker, den es in verschiedenen Körnungen gibt. Dann folgen »Puderzucker« (in Österreich Staubzucker genannt; er entsteht durch Vermahlen von Raffinade), »Würfelzucker« weiß und braun (zu Stücken geformte Raffinade), »Hutzucker« (in Hutform gebrachte und »gebackene« Raffinade) und letztendlich »Kandiszucker« weiß und braun, der aus besonders großen Zuckerkristallen besteht. Sie werden aus konzentrierten, reinen Zuckerlösungen durch langsames Kristallisieren gewonnen. Doch gibt es noch eine wichtige Zuckerart, den »Stärkesirup«, auch »Glukosesirup« genannt. Er wird aus Kartoffel- oder Maisstärke gewonnen und stellt eine konzentrierte, raffinierte, wässerige Lösung dar, mit hohem Traubenzuckergehalt (Glucose). Dieser Sirup wird vielfach in Patisserie und Konditorei für Süßwaren, Liköre und Marmeladen verwendet. Da er sehr zäh ist, bindet er auch hervorragend bei Marzipan und Glasuren. Allerdings darf er nicht mit dem »Zuckersirup«, auch Läuterzucker genannt, verwechselt werden. Zuckersirup ist flüssig gekochter Zucker in verschiedener Konzentration, den sich jeder selbst herstellen kann.
Doch denken wir wieder an die uns bekannten Zuckerarten und deren Verwendung in unseren Küchen und Backstuben. So bewirkt Zucker als Teigzutat beim Backen eine Gärbeschleunigung, er bräunt, erhöht den Nährwert, verbessert den Geschmack und hält länger frisch. Wird er zum Dekorieren verwendet, so denken wir an Bestreuen mit Hagelzucker oder Nonpareilles, den winzigen bunten Zuckerkügelchen, an Bestauben mit Puderzucker und das Überziehen von Gebäcken mit Glasuren. Doch hat der Zucker noch eine hervorragende Eigenschaft, er konserviert! Dies ist von höchstem Wert bei Marmeladen, Konfitüren, Gelees, kandierten Früchten und vielem mehr. Noch ein Wort zur Aufbewahrung: Zucker ist sehr feuchtigkeits- und geruchsempfindlich. Deshalb muß er trocken gelagert werden und fern von allen störenden Gerüchen!
Doch zuletzt sollen auch zwei Siruparten nicht vergessen sein: Aus Zuckerrüben läßt sich auch der sehr schmackhafte Rübensirup herstellen, der in den Backstuben zu den Gebäcken verwendet wird, die einen kräftigen und würzigen Geschmack haben. Dazu gehören Lebkuchen, Gewürzkuchen und ähnliches.
Auch der Ahornsirup, von den Indianern Nordamerikas und Kanadas schon vor mehreren hundert Jahren genutzt, ist noch heute sehr beliebt, vor allem in englischsprachigen Ländern. Von Februar bis Ende März werden die Bäume angezapft und aus dem so gewonnenen Saft wird Sirup hergestellt. Ahornsirup findet Verwendung bei Süßwaren wie Candy und Karamellen, auch bei Cremes und würzigen Gebäcken.

Trockenfrüchte

Seit Urzeiten gehörten Trockenfrüchte zu den Vorräten für den Winter, vornehmlich in den gemäßigten und kühlen Klimabereichen, in denen frisches Obst nur in einer verhältnismäßig kurzen Zeit zur Verfügung stand. Doch heute, im Zeitalter der Dosen, Gläser, Tiefkühlware und des permanenten Angebotes von frischen Früchten übers ganze Jahr, haben es die Trockenfrüchte etwas schwer. Allerdings zu Unrecht! Enthalten sie doch Vitamine und Mineralstoffe in konzentrierter Form, dazu den besonders bekömmlichen Fruchtzucker. Die vollreifen Früchte werden sorgfältig ausgewählt, gereinigt und vorsichtig an der Luft oder, vorwiegend in Australien und Kalifornien, in Trockenkammern getrocknet. Äpfel, Birnen, Aprikosen und Pfirsiche werden vor der Trocknung in Scheiben, Ringe oder Schnitze zerteilt. Pflaumen, Datteln, Feigen und Bananen bleiben ganz. Früchte, die sich leicht verfärben und unansehnlich werden wie Äpfel und Aprikosen, bekommen noch ein zusätzliches Schwefeldioxydbad. Doch müssen sie dann als »geschwefelt« ausgewiesen werden.

Trockenobst eignet sich für Backwaren, sei es im Teig, als Füllung oder als Belag. Nicht zu vergessen das so beliebte Früchte-, Hutzel- und Kletzenbrot zur Advents- und Weihnachtszeit. »Hutzeln« werden in Süddeutschland liebevoll die Trockenfrüchte genannt. Vor dem Gebrauch sollten Trockenfrüchte gut gewaschen werden, geschwefeltes Obst wird kurz abgekocht. Das Wasser muß dann weggegossen werden. Backobst weicht man tunlichst über Nacht in Wasser ein. Das Aroma wird dadurch wieder hervorgeholt, außerdem sind die Früchte ergiebiger.

Doch ist die wichtigste Gruppe der Trockenfrüchte noch nicht erwähnt: Rosinen, Sultaninen und Korinthen — die kleinen Köstlichkeiten mit Runzeln. Sie gedeihen am besten in Griechenland, auf Kreta und Zypern, im Iran, in Persien, in der Türkei und in Spanien, nicht zu vergessen die riesigen Anbaugebiete im goldenen Klima Kaliforniens.

Rosinen, auch »Zibeben« genannt, sind sehr großbeerig, mit Kernen und einer wunderschönen, rötlichblauen bis schwarzen Farbe. Sie werden vorwiegend zum Rohverzehr gehandelt. Traubenrosinen (mit Stiel) gibt es in den Sorten »Muskatel« aus Spanien und Kalifornien. Ebenfalls aus Spanien kommen die »Malagas«, aus Griechenland die »Eleme-Rosinen«, aus der Türkei die »Rozaki«. Aus solchen Rosinen werden auch Weine der Trockenbeerenauslese hergestellt, vor allem aber die beliebten ungarischen Dessertweine.

Sultaninen sind ebenfalls großbeerig, haben jedoch keine Kerne und sind goldgelb bis hellbraun in der Farbe. Ihren Namen haben sie von der sehr süßen »Sultana«-Traube. Seit vielen Jahren werden auch Sultaninen aus Aserbeidschan in Persien importiert, doch schmecken sie aufgrund des Klimas etwas herb. Wir bevorzugen Sultaninen aus Griechenland, von Kreta und aus den Peloponnesgebieten, ebenso aus der Türkei die »Smyrna-Sultaninen« und nicht zuletzt aus Australien!

Korinthen sind klein, kernlos, fast blauschwarz von Farbe und haben eine sehr zarte Schale. Seit Urzeiten wird diese kleinbeerige Traubensorte in Griechenland auf dem Peloponnes angebaut. Ihren Namen »Schwarze Korinthe« hat sie von der Hafen- und Handelsstadt Korinth, dem größten Umschlagplatz seit der Antike.

Doch wie werden alle diese Weinbeeren bearbeitet, getrocknet? Zunächst bleiben die Trauben bis zur Überreife am Rebstock. Nach dem Pflücken läßt man sie im Freien an der Luft trocknen (nur ein kleinerer Teil wird in Trockenanlagen gegeben). Die Trocknung dauert etwa 3 bis 4 Wochen. In dieser Zeit reduziert sich der Wassergehalt der Früchte bis auf etwa 15%, und die Stärke der Trauben wird in Fruchtzucker umgewandelt, der am Ende des Verfahrens etwa 70% der getrockneten Beere einnimmt. Nach dem Trocknen werden die Beeren meist maschinell nach Größe sortiert, entstielt, gereinigt. Die Sultanas werden dann, nach streng gesetzlichen Vorschriften, in einem Schwefeldioxydbad gebleicht. Sie behalten so ihre schöne goldgelbe Farbe und sind gleichzeitig haltbarer. Die dunklen Rosinen und die herb-süßen schwarzen Korinthen erfahren diese Behandlung nicht.

Kanditen

An Großmutters Kuchen erinnert sich jeder gern. Rosinen, Orangeat, Zitronat und bunte Stückchen, die von kandierten Früchten stammten, waren feste Bestandteile der geliebten Kuchen.

Orangeat wird nicht aus den herkömmlichen Orangen fabriziert, sondern kommt von der spanischen Bitterorange, die den bekannten Namen »Pomeranze« trägt. Der Pomeranzenbaum, bot. Citrus aurantium L., einst begehrte Zierpflanze an Fürstenhöfen in den sogenannten Orangerien, hat kleine, dunkelorange Früchte mit einer dicken Schale, aus der auch die beliebte englische Orangenmarmelade gemacht wird. Auch die ätherischen Öle der Pomeranzenschale liefern Würzstoffe für die Herstellung von Likören. Hauptanbaugebiete sind Spanien, Sizilien, Südfrankreich, Südafrika und Indien.

Zitronat wird von der »Urmutter« aller Zitrusfrüchte, der Zedratzitrone, bot. Citrus medica, gewonnen. Sie kommt aus dem fernen Osten. Ihre Hauptanbaugebiete sind heute Griechenland, Korsika, Sizilien, Brasilien und Kalifornien.

Die Herstellung von Zitronat und Orangeat geht gleichermaßen vor sich. Von den unreifen Früchten werden die Schalen halbiert und in Salzwasser gelegt, bis sie ganz glasig wirken, dann werden sie wieder »entsalzt«, das heißt gewässert und in eine hochprozentige Zuckerlösung gelegt. Die Konzentration dieser Lösung wird etwas länger als zwei Wochen jeden Tag gesteigert, bis die Schalen vom Zucker gesättigt sind, bzw. bis der Zuckergehalt mindestens 65% beträgt. Werden die so behandelten Schalen als größere Stücke verkauft, so wurden sie vorher mit Zuckerglasur überzogen. Es gibt auch ungla-

sierte und bereits gewürfelte Schalen. Ein großer Zeitvorteil bei der Verarbeitung. Doch bei den großen Stücken, die man selbst mühevoll zerkleinern muß, verflüchtigen sich die ätherischen Öle nicht so rasch und Aroma und Geschmack sind viel edler und intensiver.

Nüsse

Backwaren, Kuchen und Torten ohne die Möglichkeit, sie mit Nüssen anzureichern, in welcher Form auch immer, sind nicht vorstellbar. Doch sei kurz daran erinnert, daß die Nuß mit ihrem idealen Nährstoffgehalt schon seit vielen Jahrtausenden zu den Grundnahrungsmitteln der Menschheit gehört.

Die Haselnuß, bot. Corylus avellana L., meist herzförmig und mittelbraun, ist in allen nördlichen, gemäßigten Klimabereichen verbreitet. Für Handelszwecke wird der Haselstrauch jedoch vorwiegend in den Mittelmeerländern kultiviert. Hauptanbauländer, bei denen auch wir unseren Bedarf decken, sind Türkei, Italien und Spanien. Aus Italien mit seinen großen Anbaugebieten in Kampanien, Sizilien, Latium und Piemont werden vorwiegend polierte Nüsse importiert. Spanien liefert die meisten Haselnußkerne. Sie werden nicht so schnell ranzig wie andere Sorten, da ihr Fettanteil nur 50% beträgt (bei den türkischen Nüssen bis 68%). Nüsse in ihrer Steinschale halten natürlich länger frisch als geschälte Kerne.

Die Walnuß, bot. Juglans regia L., ist in Südeuropa über Zentralasien bis nach China verbreitet und wird in Europa in warmen, milden Klimabereichen kultiviert. Die Hauptausfuhrländer sind Italien, Frankreich, Spanien, Türkei, Rumänien und Kalifornien, das die größten Walnußkulturen der Welt hat. Bei uns werden die französischen Walnüsse am meisten geschätzt. Aus dem westlichen Gallien kam ja die »welsche Nuß« zu uns.

Die Pecannuß könnte man auch »Baumwollnuß« nennen. Sie ist vorwiegend in den USA verbreitet und zwar überall da, wo auch die Baumwolle gedeiht. Ihr Baum, der Hickorybaum, bot. Carya illinoinensis K., liefert auch hochgeschätztes Holz. Doch seine Nüsse, sandfarben und schlank bis rund-oval, sind eng verwandt mit der Walnuß.

Die Pistazie, bot. Pistacia vera L., gedeiht vom Mittelmeerraum bis nach Zentralasien. Die Bäume tragen nur jedes zweite Jahr, dafür werden sie über hundert Jahre alt. Die Nuß enthält etwa 22% Eiweiß und 60% Fett. Je nach Sorte ist der Kern hellgrün bis gelb oder rosa. Die besten Sorten kommen aus der Türkei und aus Sizilien.

Pinienkerne, Piniolen, Zirbelnüsse, so werden die Samenkerne dieser Kiefer, bot. Pinus pinea L., genannt. Der Baum wächst vorwiegend in Mittelmeerländern. Die Ölsamen der Pinie, weiße Kerne, haben mandelähnlichen Geschmack und werden teilweise auch als Mandelersatz verwendet.

Die Kokosnuß, Steinfrucht der Kokospalme, bot. Cocos nucifera L., ist heute aufgrund ihrer ungeheuren Schwimmfähigkeit an allen tropischen Küsten und Flußläufen unserer Erde verbreitet. So wie wir sie erstehen, mit harter Schale und Faserbart, ist sie nur der reife oder unreife Kern der Frucht. Die äußere Schale mit der dicken Bastschicht wird in den Erzeugerländern bereits entfernt. Gluckert es beim Schütteln im Innern, so enthält die Nuß Fruchtwasser (nicht zu verwechseln mit Kokosmilch) und ist unreif. Bei reifen Nüssen ist das Fruchtwasser eingetrocknet. In Haushalt, Patisserie und Konditorei wird bei uns die Kokosraspel, die aus dem frischen Fruchtfleisch hergestellt wird, bevorzugt. Kokosmilch findet meist Verwendung bei ausländischen Spezialitäten.

Die Erdnuß, bot. Arachis hypogaea L., hat ihren Namen vom Verhalten ihrer Frucht: Nach Bestäubung der Blüte wächst der Blütenstengel nach unten, bohrt sich zum Schutz gegen das heiße Klima in den Boden ein und entwickelt dort die Frucht. — Bei Back- und Süßwaren wird die Erdnuß ähnlich wie andere Nüsse verarbeitet. Industriell dient sie vorwiegend der Ölgewinnung.

Die Edel- oder Eßkastanie, bot. Castanea sativa Mill., bevorzugt warmes Klima und gedeiht in den Mittelmeerländern, Japan, China, Indien, Australien und in den USA. Die bei uns bekannten Sorten kommen aus Italien, Spanien, dem nördlichen Portugal und Frankreich. Im Handel werden Kastanien und Maronen frisch oder geröstet angeboten, auch in Dosen naturell oder süß eingemacht oder als Püree.

Die Cashewnuß, Kaschunuß oder Elefantenlaus, sieht wie ein Anhängsel des Cashewapfels, bot. Anacardium occidentale, aus. Doch ist sie die Frucht, der »Apfel« nur der Stiel! Cashewnüsse enthalten etwa 45% Öl, 20% Eiweiß und sind Spitzenträger von Vitamin E. Die Urheimat ist Brasilien. Heute werden die Nüsse vorwiegend in Indien und Afrika geerntet. Wegen ihres scharf schmeckenden Öles müssen sie geschält und in flachen Pfannen geröstet werden. Dies geschieht häufig noch von Hand, da erst seit wenigen Jahren mechanische Anlagen zum Schälen und Rösten existieren.

Die Macadamia- oder Australnuß, bot. Macadamia tetraphylla L. Johns (rauhe Schale) und Macadamia integrifolia (glatte Schale) ist ein Neuling unter den Nüssen. Sie wurde in Australien von John McAdam entdeckt, daher ihr Name. Ihre Bäume tragen ab dem 15. Jahr bis zu 50 kg pro Baum und Jahr. Die Nüsse enthalten etwa 76% Öl, 9% Eiweiß und 16% Kohlenhydrate. Die Kerne sind sehr zart und höchst aromatisch im Geschmack. Meist werden sie geschält, geröstet, gesalzen oder ungesalzen angeboten.

Die Para- oder Brasilnuß hat ihren Namen vom brasilianischen Bundesstaat Pará, von dem aus sie in alle Welt verkauft wird. Der Paranußbaum, bot. Bertholletia excelsa, einer der größten Urwaldbäume überhaupt, ist im ganzen tropischen Urwald Südamerikas beheimatet. Er trägt seine riesigen Früchte, Kapseln von etwa 30 cm Durchmesser und 3 kg Gewicht, erst ab dem zehnten Jahr. Im Innern der Kapsel sind die Nüsse, bis zu 30 Stück, nochmals mit äußerst harter Schale, ähnlich den Segmenten einer Orange angeordnet. Sind die Kapseln reif, fallen sie zu Boden, werden von Einheimischen zu Sammelstellen gebracht und gelangen von dort aus zu Händlern und in Schälereien. Die Nußkerne enthalten etwa 14% Eiweiß, 66% Fett, wertvolle Mineralstoffe und die Vitamine B_1, B_2 und C. Ihr Geschmack ist zart mandelartig; sie werden daher häufig auch als Mandelersatz verwendet.

Mandeln und Marzipan

Die süße Mandel ist die Steinfrucht eines Baumes, bot. Prunus dulcis, der ursprünglich aus Vorder- und Zentralasien kam. Heute werden Mandelbäume in allen milden Klimaten kultiviert. Der Baum selbst ist sogar gegen Frost unempfindlich, nicht aber seine Blüten. So sind dem Anbau klimatische Grenzen gesetzt. — Neben den süßen Mandeln gibt es auch bittere Früchte, die eigentlich vom Mandelbaum bot. Prunus var. amara stammen. Sie blühen rötlicher als ihre süßen Schwestern. Oft treten jedoch beide Arten gemeinsam an einem Baum auf, ohne daß man vorher oder später an der Frucht dies äußerlich bemerken könnte. Bittere Mandeln sind wohl meist kleiner, spitzer, mehr gewölbt, aber sicher ist das nicht. Der bittere Geschmack kommt von dem Kohlenhydrat Amygdalin, das leicht Blausäure abspaltet. Werden bittere Mandeln verbacken, so verflüchtigt sich die Blausäure durch die Hitzeeinwirkung und es besteht keinerlei Gefahr für die Gesundheit.

Mandelblüte in Sizilien. Je nach Höhenlage blühen die Bäume dieser Region im Februar oder März. Das frische Grün der reizvollen Frühlingslandschaft ist dann durchsetzt mit den weißen oder zartrosa Tupfen blühender Mandelbäume.

Die Mandeln sind reif, wenn die samtene äußere Umhüllung aufgesprungen ist und die harte Schale zum Vorschein kommt. Die Mandeln werden in den meisten Fällen gleich von den Exporteuren im Ursprungsland aufgebrochen und gelangen als Rohmandeln, mit dem zimtfarbenen Häutchen, zum Verbraucher. Diese dünne Haut ist eßbar und für verschiedene Rezepte, die »braune Mandeln« verlangen, wird sie mitgerieben und unterstreicht den Geschmack.

Mandelernte ist noch echte Handarbeit, zumindest bei den Bauern der Mittelmeerländer, die den Anbau noch nicht so weit rationalisiert haben wie die großen Produzenten in Kalifornien oder Australien. Die äußeren samtenen Schalen werden gleich bei den Bauern, meist von Kindern, mühsam entfernt und die Mandeln in der warmen Herbstsonne getrocknet. Sie wären sonst nicht haltbar und würden von den Aufkäufern auch nicht akzeptiert, schon weil sie zuviel Gewicht auf die Waage brächten.

Marzipan

ist eine Köstlichkeit, die aus dem Orient zu uns kam. »Mandelconfect«, »Mandelsüß«, »Marzapan«, »Kraftbrod«, wie auch immer man es nannte, schon seit dem Jahr 900 n. Chr. ist aus arabischen, orientalischen Ländern bekannt, daß Zuckerbäcker aus Mandeln und Zucker »eine Süßigkeit« herstellten, die sich größter Beliebtheit erfreute. In späteren Jahrhunderten wurde die Marzipanherstellung, vor allem in unseren Landen, eine Domäne der Apotheker. Im 16. Jahrhundert wird es in alten Apothekenbüchern »Kraftbrod« genannt und, wie auch überzuckerte Mandeln, als Heil- und Schlafmittel verordnet.
Andererseits schreibt Anton Tucher, ein reicher Nürnberger Patrizier, 1510 in seinem Haushaltsbuch, daß er dem Domprobst zu Wirczpurg (Würzburg) zu Weihnachten unter anderen schönen Dingen wie »etczlich kristalinene gleßer« auch »2 marczapan kucheln« geschenkt hat. — Marzipan wurde zum Luxus, den jeder haben wollte. Das führte 1661 in Leipzig zu einem Verbot, Marzipan als »Gevatterstück« zu verschenken. Walther Ryff, erst Arzt und Chirurg in Straßburg, dann Hofapotheker in Schwerin, gab 1571 ein kleines Buch heraus »Spiegel und Regiment der Gesundheit« (in Frankfurt a. M. erschienen, mit schönen Holzschnitten versehen). Hier schreibt er, daß man mit den wohlschmeckenden Küchlin und Fladen Kranke, »welchen alle Speiß zuwider, wol trefflich nähren« könne. Ryff gibt auch gleich das Rezept dazu, das sich bis heute nicht wesentlich geändert hat.
Wer will, kann sich auch heute noch Marzipan selbst herstellen: Die Mandeln werden gebrüht, enthäutet (soweit sie es noch nicht sind), zerstoßen und zu gleichen Teilen mit Puderzucker verknetet. Abgeriebene Zitronenschale und etwas Rosenwasser werden vorsichtig beigefügt. Wenn die Masse glatt und geschmeidig ist, läßt man sie an kühlem Ort 12 Stunden ziehen. Dann kann man sie nach Belieben formen, verzieren und im warmen Ofen trocknen. — Doch werden sich die meisten diese Mühe sparen. Von der Industrie wird Marzipanrohmasse in bester Qualität vorgefertigt. Auch Konditor und Patissier machen von dieser Möglichkeit Gebrauch. So können wir uns ohne Anstrengung dem Genuß der wohlschmeckenden Küchlin, seien sie aus Lübeck oder Königsberg, hingeben oder auch Marzipan genießen, wenn es als zarte Füllung und Umhüllung von feinen Torten und anderen Gebäcken auf unseren Kuchenteller kommt.

Mandeln aus Portugal, Kalifornien und Australien (von links nach rechts). Vor allem die beiden letzteren haben sich auf dem Weltmarkt einen Namen gemacht, wenngleich sie qualitativ mit den klassischen »Italienern« wie der Ambrosia-, der Bari- oder der sizilianischen Mandel nicht konkurrieren können. Aber auch Spanien liefert mit seinen Mandeln aus den Regionen Valencia, Alicante, Malaga und den Mallorca-Mandeln beste Sorten.

Mandeln, wie sie täglich gebraucht werden. Sie erleichtern die Arbeit ganz wesentlich, weil das Schälen, Hacken etc. enorm zeitaufwendig ist, und die Verwendung von vorgefertigten Mandeln auch keine spürbare Qualitätsminderung zufolge hat. Dazu kommt noch, daß man die Mandeln selbst nie so exakt hacken, schon gar nicht so dünn und gleichmäßig hobeln könnte. Ausgenommen vielleicht die gemahlenen Mandeln, die mit der Mandelmühle mühelos gerieben werden können.

Kakao und Schokolade

Die hohe Wertschätzung des Kakaos ist uralt. Nicht nur in Mythen und Sagen spiegelt sich seine Bedeutung wider. Der Kakaobaum galt für die Einwohner Mittelamerikas und des nördlichen Teiles Südamerikas als Symbol des Südens, vom Hochland von Mexiko aus gesehen. Denn hier, im »Süden«, wuchs der Leben erhaltende Baum. In den Adelsschichten der Maya-, Inka- und Aztekenvölker hatte das Schokoladengetränk eine exklusive Rolle inne. Nur Auserwählte aus dem Umkreis des Königs durften dieses mit Vanille, Ingwer und anderen Gewürzen aromatisierte Getränk zu sich nehmen: Theobroma, die Speise der Götter. Das einfache Volk mußte sich meist mit dem Fruchtfleisch begnügen. Abgesehen davon waren die Kakaobohnen ein hochwertiges Zahlungsmittel. Als Cortez 1519 Teile von Mexiko eroberte, fand er ausgedehnte Pflanzungen dieses wertvollen Gewächses vor und berichtete dies auch in einem Brief vom 30. 10. 1520 seinem Kaiser, Karl V., auch daß das Getränk aus Kakaobohnen stimulierend und sehr nahrhaft sei. Wie hatte er doch recht. Neben dem Stimulans Theobromin, einem coffeinähnlichen Alkaloid (ohne negative Auswirkungen) enthält die Kakaobohne etwa 54% Fett, 14% Eiweiß und 7% Stärke. Kakao ist mehr als ein Getränk, er ist ein Nahrungsmittel.

Cortez brachte dann 1528 den ersten Kakao und die zur Zubereitung nötigen Geräte nach Spanien. Doch machte erst der Zusatz von Rohrzucker bei uns die Schokolade zum Genuß. — Von Spanien aus gelangte das Getränk per Heirat der spanischen Prinzessin Anna von Österreich an den französichen Hof, und 1657 wurde in London das erste Schokoladengeschäft eröffnet, in Deutschland ist die Schokolade seit 1640 nachgewiesen, doch als Medizin in Apotheken, zu hohen Preisen!

Der Kakaobaum, bot. Theobroma cacao L., ist ein Baum aus dem tropischen Regenwald, der Schutz vor Sonnen- und Windeinwirkung braucht, dazu viel Feuchtigkeit und Wärme. Die Hauptanbaugebiete liegen alle in Äquatornähe: Mexiko, Venezuela, Ekuador, Brasilien und in den Äquatorialgebieten von Westafrika.

Blüten und Früchte dieses Baumes sitzen nicht an den Zweigen, sondern treten, mit kurzen Stielen, direkt am Stamm aus. Das ganze Jahr über hängen Blüten, unreife und reife Kakaoschoten gleichzeitig an einem Baum. Nach 4 bis 6 Monaten sind die Früchte reif, etwa 20 cm lang, dick und gurkenförmig. Sie werden mit Hakenmessern abgeschnitten und zu Sammelplätzen gebracht. Dort schneidet man sie auf, löst die Bohnen samt Fruchtfleisch aus und läßt das Ganze zu großen Haufen aufgeschüttet oder in Gärkisten fermentieren. Dabei werden Bitterstoffe abgebaut, Aroma und braune Farbstoffe bilden sich heraus. Nach etwa sechs Tagen werden die Bohnen gewaschen, mehrere Tage getrocknet, sortiert, in Säcke verpackt und verschifft. Reinigen, Rösten und Schälen finden bereits im Verbraucherland statt. Beim Vermahlen entsteht durch den hohen Fettgehalt ein zäher Brei. Um Kakaopulver zu bekommen, muß von diesem Brei noch die Hälfte des darin befindlichen Fettes, die sogenannte Kakaobutter, abgepreßt werden, sonst läßt sich die Masse nicht trocknen. Übrig bleibt ein fettarmer »Kakaokuchen«, der wiederum zerkleinert und gemahlen wird — es entsteht das so beliebte Kakaopulver.

Soll Schokolade entstehen, so müssen diesem fetten Brei in einer bestimmten Mischung, nach geheimen Rezepten, Zucker, weitere Kakaobutter (die wie weiß-gelbliche Butter aussieht), Gewürze und Milch zugesetzt werden. Natürlich spielt dabei auch eine große Rolle, in welchem Verhältnis vorher die Kakaosorten wie Edel- und Konsumkakaobohnen (von Criollo- oder Forasterokakaofrüchten) gemischt wurden. Nach mehreren Arbeitsgängen, in denen die Mischung nun gewalzt und conchiert wird, ist die Masse dann so cremig und zart, daß sie zu den verschiedenen Schokolade-Sorten, mit Nüssen, Mandeln, Früchten, gefüllt, ungefüllt, zu Tafeln oder Pralinen etc. weiter verarbeitet werden kann. Diese »Grundmasse« jedoch gelangt auch als sogenanntes Halbfabrikat in Blockform in Patisserien und Konditoreien — unter dem Namen »Kuvertüre«, die nicht mit ihrem »Ersatzstück« Schokoladenfettglasur verwechselt werden darf. Kuvertüre ist reinste, feinste Schokolade. Schokoladenfettglasur ist zwar einfach in der Anwendung und niedriger im Preis, doch hat sie nur einen geringen Kakaoanteil auf Planzenfettbasis. Kuvertüre ist in Geschmack und Aroma unübertroffen.

Nougat oder Gianduja ist eine form- und schnittfeste Masse aus Mandeln oder Haselnüssen mit Zucker, Kuvertüre und Kakaobutter. Die geriebenen und gerösteten Mandeln (oder Nüsse) werden mit dem Zucker vermischt, zwischen Walzen zerrieben und dann mit flüssiger Kuvertüre versetzt. Nach dem Erkalten bekommt die Masse dann durch feines Walzen ihren »Schliff«, wie der zarte Schmelz genannt wird. Je nach Röstung erhält man dunklen oder hellen Nougat. Er wird für Gebäckfüllungen verwendet oder zum Abschmecken von Cremes. Unentbehrlich ist er bei der Pralinenherstellung.

Alkoholika, würzen mit Geist

Wer kennt das nicht? Kuchen und Torten stehen auf dem Tisch und ein zarter Duft von Süße, ein Hauch von Aromen schwebt im Raum: Das ist die uns sanft umschmeichelnde Würzkraft von Rum, Cognac oder sonst einer hochwertigen Spirituose, mit der Füllungen aromatisiert oder Gebäcke getränkt werden und vieles mehr.

Rum ist das ideale alkoholische Gewürz für Kuchen und Torten. Er verbindet sich nicht nur harmonisch mit fast allen Geschmacksrichtungen, sondern er unterstreicht auch die Besonderheiten mancher Gebäcke. Doch muß auch er selbst von guter Qualität sein. — **Arrak,** ein Weinbrand aus Reis, Palmwein oder Zuckerrohrmelasse, eignet sich gut zum Aromatisieren von Glasuren, aber auch trockenen Kuchen. — **Cognac,** ebenfalls aus der Familie der Weinbrände, eignet sich hervorragend, wie fast alle Weinbrandarten, zum Parfümieren vieler Backwaren. — **Liköre** in großer Vielfalt sind hervorragende Würzmittel, ganz besonders für leichte Cremes und natürlich für Schlagsahne. Vor allem Fruchtliköre können sehr hilfreich sein, wenn man den Charakter eines Aromas noch unterstreichen will. Zum Beispiel verträgt eine Orangencreme durchaus noch einen Schuß Orangenlikör. Ebenso ist es bei den **Obstbränden,** die zur Abrundung des Geschmacks der gleichen Frucht ideal sind. Bestes Beispiel: die Schwarzwälder Kirschtorte — und genausogut passen frische Himbeeren mit Himbeergeist zusammen. Sehr wichtig ist jedoch die Qualität dieser Hochprozentigen, sie müssen mild und aromatisch sein. — **Weine** sind eigentlich schon würzende Zutat, weil sie als Basis für Cremes in größeren Mengen verwendet werden können. Auch hier ist die beste Qualität gerade gut genug.

Aromastoffe und Gewürze

Die naturreinsten Aromastoffe stellen uns die **Zitrusfrüchte,** die in den Mittelmeerländern schon vor der Zeitwende zum Würzen aufgrund ihrer ätherischen Öle verwendet wurden. Für den heutigen Verbraucher müssen sie allerdings ungespritzt sein. Die Schalen von Apfelsinen, Zitronen und Limetten sind ideale Würzmittel. Man kann sie mit einer feinen Reibe oder mit Würfelzucker abreiben, papierdünn abschälen und kleinschneiden oder mit dem Zesteur ganz feine Streifen abkratzen.

Orangenblütenwasser wird durch Destillation frischer, noch geschlossener Blüten gewonnen, im Gegensatz zum Öl, das vorwiegend der Likörherstellung dient. Dieses wird aus den geöffneten, getrockneten Blüten destilliert. Orangenblütenwasser eignet sich gut zum Aromatisieren von leichtem Gebäck, Cremes und Glasuren.

Rosenwasser ist eine Lösung von Rosenöl und Wasser. Etwa ein Tropfen reicht für 1/4 l Wasser. Allerdings entsteht es auch als Nebenprodukt bei der Gewinnung von Rosenöl. Da Rosenwasser sich nur begrenzt hält, wird es in Patisserien und Konditoreien selbst zubereitet, meist aus angewärmtem Rosenöl, Wasser und etwas Alkohol. Vor allem bei der Herstellung von Marzipan, aber auch zur Parfümierung von leichten Gebäcken und Glasuren findet Rosenwasser Verwendung.

Anis ist der getrocknete Same des Doldengewächses Pimpinella anisum L. Er gehört zu den ältesten Gewürzen der Welt und stammt vermutlich aus Ägypten. Abgesehen von Likören, Hustensaft und Lakritze, ist Anis ein Gewürz für Zwieback, Plätzchen, die gesamte Weihnachtsbäckerei und für Brot.

Sternanis, auch Badian genannt, bot. Illicium verum Hook., ist ein jahrtausendealtes Gewürz aus China. Aufgrund seiner ätherischen Öle wird er wie Anis verwendet. Sternanis ist vorwiegend geschrotet und gemahlen im Handel.

Bittere Mandeln stammen von rötlich blühenden Mandelbäumen, bot. Prunus amara, treten jedoch auch bei den »Weißblühern« auf. Als Gewürz ist Bittermandel bei all den Gebäcken angebracht, bei denen der Mandelgeschmack verstärkt werden soll, natürlich auch bei Cremes und Füllungen.

Fenchel, bot. Foeniculum vulgare, hatte schon in der Antike den Ruf eines Universalheilmittels. Seine Spaltfrüchte enthalten ätherische Öle, ähnlich dem Anis. In der Bäckerei wird Fenchel bei zahlreichen Kuchen und Broten als Gewürz verwendet, in Mitteldeutschland häufiger als im Süden.

Ingwer, bot. Zingiber officinale, wird aus den Wurzelknollen einer tropischen Schilfpflanze gewonnen. Frisch oder getrocknet, eingelegt oder gemahlen, gibt er würzigen Gebäcken eine aparte Note. Hervorragend bei einer Reihe von Obstkuchen und in der Lebküchnerei.

Kaffee und starker Mokka eignen sich hervorragend zum Aromatisieren von Cremes, Füllungen (vor allem in Verbindung mit Vanille und Schokolade) und Glasuren. Doch auch Teigen verleiht Mokka das gewisse Etwas! Um den hohen Anteil an Flüssigkeit zu verringern, wird oft Instantkaffee verwendet.

Kardamom, bot. Elettaria cardamomum, ein strauchartiges Gewächs aus Indien, war schon zur Römerzeit ein begehrtes Gewürz. Bei uns findet er sich in Gewürzmischungen für Lebkuchen, doch sollten auch ab und zu Hefe- und Plundergebäck damit gewürzt werden.

Koriander, bot. Coriandrum sativum L. Getrocknet entwickeln die Samen anisähnlichen Duft. In unseren Backstuben wird Koriander vorwiegend für die Weihnachtsbäckerei und für Brot verwendet.

Macis und Muskatnuß, Muskatblüte und -frucht, stammen vom Muskatbaum, bot. Myristica fragans Hout., beheimatet im tropischen Regenwald Asiens. Heute werden sie für Backwaren und Süßigkeiten im englischsprachigen Raum verwendet, bei uns bei Gewürzgebäck, Hefekuchen und in der Weihnachtsbäckerei.

Mohn, Papaver somniferum L., stammt aus Kleinasien. Heute spielt er vor allem als Öllieferant eine Rolle. In unseren Backstuben werden die Samen als Gewürz zum Bestreuen und als Backzutat vermahlen für saftige Füllungen verwendet.

Nelken sind getrocknete Blütenknospen des ostasiatischen Gewürznelkenbaumes, bot. Syzygium aromaticum L., die seit dem Mittelalter bei uns bekannt sind. Für Backwaren verwendet man gemahlene Nelken, meist für Lebkuchen und Weihnachtsgebäcke, zum Blanchieren von Früchten ganze Nelken.

Pfeffer, bot. Piper nigrum L., gehört zu den alten tropischen Gewürzen. Für Backwaren wird Pfeffer heute nur für Pfefferkuchen und in Lebkuchengewürzmischungen verwendet, und zwar der weiße Pfeffer.

Piment, bot. Pimenta officinalis, ist zwar mit der Gewürznelke verwandt, stammt jedoch aus der Neuen Welt, daher auch der Name »Neugewürz«. Es schmeckt nach Nelken, Pfeffer und Muskat gleichzeitig und wird zum Backen meist in Gewürzmischungen für Pfefferkuchen und die gesamte Weihnachtsbäckerei verwendet.

Safran, bot. Crocus sativus, ist eine alte, asiatische Gewürz- und Färberpflanze. Das Gewürz selbst wird aus den Narbenästen der Blüten gewonnen. Mit Safran werden kleine Gebäcke und vor allem Sandkuchen gefärbt.

Vanille, bot. Vanilla planifolia, ist eine Liane aus dem tropischen Urwald von Mexiko stammend. Die besten Qualitäten werden heute auf den Inseln Madagaskar, Réunion und Mauritius produziert. Zur Gewinnung des Gewürzes werden die unreifen Fruchtkapseln geerntet und dann fermentiert. Vanille findet vor allem Verwendung bei feinen Teigen, Cremefüllungen und in Kombination mit Schokolade.

Zimt wird als Gewürz von zwei Arten des immergrünen Zimtbaumes gewonnen. Ceylon-Zimt, bot. Cinnamomum zeylanicum L., ist eine dünne, hellbraune Rinde und von zartem, süßlichem Geschmack. Sein besonders feines Aroma ist erwünscht, wo Zimt als Einzelgewürz tonangebend ist. Kassia-Zimt, bot. Cinnamomum aromaticum oder C. cassia, der in seiner besten Qualität als Kassia Vera auf Sumatra angebaut wird, ist dunkler und kräftiger im Geschmack. Diese Sorte ist ein ideales Mischgewürz, also für Gewürzkuchen, Honig- oder Lebkuchen bestens geeignet.

TEIGE UND MASSEN

Die Grundrezepte

Dieses Kapitel handelt vom Backen, und das »Gebackene« ist an sich schon vollkommen. Denn es ist eigenständig, eßbar und bedarf nicht unbedingt weiterer Bearbeitung. Aber gerade die Veredelung, das kreative Hantieren mit Füllungen und Glasuren, macht über das handwerkliche Backen hinaus die Konditorei und auch die Hausbäckerei so interessant. Da ist schon ein bißchen »Kunst« mit im Spiel, wenn aus einem einfachen Biskuitboden eine wohl gefüllte und reich verzierte Torte entsteht.
Das Grundwissen für die Zubereitung der Basisprodukte, der Teige und Massen, soll das folgende Kapitel in möglichst praktikabler Weise vermitteln. Neben der Verwendung bester und frischer Zutaten ist eben die Technik und das Wissen um die Zusammenhänge beim Backen für das Gelingen von größter Wichtigkeit.
Die verschiedenen ungebackenen Mischungen von Zutaten, die durch kneten, rühren oder schlagen entsprechend bearbeitet werden, haben im deutschsprachigen Raum keine einheitliche Bezeichnung. In der Hausbäckerei verwendet man seit eh und je das Wort »Teig« für alles Ungebackene, man sagt Hefeteig, aber auch Brandteig oder Biskuitteig. Der Fachmann allerdings unterscheidet sehr sorgfältig zwischen Teigen und Massen, wenngleich diese Trennungen nicht immer ganz logisch erscheinen. Das Wort »Teig« ist im Sprachgebrauch in Zusammenhang mit weich, formbar, knetbar etc. so fest verwurzelt, daß keine Mißdeutungen aufkommen und man es sofort mit Hefeteig, Mürbteig oder Blätterteig gleichsetzt. Bei der »Masse« ist es schon komplizierter, weil kein Konsens mit den bezeichneten »Kuchenteigen« festzustellen ist. Das Wort »Masse«, das für »große Menge« und in ihrer Bedeutung ähnliche Umschreibungen verwendet wird, versucht man vergeblich mit irgendwelchen Merkmalen (zum Beispiel einer Biskuitmasse) gleichzusetzen, denn die große Menge ist durchaus kein Kriterium dafür. Wenngleich in der Fachliteratur keine Erklärung für das Verwenden der Bezeichnung »Masse« zu finden ist, die Trennung ist aber nun einmal festgeschrieben. Alle Zubereitungstechniken, die durch kneten zu einem mehr oder minder festen Ergebnis führen, sind punktum »Teige«! Die übrigen Methoden, wie schlagen und rühren, ergeben demzufolge »Massen«.
Daß diese Definition mehr Transparenz in die Beurteilung von Teigen bzw. Massen bringt, kann bezweifelt werden, weil eben auch hier die Ausnahme zur Regel wird: So kann ein Hefeteig je nach Zusammensetzung auch geschlagen oder gerührt werden. Ganz abgesehen von der Verwendung moderner Convenience-Produkte, die traditionelle Arbeitsweisen ohnehin überflüssig machen. Daß in dem folgenden Kapitel diese Praktiken ignoriert werden, liegt daran, daß nur die Verwendung von Frischprodukten, die nach den herkömmlichen Methoden verarbeitet werden sollten, höchste Qualität garantiert. Daß dies den Einsatz von Maschinen nicht ausschließt, ist nur logisch, doch erst die manuelle Bearbeitung bringt die richtige Beziehung zum Produkt.

Backen ist Maßarbeit

In der Tat hängt beim Backen der Erfolg zunächst einmal von der Beachtung der Arbeitstechniken ab und vor allem vom genauen Verhältnis der einzelnen Zutaten zueinander. Auf »Augenmaß und Handgewicht«, das nach einem alten Sprichwort den Konditor nie verlassen soll, kann man getrost verzichten. Exaktes Wiegen, und zwar mit einer in den unteren Bereichen genau arbeitenden Waage, ist der erste Schritt für ein gutes Gelingen. Für kleinste Mengen kann eine Briefwaage sehr behilflich sein. Das gleiche gilt für das Flüssigkeitsmaß. Ein Meßbecher oder Litermaß ist für größere Mengen nötig, für kleinere Abmessungen ist eine gläserne Mensur ein ganz ideales Hilfsmittel. Die Angaben für kleine Flüssigkeitsmengen in diesem Buch richten sich jedenfalls nach cl (= Zentiliter), für die größeren Mengen werden soweit als möglich die in der Praxis üblichen Maße wie 1/8, 1/4 l usw. angewendet. Mit den gängigen Maßeinheiten wie Teelöffel, Eßlöffel oder Tasse sollte man tunlichst weder Flüssigkeiten noch feste Substanzen messen, weil ihr jeweiliges Fassungsvermögen oft sehr schwankt. Trotzdem wird man ab und zu bei der praktischen Arbeit zu diesen bequemen und stets vorhandenen Meßbehältern greifen. Die ganz kleinen Mengen, wie Salz oder Gewürze, sind mit »Messerspitze« (Msp.) wohl am besten abgegrenzt.

Sinnvolles Handwerkszeug

Für erfolgreiches Backen ist natürlich ein Minimum an Geräten, inklusive einem guten Backofen, nötig. Das bedeutet nicht unbedingt eine perfekte Backstube, die bei den Profis ohnehin vorhanden ist, sondern eine qualitativ solide Grundausrüstung. Wer es wirklich ernst meint mit dem Lernen, der sollte zunächst ganz bewußt auf elektrische Geräte verzichten, denn nur durch echte Handarbeit bekommt man auch das rechte Verhältnis zu den Produkten und kann später auch besser beurteilen, welche Arbeiten man ohne Qualitätsverlust getrost Maschinen überlassen kann.

Die ideale Grundausstattung könnte wie folgt aussehen:

Eine gute Waage, Meßbecher oder Litermaß und nach Möglichkeit eine Mensur. Für die Zubereitung von Knetteigen eine glatte Arbeitsfläche aus Kunststoff, aber viel besser noch eine Marmorplatte. Sie ist für Zucker- und Schokoladearbeiten sehr praktisch.

Ein Rollholz, das genügend groß ist und möglichst in Kugeln gelagert ist. Aber auch die glatte Holzrolle (ohne Griffe), wie sie in der Schweiz und Frankreich viel verwendet wird, ist bestens geeignet, verlangt aber viel Routine.

Schüsseln und Kessel. Die üblichen Schüsseln aus Kunststoff mit abgerundetem Boden sollten in 3 Größen vorhanden sein. Sie eignen sich gut zum Rühren von Massen. Noch weit besser sind dafür die halbkugelförmigen Kessel aus Edelstahl oder Kupfer, mit einem Randdurchmesser von 25-30 cm. Darin kann man vor allem mit dem Schneebesen bequem hantieren. Außerdem lassen sie sich auch ohne Wasserbad auf dem Feuer verwenden.

Schneebesen in verschiedenen Größen. Einer davon sollte grundsätzlich für Eischnee reserviert sein. Von den Rührlöffeln (oder Spateln) braucht man auch 3-4 verschiedene Größen. Sie können aus Kunststoff oder Holz sein. Für das Schlagen von Hefeteig ist ein besonders robuster Spatel nötig.

Ein Holzrahmensieb, so altmodisch es auch klingen mag, ist ideal (und heute leider nicht überall zu bekommen). Damit kann das Mehl, die Stärke und eventuell weitere Zutaten mühelos zusammengesiebt werden, was in den kleinen Rüttelsieben Mühe macht. Außerdem lassen sich damit auch Cremes gut passieren.

Die Auswahl an Messern sollte aus einer Küchensäge (25 cm lang), einem Obstmesser und, ganz besonders wichtig, aus 2-3 verschieden großen Paletten bestehen. Sie sind geradezu ein Universalwerkzeug in der Backstube. Eine abgewinkelte Palette ist zum Verstreichen großer Teigflächen ideal. Dazu gehört noch ein Hack- oder Wiegemesser zum Zerkleinern von Trockenfrüchten etc.

Auch die kleinen Hilfen sollten von guter, stabiler Qualität sein: Backpinsel, Teigschaber aus Kunststoff oder auch aus Gummi mit einem Holzstiel, Teigrädchen gezackt und mit glatter Schnittfläche. Dazu noch Spritzbeutel in diversen Größen und Spritztüllen glatt und gezackt.

Das ist aber auch schon die Grenze des unbedingt nötigen Handwerkszeuges. Besonders die vielen Hilfen für das Garnieren sind keine Notwendigkeit. So kann man mit einer kleinen Auswahl an Tüllen und Ausstechformen und entsprechend viel Phantasie trotzdem schöne Dekorationen erstellen. Man denke nur an die primitive Pergamenttüte, mit der man hervorragend garnieren kann. Backformen sind eigentlich auch nur in sehr beschränkter Auswahl nötig, obwohl es bei dem großen Angebot verschiedenster Formen für alle möglichen Gebäcke und Anlässe schon schwerfällt, diese nicht zu erwerben.

Backformen

Das Material der Backformen ist mit entscheidend für das spätere Ergebnis, es müssen nicht unbedingt die teuersten sein. Für gerührte Massen, Hefeteig oder den einfachen Rührteig hat die Industrie sehr preiswerte Formen entwickelt: aus Aluminium oder Weißblech, beides gute Wärmeleiter, oder auch aus Schwarzblech. Die meisten Modelle werden auch mit einer speziellen Kunststoff-Innenbeschichtung angeboten, die besonders im Elektroofen gute Ergebnisse liefern. Das beste Material für Backformen ist aber nach wie vor Kupfer, auch Keramik in guter Qualität. Diese Formen werden bei über 1000° C gebrannt und garantieren bei hohen Kuchen ein hervorragendes Ergebnis. Beide, Kupfer- und Keramikformen, sind darüber hinaus auch eine schöne Dekoration für die Küche.

Für Tortenböden finden sehr unterschiedliche Formen Verwendung. Im Haushalt hat sich die durchaus praktisch zu handhabende Springform eingebürgert, bei der man durch das Aufklappen des Randes den Kuchen leicht herausnehmen kann. Im Fachbetrieb werden schlichte Aluminiumringe gebraucht, die zwar simpler, aber vorteilhafter sind, weil sie sehr gleichmäßige Böden liefern. In Frankreich ziehen die Patissiers leicht konische Formen mit festem Rand vor. Der Boden muß allerdings vorher mit Pergamentpapier ausgelegt werden, damit die Torte nach Lösen des Randes auch herausgleitet.

Tortenringe, die nur mit Papier eingeschlagen werden, haben sich in der Konditorei bestens bewährt. Sie bieten auch gegenüber der im Haushalt üblichen Springform einige Vorteile (siehe Arbeitsablauf auf Seite 45). Vom gebackenen Boden wird einfach das Papier abgezogen und er wird mit einem Messer aus dem Ring gelöst.

Elektrische Hilfen erleichtern die Arbeit. Gleichgültig, ob ein Teig mit der Hand geknetet oder eine Masse mit dem Schneebesen geschlagen wird, der erfahrene Fachmann führt ganz automatisch die unterschiedlichsten Bewegungen aus, um eine optimale Konsistenz zu erreichen. Am Beispiel der abgebildeten Biskuitmasse (Wiener Masse) ist dies leicht erklärbar: Mit dem Schneebesen werden vertikal schlagende Bewegungen ausgeführt, die in gewissem Zeitabstand mit horizontal kreisenden Bewegungen abwechseln, um die am Rand verbliebene Eiermasse in den Schlagprozeß zurückzuführen. Eine manuelle Arbeitsweise, die zwangsläufig zu dem gewünschten Ergebnis führt. Will man diese Arbeitsmethode einer Maschine übertragen, so wird einem ganz schnell die Grenze der Leistungsfähigkeit klar. Das Handrührgerät zum Beispiel dreht nur horizontal. Verändern kann man nur die Drehzahl . Die vertikalen Bewegungen müssen also zusätzlich von Hand ausgeführt werden. Außerdem sind die Besen sehr klein, und um die gesamte Masse zu erfassen, muß man darin mit dem Gerät noch kreisen. Alles in allem also keine befriedigende Arbeitsweise und auch kein optimales Ergebnis. Die Küchenmaschine leistet da schon mehr. Sie arbeitet nach der Methode der Profi-Anschlagmaschine und führt zusätzlich zum drehenden, großen Besen noch kreisende, horizontale Bewegungen aus. Die Form der Schüssel läßt darüber hinaus die Masse am Rand immer wieder in den Schlagprozeß zurücklaufen.

Der Backofen

Ein Problem, das jeder selbst in den Griff bekommen muß, ist der Backofen. Es ist einfach unmöglich, allgemein gültige Regeln für diesen alles entscheidenden Vorgang bei der Kuchenbäckerei aufzustellen. Und das betrifft wirklich alle Öfen, seien sie für den professionellen Gebrauch oder für den Haushalt bestimmt. Um zu guten Resultaten zu kommen, sollte man also einmal die Gebrauchsvorschriften des Herstellers beachten. Der zweite Schritt ist das Testbacken verschiedener Teigarten. Dafür nach Möglichkeit nicht gleich die teuersten und kompliziertesten Rezepte auswählen. Die gewonnenen Erfahrungswerte (man sollte sie sich genau aufschreiben) garantieren dann letztlich den Erfolg. Selbst die ungeliebten Eigenheiten eines Backofens, wie die ungleiche Hitzeeinwirkung, lernt man durch Drehen des Kuchenbleches oder der Backform schnell auszuschalten.

Technik kann auch lästig sein —

zumindest, wenn man sich nicht genug Zeit nimmt, die diversen automatischen Tricks genau zu studieren und dann auch sinnvoll anzuwenden. Die Industrie hat in den letzten Jahren für entsprechende Unsicherheit gesorgt, indem sie die traditionelle Arbeitsweise der Öfen mit Strahlungshitze durch Umlufthitze (Heißluft) ersetzt hat. Eine Technik, bei der die heiße Luft durch einen Ventilator bewegt wird und das Backgut (auch auf mehreren Etagen) gleichmäßig umströmt. Für einige Teige bzw. Massen ist dies zwar sehr vorteilhaft, aber die Hitze durch direkte Strahlung kann sie nicht voll ersetzen. Öfen, die wechselweise sowohl Heißluft als auch Strahlungshitze bieten, sind der neueste Kompromiß.

Den Backofen vorheizen?

Eine Frage die immer wieder auftaucht und die durch die Heißluftöfen wieder neu belebt wurde. Grundsätzlich sollte man davon ausgehen, daß der Ofen beim Einschieben des Backgutes bereits auf die gewünschte Backtemperatur vorgeheizt wurde. Diese Zeit muß man natürlich beim Arbeitsablauf berücksichtigen, sie ist bei jedem Ofen unterschiedlich. Elektroöfen erreichen diese Temperatur, die meist um die 200° C liegt, nach 10-20 Minuten, bei Gasfeuerung sind es nur wenige Minuten und bei den Heißluftöfen geht es noch schneller. Aber Vorheizen ist nötig, und alle Rezepte in diesem Buch basieren auf dieser Regel. Gleich problematisch sind die Empfehlungen der Hersteller, die »Nachhitze« auszunützen. Das bedeutet, den Ofen auszuschalten, bevor das Backgut vollständig gar ist, das dann mit der absinkenden Hitze ausbäckt. Eine fragwürdige Art, Energie zu sparen, die sich sehr nachteilig auf die Qualität des Gebäcks auswirken kann. Ebenso falsch wäre es natürlich, das Backwerk über die Beendigung der Garzeit hinaus im abgeschalteten Ofen zu belassen. Ausnahmen bestätigen auch hier die Regel, doch ist dies im jeweiligen Rezept angegeben.

Die richtige Temperatur und die Backzeiten

Backrezepte sollen grundsätzlich so genau wie möglich nachvollzogen werden. Das betrifft das Wiegen und Messen ebenso wie die Arbeitstechnik. Der schwache Punkt im Rezept ist und bleibt die Temperatur und die Backzeit. Die ganze Problematik der Backöfen hat unmittelbare Auswirkungen auf eben diese Angaben, die nur mit Hilfe der eigenen Erfahrungen abgesichert werden können. Nur so erhält man exakte Werte, die vor allem Gebäck mit langen Backzeiten betreffen. Bei allen neuen Rezepten sollte man die einmal erprobte Backhitze und Backzeit genau aufschreiben, selbst wenn dies als Marginalien im nagelneuen Kochbuch geschieht. Beim zweiten Versuch ist man ganz sicher dankbar, Erfahrungswerte zur Verfügung zu haben, auch wenn diese noch änderungsbedürftig sind. Kleine oder sehr dünne Backwaren werden sowieso nur »nach Sicht« gebacken. Das bedeutet, daß man ab einer entsprechenden Zeit, zu der das Gebäck keinesfalls ausgebacken sein kann, die letzte Backphase optisch überwacht. Bei Öfen mit einem Fenster ist das ganz einfach, weil eine Beurteilung meist ohne Öffnen der Ofentür möglich ist. Andernfalls muß man von Zeit zu Zeit die Tür aufmachen, um das Gebäck zu prüfen. In dieser Endphase ist ein Zusammenfallen des Gebäcks ohnehin selten möglich.

1 Eier mit Zucker und abgeriebener Zitronenschale in einen Kessel geben. Es kann auch eine Rührschüssel aus Plastik sein, die genügend Platz läßt, um mit dem Schneebesen bequem hantieren zu können. Das Gefäß muß absolut sauber und fettfrei sein, damit sich die Masse gut aufschlagen läßt.

Wiener Masse

eine Grundbiskuitmasse

Biskuitmassen — die Wiener Masse (in Frankreich »Genoise« genannt) ist die gebräuchlichste davon — können warm angeschlagen werden (siehe nebenstehender Arbeitsgang) oder kalt, das heißt Eigelb und Eiweiß getrennt (siehe Rezept Dobosböden auf der gegenüberliegenden Seite). Je höher der Zuckeranteil, desto kleinporiger und stabiler wird der Biskuit. Durch geringen Zuckeranteil wird er zwar sehr luftig, aber empfindlich. Das Warmschlagen hat den Vorteil, daß sich der Zucker leichter auflöst und intensiver mit den Eiern vermengt. Die Eiweißstoffe verbinden sich beim Backen besser mit dem Stärke-Mehlgemisch, und das Ergebnis ist insgesamt eine solide, stabile Krume. Das folgende Rezept dürfte ein wohlgeratener Kompromiß sein: ein sehr lockerer Biskuitboden, sozusagen mit Erfolgsgarantie!

Die Zutaten:

5 Eier
2 Eigelb
150 g Zucker
1/2 TL abgeriebene Zitronenschale
150 g Mehl
30 g Speisestärke (Weizenpuder)
90 g heiße Butter
Eine Springform oder ein Tortenring von 26 cm ∅

Backzeit: 30-35 Minuten bei etwa 190° C.

2 Im Wasserbad warm schlagen. Den Kessel in ein entsprechend großes Gefäß mit warmem Wasser stellen und die Masse darin auf kleiner Flamme (das Wasser darf keinesfalls kochen) mit dem Schneebesen aufschlagen, bis sie lauwarm ist. Das dauert nur wenige Minuten.

3 Die Masse kalt schlagen. Dies sollte während der ersten 5-8 Minuten abwechselnd mit schnellen, kreisenden und wieder schlagenden Bewegungen geschehen. Dann langsamer weiterschlagen, bis die Masse cremig geworden ist und ganz deutlich an Volumen zugenommen hat.

4 Mehl und Stärke untermelieren. Das Mehl mit der Speisestärke zusammen auf Papier sieben und das Papier falten. Das Gemisch langsam in die Masse einrieseln lassen und gleichzeitig mit dem Holzspatel unter kreisenden Bewegungen unterziehen, bis die Zutaten völlig vermischt sind.

5 Die warme Butter unterziehen. Die Butter erhitzen und klären, das heißt den Schaum mit einem Löffel abnehmen. Die Temperatur der Butter sollte etwa 40° C betragen. Mit einem dünnen Strahl in die Masse laufen lassen und langsam unterziehen, bis sie vollständig mit ihr verbunden ist.

6 Den Tortenring in Papier einschlagen — so nennt man das Umwickeln des Ringes mit Pergament- oder Backtrennpapier. Der Ring darf nicht gefettet werden, damit sich nach dem Backen der Biskuit nicht vom Rand lösen kann. Das Ergebnis: ein völlig glatter, senkrechter Rand.

7 Die Masse in den Tortenring füllen. Sie soll zähflüssig aus dem Kessel laufen. Dabei darauf achten, ob vielleicht noch nicht vermengte Mehlklümpchen auftauchen. Sie können jetzt noch herausgenommen werden, oder man verteilt sie mit dem Teigschaber in der Masse.

8 Die Oberfläche glattstreichen. Den Ring bis etwa 1 cm unter den Rand füllen. Man kann die Masse von der Mitte zum Rand hin hochstreichen. Das wirkt einer Wölbung beim Backen entgegen und garantiert nach dem Stürzen eine gleichmäßige Oberfläche des Biskuitbodens.

9 Den gebackenen Boden stürzen. Den Biskuitboden nach dem Backen einige Minuten ruhen lassen. Er wird vom Blech angehoben, dieses mit Mehl bestaubt (damit der Boden nach dem Stürzen nicht ankleben kann) und dann wird er mit der Oberseite nach unten daraufgelegt.

10 Der abgekühlte Biskuitboden hat durch das Stürzen eine absolut plane Oberfläche bekommen. Auch wenn er beim Backen eine leichte Wölbung nach oben hatte, wird dies durch das Stürzen ausgeglichen. Außerdem kann er so beim Erkalten nicht austrocknen.

Dobos-Masse, ein Beispiel für eine kalt angeschlagene Masse ohne Fettzusatz. Die Zutaten: 9 Eigelb, 220 g Puderzucker, 9 Eiweiß, 180 g Mehl. Das Eigelb mit etwa einem Drittel des Puderzuckers schaumig rühren. Unter das Eiweiß sofort einen kleinen Teil Puderzucker geben und schlagen, bis es stark an Volumen zugenommen hat und halbfest ist. Nach und nach den restlichen Puderzucker unterschlagen, bis ein schnittfester Schnee entstanden ist. Einen Teil des Eischnees unter die Eigelbmasse ziehen und etwas verrühren. Den restlichen Eischnee zusammen mit dem Mehl untermelieren. Auf 6-8 (je nach gewünschter Stärke der Böden) zugeschnittene Backtrennpapier-Quadrate Kreise von 26 cm Ø mit einem Bleistift aufzeichnen. Die Masse in gleichen Portionen darauf verteilen und aufstreichen. Die Böden so rasch wie möglich hintereinander backen, damit sie durch längeres Liegen vor dem Backen nicht an Luftigkeit verlieren. Bei etwa 220° C unbedingt »nach Sicht« backen, weil die dünnen Böden schnell verbrennen können. Nach dem Backen sofort vom Blech nehmen, um zu verhindern, daß sie austrocknen.

Schokoladenmasse

ein Biskuit mit würzenden Zutaten

Nebenstehender Arbeitsgang ist ein gutes Beispiel für eine kalt angeschlagene Masse, bei der wie üblich Eigelb und Eiweiß getrennt verarbeitet, zusätzlich aber Fett und würzende Zutaten verwendet werden. Solche Massen müssen besonders korrekt verarbeitet werden, weil die meisten würzenden Zutaten fetthaltig sind (wie zum Beispiel Mandeln, Nüsse, Schokolade). Für einen lockeren Teig ist es notwendig, den besonders fettempfindlichen Eischnee so gut wie möglich unter die Eigelb-Grundmasse zu bringen, ohne daß er mehr als nötig zusammenfällt und die gesamte Masse stark an Volumen abnimmt. So ist es sinnvoll, die flüssige Kakaomasse (Blockkakao) oder auch Kuvertüre schon mit der Eigelbmasse zu verrühren. Auch die flüssige Butter wird bei diesem Rezept der schaumigen Eigelbmasse zugesetzt. Würde man sie wie bei einer Wiener Masse zum Schluß unterziehen, dann wäre das eine zusätzliche Belastung für das Eiweiß, das schon durch die fettreiche Eigelbmasse (mit geriebenen Walnüssen und Kakaomasse) strapaziert wurde.

Die Zutaten:

8 Eigelb
150 g Zucker
40 g geriebene Walnüsse
1/2 Vanilleschote
70 g Kakaomasse oder Kakaopulver
80 g Butter
8 Eiweiß
50 g Mehl
100 g Biskuitbrösel
Eine Springform von 26 cm ∅

Backzeit: 35-40 Minuten bei 190° C.

1 **Die Zutaten für die Eigelbmasse.** Dem Eigelb setzt man etwa ein Drittel der Zuckermenge zu. In diesem Fall werden auch die geriebenen Walnüsse und das Gewürz (das Mark der Vanillestange mit einem scharfen Messer vorsichtig herausschaben) gleich zugegeben.

2 **Die Eigelb-Grundmasse schaumig rühren.** Die Zutaten vermischen und in kreisenden Bewegungen mit dem Schneebesen rühren, bis sich das Volumen mindestens verdoppelt hat. Bei der Verwendung eines Handrührgerätes die mittlere Geschwindigkeit verwenden.

6 **Nun den restlichen Eischnee zugeben** und mit nur wenigen Spatelbewegungen unterheben. Anschließend die mit dem Mehl vermischten Biskuitbrösel darübergeben und zusammen mit dem Schnee vorsichtig melieren, bis alle Eischnee-Flocken restlos vermischt sind.

7 **In eine vorbereitete Form füllen.** Verwendet man eine Springform, dann wird der Boden mit einem zurechtgeschnittenen Pergament- oder Backtrennpapier ausgelegt. Der Rand wird nicht gefettet, damit sich die Masse nach dem Backen nicht lösen und einfallen kann.

Klassische Schokoladenmasse

warm und kalt geschlagen, nach der Methode der Wiener Masse von Seite 44-45.

7 Eier
250 g Zucker
150 g Mehl
50 g Speisestärke (Weizenpuder)
50 g Kakaopulver
60 g Butter
Eine Springform oder ein Tortenring von 26 cm ∅

Die Eier mit dem Zucker im Wasserbad warm und wieder kalt schlagen. Das Mehl zusammen mit dem Weizenpuder und dem Kakaopulver sieben und unter die Eiermasse melieren. Zuletzt die warme, geklärte Butter langsam unterziehen. Die Masse in die Form füllen und die Oberfläche glattstreichen.

Backzeit: 30-35 Minuten bei 190° C.

Biskuit für eine Roulade

8 Eigelb
100 g Zucker
1 Msp. Salz
etwas abgeriebene Zitronenschale
4 Eiweiß
80 g Mehl
20 g Speisestärke (Weizenpuder)

Bei diesem Rezept wird nicht der Schnee unter das Eigelb meliert, sondern umgekehrt. Die Roulade bei 230-240° C etwa 8-10 Minuten backen, jedoch schon nach 6 Minuten nachsehen. Wird sie mit Marmelade gefüllt, dann sollte dies gleich nach Abziehen des Papiers geschehen. Sofort aufrollen und erkalten lassen.

1 **Eigelbmischung unter den steifen Schnee ziehen.** Zuerst das Eigelb mit einem Löffel Zucker, Salz und Zitronenschale verrühren, nicht schaumig schlagen. Unter den Schnee heben. Mehl und Stärke sieben, langsam in die Masse einrühren.

3 **Die Kakaomasse unterrühren.** Dazu muß sie vorher im Wasserbad aufgelöst werden. Diese ungesüßte Kakaomasse (Blockkakao) lauwarm unter die Eigelbmasse rühren. Sie kann durch die gleiche Menge Kakaopulver ersetzt werden. Es muß mit dem Mehl gesiebt und zuletzt untermeliert werden.

4 **Die Masse soll nicht zu kalt sein,** weil sonst die Kakaomasse fest werden könnte. Wenn nötig, das Gemisch kurz im Wasserbad erwärmen. Anschließend die flüssige, lauwarme Butter (sie sollte geklärt sein) in dünnem Strahl einlaufen lassen und vollständig unterrühren.

5 **Ein Drittel des Eischnees** (mit dem restlichen Zucker geschlagen) auf das Eigelb-Kakaogemisch geben und vorsichtig mit dem Spatel kreisend unterheben, dabei den Kessel in Gegenrichtung drehen. Dadurch verbindet sich der Eischnee besonders schonend mit der sehr fettreichen Eigelbmasse.

8 **Die Oberfläche glattstreichen.** Am einfachsten geht das mit einem Teigschaber. Wie bei der Wiener Masse (Seite 45) beschrieben, kann auch hier die Oberfläche vollkommen eben verstrichen werden oder leicht gewölbt von der Mitte zum Rand hin gleichmäßig ansteigend.

2 **Den Biskuitteig gleichmäßig aufstreichen.** Dazu das Backblech mit Pergament- oder Backtrennpapier belegen. Mit einer Winkelpalette oder einem Teigschaber verstreicht sich die Masse leicht. Bei einem Messer sind meist die Finger im Weg.

3 **Die gebackene Roulade auf ein feuchtes Tuch stürzen,** das Papier abziehen, die Roulade aufrollen, erkalten lassen und vor dem Füllen wieder entrollen — oder plan liegen lassen und mit einem zweiten feuchten Tuch bedecken.

4 **Die Roulade füllen.** Geschieht dies wie hier mit Fruchtsahne, muß die Roulade vollkommen kalt sein. An einer Längsseite 2-3 cm frei von Füllung lassen, damit diese beim Aufrollen (hier kann man das Tuch zu Hilfe nehmen) nicht austreten kann.

Gerührte Masse

am Beispiel eines Margaretenkuchens

Für gerührte Massen (Rührkuchen) bieten sich drei Zubereitungsmöglichkeiten an:
A) Unter die fertig geschlagene und melierte Biskuitmasse wird zuletzt das warme, flüssige Fett gezogen. Dies ist eine Methode, die vor allem bei Sandkuchen oder sonstigen Rührkuchen ohne Füllung angewandt wird.
B) Das Fett wird mit einem Teil des Zuckers schaumig gerührt, und die Eigelbe kommen nach und nach hinzu. Der Eischnee wird zusammen mit Mehl und Stärke untergehoben. Auf diese Art wird das nebenstehende Rezept »Margaretenkuchen« hergestellt.
C) Die Masse wird dreigeteilt zubereitet. Eigelb mit Zucker, sowie das Mehl mit Stärke und Fett werden separat schaumig gerührt, das Eiweiß zu Schnee geschlagen. In der genannten Reihenfolge werden die drei Massen dann meliert.

Margaretenkuchen

250 g Butter
100 g Marzipan-Rohmasse
140 g Zucker
1/2 Vanilleschote
6 Eigelb
6 Eiweiß
120 g Mehl
80 g Speisestärke (Weizenpuder)
Butter und Brösel für die Form
Eine Margaretenkuchenform oder Springform von 26 cm ∅

Die Butter mit der Marzipan-Rohmasse und etwa einem Drittel des Zuckers auf einer Arbeitsplatte mit dem Holzspatel oder einem sehr stabilen Messer zu einer weichen Masse verarbeiten. Diese dann in einen Kessel geben, mit dem Mark der Vanilleschote schaumig rühren und die Eigelbe nach und nach zusetzen.

Das Eiweiß mit dem restlichen Zucker steifschlagen. Etwa ein Drittel des Eischnees unter die Buttermasse ziehen und erst wenn dieser vollständig vermischt ist, den restlichen Schnee zusammen mit dem Mehl und der Stärke untermelieren. In die gefettete und mit Bröseln ausgestreute Form füllen und vorsichtig glattstreichen.

Backzeit: 50-60 Minuten bei 190° C.

1 **Die Butter, die Marzipan-Rohmasse und ein Drittel des Zuckers schaumig rühren.** Diese drei Zutaten sollten zuvor auf der Marmorplatte mit dem Holzspatel weich gearbeitet werden. Dann im Kessel mit dem Mark der Vanilleschote schaumig rühren und die Eigelbe nach und nach zugeben.

2 **Den Eischnee unterziehen.** Das Eiweiß dafür steifschlagen, dabei den restlichen Zucker langsam einrieseln lassen. Etwa ein Drittel von dem schnittfesten Eischnee mit dem Holzspatel vorsichtig unter die Butter-Eigelbmasse heben, damit der Schnee nicht an Volumen verliert.

3 **Den Eischnee mit dem Mehl und der Speisestärke unterziehen.** Das erste Drittel Eischnee muß mit der Butter-Eigelbmasse vollständig vermischt sein, bevor der restliche Eischnee gleichzeitig mit dem Mehl und der Speisestärke (zusammen gesiebt) vorsichtig untergehoben wird.

4 **Die Masse in die Form füllen.** Die Rippen der Margaretenkuchenform zuvor sorgfältig mit sehr weicher Butter ausstreichen und etwas anziehen lassen. Erst dann mit feinen, abgesiebten Semmel- oder Biskuitbröseln gleichmäßig ausstreuen. Die Masse vorsichtig einfüllen.

5 **Die Masse mit einem Gummispatel gleichmäßig verstreichen.** Gut eignet sich dafür auch ein Teigschaber. Die höchst empfindliche Masse sollte vorsichtig von der Mitte aus zum Rand hochgestrichen werden, damit sie anschließend beim Backen schön gleichmäßig aufgeht.

Ein schneller »Rührteig«

Ein Teig, der nach der fachlichen Klassifizierung eigentlich eine Masse sein müßte. Schon auf Grund der Zusammensetzung seiner Zutaten und der Bearbeitung. Er wird nämlich gerührt, jedoch wesentlich einfacher als die gerührte Masse nebenan. Das Backpulver machte es möglich, daß er der unkomplizierteste und der volkstümlichste Teig überhaupt wurde. Die Bezeichnung »Rührteig« ist zu einem Begriff geworden.

Die technischen Hilfsmittel (Handrührgerät und Küchenmaschine) haben die Zubereitung inzwischen so perfektioniert, daß es nur noch eine Frage weniger Minuten ist, einen Rührteig für einen Sand- oder Marmorkuchen zu zaubern. Nur, man muß bereit sein, die unverkennbaren geschmacklichen Nachteile des Backpulvers zu akzeptieren. Dann allerdings hat dieser Expreßteig seine Vorteile. Er kann mit würzenden Zutaten wie Nüssen, Mandeln oder Trockenfrüchten variiert werden. Außerdem läßt sich seine Konsistenz durch den Austausch eines Teils des Mehles gegen Weizenstärke verändern.

Zwei Möglichkeiten bieten sich für die Zubereitung an. Bei der ersten werden Butter, Zucker, Eier und Gewürze schaumig gerührt und das mit dem Backpulver gemischte und gesiebte Mehl eßlöffelweise abwechselnd mit der Milch untergerührt. Man sollte aber konsequenterweise die folgende, bequemere Methode wählen und alle Zutaten in einem Arbeitsgang rühren.

Die Zutaten für das Grundrezept: 500 g Mehl, 1 Päckchen Backpulver, 250 g Butter oder Margarine, 250 g Zucker, 1 Msp. Salz, 4 Eier, 20 cl Milch. Mehl und Backpulver zusammen in eine Schüssel sieben und alle anderen Zutaten zugeben; dabei darauf achten, daß das Fett weich (streichfähig) ist. Mit der Küchenmaschine auf höchster Drehzahl 1 Minute rühren, mit dem Teigschaber den Teig vom Rand lösen und nochmals etwa 2 Minuten bei höchster Geschwindigkeit rühren. Werden würzende Zutaten wie Nüsse, Mandeln oder Trockenfrüchte zugesetzt, diese kurz mit der niedrigsten Drehzahl unterrühren.

Baiser- oder Meringuemasse

Eine der wichtigsten Grundmassen für Kuchen und Torten. Sie kann abgewandelt werden sowohl den Zuckergehalt betreffend als auch mit würzenden Zutaten wie Kaffee, Schokolade oder wie bei Japonaismasse mit Nüssen oder Mandeln. Sie wird aber ebenso abgeflämmt als Überzug für Obstkuchen verwendet, wie auch gespritzt und getrocknet als Garniermaterial.

Ein bewährtes Grundrezept:

1/4 l Eiweiß (von etwa 8 Eiern)
250 g Zucker (feine Raffinade)
200 g Puderzucker
30 g Speisestärke (Weizenpuder)

Zubereitet wird dieses Rezept nach der nebenstehenden Bildfolge. Böden oder kleine Gebäckstücke werden bei 120° C etwa 3 Stunden gebacken und sollten dann bei abgeschaltetem Ofen oder ganz stark reduzierter Hitze über Nacht getrocknet werden. Die Menge ergibt etwa 30 kleine Baiserschalen oder 6 Böden mit 26 cm ∅, gespritzt mit der Lochtülle Nr. 7. Als Unterlage verwendet man Pergament- oder Backtrennpapier. Baiserböden ohne würzende Zutaten können auch auf Vorrat gebacken und im Trockenschrank oder an einem anderen, absolut trockenen Ort gelagert werden. Sie müssen aber unbedingt vor fremden Geruchseinflüssen geschützt werden, weil sie dagegen extrem empfindlich sind.

1 **Das Eiweiß zunächst ohne Zucker aufschlagen.** Nach dem Schneebesen ist die Rührmaschine das tauglichste Gerät, weil sie dem manuellen Schlagen ähnlich arbeitet. Bei mittlerer Drehzahl beginnen und, wenn der Schnee locker und weiß ist, etwas Zucker zugeben, danach auf höchste Touren schalten.

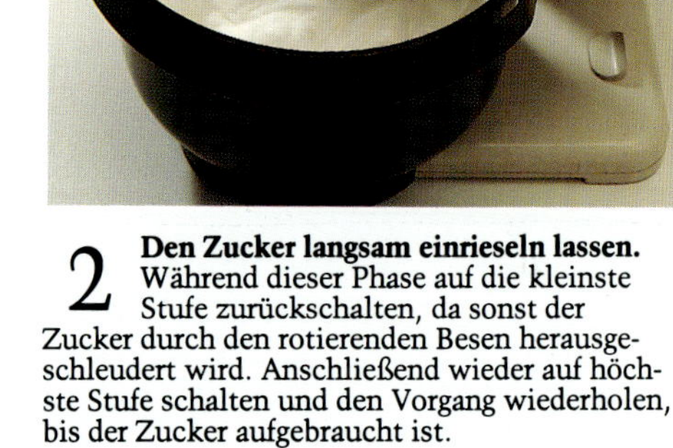

2 **Den Zucker langsam einrieseln lassen.** Während dieser Phase auf die kleinste Stufe zurückschalten, da sonst der Zucker durch den rotierenden Besen herausgeschleudert wird. Anschließend wieder auf höchste Stufe schalten und den Vorgang wiederholen, bis der Zucker aufgebraucht ist.

3 **Ist der Zucker aufgebraucht,** die Maschine bei mittlerer Drehzahl weiterlaufen lassen, bis keine Zuckerkristalle mehr sichtbar sind. Der Schnee soll weiß-mattglänzend sein und sozusagen »schnittfest«. Man kann dies an den Einschnitten des herausgeschwenkten Besens erkennen.

4 **Puderzucker und Stärke melieren.** Die Speisestärke und den Puderzucker zusammen auf Pergamentpapier sieben und mit dem Holzspatel unter den Schnee ziehen. Die Masse ist nicht sehr empfindlich, deshalb kann die Mischung kräftig untergezogen werden, bis keine Klümpchen mehr sichtbar sind.

5 **Den Spritzbeutel füllen,** sofern die Baisermasse gespritzt werden soll. Dazu den Beutelrand umschlagen, mit dem Teigschaber die Masse einfüllen. Den Rand hochziehen, die Masse nach unten schütteln und den Beutel andrehen. Eine Hand hält den Beutel, die andere führt ihn beim Spritzen.

Japonais

Baisermasse mit Mandeln oder Nüssen

Sie ist für Torten und kleinere Gebäckstücke vielfältig zu verwenden. Sowohl Buttercreme in verschiedensten Geschmacksrichtungen (Mokkacreme ist die klassische Füllung) als auch leichte Creme oder Schlagsahne passen gut zu diesen knusprig süßen Böden. Basis ist eine Baiser- oder Meringuemasse, die mit leicht gerösteten, feingeriebenen Mandeln oder Haselnüssen angereichert ist. Je nachdem, wie gehaltvoll eine Masse werden soll, kann bis zu 2/3 des Gesamtgewichts von Eiweiß und Zucker an Mandeln zugesetzt werden. Auch Speisestärke oder Mehl wird (jedoch nur in geringen Mengen) als Stabilisator verwendet.

Japonaisböden

6 Stück für 2 Torten à 24 cm ∅

10 Eiweiß
320 g Zucker
250 g geröstete, geriebene Mandeln oder Haselnüsse
50 g Mehl
100 g Puderzucker
1 TL Vanillezucker
300 g Mokka-Buttercreme (Seite 71)

Das Eiweiß in einem absolut fettfreien Kessel oder in einer entsprechend großen Plastikschüssel anschlagen, bis es schaumig und weiß ist. Dann erst wenig Zucker zusetzen und steif schlagen. Nach und nach den restlichen Zucker darunterschlagen, bis er aufgebraucht und gelöst ist. Man sollte also keine Kristalle mehr erkennen können. Die geriebenen Mandeln (oder Haselnüsse) mit dem Mehl, Puderzucker und Vanillezucker vermischen und untermelieren. Die Böden auf Pergament- oder Backtrennpapier streichen bzw. spritzen und bei etwa 160-170° C ganz hellbraun backen. Dabei die Ofentür einen Spalt offen lassen, daß der Dampf abziehen kann. Bei dieser für Baisermassen vergleichsweise hohen Temperatur werden die Böden besonders knusprig und der Eigengeschmack der Mandeln (oder Haselnüsse) sehr kräftig. Die Backzeit beträgt bei dieser Temperatur etwa 30 Minuten oder weniger und muß, bedingt durch unterschiedliche Öfen, kontrolliert werden. Je mehr die Hitze reduziert wird (bis 120° C), desto länger wird die Backzeit, die dann schon mehr ein »Trocknen« ist. Japonaisböden können aber auch »scharf« (bei 190° C) für einige Minuten angebacken und dann im Trockenschrank oder in dem auf etwa 60-70° C reduzierten Haushaltsofen über Nacht getrocknet werden.

1 **Die Baisermasse muß schnittfest sein** und wird wie nebenan beschrieben zubereitet. Der Zucker (ausgenommen der Puderzucker) muß vollständig untergeschlagen und aufgelöst sein. Die Baisermasse soll am Schneebesen scharfe Spitzen bilden, die nicht mehr zusammenfallen.

2 **Die Mandelmischung wird untermeliert.** Die feingeriebenen Mandeln mit dem Mehl, Puderzucker und Vanillezucker mischen und mit dem Holzspatel unter die Baisermasse (Eischnee) melieren. Die Zutaten sollen gut verteilt sein, die Masse darf aber nicht unnötig lang bearbeitet werden.

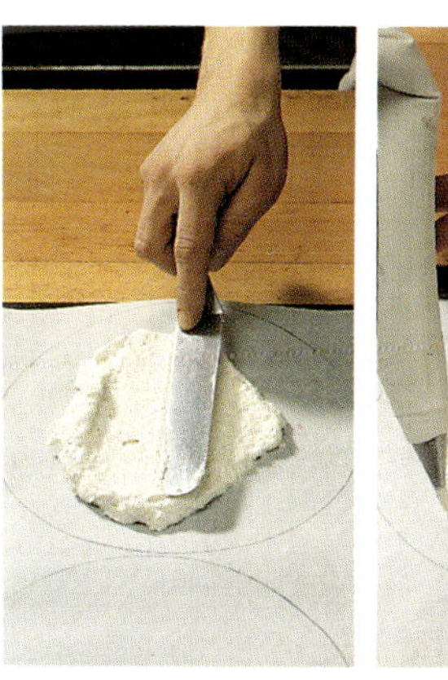
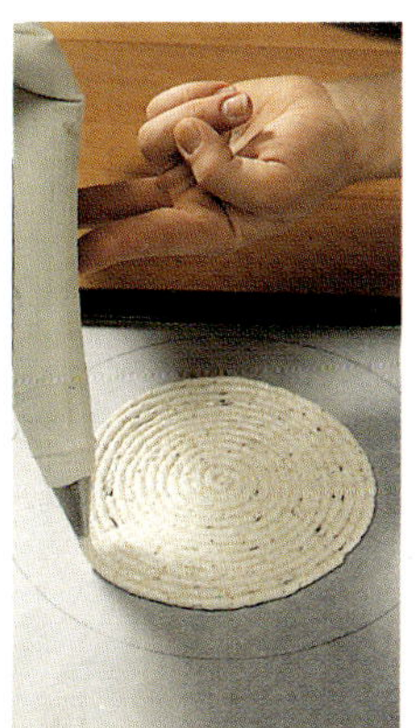

3 **Die Masse aufstreichen oder spritzen.** Kreise von 24 cm ∅ auf Pergamentpapier zeichnen und die Japonaismasse mit der Winkelpalette aufstreichen. Mit der Lochtülle Nr. 5 oder 6 aufspritzen ist zwar etwas zeitraubender, garantiert aber eine gleichmäßige Stärke.

4 **Mit einer Schablone beschneiden.** Noch warm können die Japonaisböden mit einem scharfen, spitzen Messer beschnitten werden. Oder die Böden erkalten lassen, mit Buttercreme füllen, die Torte kühlen und anschließend den Rand mit Hilfe der Schablone egalisieren.

5 **Mit Mokka-Buttercreme füllen.** Den ersten Boden mit der gewellten Seite nach oben auf die Arbeitsfläche legen und mit der Buttercreme bestreichen. Darauf in gleicher Weise den zweiten Boden setzen und mit Buttercreme bestreichen. Den dritten mit der glatten Unterseite nach oben darauflegen.

6 **Die fertige Japonaistorte** mit dem traditionellen rosa Fondanttupfen in der Mitte. Sie wurde eingestreut mit feingeriebenen gerösteten Mandeln, die mit einer Palette etwas angedrückt werden müssen. Auf dieselbe Art werden auch die Japonaistörtchen mit etwa 8 cm ∅ hergestellt.

Brandmasse

Vom Abbrennen oder Brühen hat die Brandmasse ihren Namen. Denn ihre Zutaten — Milch oder Wasser, Butter, Salz und eventuell Zucker — werden gekocht. Dann kommt die Bindung in Form von Mehl auf einmal in den Topf, wird verrührt und solange abgebrüht oder abgebrannt, bis sich ein ziemlich zäher, fester Kloß bildet. Erst in die leicht abgekühlte Masse nach und nach die Eier einrühren. Soviel, bis die Masse glänzt, spritzfähig und geschmeidig ist. So wird sie zu Windbeuteln, Eclairs und Spritzkuchen gebacken. Aber auch zu Tortenböden, wie man sie für eine Flockentorte braucht. Schließlich kann man daraus noch Profiteroles, diese kleinen Gebäckbällchen zubereiten, die bei Torten verwendet werden.

1/4 l Milch
125 g Butter
1 Msp. Salz
1 TL Zucker
200 g Mehl
5-6 Eier

Eine Masse mit Wasser, die besonders knusprig wird:

1/4 l Wasser
100 g Butter
1 Msp. Salz
250 g Mehl
5-6 Eier

Der Windbeutel, das klassische, mit Sahne gefüllte Brandmassegebäck. Je fettärmer die Masse ist, umso leichter kann sie aufgehen. Und je mehr mit Schwaden (Dampf) gebacken wird, umso höher geht das Gebäck auf. Es wird zugleich luftig und saftig. Um Dampf zu erzeugen, gießt man eine Tasse Wasser in den Backofen, sobald das Blech eingeschoben ist. Dann schließt man rasch die Tür, damit keine Feuchtigkeit entweichen kann. Gebacken wird bei 220° C etwa 15 bis 20 Minuten. Zwischendurch aber nicht die Tür öffnen, sonst fällt das Gebäck zusammen, wird zäh und unbrauchbar.

1 **Mehl in den Topf schütten.** Das macht man auf einmal, wenn Milch, Butter, Salz und / oder Zucker darin aufgekocht haben. Dabei so lange rühren, bis sich die Masse im Topf löst, einen Kloß bildet und eine weiße Haut den Topfboden überzieht. Jetzt ist die Masse gebrüht oder abgebrannt. Daher ihr Name.

2 **Zuerst ein Ei in die abgekühlte Masse** rühren, die man aus dem Topf in eine Schüssel umgefüllt hat. Erst wenn sich das Ei völlig mit der Masse verbunden hat, rührt man das nächste Ei hinein; dann die übrigen Eier. Die Masse ist richtig, wenn sie glänzt und geschmeidig ist, so daß man sie spritzen kann.

3 **So entsteht die Windbeutelform.** Masse in den Spritzbeutel mit Sterntülle füllen. Auf ein leicht gefettetes Blech große Rosetten spritzen. Und das mit nötigem Abstand, denn Brandmasse geht sehr stark auf. Den Spritzbeutel immer senkrecht halten und den Schluß der Masse immer exakt in die Mitte ziehen.

Mürbteig

Alle sind Mürbteige: der geriebene Teig, der englische Pieteig mit Nierenfett und der, den man hausfraulich-landläufig als Mürbteig bezeichnet. Das ist jener hand- oder maschinengeknetete Teig aus Mehl, Fett, Zucker und Ei, aus dem Tortenböden und Kleingebäck entstehen. Es gibt eine Menge verschiedener Teige mit dem Oberbegriff Mürbteig. Mit Salz, mit Zucker, mit Butter, Öl, Nierenfett oder Margarine, mit Gewürzen für Süßgebäck wie Zimt und Kardamom, oder für salziges Gebäck wie Paprika und Curry. Aber natürlich gibt es keinen Mürbteig ohne Mehl. Denn zwei Dinge haben alle gemeinsam: Fett und Mehl als Grundzutaten.
Alle diese Teige haben die Eigenschaft, die ihnen ihren Namen gibt, nämlich mürbe zu sein. Und besser kann man ihre Konsistenz auch nicht beschreiben.
Näher betrachtet: Es gibt den leicht gesalzenen, aber ungesüßten oder ganz wenig gesüßten klassischen Mürbteig, der »Geriebener Teig« heißt. Franzosen und Schweizer nennen ihn »Pâte brisée«. Er ist für viele Kuchen eine ideale Unterlage. Denn einerseits ist er geschmacksneutral, andererseits aber ist sein leichter Salzgeschmack für den Gaumen von besonderem Reiz. Apart zum Beispiel bei Obstkuchen und sehr süßen Füllungen wie solchen aus Mandeln oder Nüssen.
Klar, daß es auch die süße Mürbteigvariante gibt. Sie heißt in Frankreich und in der Schweiz »Pâte sucrée« oder »Pâte sablée« = Sandteig. Und schließlich gibt es noch die gerührten Mürbteige, zu denen der weiche Spritz-Mürbteig (zum Beispiel für Spritzgebäck) gehört. Ein Thema fast ohne Grenzen.
Jeden Mürbteig kann man im Kühlschrank aufbewahren (Ausnahme: Spritzmürbteig). Man verpackt ihn absolut luftdicht in Folie und kann ihn 8 - 10 Tage frischhalten. Vorzüglich ist er auch zum Einfrieren geeignet. Lagerdauer: 3 Monate, sonst wird die Butter ranzig. Auch Gebäck aus Mürbteig ist gut einzufrieren. Ob Böden, Torteletts oder Kleingebäck, alles sollte hell gebacken werden, damit man sie — einmal aus dem Gefriergerät genommen — kräftig aufbacken kann und sich der Geschmack frischer Butter wieder entwickelt.
Die Rezepte dieses Kapitels können übrigens halbiert oder verdoppelt werden. Die nötige Menge kann man sich aus den folgenden Angaben annähernd ausrechnen.

Mürbteigmengen für:

1 Boden ohne Rand von 26 cm ∅	200-250 g
1 Boden mit Rand von 26 cm ∅	350-400 g
1 Tortelett von 8 cm ∅	etwa 35 g
1 Tortelett von 10 cm ∅	etwa 45 g
1 Tortelett von 12 cm ∅	etwa 65 g

Geriebener Teig

Seinen Namen hat er von der Zubereitungsart. Denn hier werden Fett und Mehl zuerst mit den Händen bröselig verrieben, vergleichbar mit der Herstellung von Streuseln. Das Mehl-Fett-Verhältnis von 1:2 mit Flüssigkeitszusatz ergibt einen mürben, aber festen Teig. Er eignet sich vor allem dazu, Formen auszufüttern. Da er wenig Zucker enthält, ist er die ideale Unterlage für Obsttorten.

600 g Mehl
300 g Butter
40 g Puderzucker
6-9 g Salz (1-1 1/2 TL)
1 Ei
8-12 EL Wasser

Mehl mit der weichen Butter, Zucker und Salz mit den Händen zu Krümeln verreiben. Ei und nach und nach das Wasser zugeben. Daraus rasch einen festen Teig kneten. Er darf durchaus noch feine Butterklümpchen haben. Dadurch kann er beim Backen nur noch mürber werden. Zu einer Kugel formen. In Folie gepackt im Kühlschrank eine Stunde ruhen lassen. Aus der Menge kann man etwa 5 Böden von 26 cm ∅ oder 25 Torteletts von 10 cm ∅ backen. Die Backtemperatur nicht über 200° C halten. — Feiner Zucker, Puder- oder Staubzucker machen den Teig zarter.

Mürbteig

mit dem Handrührgerät zubereitet

Diese Methode ist bei einem besonders fettreichen Teig ungefährlicher, weil die relativ geringe Mehlmenge schnell unter die Buttermischung gearbeitet werden kann, ohne daß der Teig »brandig«, das heißt kurz und brüchig wird, wie es bei einem hohen Mehlanteil leicht möglich ist. Daß er auch mit Hand geknetet werden kann, ist selbstverständlich.

360 g Butter
50 g Puderzucker
12 g Salz
2 Eier
2 EL Milch
500 g Mehl

Weiche Butter mit Puderzucker und Salz in einer Rührschüssel verrühren. Dazu den Knethaken verwenden und das Gerät mit mittlerer Geschwindigkeit laufen lassen. Die Butter soll geschmeidig, aber nicht schaumig sein. Dann Eier und Milch zugeben und weiterrühren. Zuletzt das Mehl auf einmal hineinschütten und bei niedrigster Geschwindigkeit so kurz wie möglich unterarbeiten. Der Teig ist relativ weich, aber trotzdem leicht zu verarbeiten und ganz besonders mürb.

Süßer Mürbteig

Das also ist der feine Teig für Torten oder Torteletts, den die Franzosen und Schweizer »Pâte sucrée« nennen. Dringende Empfehlung, dafür Puderzucker oder Staubzucker — wie die Österreicher sagen — zu verwenden. Denn er löst sich im Teig schneller auf als die Raffinade. Zucker macht übrigens den Kleber im Mehl weich und den Teig noch mürber.

Hier das Rezept:

750 g Mehl
380 g Butter
260 g Puderzucker
1 Msp. Salz
2 Eier

Als zusätzliches Gewürz für diesen Teig kann man Vanille oder auch abgeriebene Zitronenschale verwenden.

1 **Alle Zutaten bereitstellen.** Das Mehl auf die Arbeitsfläche sieben und in der Mitte eine weite Mulde formen. Die weiche Butter in groben Würfeln, den gesiebten Puderzucker, Salz und Eier in die Mulde geben. Eventuell noch zusätzliche Gewürze wie Vanille oder abgeriebene Schale einer Zitrone.

2 **Butter, Zucker und Eier verarbeiten.** Mit den Händen die weiche Butter — sie muß Zimmertemperatur haben — zerdrücken. Diese dann mit dem Puderzucker, den Gewürzen und den Eiern innerhalb der Mehlmulde zu einer bröckeligen Teigmasse verarbeiten.

3 **Das Mehl einmischen.** Das kann gleich mit den Händen geschehen. Man schiebt vom Mehlrand nach und nach Mehl in die Mitte und wirkt es unter. Eine andere Methode: Mit einer Palette oder einem großen Messer das Mehl nach und nach in die Mitte schieben und mit den Händen den Teig rasch kneten.

4 **Zu Krümeln hacken.** Die Buttermischung zusammen mit dem Mehl mit der Palette oder einem großen Messer hacken. Und zwar immer von außen nach innen, bis das Mehl vollständig untergearbeitet ist. Es sind Streusel entstanden. Man muß rasch arbeiten, damit die Butter nicht zu weich wird.

5 **Mit den Händen schnell zusammenkneten.** Je flinker das geht, umso geschmeidiger wird der Teig. Sollte der Mürbteig trotzdem kurz und rissig werden, also nicht ausreichend binden, dann spricht der Fachmann von brandig. Die Rettung: Ganz wenig kaltes Eiweiß unter den Teig arbeiten.

6 **Den Teig in Folie wickeln.** Vorher zu einer Kugel formen. Dann luftdicht in Klarsicht- oder Alufolie wickeln. Das schützt ihn bei der Lagerung im Kühlschrank gegen fremde Geschmackseinflüsse, und er kann nicht austrocknen. Nach einer Stunde kann der Teig weiter verarbeitet werden.

7 **Auf einer kalten Arbeitsplatte ausrollen.** Eine Marmorplatte ist dazu ideal. Wer keine hat, muß sich mit seiner üblichen Arbeitsfläche begnügen. Die Platte vorher mit wenig Mehl bestauben, damit der Teig nicht ankleben kann. Und schnell arbeiten, damit er nicht weich wird.

8 **Mit einer Gabel einstechen.** Den Teigboden am besten erst auf dem Backblech ausschneiden. Denn beim Transport von der Arbeitsfläche aufs Blech gerät er allzu leicht aus der Form. Man sticht Löcher hinein, damit sich beim Backen keine Blasen bilden, die den Boden ungleichmäßig machen würden.

Ein Mürbteigboden mit Rand

am Beispiel eines Zimtkuchens

Für viele Kuchen und Torten darf der Mürbteig nicht als flacher Boden, sondern muß mit einem Rand gebacken werden. Ganz einfach, damit er weiche oder gar flüssige Füllungen aufnehmen kann. Bei Obsttorten und Obsttörtchen ist der Rand beinahe unerläßlich. Damit er nun nicht vom Rand der Form nach innen auf den Boden herabgleitet und sozusagen in sich zusammenfällt, muß dieser Boden mit einer Ersatzfüllung gebacken werden, die nachher mühelos wieder herausgenommen werden kann. Dafür eignen sich trockene Hülsenfrüchte wie Erbsen, Linsen oder kleine Bohnen sehr gut. Sie haben auch noch den Vorteil, daß man sie mehrmals verwenden kann. Für eine Kuchenform von 26 cm ∅ braucht man etwa 1 kg Hülsenfrüchte.

Und hier das Rezept für den zunächst blind gebackenen

Zimtkuchen

500 g süßer Mürbteig
Eine Kuchenform mit gezacktem Rand oder eine Springform von 26 cm ∅
150 g Butter
50 g Zucker
3 Eigelb
1 Msp. Salz
1 Msp. Nelkenpulver
1 TL Zimt
3 Eiweiß
100 g Zucker
200 g geriebene, ungeschälte Mandeln
100 g Biskuitbrösel
Kakaopulver zum Besieben

Den Mürbteigboden mit den Hülsenfrüchten 10 Minuten bei 190° C vorbacken. Die Butter mit dem Zucker, dem Eigelb und den Gewürzen schaumig rühren. Eiweiß und Zucker zu steifem Schnee schlagen. Etwas davon unter die Masse ziehen. Den restlichen Eischnee und die Mandel-Brösel-Mischung draufgeben. Locker unterheben, bis alle Zutaten verbunden sind. Die Masse in den blind gebackenen Boden füllen. Den Zimtkuchen backen. Dann abkühlen lassen und mit Kakaopulver besieben.
Backzeit: 40-45 Minuten beim 190° C.

Blind backen ist der Fachausdruck für Teigformen oder -hüllen, die leer gebacken oder vorgebacken und erst dann gefüllt werden. Ausgerollten Teig auf ein Holz wickeln und über der Form abrollen. Mit einem Tupfer aus Teigresten andrücken. Überstehenden Teig abschneiden. Mit einer Gabel Löcher in die Teigplatte stechen. Platte mit dünnem Pergamentpapier auslegen. Nicht mit Klarsichtfolie, die verschmort in der Backhitze. Form mit Hülsenfrüchten füllen. Teig hell backen, weil er beim zweiten Backvorgang mit der Füllung noch nachdunkelt. Die Hülsenfrüchte können nach dem Backen mit dem Papier problemlos herausgehoben werden. Zimtkuchenmasse auf den leicht abgekühlten Mürbteig geben und die Oberfläche glattstreichen.

Der Mürbteig ist gleichmäßig durchgebacken. Durch's Vorbacken ist er — trotz der feuchten Füllung — locker und mürb geblieben. Bei richtig flüssigen Füllungen wie zum Beispiel Obst mit einer Royale (Eiermilch) muß der Boden mit einer Backoblate oder einer Bröselschicht isoliert werden, damit die Flüssigkeit den vorgebackenen Boden nicht wieder aufweicht.

Mürbteig mit würzenden Zutaten

am Beispiel einer Linzertorte

Teige mit geriebenen Nüssen oder Mandeln sind, was ihren mürben Charakter angeht, nochmal eine Steigerung. Sie zerschmelzen sozusagen auf der Zunge. Durch den Eigenfettgehalt der Nüsse und Mandeln werden solche Teige allerdings leichter brandig. Was bedeutet: Sie werden kurz und brüchig. Dadurch lassen sich vor allem die Stränge für die Linzertorte schwer formen. Sie können sogar abbrechen. Also muß rasch gearbeitet werden.

Linzertorte

360 g geriebene, ungeschälte Mandeln
420 g Mehl
360 g Butter
240 g Puderzucker
3 Eigelb
3 Gewürznelken (mit dem Rollholz zerdrückt)
1 Prise Zimt
abgeriebene Schale einer unbehandelten Zitrone
Mark einer Vanilleschote
1 runde Backoblate
200 g Johannisbeermarmelade
1 Eigelb zum Bestreichen
30 g geschälte, gehobelte Mandeln

Den Teig wie auf den Fotos gezeigt zubereiten, formen, belegen und backen.
Backzeit: Etwa 10 Minuten bei 200° C vorbacken, 65 Minuten bei 160° C fertig backen.
Wäre noch anzumerken, daß man für die Linzertorte auch ungeschälte Haselnüsse anstelle der Mandeln verwenden kann. Der Vollständigkeit halber und weil der Fachmann zwischen Linzertorte und Linzerteig unterscheidet, hier noch das Rezept:

Heller Linzerteig

125 g abgezogene, geriebene Mandeln
250 g Mehl
220 g Butter
125 g Puderzucker
4 Eigelb
1 Msp. Salz
abgeriebene Schale einer halben Zitrone
1 Backoblate
200 g Johannisbeer- oder Preiselbeermarmelade
Ein Tortenring oder eine Springform von 26 cm ∅

Zubereitung wie bei der Linzertorte. Die Oberfläche kann mit gehobelten Mandeln bestreut oder nach dem Backen mit Puderzucker besiebt werden.

1 **Geriebene Mandeln auf die Arbeitsplatte schütten.** Das Mehl darauf sieben und in die Mitte eine große, weite Mulde drücken, in der sich gut arbeiten läßt. Die weiche Butter in groben Stücken, den gesiebten Puderzucker, Eigelb und Gewürze in diese Vertiefung füllen.

2 **Zuerst die Butter in Flocken zerdrücken.** Dann — auch mit den Händen — Zucker, Eigelb und Gewürze unterarbeiten und alles rasch zu einer geschmeidigen Masse verarbeiten. Dabei mischt sich von selbst eine kleine Menge Mehl und Mandeln unter die Masse, so daß diese schon ein wenig trockener wird.

6 **Eine Isolierschicht einlegen.** Das ist in diesem Fall eine weiße oder teigfarbene Backoblate, die es zu kaufen gibt. So zurechtschneiden, daß ein 1 cm breiter Teigrand hervorschaut. Man kann sich auch mit mehreren kleinen Lebkuchen-Oblaten behelfen, die man entsprechend zurechtschneidet.

7 **Den Rand mit Eigelb bestreichen.** Eigelb mit etwas Milch oder Sahne strecken und glatt verrühren. Beim Bestreichen darf kein Eigelb an den Metallring kommen, weil sonst der Teig beim Backen an diesen Stellen anklebt. In solchem Fall läßt sich der fertige Kuchen schwer aus dem Ring lösen.

10 **Das Teiggitter auflegen.** Etwa 1 cm starke Teigstränge — für jede Lage sechs in verschiedenen Längen — auf der leicht mit Mehl bestaubten Arbeitsfläche rollen. In gleichmäßigen Abständen in die Torte zu einem Gitter legen. Vorher die Länge zurechtschneiden oder mit einem scharfen Messer auf der Torte.

11 **Mit der Eigelbmischung bestreichen.** Das restliche, mit Milch oder Sahne verrührte Eigelb aufs Gitter und noch etwas auf den Rand streichen. Das geschieht deshalb, damit die gebackene Torte schön glänzt. Am Rand entlang noch gehobelte Mandeln aufstreuen und die Torte wie im Text angegeben backen.

3 **Mandeln und Mehl einarbeiten.** Gleichzeitig mit den Händen etwas bröselig reiben. Dann die Masse rasch zu einem Teig eher zusammendrücken als kneten, damit er gut bindet und auf keinen Fall brandig wird. Mit brandigem Teig lassen sich die Teigstränge für den Belag nicht gut rollen.

4 **Den Teig ausrollen.** Man läßt ihn zugedeckt erst 1 Stunde im Kühlschrank ruhen. Dann die Hälfte herausnehmen, zur Kugel formen und die Arbeitsfläche mit Mehl bestauben. Teig darauf gleichmäßig 1 cm dick ausrollen. Der Restteig wird für die Stränge gebraucht, mit denen die Torte belegt wird.

5 **Den Boden auf dem Backblech ausstechen.** Das Blech zuvor mit einem Blatt Pergament- oder Backtrennpapier belegen. Die fertig gebackene Torte löst sich dadurch später viel besser vom Backblech. Zum Ausstechen einen Tortenring von 26 cm Ø verwenden. Wer keinen hat, sollte ihn kaufen.

8 **Den Teigrand anbringen.** Einen gleichmäßig starken Teigstrang rollen. Bei einer Form von 26 cm Ø muß der Strang 82 cm lang sein. Teigstrang auf einer mit Mehl bestaubten Tortenscheibe (Einleger) oder einem Teller aufrollen. Als Rand auf die Teigplatte abrollen und dabei mit dem Daumen andrücken.

9 **Die Marmelade verstreichen.** Das geht am Einfachsten mit einem Teigschaber aus Kunststoff, weil er elastisch ist. Darauf achten, daß keine Marmelade über den Rand gerät.

Blätterteig

Luftig, verlockend knusprig und gleichzeitig so zart, daß er auf der Zunge zergeht, so soll gebackener Blätterteig sein. Ein Gedicht von einem Gebäck übrigens, mit dem kräftigen Aroma der reichlich verwendeten Butter und dem hervorragenden Geschmack der gebackenen Kruste.
Seine Zubereitung erfordert jedoch viel Sorgfalt und Genauigkeit — und nicht wenig Zeit. Es gibt verschiedene Methoden, Blätterteig herzustellen, wobei die gezeigte folgende Vorteile bietet:
Die Butter läßt sich, weil sie kein dicker Block, sondern schon relativ dünn ist, leichter in dem Teig ausrollen und verteilt sich auch gleichmäßiger. Durch festes Verschließen des Teiges kann die Butter beim Tourengeben nicht am Rand austreten.
Bei der Verarbeitung ist unbedingt darauf zu achten, daß Butter und Teig etwa gleich fest sind.
Den Wasserteig kann man sowohl mit den Händen kneten, als auch in der Küchenmaschine mit dem Knethaken herstellen. Die Maschine macht die Sache ein bißchen leichter, verkürzt die Arbeitszeit allerdings vergleichsweise wenig. Denn die Touren muß man dem Blätterteig schließlich mit eigener Kraft geben. Diese Zeit und die Ruhezeit muß mit einkalkuliert werden.
Noch ein Tip zum Tourengeben: Um nicht zu vergessen, wieviel Touren schon gegeben wurden, nach jedem Tourieren die Anzahl mit den Fingern in den Teig drücken.

Unser Rezept:
1 kg Mehl
50 cl Wasser
20 g Salz
1 kg Butter
100 g Mehl

1 **Wasserteig zubereiten.** Das Mehl auf die Arbeitsfläche sieben und in die Mitte eine weite Mulde drücken. Kaltes Wasser hineingießen und das Salz zufügen. Mit einer Hand Wasser und Mehl von innen nach außen vermischen; dabei mit einem Teigschaber immer wieder Mehl in die Mitte geben.

2 **Den Teig kneten,** bis seine Oberfläche glatt und glänzend ist. Zugedeckt im Kühlschrank 15 Minuten ruhen lassen. Inzwischen die Butter in Würfel schneiden, Mehl darübersieben. Rasch verkneten, damit die Butter nicht zu weich wird. Beide Teige sollten die gleiche Konsistenz haben.

3 **Den Teig ausrollen.** Zuerst den Wasserteig zu einem Rechteck von 45 x 75 cm ausrollen. Die Butter 40 x 35 cm groß ausrollen. (Diese Größe entspricht einer halben Platte Ziehmargarine.) Die Butterplatte auf die Mitte des Wasserteiges legen und die Ränder mit Wasser oder Eiweiß bestreichen.

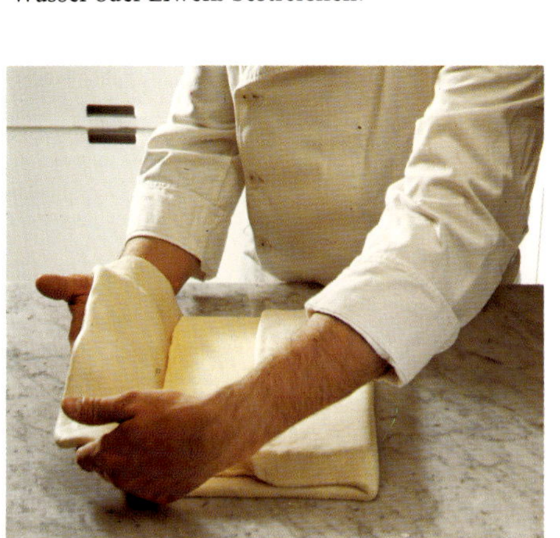

4 **Die Butter einhüllen.** Den Teig von beiden Seiten über die Butter schlagen. In der Mitte etwas überlappen lassen und zusammendrücken. Die Ränder an den Schmalseiten mit dem Daumen kräftig zudrücken, damit sie gut zusammenkleben. Die Butter ist nun fest in den Teig eingeschlossen.

5 **In zwei Richtungen ausrollen,** und zwar abwechselnd von vorn nach hinten und von links nach rechts. Dabei mit gleichmäßigem Druck arbeiten. Durch das Wechseln der Richtungen werden die Schichten gleichmäßig dünner. Zu einer Größe von 45 x 75 cm ausrollen, 20 Minuten kühlen.

6 **Für die einfache Tour** werden zuerst zwei Drittel des Teiges zusammengeklappt. Dabei exakt arbeiten und darauf achten, daß die Ränder gerade aufliegen. Genauigkeit und Sorgfalt beim Tourengeben sind von größter Bedeutung und für gleichmäßiges Aufgehen des Teiges ausschlaggebend.

7 **Einfache und doppelte Tour.** Nun das letzte Teigdrittel darüberschlagen. Im Kühlschrank 20 Minuten ruhen lassen. Für die doppelte Tour wieder ausrollen, beide Seiten bis zur Mitte nach innen schlagen und nochmal längs zusammenklappen. Je zwei einfache und doppelte Touren geben.

8 **Beispiel für gleichmäßige Touren** nach der zweiten Tour, d. h. nach einer einfachen und einer doppelten. Die Teig- und Butterschichten sollen absolut gleichmäßig sein. — Und so würde er backen: zwischen den relativ starken, aber gleichmäßig dicken Teigschichten ist die Butter ausgelaufen.

9 **Teig und Gebäck nach der dritten Tour.** Beim Teig sind die Schichten schon sehr dünn, aber noch erkennbar. Das Ergebnis nach dem Backen würde so aussehen: Das Stück ist schon schön blättrig und sieht einem fertigen Blätterteig recht ähnlich. Noch fehlt aber die letzte doppelte Tour.

10 **Zartblättrige Schichten,** am fertigen Gebäck, wie diesem Tortenrand, deutlich sichtbar. Im ungebackenen Teig sind die einzelnen Schichten nach der vierten Tour fast nicht mehr zu erkennen. — Und so gleichmäßig soll der Blätterteig aufgehen, wenn beim Tourengeben sorgfältig gearbeitet wurde.

Blätterteigtorte blind gebacken

700 g Blätterteig
1 Eigelb und etwas Wasser zum Bestreichen
Ein Tortenring von 24 cm ∅
Ein Tortenring von 20 cm ∅

Beispiel für Füllung:
3/8 l Sahne, geschlagen
250 g frische Erdbeeren, püriert

Den Blätterteig 7-8 mm stark gleichmäßig ausrollen, etwas größer als den großen Tortenring. Auf eine mit Mehl bestaubte Tortenunterlage legen, mit einem dünnen, scharfen Messer ausschneiden. Ein gleichmäßiger, scharfer Schnitt ist für das Aufgehen des Teiges sehr wichtig. Den kleineren Ring daraufsetzen und an der Außenseite entlang ausschneiden. Den Teigabfall leicht zusammendrücken und 2-3 mm dünn ausrollen. Auf ein Backblech legen, den Rand mit Wasser bestreichen und das Oberteil mit Hilfe des Ringes und der Tortenunterlage daraufsetzen. Nun die Teigplatte aus der Mitte des Teigringes herausnehmen; dafür den kleineren Tortenring einsetzen, damit der Teig beim Backen und Aufgehen genügend Halt hat. Den überstehenden Boden abschneiden. Mit einer Gabel den inneren Boden mehrmals einstechen, damit er beim Backen keine Blasen wirft. Eigelb und Wasser verquirlen und den Rand damit bestreichen. Dabei genau darauf achten, daß kein Eigelb an den Ring kommt. Der Teig würde sonst an dieser Stelle festkleben und nicht aufgehen. Nach einer Ruhezeit von 20-30 Minuten backen.

Backzeit: Etwa 15-20 Minuten bei 220°C.

Blitzblätterteig

am Beispiel einer Holländer Kirschtorte

Diese schnelle Variante des klassischen Blätterteiges bekommt ihren typischen Charakter durch das rasche und unvollständige Unterwirken der Butter. Zwar geht der Teig nicht so stark wie anderer Blätterteig auf — und auch nicht so gleichmäßig. Er ist aber besonders mürb und deshalb vorzüglich für Tortenböden geeignet.

Hier das Rezept:

1 kg Mehl
800 g Butter
15 g Salz
45 cl Wasser

Den Teig nach der Beschreibung der untenstehenden Bildfolge zubereiten. Beim Verarbeiten des Teiges darauf achten, daß er gleichmäßig nur in zwei Richtungen ausgerollt wird, und zwar von hinten nach vorn und von links nach rechts. Auch bei Blitzblätterteig kann man nicht sorgfältig genug arbeiten. Das gilt fürs Tourieren wie fürs Ausrollen der Teigplatten.
Das Tourengeben geht so vor sich:
Den Teig zu einem Rechteck ausrollen und zu zwei Drittel zusammenklappen. Das letzte Drittel darüberschlagen. Dies nennt man einfache Tour. 5 Minuten ruhen lassen oder gleich weiterarbeiten. Dazu den Teig wieder zum Rechteck ausrollen, von beiden Seiten bis zur Mitte einschlagen und nochmals zur Hälfte zusammenklappen, so daß vier Lagen entstehen. Das ist die doppelte Tour. Insgesamt sind vier Touren nötig, und zwar abwechselnd je zwei einfache und zwei doppelte.

Holländer Kirschtorte

3 Blitzblätterteigböden aus je 130 g Teig
60 g Johannisbeermarmelade
80 g Fondant
3/4 l Sahne
50 g Zucker
1 Glas Sauerkirschen mit Saft (450 g Fruchteinwaage)
50 g Zucker
1 Msp. Zimt
3 TL Speisestärke
Eine Springform von 24 cm Ø

Die Sauerkirschfüllung am besten während des Backens der Böden vorbereiten, damit sie Zeit zum Abkühlen hat. Hierfür den Saft mit dem Zimt und Zucker aufkochen, die angerührte Speisestärke einrühren, kurz durchkochen lassen und dann die Kirschen zugeben.

1 **Die Zutaten vorbereiten.** Das Mehl auf die Arbeitsfläche sieben und in die Mitte eine Mulde drücken. Die in Würfel geschnittene Butter rundherum legen und locker mit etwas Mehl vermischen. Das Salz darüberstreuen und das kalte Wasser vorsichtig in die Mitte gießen.

2 **Wasser und Mehl vermischen.** Dazu mit einer Hand arbeiten und das Wasser so weit wie möglich mit dem Mehl verrühren, ohne jedoch dabei schon Butter darunterzukneten. So lange mit der Hand in kreisenden Bewegungen rühren, bis Wasser und Mehl zu einem zähen Teig verbunden sind.

3 **Alles zusammenkneten.** Die Butterwürfel und den Wasser-Mehl-Teig auf einmal zusammenarbeiten und gut kneten. Dem fertigen Teig, wie oben beschrieben, je zwei einfache und doppelte Touren geben. Ruhezeiten zwischen den einzelnen Touren sind nicht unbedingt notwendig.

7 **Den schönsten Boden glasieren.** Den Boden mit der Oberseite nach unten auf die Arbeitsfläche legen und mit heißer Johannisbeermarmelade bestreichen. Etwas fest werden lassen und anschließend mit einem Pinsel gleichmäßig mit Fondant glasieren, so daß eine rosa schimmernde Oberfläche entsteht.

8 **Tortenoberfläche in Stücke schneiden.** Die Glasur trocknen lassen. Sobald sie fest ist, den späteren Tortendeckel in die gewünschte Stückzahl einteilen. Hierfür ein langes Messer verwenden und den Boden zuerst vierteln, dann die Viertel weiter aufteilen. Dabei jeweils in der ganzen Länge durchschneiden.

9 **Sahne zu Ringen spritzen.** Die Sahne mit dem Zucker steifschlagen. Einen Boden in die Springform legen und dünn mit Sahne bestreichen. Mit einem Spritzbeutel mit großer Lochtülle am Rand entlang einen Sahnering spritzen. In gleichmäßigen Abständen zwei weitere Ringe aufspritzen.

Luftige Füllung zwischen knusprigen Blättern — so präsentiert sich die Holländer Kirschtorte, wenn sie angeschnitten wird. Hier erkennt man deutlich die einzelnen Teigböden und Sahneschichten, und hier wird auch sichtbar, ob sorgfältig gearbeitet wurde. Die Abstände von Kirsch- bzw. Sahnefüllung in der unteren Schicht sollten schön gleichmäßig sein.

4 **Den Teig ausrollen.** Darauf achten, daß ein möglichst gleichmäßiges Rechteck entsteht. Touren geben, dabei erst von hinten nach vorn und dann von links nach rechts ausrollen. Den so bearbeiteten Teig 3-4 mm stark zu drei Platten, etwas größer als die Springform, ausrollen.

5 **Teigböden ausschneiden.** Die Teigplatten auf ein mit Pergamentpapier belegtes Backblech legen. Die Springform mit dem oberen Rand nach unten auf den Teig setzen und mit einem spitzen Messer am Wulst entlangschneiden. Das ergibt Böden von 2 cm mehr Durchmesser. 15 Minuten ruhen lassen.

6 **Die Böden backen und zuschneiden.** Mit einer Gabel mehrmals einstechen, damit der Teig keine Blasen wirft, und bei 220°C etwa 10 Minuten backen. Falls nötig, die noch warmen Böden zuschneiden. Dazu den Ring auflegen und mit einem scharfen Messer am inneren Rand vorsichtig entlangschneiden.

10 **Den zweiten Boden daraufsetzen.** Die mit Speisestärke gebundenen Sauerkirschen zuvor gleichmäßig zwischen die Sahneringe einlegen. Den zweiten Blätterteigboden am besten mit Hilfe einer Tortenunterlage in die Springform schieben und mit den Händen vorsichtig auf der Füllung andrücken.

11 **Sahne einfüllen.** Eine zweite Sahneschicht bis zur Höhe des oberen Springformrandes einfüllen und glattstreichen. Das geht am besten mit einem Teigschaber. Um eventuelle Luftblasen in der Füllung entweichen zu lassen, die Form etwas hochheben und auf die Arbeitsfläche zurückfallen lassen.

12 **Die Torte fertigstellen.** Den Ring abnehmen und den Rand der Torte mit Sahne einstreichen. Den glasierten und vorgeschnittenen Deckel mit Hilfe einer Tortenunterlage auf die Torte schieben und leicht andrücken. Jedes Stück mit einer Sahnerosette und einer gut abgetropften Sauerkirsche garnieren.

Hefeteig

Obwohl sich in diesem Buch ein ganzes Kapitel ausschließlich mit Gebäck aus Hefe befaßt, seien hier trotzdem die beiden wichtigsten Grundrezepte dieser Teigart wiedergegeben. Er ist wohl der vielseitigste Teig überhaupt, aus dem man vom einfachen Hefezopf bis zum feinsten Plunderhörnchen eine Unmenge verschiedener Gebäcke herstellen kann. Der typische, leicht säuerliche Geschmack und die Luftigkeit des Teiges kommen von den Hefezellen, die sich durch Feuchtigkeit und Wärme vermehren. Mit Hilfe bestimmter Fermente im Mehl wird Stärke in Traubenzucker verwandelt und dieser in Alkohol und Kohlendioxyd.

Hefeteig kann man nach zwei grundsätzlich voneinander abweichenden Methoden zubereiten. Bei der einen, der »kalten Führung«, wie der Fachmann sie nennt, wird die Hefe mit nur leicht lauwarmer Milch aufgelöst und sofort mit Mehl und den übrigen Zutaten zu einem Teig verarbeitet. Bei der anderen, »warmen Führung«, wird wie auf den Fotos gezeigt, die Teiglockerung mit einem Vorteig, auch »Ansatz« genannt, eingeleitet. Dies hat eine durchgreifende, schnellere Gärung zur Folge. Der Teig ist also schneller zu verarbeiten. Erst wenn der Ansatz einmal »gegangen« ist, kommen die restlichen Zutaten dazu. Dafür wird die Butter aufgelöst und Zucker, Eier und Salz werden daruntergemischt.

Grundrezept für Hefeteig mit Ansatz:

500 g Mehl
30 g Hefe
1/4 l lauwarme Milch
60 g Butter
60 g Zucker
2 Eier
1 TL Salz

Hefeteig im »all-in«-Verfahren. Nebenstehendes Rezept kann man auch maschinell in einem Arbeitsgang zubereiten. Die Butter soll nicht flüssig, sondern nur weich sein. Langsame und längere Gare ist nötig. Das Ergebnis ist aber erstaunlich gut.

1 **Das Mehl in eine Schüssel sieben.** In die Mitte eine Mulde drücken. Die Hefe hineinbröckeln. Die lauwarme Milch zugießen. Verrühren und dabei die Hefe in der Milch auflösen, zugleich mit etwas Mehl vermischen. Eine dünne Schicht Mehl über diesen Vorteig stauben.

2 **Den Vorteig zugedeckt gehen lassen,** und zwar an einem zugfreien Ort. Bei guter Zimmertemperatur, etwa 15 Minuten. Eindeutiger Beweis für eine ausreichende Gare (so nennt man das Aufgehen) sind deutliche Risse an der Oberfläche des Vorteiges, die sich in der Mehlschicht fortsetzen.

3 **Die Butter-Eiermischung hineingießen.** Zucker, Salz und eventuell Gewürz sollen schon vorher der Mischung zugesetzt werden. Das Ganze mit einem Holzspatel verrühren und etwas schlagen, so daß sich die Zutaten gut miteinander vermischen und der Teig schon ein bißchen locker wird.

4 **Mit der Hand läßt sich der Hefeteig** am besten schön glatt und trocken schlagen. Das geht natürlich auch mit einem Holzspatel. Aber bei weitem nicht so gut. Sollte der Teig zu weich sein, dann kann in dieser Phase noch Mehl beigegeben werden; ist er zu fest, etwas Milch unterarbeiten.

5 **Den trockenen, locker geschlagenen Teig** nun zu einer Kugel formen. Wieder in die Schüssel geben, mit etwas Mehl bestauben und mit einem Tuch zudecken. Den Teig je nach Raumtemperatur 15-30 Minuten gehen lassen, damit die Hefezellen ausreichend Zeit zum Vermehren haben.

6 **Mindestens das doppelte Volumen** soll der Hefeteig nach der Gare haben. Dann ist er richtig aufgegangen. Besonders feinporig wird er, wenn man ihn nochmal kurz durchknetet und anschließend ein zweites Mal in der Schüssel zugedeckt etwa 15-30 Minuten gehen läßt.

Plunderteig

ein Hefeteig mit eingerollter Butter

Der Grundteig für Plunder ist ein »kalt geführter« Hefeteig, also ohne Ansatz zubereitet, und die Weiterverarbeitung ist der Technik vom Blätterteig abgeschaut. Butter wird durch Tourieren in feinsten Schichten in diesen Teig eingebracht. Das Ergebnis ist ein knuspriges, blättriges Gebäck mit dem ganz spezifischen Geschmack des Hefeteiges und der Butter.

Grundrezept:

1100 g Mehl
100 g Butter
150 g Zucker
12 g Salz
4 Eier
80 g Hefe
1/2 l Milch
600 g Butter zum Einrollen
100 g Mehl für die Butter

Das Mehl auf die Arbeitsplatte sieben, in der Mitte eine große Mulde anbringen und weiche Butter, Zucker, Salz und Eier hineingeben. Die Hefe zerbröckeln und in einer Schüssel mit der lauwarmen Milch auflösen. Diese Mischung ebenfalls in die Mulde gießen. Mit dem Kochlöffel oder noch besser mit der Hand die Zutaten von der Mitte aus in kreisenden Bewegungen vermischen und nach und nach von außen das Mehl untermengen. Den Teig auf der Arbeitsplatte kräftig kneten, bis er eine glatte Oberfläche hat. Im Kühlschrank 2-3 Stunden in Folie eingeschlagen ruhen lassen. In der Zwischenzeit die Butter bei Raumtemperatur weich werden lassen und mit dem Mehl geschmeidig kneten. Zu einem rechteckigen Ziegel von etwa 20 x 25 cm Größe formen. Den Hefeteig aus dem Kühlschrank nehmen und auf der mit Mehl bestaubten Arbeitsplatte zu einer Größe von etwa 40 x 50 cm gleichmäßig stark ausrollen. Das Butter-Rechteck (es soll etwa die gleiche Festigkeit haben wie der Teig) in die Mitte der Teigplatte legen, die Teigenden mit Wasser bestreichen und darüberklappen. Die Butter muß vollständig vom Teig umhüllt sein. Das Ganze wird dann wieder ausgerollt, und zwar auf etwa 40 x 70 cm Größe. Jetzt klappt man zwei Drittel des Teiges zusammen und das überstehende Drittel von der gegenüberliegenden Seite darüber. Man nennt das eine einfache Tour. Zwischen den einzelnen Touren den Teig etwa 20 Minuten im Kühlschrank zugedeckt ruhen lassen. Insgesamt 3 einfache Touren geben und dann zum Beispiel zu Hörnchen oder anderen Plunderteilchen verarbeiten.

FEINE FÜLLUNGEN

Von Sahne und Cremes

Hätte es im 11. Jahrhundert, zur Zeit des Mönchs Ekkehard IV. von St. Gallen, schon Torten gegeben, sie wären gewiß mit seinem Lieblings-»Mues« gefüllt worden. Die »feyn klösterlich Spys« bestand zwar aus Gerste, Hafer oder Hirse in Milch gekocht. Doch wurde dieses Mus auf gar ergötzliche Weise angereichert. Gefärbt mit Pollen oder Blütenblättern, damit's appetitlich aussah. Gemischt mit Datteln, Rosinen, Feigen und Nüssen. Durch Eier gelockert, mit Honig gesüßt, mit Sahne veredelt, mit allerlei Spezereien ins Reich der feinen Küche erhoben. Nicht auszudenken, in welche Verzückung dieser Mann geraten wäre, hätte er im plüschigen 19. Jahrhundert gelebt, in das man die Geburtsstunde zarter Torten mit märchenhaften Füllungen gelegt hat. Konditoren und Patissiers wetteiferten miteinander um ausgefallene Kreationen. Die einen für ihr Kaffeehaus, die anderen fürs Restaurant, deren feinste in der Küchenbrigade immer einen Patissier beschäftigten — und heute noch beschäftigen.
Wenn Teige und Massen die Basis von Backwerk sind, so kann man die Füllungen als kreativen Luxus bezeichnen, obwohl manch ein Kuchen oder eine Torte keiner weiteren Verfeinerung bedarf. Man denke an Nußkuchen, an Rübli- oder Mohntorte oder gar an die feinen englischen Cakes. Doch sind die vielen verschiedenen Früchte, obwohl untergemischt und mitgebacken, auch schon eine Art von Füllung.
Doch die eigenständigen Füllungen fangen bei den Marmeladen, Gelees und Konfitüren an, die nicht extra zubereitet werden müssen und die deshalb in diesem Kapitel fehlen. Darauf folgen die vielen Füllungen für kleines Gebäck, wie Blätterteig, Hefeteig etc. Ob es frisches oder Konserven-Obst ist, ob Nuß-, Mohn- oder Mandelfüllungen verwendet werden, alle diese Zusammenstellungen sind bei den entsprechenden Rezepten zu finden. Jedoch bleiben für dieses Kapitel genügend Cremes übrig, die als Basis für weitere Variationen und für eigene Kreationen dienen sollen.
Der Trend geht heute zu luftig-lockeren, weniger kalorienreichen Cremes als Tortenfüllung und als Füllung für Rouladen oder Schnittchen. Die einfachste und zugleich leichteste ist immer noch die reine Sahne. Bekommt man sie in guter Qualität und beachtet man alle Regeln beim Aufschlagen, so ist sie ohne Stabilisierungsmittel, das heißt hier Gelatine, eine Füllung, die durchaus zwei bis drei Stunden ihren Stand behält. Auch die einfache Vanillecreme gehört zu den leichten Füllungen. Aus Zucker, Speisestärke, Eigelb, Vanilleschote und Milch, ist sie eigentlich der »Pudding« der häuslichen Küche, Spitzenreiter aller Familien-Desserts. Noch heiß mit Eischnee gelockert, wird sie zur zarten »Crème Chiboust«. Auch die Sahnecremes gehören zu den leichten Füllmassen, zum Beispiel die »Bayerische Creme«, die fast alle geschmacklichen Zusätze wie Früchte, Nüsse, Mandeln, Schokolade oder Krokant erlaubt, oder die variable Weincreme, die sich besonders gut mit Zitrusfrüchten verträgt.
Dann aber folgt die große Scala der Buttercremes, angeführt von der weniger gehaltvollen Vanille-Buttercreme, gemischt aus Butter und Vanillecreme. Dann schließen sich die leichte Buttercreme mit Eiern, Zucker und Vanille an und die italienische Buttercreme, die mit Baisermasse gelockert wird. Unübertroffen reichhaltig dagegen ist die französische Buttercreme, die »Crème au beurre nature« aus geklärtem Zucker, Vanille, Eigelb und Butter. Eine der großen Köstlichkeiten in Sachen Füllung ist aber die Canache-Creme, diese feine Mischung aus geschmolzener Schokolade und frischer Sahne. — Es liegt nun an Ihnen, aus diesem Angebot das Beste zu machen. Man muß sich nur um die Kunst bemühen, die feinen Nuancen der einzelnen Ingredienzien so aufeinander abzustimmen, daß sie, sich ergänzend und steigernd, zur wahren Köstlichkeit werden.

1 **Die Bindung vorbereiten.** Die Hälfte des Zuckers zusammen mit der Speisestärke in eine kleine Schüssel geben. Eigelb sehr sorgfältig vom Eiweiß trennen, weil Eiweißreste beim Aufkochen der Creme sofort Klümpchen hinterlassen. Etwa ein Viertel der Milch zugießen.

Einfache Vanillecreme

oder »Crème pâtissière«, wie sie im Fach-Französisch genannt wird. Der Volksmund bezeichnet sie als »Pudding«, und in dieser Form ist sie wohl zur meistgegessenen Creme überhaupt geworden. Sie wird aus Milch und Zucker gekocht und mit Stärke gebunden. Das übliche Gewürz ist Vanille. Die Zugabe von Eigelb ist eigentlich schon eine Verfeinerung, von der in diesem Rezept aber ausgegangen wird.

Als Grundcreme, ob mit oder ohne Vanille gekocht, hat sie universelle Eigenschaften. Noch heiß mit Eischnee unterzogen wird sie zur luftigen »Crème Chiboust«, die für Cremeschnitten oder für die St. Honoré-Torte verwendet wird. Sie ist Grundcreme für die sogenannte »deutsche Buttercreme« oder die französische Mandelcreme und eine ganze Reihe anderer Füllungskombinationen. Wird sie als kalte Grundcreme verwendet, so kann sie während des Abkühlens gerührt werden, um geschmeidig zu bleiben. Sie verliert dadurch allerdings etwas von ihrer Bindung. Eine zweite Möglichkeit: In einer Schüssel erkalten lassen. Die Oberfläche mit etwas Zucker bestreuen, damit sie keine feste Haut bekommt. Bei Bedarf dann die feste, kalte Creme durch ein feines Sieb streichen und glattrühren. Wird sie im Kühlschrank aufbewahrt, so sollte die Schüssel stets mit Folie abgedeckt werden, weil die Creme äußerst empfindlich gegenüber fremden Gerüchen ist. Auch bei guter Kühlung nicht länger als 2 Tage lagern!

120 g Zucker
40 g Speisestärke
4 Eigelb
1/2 l Milch
1/2 Vanilleschote

2 **Mit einem kleinen Schneebesen verrühren.** Dabei sehr sorgfältig vorgehen, damit auch alle Zutaten gut vermischt werden. In der Zwischenzeit die Milch mit der zweiten Zuckerhälfte in einem entsprechend großen Topf mit der aufgeschnittenen und ausgeschabten Vanilleschote zum Kochen bringen.

3 **Die kochende Milch binden.** Zuvor die angerührte Speisestärke nochmals mit dem Schneebesen durchrühren. Langsam und gleichmäßig in die kochende Milch gießen und zugleich bei starker, konstanter Hitze unterrühren. Dann einige Male kräftig aufkochen lassen.

4 **Die Vanillecreme aufkochen,** währenddessen gleichmäßig mit dem Schneebesen durchrühren. Sie muß einige Male richtig aufwallen, damit kein Stärkegeschmack zurückbleibt. Das Rühren soll auch ein Ansetzen oder gar Anbrennen der Creme am Topfboden verhindern.

5 **Oberfläche mit Zucker besieben.** Die Vanillecreme zum Erkalten in eine Schüssel gießen und die Oberfläche mit Puderzucker besieben. Die schmelzende Zuckerschicht verhindert so die Bildung einer Haut. Auf diese Weise kann die Creme bei Weiterverwendung vollständig gebraucht werden.

6 **Die Creme durch ein Sieb streichen.** Kalte und feste Vanillecreme wird wieder geschmeidig, wenn man sie durch ein feinmaschiges Sieb streicht. Am Einfachsten geht das mit einem Holzrahmensieb, das mit der Gitterseite nach oben gedreht wurde. Die Creme mittels Teigschaber durchstreichen.

7 **Die kalte Creme glattrühren.** Die Vanillecreme wieder in die Schüssel zurückgeben, nachdem sie durch das Sieb gestrichen wurde. Dann mit dem Schneebesen kräftig durchrühren, bis sie wieder eine glatte, cremige Konsistenz erreicht hat. So ist die Creme fertig zum Weiterverarbeiten.

Crème Chiboust

Für diese leichteste Füllcreme ist synchrones Arbeiten Voraussetzung. Die Vanillecreme (nebenstehendes Rezept, jedoch nur mit 30 g Zucker) muß gleichzeitig mit der Baisermasse fertig sein.

Für die Baisermasse:
6 Eiweiß
180 g Zucker, 6 cl Wasser

Das Eiweiß zu Schnee schlagen (am leichtesten geht das mit einer Küchenmaschine) und 1 EL Zucker zugeben. Parallel dazu den übrigen Zucker mit dem Wasser bis zum Ballen (118° C) kochen und in feinem Strahl unter den Eischnee laufen lassen. Die kochendheiße Vanillecreme darunterziehen, gleich weiterverwenden. Das zu füllende Backwerk muß also bereits vorbereitet sein, weil die Creme sehr schnell fest wird.

1 **Die Baisermasse schlagen.** Das Eiweiß zu Schnee schlagen. Sobald es beginnt steif zu werden, den Zucker einrieseln lassen. Einige Minuten weiterschlagen, dann den gekochten Zucker in feinem Strahl in den gefestigten Schnee laufen lassen und langsam darunterschlagen.

2 **Vanillecreme und Baisermasse mischen.** Direkt vom Herd die kochende Vanillecreme über die Baisermasse gießen und mit einem Holzspatel unterziehen. Mit einiger Routine kann man dafür auch den Schneebesen benutzen, doch die Gefahr ist groß, daß die Creme zusammenfällt.

Schlagsahne

Sie ist wohl die beliebteste und zugleich einfachste Füllung für Kuchen und Torten. Mit Zucker und Eiern rangiert sie an erster Stelle der Zutaten für die Zuckerbäckerei. Als reines Naturprodukt sollte sie auch ihrer Qualität entsprechend verarbeitet werden.
Ideale Sahne hat einen Fettgehalt von etwa 32% und wurde 2-3 Tage bei einer Temperatur von 5-7 °C gelagert, weil Sahne erst bei einem bestimmten Reifegrad ein optimales Ergebnis liefert. Ist sie zu jung, entwickelt sie beim Schlagen kein ausreichendes Volumen und »setzt ab«, das heißt, schon nach kurzer Zeit trennt sich das Wasser von den festen Stoffen. Es sind zwar Produkte im Handel, die diesen Vorgang weitgehendst verhindern, jedoch den Geschmack der Sahne etwas beeinträchtigen. Je älter die Sahne ist, desto leichter läßt sie sich aufschlagen und desto mehr nimmt die Standfestigkeit zu. Sobald die Sahne anfängt zu säuern, ist sie für Backwaren natürlich untauglich.
Grundvoraussetzung beim Schlagen von Sahne ist, daß alle Geräte (Schüssel und Schneebesen) vorgekühlt sind. Selbst das Schlagen sollte, wenn möglich, in einem kühlen Raum stattfinden. Die Sahne wird noch in flüssigem Zustand gezuckert (30-40 g Zucker auf 1/2 l Sahne). Verwendet man ein Handrührgerät, sollte man nicht die höchste Stufe wählen. Bevor die Sahne vollständig aufgeschlagen ist, das Handrührgerät stoppen und mit dem Schneebesen fertigschlagen. Nur so kann man die gewünschte Konsistenz genau feststellen. Wird die Küchenmaschine verwendet, mit voller Leistung beginnen, mit geringerer Drehzahl fertigschlagen.

Sahnecreme

Schlagsahne guter Qualität bedarf keiner Manipulation, um gut gekühlt etwa 6-8 Stunden als Gebäckfüllung frisch zu bleiben. Sie hält sogar würzenden Zutaten stand (wie Schokolade, Kakao, Nüssen, Spirituosen in kleinen Mengen) und muß nicht zusätzlich mit Gelatine gebunden werden. Sie bleibt also Schlagsahne, zum Beispiel mit Zusatz folgender Zutaten (auf jeweils 1/2 l ungezuckerte Sahne):

45 g Zucker, 80 g geschmolzene Kuvertüre
75 g Zucker, 2 EL Instantkaffee
20 g Zucker, 120 g fein gestoßener Krokant
70 g Zucker, 110 g geröstete Haselnüsse
60 g Zucker, 4 cl Kirschwasser

Sobald die Zusätze mengenmäßig so zunehmen, daß die Schlagsahne an Standfestigkeit verliert, muß sie stabilisiert werden. Dafür eignet sich die geschmacksneutrale Gelatine vorzüglich, die der Schlagsahne einen »guten Stand« gibt und auch das »Absetzen« weitgehendst verhindert. Das Ergebnis ist eine gewürzte und gebundene Schlagsahne, die bei entsprechender Kühlung einen ganzen Tag frisch bleibt.
Eine dritte Möglichkeit der Sahnefüllung für Gebäckstücke oder Torten ist eine Sahnecreme, für die man eine Grundcreme zubereitet, die dann mit Schlagsahne vermischt wird. Geschmackliche Basis für solche Cremes können Fruchtpürees sein oder Fruchtsäfte, Wein oder auch eine Kombination von Früchten und Wein. Am besten verträgt sich das Aroma und die Säure von Zitrusfrüchten mit Weißwein. Aber auch leichte Rotweine harmonieren gut damit, nur ist mit Rotwein die Farbe der Creme nicht sehr überzeugend. Auch Milch, Joghurt, Kefir oder Quark lassen sich sowohl mit Wein als auch mit Fruchtauszügen gut kombinieren, doch muß dabei der Sahneanteil deutlich überwiegen.

Orangen-Weincreme

Die Basiscreme kann man auch auf Vorrat zubereiten, bei Bedarf im Wasserbad auflösen und wieder abgekühlt mit Schlagsahne vermischen. Die Rezeptmenge ist ausreichend zum Füllen einer Torte von 26 cm ∅.

3 Orangen
1/4 l Weißwein
250 g Zucker
30 g Speisestärke
2 EL Weißwein
4 Eigelb
8 Blatt Gelatine
1/2 l Sahne

1 **Schale der Orangen abreiben.** Grundsätzlich nur unbehandelte Zitrusfrüchte verwenden und diese dann trotzdem noch vor Gebrauch mit heißem Wasser gründlich abbürsten. Zum Abreiben nur die äußere, dünne Schale verwenden, weil die innere, weiße Haut bitter schmeckt.

2 **Den Orangensaft auspressen.** Weil die Früchte oft von sehr unterschiedlicher Größe sind, sollte man den ausgepreßten Saft zur Sicherheit nochmals nachmessen. 1/4 l Saft mit der abgeriebenen Schale, dem Wein und dem Zucker bei schwacher Hitze etwa 10 Minuten ziehen lassen.

3 **Wein-Orangensaftmischung abseihen,** damit sich die Schalenstückchen später in der Creme nicht unangenehm bemerkbar machen. Dann in einem genügend großen Topf zum Kochen bringen. Nur Edelstahl- oder Emaillegeschirr verwenden, um nicht Gefahr zu laufen, daß die Mischung oxydiert.

4 **Die Grundcreme binden.** Die Speisestärke mit 2 Eßlöffel Wein und dem Eigelb verrühren. Diese Mischung in die kochende Flüssigkeit gießen und gleichzeitig kräftig mit dem Schneebesen durchrühren. Einige Male aufwallen lassen, damit die Stärkebindung voll wirksam wird.

5 **Gelatine zufügen.** Sie sorgt für zusätzliche Bindung. Die Gelatine wird in kaltem Wasser etwa 10 Minuten eingeweicht, dann ausgedrückt und unter die noch heiße Grundcreme gerührt. Abkühlen lassen. Dabei in Abständen durchrühren, damit die Oberfläche keine Haut bildet.

6 **Schlagsahne unterziehen.** Die Sahne steifschlagen. Die Grundcreme in eine genügend große Schüssel umfüllen und, wenn sie schon fast kalt ist, die Schlagsahne zugeben. Mit dem Schneebesen zügig vermischen, ohne stark zu rühren, weil die Creme sonst zu weich würde.

Bayerische Creme »Vanille«

Sie ist die bekannteste Sahnecreme der internationalen Patisserie und die klassische Dessertcreme, eine Kombination aus Englischer Creme und Schlagsahne. Sie ist feine Füllung für Torten und Rouladen und mit beinahe allen Geschmackszusätzen abzuwandeln.

4 Eigelb
100 g Zucker
1/2 l Milch
1 Vanilleschote
7 Blatt Gelatine
1/2 l Sahne, geschlagen

Die Creme nach untenstehender Bildfolge zubereiten. Die Rezeptmenge ist ausreichend für die Füllung einer Torte von 26 cm ∅ oder einer Biskuitroulade nach dem Rezept von Seite 46 f.

Eine Kombination aus Bayerischer Creme und Himbeeren ist die Füllung dieser Torte. In die untere Schicht der Schokoladen-Bavaroise sinken die frischen Himbeeren etwas ein, und darüber läuft die Vanille-Bavaroise. Die Torte muß mindestens eine Stunde im Kühlschrank lagern, bevor sie vollkommen durchgekühlt und erstarrt ist.

1 **Eigelb und Zucker cremig rühren.** Für diesen Arbeitsgang keinen Elektroquirl verwenden, nur den Schneebesen. Der Zucker soll sich langsam auflösen und mit den Eidottern eine cremige, keinesfalls schaumige Masse ergeben, da sonst die Creme zu viel Luft enthält. Daher nicht zu schnell rühren.

2 **Die Vanillemilch zugießen.** Die Milch in einen Topf geben und zusammen mit der längs aufgeschnittenen Vanilleschote aufkochen. Dann die heiße Milch mit einer Schöpfkelle zu der Eier-Zuckermasse geben. Dabei ständig rühren. Anschließend die Mischung in den Topf zurückgießen.

3 **Die Creme bis zur Rose abziehen** nennt es der Fachmann. Sie ist dann genügend erhitzt, wenn sie auf dem Kochlöffel leicht angedickt liegenbleibt oder sich beim Daraufblasen Kringel zeigen, die an die Form einer Rose erinnern. Aus hygienischen Gründen sollte man die erste Garprobe vorziehen.

4 **Die in kaltem Wasser gequollene Gelatine gut ausdrücken** und unter die leicht angewärmte Grundcreme geben. Rühren, bis sich die Gelatine vollständig aufgelöst hat. Ist dies nicht der Fall, kann die Grundmasse mit der Gelatine nochmals unter Rühren erhitzt werden, bis der letzte Gelatinerest gelöst ist.

5 **Die Grundcreme durch ein Sieb geben,** damit eventuelle Klümpchen noch herausgefiltert werden. Dafür in eine große Schüssel Eiswürfel und kaltes Wasser geben und eine entsprechend kleinere Schüssel hineinstellen. Sie muß aber so groß sein, daß die Sahne später mühelos untergezogen werden kann.

6 **Die entscheidende Phase.** Die Grundmasse darf nicht zu warm und flüssig sein, weil sich sonst auch die geschlagene Sahne wieder verflüssigt. Ist sie schon zu kalt, wird sie durch die ebenfalls kalte Sahne sofort fest. Wenn die Creme dickflüssig vom Löffel fließt, ist die ideale Konsistenz erreicht.

Vanille-Buttercreme

nach deutscher Art

Sie ist durch den hohen Anteil von Vanillecreme die leichteste Buttercreme, mit relativ geringem Zuckergehalt. Will man sie mit würzenden Zutaten versetzen, wie zum Beispiel mit Nüssen, Mandeln oder Kaffee, muß zusätzlich mit Puderzucker gesüßt werden. Auf Vanille kann man dann verzichten.

350 g Butter
140 g Zucker
40 g Speisestärke, 3 Eigelb
1/2 l Milch, 1 Vanilleschote

Die Vanillecreme wie auf Seite 66 zubereiten und mit etwas Puderzucker bestreut erkalten lassen. Durch ein feines Sieb streichen und glattrühren. Dann mit der schaumig gerührten Butter vermengen.

1 **Die Butter schaumig rühren.** Sie sollte vorher bei Zimmertemperatur gelagert werden, damit sie weich wird. Nur so läßt sie sich richtig schaumig rühren und nimmt dann auch entsprechend an Volumen zu. Dazu mit dem Handrührgerät mit höchster Geschwindigkeit arbeiten.

2 **Mit der Vanillecreme mischen.** Voraussetzung ist, daß die Vanillecreme passiert und verrührt wurde und daß sie die gleiche Temperatur wie die Butter hat. Wird sie kalt zugesetzt, kann die Creme gerinnen. Das Handrührgerät nur mit mittlerer Geschwindigkeit laufen lassen.

Buttercreme

mit Eiermasse

Diese Buttercreme ist im Gegensatz zur »klassischen französischen Creme« wesentlich leichter, aber einfacher in der Zubereitung, weil das Zuckerkochen wegfällt. Sie ist geeignet zum Würzen mit Schokolade, Nüssen, Nougat oder Spirituosen.

300 g Butter
1/2 Vanilleschote
3 Eier, 3 Eigelb
200 g Zucker

Die Butter mit dem Mark der Vanilleschote schaumig rühren. Eier, Eigelb und Zucker wie bei der Wiener Masse (Seite 44) warm und wieder kalt schlagen. Die beiden Massen (sie sollen die gleiche Temperatur haben) vereinigen.

1 **Die Eiermasse schlagen.** Die Technik ist die gleiche wie bei Wiener Masse. Eier und Zucker werden im Wasserbad warm (blutwarm) geschlagen. Dann den Kessel aus dem Wasserbad nehmen und die Masse weiterschlagen, bis sie wieder kalt ist. Sie wird dadurch cremig und feinporig.

2 **Eiermasse unter die Butter laufen lassen.** Vorher die weiche Butter schaumig rühren. Die Eiermasse langsam unter ständigem Rühren mit der Butter vermischen. Zwischendurch absetzen und die Eiermasse vollständig unterrühren. Dann erst die nächste Portion zugeben.

Italienische Buttercreme

mit Baisermasse

Sie ist gut geeignet für die warme Jahreszeit, weil keine Bestandteile der Creme sauer werden können.

250 g Butter
5 Eiweiß
30 g Zucker für den Schnee
160 g Zucker zum Kochen
1/2 Vanilleschote, 10 cl Wasser

Die weiche Butter schaumig rühren. Eiweiß zu Schnee schlagen und den Zucker einrieseln lassen. Parallel dazu Zucker mit Vanilleschote und Wasser bis zum Ballen (116° C) kochen und langsam unter den Schnee schlagen. Weiterschlagen, bis die Masse abgekühlt ist, dann erst mit der Butter verrühren.

1 **Die Baisermasse schlagen.** Das Eiweiß zu Schnee schlagen. Sobald es beginnt steif zu werden, den Zucker einrieseln lassen. Einige Minuten weiterschlagen, dann den gekochten Zucker in feinem Strahl in den gefestigten Schnee laufen lassen und langsam darunterschlagen.

2 **Die schaumig gerührte Butter zugeben.** Im Gegensatz zu den übrigen Cremes wird hier die Butter auf einmal zu der Baisermasse gegeben und untergerührt. Dabei ist zu beachten, daß die Baisermasse die gleiche Temperatur hat wie die Butter, also kühl genug ist, weil sonst die Creme zu weich würde.

Variable Füllcreme

Bei Buttercreme, wie der Name schon sagt, ist die Hauptzutat Butter, obwohl eine solche Creme aber nicht zwingend mit Butter zubereitet werden muß. Gute Margarinesorten eignen sich auch bestens dafür. Aber dann ist es eben keine Buttercreme. Ganz abgesehen davon, daß dies (beim gewerblichen Verbrauch) eine Täuschung darstellt, und der Gesetzgeber wacht über die Richtigkeit mit aller Strenge.
Die Buttercremes setzen sich aus den beiden Grundstoffen Butter und Zucker zusammen. Die Lockerung wird von Eiern, Eiweiß oder auch von Konditorcreme übernommen.
Die Qualität der Grundzutat Butter ist dabei von ganz entscheidender Bedeutung für den Geschmack der Creme. Vor allem bei der zarten Vanillecreme kommt der Buttergeschmack besonders gut durch. Nur frische, absolut einwandfreie Süßrahmbutter sollte man verwenden. Keinesfalls darf die Butter bereits angesäuert sein.
Die Haltbarkeit der Creme wird durch die Lockerungszugaben bestimmt. So ist die deutsche Buttercreme besonders empfindlich und wird durch die Zugabe der Vanillecreme relativ schnell sauer. Die Creme mit ganzen Eiern hat eine mittlere Haltbarkeit. Besonders unkompliziert in dieser Richtung ist die italienische Art, nur mit Eischnee als Zugabe.
Wie keine andere Füll- und Garniercreme ist die Buttercreme geeignet, mit den verschiedensten würzenden Zutaten versetzt zu werden. Die Grundcremes auf diesen beiden Seiten sind alle mit Vanille zubereitet. Dieses zarte Aroma stört auch andere Geschmackszusätze nicht. Man wird natürlich auf die Vanille verzichten, will man von vornherein eine anders gewürzte Creme zubereiten.
Diese Grundrezepte sind jeweils für eine durchschnittlich große Torte berechnet. Der Zuckergehalt ist unterschiedlich hoch, und je nachdem, wie die Creme gewürzt werden soll, muß unter Umständen nachgezuckert werden. Bei Schokolade ist dies sicher nicht nötig, weil sie selbst Zucker enthält. Aber bei Kakaomasse oder Kakaopulver kann es nötig sein. Sicher aber bei Kaffeezusatz, der nur bei entsprechender Süße sein volles Aroma entwickelt. Bei flüssigen Gewürzen, zum Beispiel Likören, kann die Flüssigkeitsmenge zum Gerinnen der Creme führen. Man sollte darauf achten, daß diese Zutaten möglichst die gleiche Temperatur wie die Creme haben. Sollte sie trotzdem einmal gerinnen, kann man sie durch vorsichtiges, kurzes Erwärmen und anschließendes Rühren wieder geschmeidig bekommen.

Französische Buttercreme

»Crème au beurre nature« heißt sie in Frankreich. Sie ist die klassische Basis-Buttercreme, die man mit fast allen würzenden Zutaten verändern kann.

330 g Zucker, 1/8 l Wasser
1/2 Vanilleschote
7 Eigelb
400 g Butter

Diese Herstellungsmethode ergibt eine besonders leichte Buttercreme. Das Eigelb wird durch die Zugabe des gekochten Zuckers zunächst warm geschlagen und dann wieder kalt. Dazu kann man ein Wasserbad mit Eiswürfeln zu Hilfe nehmen. Wünscht man die Creme noch leichter, 200 g italienische Meringuemasse unterziehen!

1 **Zucker mit Wasser aufkochen.** Dazu kommt noch die unaufgeschnittene Vanilleschote, denn eigenartigerweise sind in Frankreich die kleinen schwarzen Pünktchen der Vanille in der Creme nicht erwünscht. Den Zucker bis zum Ballen kochen (116° C).

2 **Eigelb schaumig rühren.** Erst wenn es schön schaumig ist, den flüssigen, gekochten Zucker in ganz dünnem Strahl am Schüsselrand hineinlaufen lassen. Währenddessen immer kräftig schlagen. Besonders problemlos geht das in der Küchenmaschine.

3 **Die schaumig gerührte Butter** auf einmal hineingeben und darunterrühren. Das funktioniert jedoch nur bei kleinen Mengen (wie obenstehendes Rezept). Bei größeren Mengen sollte man umgekehrt verfahren und die Eigelbmasse in die schaumige Butter laufen lassen.

Mandelcreme

Die klassische »Crème d'amandes« ist eine Füllcreme, die besonders gut mit Blätterteig, Hefeteig oder auch Mürbteig harmoniert. Die Basismasse kann im Kühlschrank mindestens eine Woche gelagert werden.

250 g Butter, 250 g Zucker
4 Eier
250 g fein geriebene geschälte Mandeln, 50 g Mehl
5 cl echter brauner Rum

Butter und Zucker in eine Rührschüssel geben. Schaumig rühren und die Eier nacheinander zugeben. Jedes Ei erst vollständig unterrühren, bevor das nächste hinzukommt. Anschließend die mit Mehl gemischten Mandeln untermelieren. Diese Grundmasse kann gleich mit dem Rum gewürzt werden oder, wenn man nur Teile davon verwendet, kurz vor dem Verbrauch. Sie wird dann zu gleichen Teilen mit Vanillecreme verrührt. Die Grundmasse mit Folie bedeckt im Kühlschrank lagern.

Einfache Mandelcreme

Sie wird ohne Vanillecreme zubereitet, ist nicht ganz so locker, aber sehr kräftig im Geschmack.

100 g Marzipanrohmasse
50 g Butter
60 g Zucker
1 Ei
50 g geriebene geschälte Mandeln
10 g Speisestärke

Marzipanrohmasse mit Butter und Zucker verkneten, das Ei zugeben und mit dem Schneebesen schaumig rühren. Die geriebenen Mandeln mit der Speisestärke mischen und darunterrühren.

1 **Eier nacheinander unterrühren.** Die Butter mit dem Zucker schaumig rühren, dann ein Ei nach dem anderen zugeben, anschließend verrühren. Jedes Ei muß vollständig untergerührt sein, bevor das nächste zugefügt wird, da man sonst Gefahr läuft, daß die Masse gerinnt.

2 **Mandeln und Mehl zugeben.** Die fein geriebenen geschälten Mandeln mit dem Mehl vermischen. In zwei bis drei Portionen zu der Buttermasse geben und einrühren. Mandeln und Mehl müssen ebenfalls jeweils gut untergerührt sein, bevor die nächste Portion zugegeben wird.

3 **Rum zusetzen.** Zusammen mit dem Aroma der Mandeln gibt er der Creme einen unverwechselbaren Geschmack. Man kann auch nur den Teil der Basismasse mit Rum würzen, der gerade verwendet werden soll, und den Rest neutral belassen, falls er gar nicht oder anders gewürzt werden soll.

4 **Die fertige Mandelcreme.** Zu gleichen Teilen Mandel-Basismasse und Vanillecreme mischen. Beide müssen vorher gut durchgerührt werden. Kommt die Basismasse aus dem Kühlschrank, muß man sie vorher etwas erwärmen, damit sie wieder schön glatt und cremig wird.

Canache-Creme

am Beispiel einer Trüffeltorte

Diese klassische Schokoladencreme wird auch »Pariser Creme« genannt (in Frankreich »Canache«). Für die Grundcreme sind nur zwei Produkte nötig: Schokolade und frische Sahne. Die Konsistenz läßt sich durch das Verhältnis der beiden Zutaten beliebig regulieren. Als Füllcreme für Torten oder anderes Gebäck wird aber ohnehin nur eine leichte Canache-Creme verwendet, im Gegensatz zur Pralinen-Herstellung, bei der mittlere bis feste Qualitäten bevorzugt werden.

Die Canache-Grundcreme aus Schokolade und Sahne erlaubt viele Variationen. So kann statt bitterer Schokolade Milchkuvertüre verwendet werden. Der Zusatz von Butter gibt der Creme eine besonders zarte Konsistenz. Nougat, Nüsse oder Mandeln harmonieren mit der Schokoladencreme aufs Beste. Mit Spirituosen läßt sie sich sehr vielfältig würzen. Der alkoholreiche Rum, Cognac oder Obstwässer werden wegen ihres starken Aromas nur in geringen Mengen zugesetzt. Bei den milderen Likören sind die Beigaben schon so gewichtig, daß sie die Konsistenz der Creme beeinflussen. Deshalb sollte man den Sahneanteil um die Likörmenge verringern. Voraussetzung bei Spirituosenzugaben ist aber, daß sie erst der glattgerührten, also etwas abgekühlten Creme zugesetzt werden. Weil das Aroma an den Alkohol gebunden ist, verflüchtigt es sich bei zu großer Wärme.

Trüffeltorte

400 g Kuvertüre (bittere Schokolade), kleingeschnitten
1/4 l Sahne
80 g Butter
4 cl echter brauner Rum

1 Schokoladen-Biskuitboden (Rezept Seite 46 f.)
2 cl Rum
2 cl Cointreau
2 cl Läuterzucker
50 g geraspelte Kuvertüre
Puderzucker zum Besieben
16 Trüffelkugeln

Sahne aufkochen und die kleingeschnittene Kuvertüre darunterrühren. Sie muß sich vollständig auflösen. Die Creme abkühlen lassen und in Abständen mit dem Schneebesen durchrühren, damit sie keine Haut bildet. Sie soll kühl, aber noch nicht fest sein, wenn sie schaumig gerührt wird. Dann die Butter von gleicher Konsistenz unterrühren. Zuletzt den Rum zugeben und die Creme gleich verarbeiten.

1 **Schokolade in die Sahne schütten.** Die Sahne in einen genügend großen Topf geben. Dabei die Kuvertüremenge berücksichtigen, die problemlos untergerührt werden soll. Die Sahne aufkochen (Vorsicht, sie kocht leicht über), vom Feuer nehmen und sofort die kleingeschnittene Schokolade zugeben.

2 **Mit einem Schneebesen unterrühren.** Dafür soll die Sahne heiß sein, darf aber nicht mehr kochen. Die kleingeschnittene Schokolade löst sich durch das Rühren schnell auf. Selbst etwas größere Stücke verschwinden nach wenigen Minuten und es entsteht eine glänzende Creme.

3 **Creme glattrühren.** Die heiße Creme kühlstellen und in Abständen mit dem Schneebesen durchrühren, damit die Oberfläche keine Haut bekommt. Die nicht vollständig abgekühlte Creme in eine Schüssel umfüllen, schaumig schlagen. Sie soll mindestens das Doppelte an Volumen zunehmen.

4 **Butter zugeben.** Unter die luftig aufgeschlagene Creme (sie ist dadurch deutlich heller geworden) die Butter rühren. Sie muß von gleicher Konsistenz sein, also ebenso schaumig wie die Creme, damit sie sich mit ihr leicht verbindet. Dann den Rum in kleinen Portionen unterrühren.

5 **Die Torte füllen.** Aufgeschlagene Canache-Creme sollte in einem Arbeitsgang verarbeitet werden (vom Füllen bis zum Garnieren ohne Unterbrechung), weil sie relativ schnell fest wird. Ein zweites Aufschlagen ist zwar möglich, aber sie verliert dadurch stark an Volumen.

6 **Schokoladen-Trüffeltorte.** Der Biskuitboden wird zweimal geteilt. Die erste Schicht Canache-Creme auftragen und den zweiten Boden darauflegen. Mit der Rum-Cointreau-Läuterzuckermischung tränken und die zweite Cremeschicht auftragen. Den dritten Boden auflegen, wieder tränken und die Torte einstreichen. Mit der geraspelten Schokolade sofort einstreuen, bevor die Creme fest wird. Keine Kühlphase einlegen, sondern die Torte gleich in 16 Stücke einteilen und jedes Stück mit einer Cremerosette (Sterntülle Nr. 6) und einer Trüffelkugel garnieren. Das Zentrum der Oberfläche mit etwas Puderzucker besieben.

GLASIEREN UND GARNIEREN

oder die Kunst der Dekoration

Das Ornament ist tot. Es lebe das Ornament. Die Sterntülle ist verpönt. Es lebe die Sterntülle. Rosettchen, Kringel und Blümchen sollen keine Torte mehr schmücken. Jedoch wird uns der liebenswerte Firlefanz erhalten bleiben. Und zwar, solange es Torten und Törtchen, Schnittchen und Omelettes beim Konditor in Hülle und Fülle gibt. Und solange wir im häuslichen Bereich mit aller Freude am Schmücken Backwerk reich verzieren möchten. Dagegen ist kein Kraut gewachsen. Auch nicht durch die noch so gute Idee vom besseren Garnierstil, die Künstler ihres Fachs entwickelt haben und noch entwickeln. Es wird immer beides nebeneinander geben: Kitsch und Kunst.

So wie das Kaffeekränzchen der Biedermeierzeit sich zum Kaffeeklatsch (welch unliebenswürdige Bezeichnung) der Jetztzeit auswuchs, so wurden aus den Zuckerbäckern des Mittelalters und der nachfolgenden Zeiten die Patissiers und Konditoren. Entstand als typische Kreation schließlich im 19. Jahrhundert das, was man bis heute Torte nennt. Adäquat zum Plüsch der Zeit überreich garniert, überladen dekoriert, in Formen und Förmchen schwelgend. Und über Auswüchse aller möglichen geschmacklichen Verirrungen im viel geschmähten Zuckerbäckerstil, wirkte sich — sozusagen als reinigendes Element — der Bauhausstil auch auf die Tortenbäckerei aus. Schlicht, geradlinig, stilvoll sollten nunmehr die Torten garniert werden. Die Sterntülle, die doch so hübsche Rosetten zaubern kann, war plötzlich bei Kennern und Könnern verpönt. Beim Garnieren sollte hinfort gänzlich auf Backarchitektur verzichtet werden. Es ist nicht überliefert, ob bei jenen, die diesem neuen Trend folgten, der Verkauf rückläufig war. Eines aber steht gewiß fest: Konservative Meister blieben bei ihrem alten Stil. Und im häuslichen Bereich wurde weiter munter drauflos garniert, was Sterntüllen und Zuckerwerk hergaben.

Seither tun sich Gegensätze auf. So mancher Konditor oder Patissier ist mit Recht stolz darauf, seinen eigenen guten Stil in der Garnierung entwickelt zu haben. Und es besteht gewiß auch kein Zweifel darüber, daß viele Künstler am Werk sind. Aber sie sind auch ein Beweis dafür, daß man nicht darüber streiten kann, ob gemütliche Schnörkel oder ästhetische Stilisierung das Wahre sind. Ganz sicher ist für Kenner eine überladene Torte keine reine Freude. Und ganz sicher ist auch, daß sachlicher Stil und niedlicher Schnickschnack immer wieder miteinander um die Gunst der Kunden wetteifern. — Wir haben versucht, so zeitlos wie möglich zu arbeiten. Mit Stern- und Lochtülle, mit Marzipan und Schokolade, mit Fondant und Glasur. Wir haben Formen aus Schokolade mit Mandeln, Nüssen und Krokant kombiniert. Wir haben auch nichts gegen Gold- und Silberperlen — am richtigen Platz. Aber wir haben sparsam garniert, weil wir meinen, daß weniger mehr ist. Wir möchten die einzelnen Techniken vermitteln, aber keine Stilrichtung zum Dogma erheben. Ganz im Gegenteil. Gerade in diesem Bereich der Zuckerbäckerei, der wie geschaffen ist für immer neue Kreationen, sollte man dem Ausführenden die totale Freiheit belassen, damit er auch eigene Ideen realisieren kann.

Aprikosenglasur

Vom Fachmann wird sie Aprikotur genannt. Sie dient vorwiegend als Isolierschicht zwischen dem Gebäck und der eigentlichen Glasierschicht, kann aber auch eigenständige Glasur sein.

120 g Zucker, 8 cl Wasser
1 EL Zitronensaft
200 g Aprikosenmarmelade

Zucker, Wasser und Zitronensaft aufkochen und klären. Zur passierten Aprikosenmarmelade gießen und sprudelnd einkochen. Durch ein Haarsieb passieren, wenn die Glasur glasklar werden soll. — Die Aprikotur wird übrigens von Fachleuten meist mit Glukosesirup (Stärkesirup) gekocht, den es im Einzelhandel nicht gibt.

60 g Glukosesirup
4 cl Wasser
200 g Aprikosenmarmelade

Fondant

Wasser- und Eiweißglasur kennt jeder. Schade nur, daß sie keinen hübschen Glanz ergeben. Den bietet aber der Fondant. Er ist eine reine Zuckerglasur, für die Zucker bis zum schwachen Flug (113° C) gekocht wird. Auf einer Marmorplatte wird dieser Sirup tabliert, also mit einer Palette ständig durchgearbeitet, bis er milchig-weiß ist. Zum Glück kann man sich diese Prozedur heute ersparen, weil es Fondant-Glasur in guter Qualität zu kaufen gibt. Diesen festen Fondant erwärmt man im Wasserbad und verdünnt ihn nach Wunsch mit Zuckersirup, Eiweiß oder Milch. Mit Spirituosen kann man ihn parfümieren. Wichtig: Fondant muß man beim Erwärmen ständig rühren. Außerdem darf er nur bis zu 35° C erhitzt werden, weil er sonst nach dem Abtrocknen seinen Glanz verliert und kristallisiert.

1 **Fondant im Wasserbad erwärmen.** Die Wassertemperatur darf nicht höher als 40° C sein. Wer den Fondant flüssiger haben will, setzt etwas Läuterzucker und Eiweiß zu und rührt so lange, bis er gleichmäßig flüssig ist. Der Fondant selbst darf nur bis 35° C erhitzt werden.

1 **Zuckersirup zur Aprikosenmarmelade gießen.** Vorher muß die Marmelade durch ein feines Sieb gestrichen werden. Nur so wird die Glasur klar. Etwa 8-10 Minuten sprudelnd kochen lassen, bis sie um 1/3 eingekocht ist. Genauso nach dem Rezept mit Glukosesirup verfahren.

2 **Bei der Probe mit dem Kochlöffel** muß die Glasur klar und transparent sein. Da sie nur heiß verarbeitet werden kann, muß man empfindliche Cremetorten vor dem Glasieren abdecken. Zum Beispiel mit einer Marzipanplatte. Als eigenständige Glasur wird die Aprikotur nie ganz fest.

2 **Wenn der Fondant dickflüssig vom Löffel läuft,** ist seine Konsistenz richtig zum Überziehen von Torten, die man zuvor mit Aprikotur isoliert, damit die Glasur durch die Feuchtigkeit auf jeden Fall ihren Glanz behält. Fondant läßt sich aber vielseitiger verwenden, als nur bei Torten. Zum Beispiel für Blätterteigstückchen und Plunderteilchen, die man glasieren möchte. Dazu muß der Fondant allerdings transparent sein, damit die Gebäckfarbe durchscheint. Also muß man den Fondant mit einer weiteren Gabe von Läuterzucker oder würzendem Alkohol dünnflüssiger machen.

Eine Torte glasieren

Wer mit Fondant eine Torte glasieren will, muß sie vorher mit Aprikotur isolieren. Der Grund: Der antrocknende Fondant kann dann nicht absterben. Ein Wort mit nicht sehr optimistischen Assoziationen, aber der Fachmann bezeichnet diesen Vorgang so, durch den der Fondant mattweiße Stellen bekommt. Bleiben wir also dabei. Eine Marzipandecke unter der Aprikotur ist nur dann nötig, wenn die Torte mit einer Creme oder mit Sahne eingestrichen wurde. Diese Zwischenschicht sollte aber so dünn wie möglich sein. In 200 g Marzipanrohmasse 150 g Puderzucker einwirken. Und zwar rasch, weil die Masse ölig (kurz und bröselig) wird, wenn man sie zu lange mit den Händen bearbeitet. Dann läßt sie sich nicht mehr ausrollen. Abhilfe: etwas Eiweiß unterkneten.

3 **Hauchdünn wird aprikotiert.** Die Aprikotur so dünn wie möglich halten, also etwas mehr Wasser zugeben. Mit einem Pinsel rasch, dünn und ohne Druck auftragen. Denn die Creme oder Sahne, die möglicherweise unter der Marzipandecke aufgestrichen ist, verträgt die Hitze der Aprikotur nicht.

4 **Den Fondant auf die Torte gießen.** Dafür muß die Aprikotur schon angetrocknet sein. Falls es sich um eine wärmeempfindliche Füllung wie Creme oder Sahne handelt, muß die Torte zwischen Aprikotieren und Glasieren gekühlt werden. Also für kurze Zeit in den Kühlschrank stellen.

1 **So dünn ausgerollt soll das Marzipan sein.** Die Marzipandecke etwas größer ausrollen, als für Oberfläche und Rand der Torte benötigt. So kann man den Rand besser fassen. Auf das Rollholz wickeln. Auf diese Art läßt sich die Decke problemlos und glatt auf die Torte bringen.

2 **Den Rand möglichst faltenlos andrücken.** Dafür ist eine Palette gut geeignet. Sollte es trotzdem Falten geben, diese mit den Fingern zusammenkneifen. Das überstehende Marzipan mit einer Schere abschneiden und die Nahtstellen wieder mit der Palette gut andrücken und glätten.

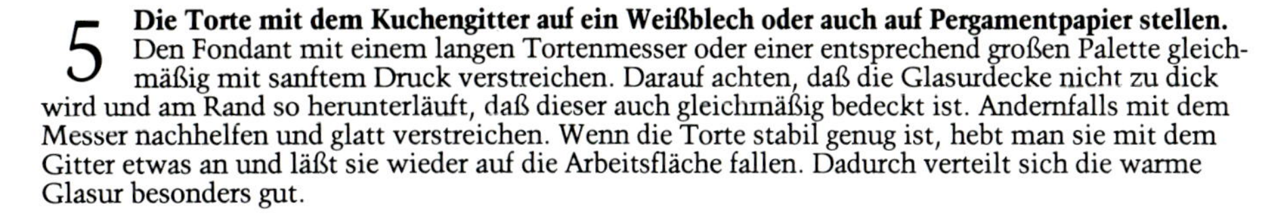

5 **Die Torte mit dem Kuchengitter auf ein Weißblech oder auch auf Pergamentpapier stellen.** Den Fondant mit einem langen Tortenmesser oder einer entsprechend großen Palette gleichmäßig mit sanftem Druck verstreichen. Darauf achten, daß die Glasurdecke nicht zu dick wird und am Rand so herunterläuft, daß dieser auch gleichmäßig bedeckt ist. Andernfalls mit dem Messer nachhelfen und glatt verstreichen. Wenn die Torte stabil genug ist, hebt man sie mit dem Gitter etwas an und läßt sie wieder auf die Arbeitsfläche fallen. Dadurch verteilt sich die warme Glasur besonders gut.

Glasieren und Garnieren

zugleich, das ist die einfachere Methode, Torten appetitlich herzurichten, wie diese Punschtorte. Nur die Oberfläche wird glasiert und garniert, was in einem Arbeitsgang geschieht und einen hübschen Effekt erbringt.

Punschtorte

1 Wiener Boden von 26 cm ∅
(Rezept Seite 44 f.)
200 g Johannisbeermarmelade
5 cl Läuterzucker
4 cl frisch gepreßter Orangensaft
4 cl brauner Rum

180 g Aprikosenmarmelade
100 g Marzipanrohmasse
70 g Puderzucker

150 g Fondant
2 cl brauner Rum
Zuckercouleur zum Färben
100 g gehobelte, geröstete Mandeln
16 halbe rote Belegkirschen

Boden zweimal durchschneiden. Mit der Johannisbeermarmelade füllen. Dabei den zweiten und dritten Boden jeweils mit einer Mischung aus Läuterzucker, Orangensaft und Rum kräftig tränken. Eine Aluscheibe auf die zusammengesetzte Torte legen, mit einem Gewicht von etwa 2 kg beschweren und 1-2 Stunden ruhen lassen. Dann bekommt die Torte eine glatte Oberfläche. Aprikosenmarmelade glattrühren, Torte damit einstreichen. Weiter verfahren, wie in der Bildfolge gezeigt. Die Fondantmasse wird mit dem Rum im Wasserbad (siehe Fondantzubereitung Seite 76) aufgelöst und — wenn nötig — mit Läuterzucker oder Wasser weiter verdünnt.

1 **Eine Marzipanplatte auflegen.** Sie soll gleichmäßig dünn ausgerollt sein. Eine Aluscheibe (Tortenunterlage) dünn mit Puderzucker besieben. Marzipanplatte darauflegen. Mit dem tortengroßen Ring ausstechen und auf die Tortenoberfläche gleiten lassen, so daß keine Falten entstehen.

2 **Restliche Aprikotur** dünn auf die Marzipanplatte streichen. Das muß gemacht werden, weil — wie schon beschrieben — der Fondant darauf glänzend abtrocknet, während er sonst absterben, weiße, unansehnliche Flecken auf der Torte entstehen und das Garnieren schwerer würde.

3 **Etwas erhitzten Fondant** auf einer Aluscheibe mit Zuckercouleur färben. Dazu am besten eine Palette verwenden und gut durchmischen, bis eine gleichmäßige Färbung entstanden ist. In eine Pergamenttüte füllen. Mit einer scharfen Schere die Spitze abschneiden.

4 **Den lauwarmen Rum-Fondant,** der nicht wärmer als 32-34° C sein darf, auf die Tortenoberfläche gießen und darauf gleichmäßig mit der Palette verstreichen. Dabei sehr schnell arbeiten, damit er nicht vorzeitig fest wird. Und darauf achten, daß kein Fondant über den Rand läuft.

5 **Auf die noch weiche Fondantdecke** mit der Papiertüte eine Spirale aus dem braunen Fondant spritzen. Wichtig ist, daß beide Fondants die gleiche Konsistenz haben. Nur dann verbinden sie sich richtig, und die Garnitur läßt sich mit dem Messer entsprechend verziehen.

6 **Vom Zentrum nach außen ziehen.** Dabei mit dem hochkant gestellten Messer oder einer Palette ohne Druck über die Glasur ziehen. Nach jedem Zug die Klinge mit einem feuchten Tuch abwischen, weil der noch anhaftende braune Fondant die Garnitur verunreinigen würde.

7 **Den Rand mit Mandeln einstreuen.** Damit die Glasur nicht springt, bleibt die Torte dazu auf der Aluscheibe, während man die gehobelten, gerösteten Mandeln mit der Palette am Rand andrückt. Dabei die Torte langsam drehen. Jedes Stück bekommt als Garnierung eine halbe rote Belegkirsche.

Mokkatorte mit Kaffeeglasur

Für den Mandelbiskuit:

6 Eigelb
130 g Zucker
6 Eiweiß
80 g geschälte, geriebene Mandeln
80 g Mehl
60 g Biskuitbrösel

1 geh. EL Instantkaffee
2 EL heißes Wasser
Buttercreme mit Vanillecreme (von 125 g Butter, Seite 70)
Marzipandecke, Aprikotur und Fondant wie bei der Punschtorte
1 EL aufgelöster Instantkaffee und
1 EL Mokkalikör zum Abschmecken des Fondants
Schokoladenraspeln für den Rand
16 Mokkabohnen

Eigelb mit 1/3 des Zuckers schaumig rühren. Eiweiß mit dem restlichen Zucker steif schlagen. Unter die Eigelbmasse ziehen. Mandeln, Mehl und Brösel mischen und unterarbeiten. In der mit Pergamentpapier ausgelegten Springform backen.
Backzeit: 35-40 Minuten bei 190° C.
Instantkaffee im heißen Wasser auflösen und unter die Buttercreme rühren. Ausgekühlten Mandelboden zweimal durchschneiden. Mit Creme füllen und die Torte dünn damit einstreichen. Marzipandecke auflegen, dünn aprikotieren und mit gefärbtem Fondant überziehen (wie in der Bildfolge gezeigt). Aus ungefärbtem Fondant in gleichmäßigen Abständen Streifen aufspritzen. Mit der hochkant gestellten Palette im rechten Winkel zu den Streifen fünfmal nebeneinander in ganzer Länge durchziehen. Dann jeweils in den Zwischenräumen fünfmal in entgegengesetzer Richtung durchziehen. Rand mit Schokoladenraspeln einstreuen. Als Garnitur 16 Buttercremerosetten aufspritzen und mit Mokkabohnen verzieren.

Gekochte Schokoladenglasur

Sie ist der zuckrig- samtglänzende Überzug der weltberühmten Sachertorte und hat daher in Österreich, wo sie auch Konservschokolade genannt wird, große Tradition. Die original Sacher-Glasur soll sich aus 300 g Zucker, 250 g Schokolade und 1/8 l Wasser zusammensetzen. Sie wird im Prinzip wie unsere zubereitet. Wir haben uns für das folgende Rezept entschieden. Eine Glasur, die sich vielfach bewährt hat.

Die Zutaten:

300 g Zucker
100 g Kuvertüre
60 g Kakaopulver
1/8 l Wasser

1 **Alle Zutaten** in einen kupfernen Stieltopf geben: den Zucker, die kleingeschnittene Kuvertüre und das gesiebte Kakaopulver. Erst zum Schluß das Wasser zugießen und mit dem Kochlöffel alles sorgfältig miteinander verrühren. Zum Kochen bringen.

2 **Bei guter Hitze unter Rühren** bis zum starken Faden kochen (106-108° C). Topfrand häufig mit einem in Wasser getauchten Pinsel zusammenwaschen, damit sich keine Kristalle bilden.

3 **Glasur im Kessel tablieren** oder in einer weiten Schüssel. Tablieren nennt man das Bearbeiten der Glasur mit einem Holzspatel, der ständig wechselnd bewegt und am Kesselrand entlang geführt wird. Dadurch wird die Glasur langsam dickflüssig und glänzend.

4 **Auf der Marmorplatte tablieren.** Die Hälfte der Glasur auf die Marmorplatte gießen und mit der Palette tablieren, also ständig bewegen. Wenn sie cremig wird, verrührt man sie in der übrigen Glasur. So wird die Glasur schneller dickflüssig und geschmeidig.

5 **Torte glasieren.** Die jetzt geschmeidige, dickflüssige Schokoladenglasur über die Torte laufen lassen, die auf dem Kuchengitter liegt. Mit wenigen Strichen auf der Torte verteilen.

Spritzglasuren aus Zucker und Schokolade

Eiweißspritzglasur

1 Eiweiß
200 g Puderzucker
2 TL Zitronen- oder Limettensaft

Die angegebene Puderzuckermenge sollte man nur als Richtwert verstehen, weil schon eine winzige Veränderung der Eiweißmenge ausreicht, um das Puderzuckergewicht erheblich korrigieren zu müssen. Außerdem verwendet man für Garnituren ohnehin meist kleinere Mengen an Glasur, als obenstehendes Rezept aus einem Eiweiß ergibt. Entscheidend ist letztlich die Konsistenz, die einen zähen Faden ergeben muß, der nicht abreißt.

1 **Puderzucker und Eiweiß** in eine Schüssel geben. Dabei vom Puderzucker einen kleinen Teil zurückbehalten und erst zugeben, wenn die Spritzglasur bereits glattgerührt ist. Damit kann man dann die Festigkeit der Glasur genau bestimmen. Mit Zitronen- oder Limettensaft würzen.

2 **So muß die Spritzglasur aussehen:** Dick und zähflüssig, so daß man die Touren der Schneebesen in der Glasur genau erkennen kann. Die Schüssel mit der fertigen Spritzglasur sofort mit einem feuchten Tuch abdecken, damit die Oberfläche der Glasur nicht antrocknen kann.

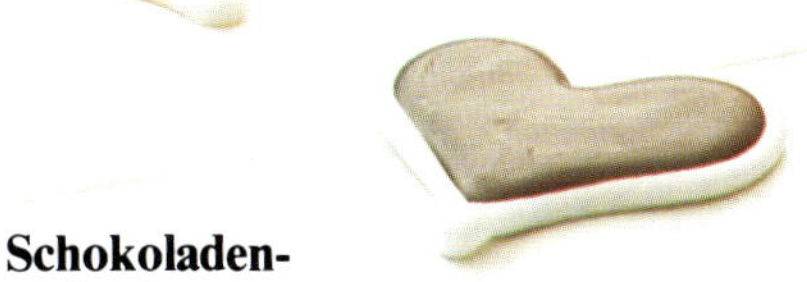

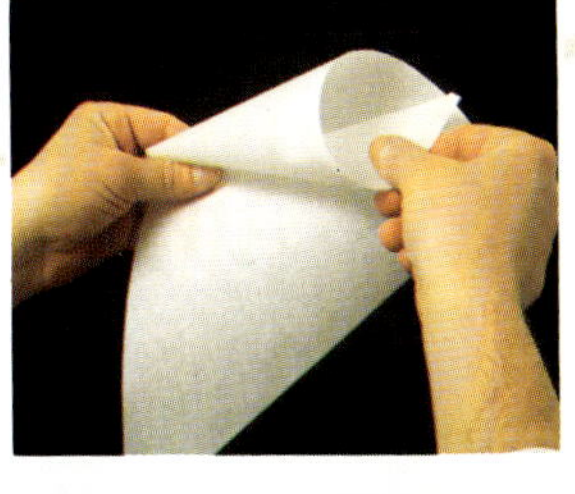

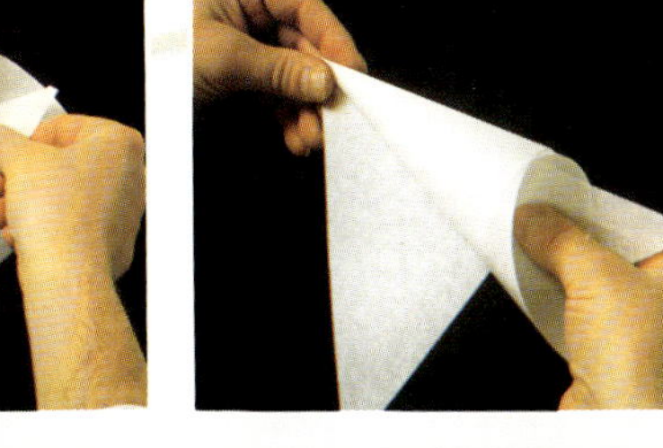

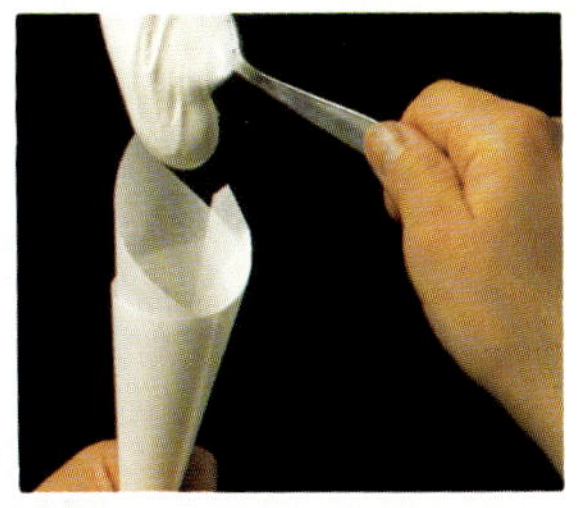

Schokoladen-spritzglasur

Etwas Blockschokolade (Kakaomasse) wird dafür in einer Tasse aufgelöst. Die lauwarme Schokolade unter tropfenweiser Zugabe von Läuterzucker zu einer glatten und zähen Glasur rühren. Die Festigkeit wird durch die Läuterzuckermenge bestimmt. Diese Spritzglasur ergibt einen besonders flexiblen Faden und wird für feinste Garnierungen direkt auf die Gebäckstücke verwendet.

Spritzschokolade

Sie wird für Ornamente verwendet, die auf Pergament oder Folie gespritzt werden. Sobald sie fest sind, lassen sie sich mühelos vom Papier abheben. Man kann sie aus bitterer oder Milchkuvertüre herstellen. Die temperierte Kuvertüre wird mit Puderzucker verrührt und dann mit einigen Tropfen Wasser zu einer spritzfähigen Konsistenz gerührt. Im Wasserbad konstant auf 32° C halten, damit sie nicht fest wird.

Die Zutaten:
200 g Kuvertüre
40 g Puderzucker
einige Tropfen Wasser

Eine Spritztüte aus Pergamentpapier drehen. 1 Dafür wird ein Quadrat diagonal halbiert. Das Dreieck mit Daumen und Zeigefinger der linken Hand in der Mitte der Längsseite fassen und mit der rechten Hand das Papier nach links eindrehen. 2 Weiter aufdrehen und dabei mit der linken Hand die Spitze der Tüte festhalten. 3 Das überstehende Papierende nach innen falten und damit die Tüte fixieren. 4 Die Spritzglasur einfüllen und darauf achten, daß der Rand der Tüte sauber bleibt. 5 Beim Zusammenfalten muß die Naht (das seitliche Ende des Papiers) nach hinten zeigen. Zuerst die Luft aus der Tüte drücken und dann die Enden von außen nach innen zusammenfalten. 6 Mit einer scharfen Schere die Spitze abschneiden. Die Größe der Öffnung bestimmt dann die Stärke des Spritzfadens.

Mit ruhiger Hand kann man zarte Schmetterlinge und Blüten spritzen und mit Perlen oder kandierten Veilchen garnieren. Rechts: So dickflüssig muß die Kuvertüre zum Spritzen sein.

Kuvertüre

Schokolade als Überzug (auch Kuvertüre vom französischen couverture = Überzug) hat einen großen Vorteil: sie schmeckt vorzüglich. Und sie hat einen Nachteil: so ganz problemlos ist sie nicht zu verwenden. Man muß sie nämlich zuerst temperieren, damit sie schmeckt und seidig glänzt. Schokolade oder Kuvertüre besteht aus Kakaomasse mit Kakaobutter und Zucker. Eine mittlere Qualität wird mit 60/40 bezeichnet. Das bedeutet: 60% Kakaomasse, einschließlich Kakaobutter und 40% Zucker wurden verbunden. Der Schmelzpunkt von Schokolade liegt bei 35° C, die richtige Temperatur zum Verarbeiten der flüssigen Kuvertüre aber liegt bei nur 32° C. Trotzdem muß man sie weiter abkühlen lassen. Denn nur dann bindet die Kakaobutter optimal, wenn die Kuvertüre von der niedrigen Temperatur auf die notwendigen 32° C erwärmt — also temperiert wird. Niemals umgekehrt. Falls es Ihnen doch einmal passiert, daß sie über 32° C erwärmt wird, dann müssen Sie von neuem beginnen. Also: Schokolade abkühlen und langsam wieder temperieren. Solche Kuvertüre kann man in einem Wasserbad von 30-32° C flüssig halten, während man damit arbeitet. Sie muß aber gelegentlich umgerührt werden, damit sich die Kakaobutter nicht absetzt. Der Erfolg: Sie erreichen eine gleichmäßige Glasur vom Geschmack feiner, echter Schokolade. Im Gegensatz zur Fettglasur. Sie muß nur aufgelöst werden und wird daher gern im häuslichen Bereich verwendet (und leider auch von manchem Profi!). Aber schon auf Grund ihrer Zusammensetzung (geringer Kakaoanteil auf Pflanzenfettbasis) ist sie für Kenner indiskutabel im Geschmack.

5 **Kuvertüre auf der Marmorplatte verstreichen.** Schnell arbeiten, damit sie nicht fest wird, bevor sie gleichmäßig dünn verstrichen ist. Sie darf auch auf keinen Fall hart sein, wenn daraus zum Beispiel die dekorativen Röllchen geformt werden sollen, wie wir sie auf dem nächsten Bild zeigen.

1 **Die Schokolade (Kuvertüre) zerkleinern.** So löst sie sich im Wasserbad leichter auf. Den Block hochkant stellen und mit einem sehr stabilen Messer am Rand entlangschneiden. Das Messer am besten mit beiden Händen fassen, da die Schokolade sehr hart ist. Die Hälfte davon im Wasserbad auflösen.

3 **Auf der Marmorplatte abkühlen** ist eine Methode, die manche dem Kühlen im Kühlschrank vorziehen. Dazu die Hälfte der aufgelösten Kuvertüre auf die Platte gießen. Durch ständiges Spachteln mit der Palette abkühlen, bis sie dickflüssig ist. Wieder zur warmen Kuvertüre geben und herauftemperieren.

6 **Mit dem Spachtel Röllchen formen.** Die halbfeste Kuvertüre läßt sich gut bearbeiten. Man setzt den Spachtel im flachen Winkel an und schiebt — am oberen Rand beginnend — etwas Kuvertüre zusammen. Dazu den Spachtel jeweils 2-3 cm vorschieben. Schon ist ein Röllchen geformt.

2 **Den Rest der Kuvertüre zugeben** und damit die bereits aufgelöste Schokolade abkühlen. Aus dem Wasserbad nehmen und so lange rühren, bis sich alle Stücke restlos aufgelöst haben. Sollten sie nicht ganz verschwinden, nochmals kurz ins Wasserbad stellen und etwas erhitzen.

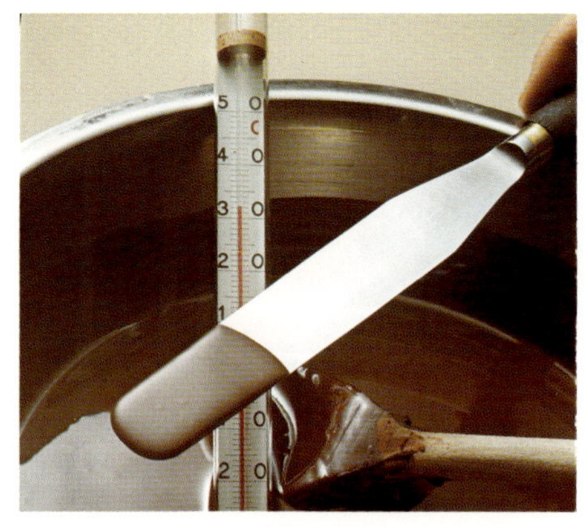

4 **Die kühle, dickflüssige Kuvertüre** im Wasserbad von etwa 40° C unter ständigem Rühren langsam auf 32° C erwärmen. Am besten in Etappen arbeiten, damit sie nicht zu rasch warm wird. Mit der Palette eine Probe nehmen. In 2-3 Minuten glänzt sie, ist fest und fertig zum Garnieren oder Ausstechen.

7 **Fächer formen.** Mit dem Spachtel wird ein Dreieck von der Fläche abgeschabt, wobei man die noch etwas weiche Kuvertüre an einer Seite mit einem Finger festhält. Es bildet sich ein Fächer. Die andere Methode: Kuvertüre mit Öl versetzen, damit sie nicht so schnell und vollständig hart wird.

8 **Zum Ausstechen** die Kuvertüre dicker auf Pergamentpapier streichen und verlaufen lassen. — Mit einem Temperiergerät, einem thermostatisch gesteuerten Warmhalter, kann man leichter mit Schokolade arbeiten, weil sie ständig auf gleicher Temperatur gehalten wird. Sie muß vorher temperiert sein.

9 **Mit beliebigen Formen ausstechen.** Dazu darf die Kuvertüre noch nicht ganz fest sein. Dann geht's besonders gut. Andernfalls die Ausstecher kurz in heißem Wasser anwärmen und die Figur ausstechen. Die Form sofort mit einem feuchten Tuch reinigen, bevor die nächste Figur ausgestochen wird.

Was wir rund um unsere sachlichen Fotos zeigen, sind Garnierungen aus Kuvertüre. Lauter hübsche Blüten. Man kann sie auf Vorrat zubereiten, muß sie aber — vor Staub und Druck geschützt — vorsichtig lagern. Kombinieren kann man mit allerlei Zutaten. Zum Beispiel mit Nüssen und Mandeln, mit Belegfrüchten. Oder — wie hier — mit Marzipan oder Krokant. Marzipan wird nur ausgerollt. Krokant gibt man — noch heiß — auf eine geölte Marmorplatte, rollt ihn aus und sticht mit geölten Ausstechern die gewünschte Form aus oder schneidet sie mit dem Messer. Die Kuvertüre, die damit kombiniert werden soll, darf noch nicht ganz fest sein. Dann geht's am einfachsten. Wie Krokant zubereitet wird, zeigen wir beim Frankfurter Kranz in unserem Kapitel Torten (Seite 162).

10 **Hauchdünne Schokoladenspäne** zum Garnieren sind leicht herzustellen. Von einem großen Kuvertüreblock oder einem 200 g schweren Blockschokoladeriegel schabt man sie mit einem scharfen Messer ab. Das Messer nicht zu schräg halten, sonst brechen ganze Stücke aus der Schokolade heraus.

11 **Mit der Rohkostreibe** kann man besonders kleine Späne vom Kuvertüreblock hobeln. Weil sie sehr dünn und zerbrechlich sind, ist es ratsam, sie direkt auf die Torte oder ein anderes Gebäckstück zu raspeln. So lassen sie sich auch hübsch locker verteilen.

Dekormaterial

Wer Torten, Kuchen und anderes Gebäck dekorieren will, könnte in die Vollen gehen. Aber die Grenzen des guten Geschmacks zu erkennen, das möchten wir jedem selbst überlassen. Da gibt es das gewachsene Dekormaterial, denken wir an die Mandeln — ganz, gehobelt oder in Splittern —, an die gerösteten Haselnüsse, an halbe Walnußkerne, kandierte Veilchen, Kirschen und andere Belegfrüchte. Die zuständige Industrie läßt es sich angelegen sein, uns kunterbuntes Zuckerzeug zum Dekorieren zu offerieren. Sie haben die Großauswahl: Silber- und Goldperlen, Nonpareilles in verschiedenen Stärken, Zuckermimosen, Trüffelstreusel, vorgefertigte Dekorformen aus Schokolade, Mokkabohnen aus Zucker oder Schokolade, Schoko- und Zuckerblättchen. Das ist — neben dem altbekannten Hagelzucker — unsere Auswahl auf dem Bild. Aber sie ist nicht vollständig. Jeder weiß, daß es in Form und Farbe vielerlei weitere Dekormittel von der Stange gibt, bis hin zur Zuckerschrift aus der Tube. Nicht nur im häuslichen Bereich, auch vom Fachmann werden sie eingesetzt. Was jedermanns gutes Recht ist. Denn wenn Form, Farbe und Geschmack der Torte mit dem Dekormaterial übereinstimmen, kommt gewiß Ansehnliches dabei heraus. Nun aber ist nicht jeder ein stilsicherer Künstler. Deshalb dürfen wir gewiß raten — ohne einen Stil diktieren zu wollen: Seien Sie sparsam. Weniger ist mehr. Die Frage, wie weit man mit der Dekoration gehen soll, wird jeder für sich entscheiden müssen. Wir geben dazu — wie wir meinen praktische — Anregungen in diesem Kapitel. Alles, was man nicht selbst herstellen kann und was dem Backwerk das bißchen liebenswerten Kitsch wie ein Gold- oder Silberperlchen gibt oder ein Erkennungsmerkmal ist, wie die Mokkabohnen auf der Mokkatorte, kann man getrost und guten Gewissens verwenden. Aber wenn man dazu in der Lage ist, zarte Rosen aus edlem Marzipan zu modellieren — das kann auch der Laie — dann sollte man auf die bunten Rosen aus nicht identifizierbarer Zuckermasse verzichten. Denn nur, wenn das Backwerk in Geschmack, Füllung und Garnierung eine ästhetische Einheit ist, kann es auch ein Genuß sein.

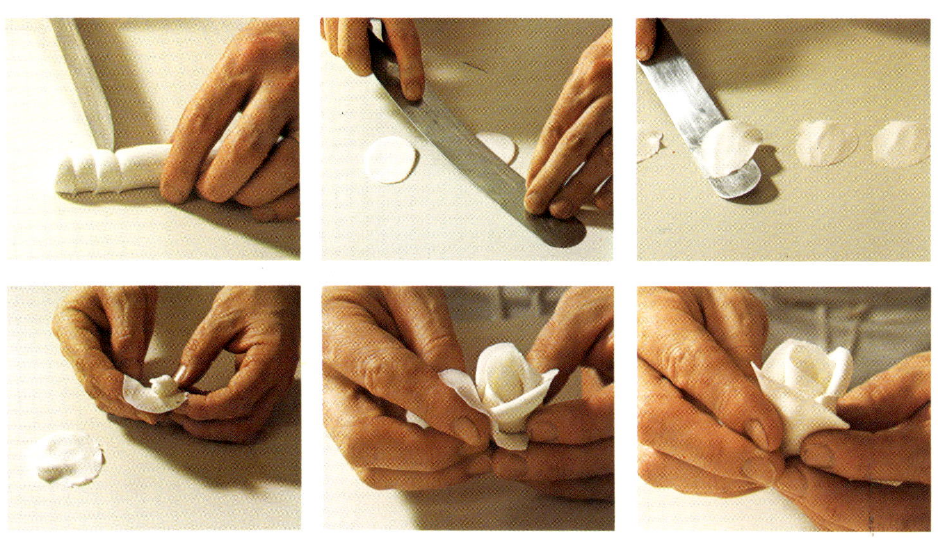

Eine Rose modellieren. Weil's ein Schaustück ist, kann man statt Marzipan Tragantmasse verwenden. Zuerst die Masse in gleichgroße Stücke schneiden. Auf glatter Arbeitsfläche (zum Beispiel Marmor) die zu Kugeln geformten Stücke flach drücken und mit der Palette von innen nach außen dünner streichen. Mit der Palette abnehmen, um einen spitzen Kegel (die Knospe) ein Blatt nach dem anderen legen und unten andrücken. Oberkanten mit dem Daumen leicht nach außen streichen. Antrocknen lassen und unten glattschneiden. So kann man aufgeblühte und halb geschlossene Rosen formen.

Marzipan kneten und formen

Marzipanrohmasse, Ausgangsprodukt für Tortenüberzüge und Garnierungen, kann man bis zum Verhältnis von 1:1 mit Puderzucker versetzen. Bei folgender Relation wirkt sich jedoch das Mandelaroma besser aus:

500 g Puderzucker, 750 g Marzipanrohmasse

Puderzucker auf eine Arbeitsplatte — Marmor ist ideal — sieben. Rohmasse mit dem Zucker zu Stückchen zerpflücken. Rasch zum glatten Teig zusammenwirken, der nämlich ölig wird, wenn er zu lange bearbeitet wird. Besonders dann, wenn er einen hohen Zuckeranteil hat. Ölige Masse ist kurz und brüchig, läßt sich weder ausrollen noch formen. Die Rettung: Man gibt etwas Eiweiß und Puderzucker hinzu und wirkt das Marzipan nochmals zusammen. Der Nachteil: Qualitätsverlust. — Zum Ausrollen besiebt man die Arbeitsplatte dünn mit Puderzucker. Mit dem üblichen Rollholz ausrollen. Mit dem speziell für Marzipan entwickelten Riefholz gleichmäßige Rillen, mit dem Karierholz Karos eindrücken. Färben sollte man Marzipan mit natürlichen Mitteln wie Safran und Zuckercouleur, um es gelb oder braun zu bekommen. Fruchtauszüge sind problematisch, weil Marzipan dadurch bei längerer Lagerung gären kann.

Garnieren mit dem Spritzbeutel

Das ist eine im Grund leichte Garniertechnik ohne viel Aufwand. Man arbeitet meist mit der Creme, mit der die Torte auch gefüllt wird. Auf jeden Fall sollte das Dekormaterial geschmacklich immer mit dem Gebäck und seiner Füllung harmonieren. Außer dem Spritzbeutel mit verschiedenen Tüllen braucht man kein weiteres Handwerkszeug, aber geschickte Hände und Übung. Daher die Aufforderung an alle, die von vorn beginnen: trainieren Sie. Am besten mit einer nicht zu festen Spritzglasur aus 250 g Puderzucker und etwas Eiweiß. Immer wieder Formen auf eine abwaschbare Platte spritzen und alle, die Sie auf den Bildern sehen, mit geschickter Hand nachvollziehen. Das ist besser als jede Beschreibung. Wer übt, bekommt auch bald das Gefühl für den richtigen Umgang mit dem Material. Zum Beispiel sollte man mit der einfachen Lochtülle beginnen und Linien spritzen; so gerade wie möglich. Das gibt die Sicherheit, mit der Sterntülle umzugehen, die ja einen Zackenrandstrang produziert, der auch gerade sein muß.

Man sollte auch eine Serie kleiner und großer Rosetten üben. Der Tip dazu: Den Spritzbeutel senkrecht über der Arbeitsfläche halten, durch leichten Druck eine kleine, durch stärkeren Druck eine große Rosette spritzen. Die Tülle nach oben hin abrupt wegziehen. Sonst gibt es einen unsauberen Abschluß ohne die gewünschte Spitze der Rosette. — Und einen Wellenstrang mit der Sterntülle spritzt man, indem die Tülle im flachen Winkel über die Arbeitsfläche gehalten und dabei das Spritzgut herausgedrückt wird. Die Tülle abwechselnd nach links und rechts führen.

Dargestellt haben wir — jeweils von links nach rechts gesehen:

- Rosetten aus der Sterntülle, am Beispiel einer Nuß-Buttercremetorte. Für Buttercreme werden mittlere (Nr. 6-9) Sterntüllen verwendet.
- Sterntüllengarnierungen für Baisermasse und Sahne. Je nach Material können Sterntüllen aller Größen verwendet werden, für schwere Buttercreme kleinere, für leichte, luftige Baisermasse oder Sahne größere (Nr. 9-12).
- Für Schlagsahne ist auch eine große Stern- oder Lochtülle angebracht.
- Ein Gitter aus Buttercreme wird, ob mit Stern- oder Lochtülle, mit kleinen bis mittleren (Nr. 4-7) Größen gespritzt.
- Garnierungen aus Spritzglasur. Hierfür werden kleine Loch- oder Sterntüllen verwendet. Spritzglasur ist zu süß, um in größeren Mengen damit zu garnieren. — Die Engländer machen da allerdings mit ihren Weddingcakes eine Ausnahme! Außerdem kann man mit dieser zähen Glasur schön »malen«. — Schokoladen-Spritzglasur ist genauso zu behandeln.
- Die »Spaghettigarnitur« könnte man auch mit der kleinsten Lochtülle herstellen. Leichter geht es natürlich mit dieser Spezialtülle, die 5 kleine Öffnungen hat.
- Für derartige Garnierungen aus Buttercreme werden kleine Lochtüllen verwendet. Die Creme sollte zum Spritzen ziemlich weich sein, damit möglichst wenig Luftblasen in den Beutel kommen, die beim Spritzen die Linien abreißen lassen würden.
- Spezialtüllen für feine Dekors stammen aus England, wo sie für die Hochzeits- und Weihnachtskuchen verwendet werden. Es gibt sie für Blätter, Blüten, Bänder, Tupfen und andere Garnierungen. Sie sind wesentlich kleiner, als die bei uns gebräuchlichen Tüllen und werden mit einer Papiertüte gebraucht (siehe Seite 81).

Einen Spritzbeutel füllen. Rand des Beutels umschlagen. Mit der linken Hand unterfassen, mit der rechten die Creme einfüllen. Rand hochklappen, Creme hinunterschütteln, Beutel oben zusammendrehen. — Von der Papiertüte die Spitze abschneiden, die kleine Tülle einsetzen und Spritzglasur oder Creme vorsichtig einfüllen, so daß der Rand sauber bleibt und die Glasur beim Zusammenfalten nicht heraustritt.

CAKES & COMPANY

Vom Sandkuchen bis zu den »feinen Englischen«

Gestandene Hausfrauen »vom alten Schlag« schwören Stein und Bein, daß kein Rührteig, der nicht mindestens eine Stunde lang gerührt worden ist — und zwar von Hand und in dieselbe Richtung — den strengen Maßstäben der Tradition gerecht werden könnte.
Wer weiß, ob daran nicht am Ende mehr als ein Zuckerkörnchen Wahrheit ist. Das sprichwörtliche Rühren der Butter und der Eier ist es, welches diesen Kuchen ihre große Lockerheit und Zartheit verleiht, indem es sie mit Luft durchwirkt, wodurch sie beim Backen besser aufgehen und feinkrumiger werden. Die so erzielte Konsistenz ist es, welche den Rührkuchen zum »Sand«-Kuchen werden läßt. Rührmaschinen sind hierbei wohl nur ein Notbehelf. Und so nimmt es nicht Wunder, daß die Rührkuchen immer noch eine Domäne der häuslichen Kuchenbäckerei geblieben sind, ein Feld, wo die gewerblichen Konditoreien die Konkurrenz der Amateure am meisten zu fürchten haben. Nicht zuletzt deshalb, weil durch die Erfindung des Backpulvers eben diesen Amateuren ein absolut problemloses Treibmittel beschert wurde, das dieses stundenlange Rühren überflüssig macht.
Manche Rezepte der Rührkuchen und Cakes waren und sind noch immer von Geheimnissen umwoben, vor allem diese Zubereitungen, die eher an einen schweren Biskuit erinnern, als an einen schnellen Backpulverkuchen. Sie werden von der Großmutter an die Mutter und von dieser an die Tochter weitergegeben. Ebenso eifersüchtig, wie die Zutaten geheimgehalten werden, achtet man dabei auf die strengste Einhaltung der Vorschriften für ihre Verwendung. Das Ziel besteht in nichts anderem, als daß es unmöglich sei, das tradierte »Familien-Rezept« zu kopieren. So ist es zu erklären, daß zum Beispiel ein Marmorkuchen dargeboten wird, wie ein Meisterbrief oder ein Adelsdiplom: mit selbstgewissen Blicken erwarten die Gastgeber die Ausbrüche und das Frohlocken der Gäste — meistens mit Recht. Die Rührkuchen sind Wappen einer traditionsbewußten Familie, ihr Stolz, ihr Markenzeichen und ihr Statussymbol. Um diese Kuchensparte hat sich aber auch die Industrie erfolgreich bemüht und so ist heute der Anteil der Marmor- oder Sandkuchen, die aus dem Päckchen kommen, nicht zu unterschätzen. Selbstverständlich gibt es auch hervorragende Cakes, Rühr- oder Sandkuchen aus der gewerblichen Konditorei. Das ist allein schon ein logisches Resultat der Tatsache, daß diese Gebäcke besonders gut zu Kaffee und vor allem zu Tee munden. Der englischstämmige »Teekuchen« wurde zuerst von einer Dame namens Sally Lunns in der Stadt Bath gebacken — und öffentlich verkauft. (Noch heute gibt es eine Teekuchen-Art in England, die »Sally Lunns« heißt.) Das Tee-Trinken war in England bis weit in die Neuzeit hinein eine ausschließlich öffentliche Angelegenheit, und so nimmt es nicht Wunder, daß zumindest dieser Zweig der großen Rührkuchen-Familie in den Cafés und Konditoreien beheimatet ist.
Zu den feinsten der Feinen gehört der nebenan abgebildete Rehrücken. Er wird nach dem Backen und Auskühlen mit geschälten, gestiftelten Mandeln gespickt und mit Schokoladenglasur überzogen. Das Resultat erinnert äußerlich tatsächlich an einen gebratenen Rehrücken, und es fällt nicht schwer, zu ahnen, daß hier ein Relikt der Fastenzeit in unsere Tage hineinreicht.

Gerührte Kuchen mit Treibmittel?

Diese Frage ist, um es gleich vorwegzunehmen, nicht generell mit ja oder nein zu beantworten (siehe Seiten 29 u.49), ist aber latent in allen Rezepten dieses Kapitels verborgen. Man muß nicht unbedingt ein Qualitätsfanatiker sein, um festzustellen, daß man auf Backpulver (und das ist für diese Kuchenarten das meistgebrauchte Treibmittel) tunlichst verzichten sollte. Zwar verliert es durch den Backprozeß viel von dem bekannten, aber schwer zu definierenden Beigeschmack, aber vor allem bei nur zart gewürzten Kuchen wird es allemal als störend empfunden. Ganz davon abgesehen, daß es auch absolut überflüssig sein kann, wenn genügend natürliche treibende Zutaten, also Eier, mittels richtiger Technik verwendet werden. Anders bei Sparrezepten, wie bei dem aus England stammenden Essigkuchen, bei dem kein oder höchstens ein Ei auf 500 g Mehl und 250 g Butter verwendet wurde, dafür aber viel Milch. Die Lockerung mußte dann durch einen chemischen Prozeß erreicht werden, indem Natron in Milch aufgelöst und durch den Essig zur Reaktion gebracht wurde. Das dadurch entstandene Gas ließ den Kuchen problemlos aufgehen. Das moderne Backpulver macht es uns leichter und verleitet dadurch auch manchmal zu etwas sorglosem Gebrauch. Durchaus vertretbar ist seine Verwendung bei sehr schweren Massen, die zusätzlich noch sehr kräftig gewürzt sind. Die Treibkraft wirkt sich positiv aus, ohne den würzigen Geschmack beeinträchtigen zu können. Ganz besonders bei den deftigen englischen Cakes profitiert man von diesem Zusatz, der die Arbeit erheblich erleichtert.

Rührkuchen im Vergleich

Dieser drastische Unterschied vom Ergebnis ein und desselben Rezeptes, das sich nur durch das Weglassen des Backpulvers bei der linken Kuchenscheibe unterscheidet, ist natürlich auch durch die Anschlagtechnik begründet. Das Grundrezept »Rührteig« von Seite 49 wurde im sogenannten »Expreß-Verfahren«, also alle Zutaten zusammen in der Küchenmaschine, gerührt. Hier zeigt sich die Wirkung des Backpulvers sehr deutlich. Man hätte aber auch ohne Backpulver ein besseres Ergebnis erzielen können als das linke Negativbeispiel, indem man die klassische Methode gewählt hätte, nämlich Butter, Zucker und Eier erst schaumig gerührt und dann das Mehl untermeliert. Das Resultat läge etwa in der Mitte.

1 **Umrisse der Form auf Papier zeichnen.** Grundsätzlich kann man die Form für jeden gerührten Kuchen auch ausfetten und mit Bröseln ausstreuen. Pergament- oder Backtrennpapier aber bietet den Vorteil, daß jeder Kuchen problemlos aus der Form geht und dann auch nicht so schnell austrocknet.

2 **Mit der Schere einschneiden.** An allen 4 Ecken am Ende der Längsseiten einschneiden. Diese Enden dann zur Hälfte abschneiden. Am markierten, vorgezeichneten Ende der Längsseite das Papier nach innen falten. Dann das Papier an den Bodenlinien ebenfalls scharfkantig nach innen falten.

3 **Das gefaltete Papier in die Form setzen.** Dabei die eingebogenen und beschnittenen Längsenden hinter den kurzen Seitenteilen zusammenfalten. Das Papier in die Form setzen. Sollte es Falten werfen, nochmals herausnehmen und die Seitenteile einige Millimeter kleiner schneiden.

4 Mehl unter die Masse heben. Im Fall dieser leichten, warm und kalt geschlagenen Masse das mit der Speisestärke zusammengesiebte Mehl mit dem Holzspatel unterheben. Das Mehl auf drei bis vier Portionen verteilen und die folgende Portion erst zugeben, wenn die erste vollständig untergemischt ist.

5 Die warme Butter unterziehen. Die Butter erhitzen und klären, das heißt, den Schaum mit einem Löffel abnehmen. Die Temperatur sollte etwa 40-45° C betragen. In dünnem Strahl in die Masse laufen lassen und unterziehen, bis sie vollständig mit ihr verbunden ist.

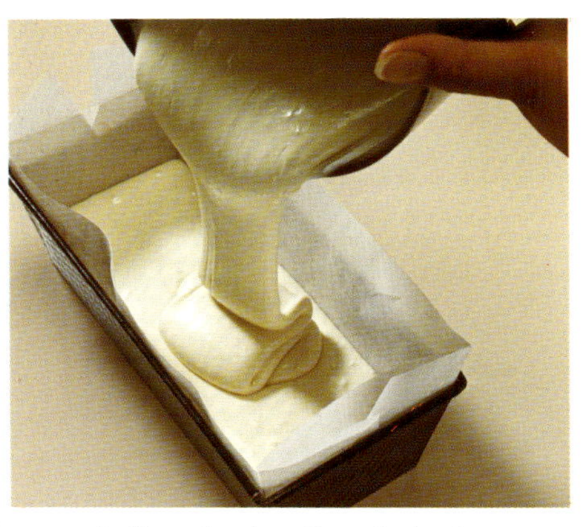

6 In die vorbereitete Form laufen lassen. Die Masse muß ohne jede Klümpchen sein, wenn sie eingefüllt wird, weil sich das sonst in ungleichmäßiger Porung bemerkbar macht. Die Oberfläche mit einem Gummispatel oder Teigschaber so glattstreichen, daß der Rand sauber bleibt.

7 Die Kuchenoberfläche einschneiden. Nach etwa 15-20 Minuten den Kuchen sehr vorsichtig aus dem Backrohr ziehen und mit einem in Wasser getauchten Spitzmesser einen Längsschnitt in die ganz hellbraune Oberfläche ziehen. Der Kuchen kann sich dadurch gleichmäßig ausdehnen.

Leichter Sandkuchen

Er hat eine besonders lockere und luftige Konsistenz und wird nach der Methode einer Wiener Masse (Seite 44 f.) angeschlagen. Diese Masse ist auch ideale Grundlage für Torten, die mit Konfitüre oder leichten Cremes gefüllt werden. Eine Springform von 24-26 cm ∅ ist dafür nötig.

6 Eier
4 Eigelb
200 g Zucker
1 Msp. Salz
abgeriebene Schale einer Zitrone
180 g Mehl
120 g Speisestärke (Weizenpuder)
200 g Butter
Puderzucker zum Besieben
Eine Kastenkuchenform (25 x 11 cm)

Eier, Eigelb, Zucker, Salz und die abgeriebene Zitronenschale in einem Kessel oder einer Rührschüssel zunächst im Wasserbad warm schlagen, das bedeutet bis maximal 40° C. Aus dem Wasserbad nehmen und kalt schlagen. Mehl und Speisestärke zusammen sieben und untermelieren. Dann die warme, abgeschäumte Butter langsam unterziehen. Die sorgfältig in die Form gefüllte Masse bei 190° C etwa 45-50 Minuten backen.
Bereits nach etwa 15-20 Minuten die Kuchenoberfläche — sie muß eine hellbraune Haut gezogen haben — aufschneiden. Dafür ein Spitzmesser in Wasser tauchen und die Haut längs aufschneiden. Dadurch kann der Kuchen ganz gezielt aufreißen und sich ausdehnen.
Den Kuchen erst etwa 15 Minuten in der Form auskühlen lassen, dann aus der Form nehmen ohne ihn zu stürzen, damit die aufgeschnittene Seite oben bleibt. Die Oberfläche mit Puderzucker besieben und das Papier erst vor dem Verzehr abziehen, weil er sonst unnötig austrocknen würde.

Königskuchen

100 g Rosinen
40 g Zitronat
2 cl feiner echter Rum
110 g Butter
200 g Zucker
abgeriebene Schale einer Zitrone oder Limette
6 Eier
200 g Mehl
Puderzucker zum Besieben

Eine Kastenform (25 x 10 cm)
Butter und Semmelbrösel zum Fetten und Ausstreuen der Form (oder die Form mit Pergamentpapier auslegen)

Die Rosinen und das fein gehackte Zitronat in eine Schüssel geben, mit Rum übergießen und zugedeckt eine Stunde ziehen lassen. Butter mit einem Drittel des Zuckers und der abgeriebenen Zitronenschale schaumig rühren. Die Eier trennen, das Eigelb nach und nach unterrühren. Eiweiß zu Schnee schlagen und die restlichen zwei Drittel Zucker langsam einrieseln lassen, bis ein schnittfester Schnee entstanden ist. Rosinen und Zitronat mit dem Mehl vermischen. Zuerst etwa ein Drittel Eischnee mit dem Holzspatel kräftig unter die Buttermasse rühren. Die übrigen zwei Drittel Eischnee vorsichtig unterheben und gleichzeitig die Mehl-Früchte-Mischung zugeben. Sorgsam damit umgehen, damit die Masse nicht zuviel an Volumen verliert. In die Form füllen und die Oberfläche mit einem Teigschaber glattstreichen. Bei 180° C etwa 50-60 Minuten backen. Den Kuchen erst 10 Minuten in der Form abkühlen lassen, bevor er gestürzt wird. Abgekühlt mit Puderzucker besieben.

Der Kuchen schmeckt sehr fein, wenn er dünn aprikotiert und mit Kuvertüre überzogen wird. Außerdem hält er sich so bedeutend länger frisch.

Leichter englischer Früchtekuchen

100 g Rosinen, 50 g Korinthen
50 g Orangeat, 50 g Zitronat
30 g Pflaumen-Ingwer
2 cl Arrak
250 g Butter
230 g Zucker
4 Eigelb
je 1 Msp. Ingwerpulver, Muskat Nelken und Salz
abgeriebene Schale einer Zitrone
4 Eiweiß
300 g Mehl
1 TL Backpulver

Eine Kastenform (30 x 10,5 cm), mit Pergamentpapier ausgelegt

Puderzucker zum Besieben

Rosinen, Korinthen, gewürfeltes Orangeat und Zitronat und den abgelaufenen, feingehackten Pflaumen-Ingwer mit Arrak übergießen und in einer Schüssel zugedeckt eine Stunde ziehen lassen.

Butter mit einem Drittel des Zuckers, Eigelb und Gewürzen schaumig rühren. Eiweiß zu Schnee schlagen und den restlichen Zucker langsam einrieseln lassen. Das zusammen mit dem Backpulver gesiebte Mehl mit den eingeweichten Früchten mischen. Zuerst etwa ein Drittel des Eischnees unter die Buttermasse rühren, dann den übrigen Schnee und die Mehl-Früchte-Mischung vorsichtig unterheben. Die Masse in die mit Pergamentpapier ausgelegte Form füllen und die Oberfläche glattstreichen. Bei 190° C etwa 60-70 Minuten backen. Den völlig abgekühlten Kuchen mit Puderzucker besieben.

Walnuß-Gewürzkuchen

90 g Butter
170 g Zucker
6 Eigelb
1/2 TL gemahlener Zimt
je 1 Msp. Nelken, Piment, Ingwerpulver und Salz
abgeriebene Schale einer Orange
2 cl Weinbrand, 2 cl Cointreau
100 g Mehl
50 g Speisestärke (Weizenpuder)
50 g Kakaopulver
100 g geriebene Walnüsse
6 Eiweiß

Eine Rehrückenform (27 x 11 cm)
Butter und Brösel zum Ausfetten und Ausstreuen der Form

300 g temperierte Kuvertüre
Pistazien zum Garnieren

Butter mit einem Drittel des Zuckers und dem Eigelb schaumig rühren. Gewürze und Alkoholika zugeben und unterrühren. Das gesiebte Mehl mit Speisestärke, Kakaopulver und den geriebenen Walnüssen mischen. Eiweiß mit dem restlichen Zucker zu einem steifen, schnittfesten Schnee schlagen. Davon zuerst etwa ein Viertel unter die Butter-Eiermasse rühren, den Rest dann zusammen mit der Mehlmischung vorsichtig unterziehen, damit die Masse möglichst wenig an Volumen verliert. In die vorbereitete Rehrückenform füllen und bei 190° C etwa 50-60 Minuten backen. Den Kuchen zuerst einige Minuten in der Form abkühlen lassen, stürzen und, wenn er vollständig erkaltet ist, mit der Kuvertüre überziehen. Mit gehackten Pistazien bestreuen.

Rehrücken

Abb. Seite 88

150 g Butter
180 g Zucker
7 Eigelb
1 Vanilleschote
120 g Kuvertüre
7 Eiweiß
140 g ungeschälte, geriebene Mandeln
100 g Biskuitbrösel

Eine Rehrückenform (27 x 11 cm)
Butter und Semmelbrösel zum Ausfetten und Ausstreuen

Aprikotur zum Bestreichen
70 g gestiftelte Mandeln
Kuvertüre zum Überziehen

Butter mit einem Drittel des Zuckers, Eigelb und dem Mark der Vanilleschote schaumig rühren. Dann die untemperierte, warme Kuvertüre darunterrühren. Eiweiß zu Schnee schlagen und die restlichen zwei Drittel Zucker langsam einrieseln lassen. Es soll ein schnittfester Schnee entstanden sein. Die Mandeln mit den Biskuitbröseln mischen. Zuerst etwa ein Drittel des Eischnees unterrühren, bis er völlig mit der Eigelb-Schokoladenmasse vermischt ist, dann die restlichen zwei Drittel des Eischnees und die Mandel-Bröselmischung vorsichtig unter die Masse heben, damit sie möglichst wenig an Volumen verliert. In die mit Butter ausgestrichene und mit Bröseln ausgestreute Rehrückenform füllen und die Oberfläche glattstreichen. Bei 190° C etwa 50-60 Minuten backen.
15 Minuten in der Form abkühlen lassen, dann stürzen. Mit der heißen Aprikotur ganz dünn bestreichen und vollständig erkalten lassen. Mit ausgesucht schönen, gestiftelten Mandeln spicken, auf ein Kuchengitter setzen und dann mit der temperierten Kuvertüre überziehen. Wünscht man einen nahtlosen Überzug, der auch jede Mandel erfaßt, so muß man etwa 1 kg Schokolade (Kuvertüre) darübergießen. Den Kuchen kräftig auf dem Kuchengitter rütteln, damit nicht zu viel Schokolade hängenbleibt. Das sind meist nicht mehr als 250 g, der Rest kann dann erstarrt wieder von der Papierunterlage abgenommen und erneut verwendet werden.

Mandel-Schokoladenkuchen

40 g Marzipanrohmasse
5 Eigelb
180 g Zucker
Mark einer halben Vanilleschote
je Msp. Zimt, Piment und Salz
2 cl Dom Bénédictine
5 Eiweiß
80 g Butter
100 g Mehl
70 g geriebene Kuvertüre
90 g geriebene Mandeln

Eine Rehrückenform (27 x 11 cm)
Butter und Semmelbrösel

Aprikotur
300 g temperierte Kuvertüre
1 EL fein gehackte Pistazien

Marzipanrohmasse zuerst mit einem Eigelb verarbeiten, das übrige Eigelb, ein Drittel des Zuckers und die Gewürze sowie den Bénédictine zufügen und schaumig rühren. Eiweiß zu Schnee schlagen, die restlichen zwei Drittel des Zuckers einrieseln lassen und davon etwa die Hälfte unter die Eigelbmasse rühren. Dann die flüssige, nur noch lauwarme Butter in dünnem Strahl hineinlaufen lassen und unterrühren. Mehl, geriebene Kuvertüre und Mandeln mischen und zusammen mit dem restlichen Eischnee vorsichtig unter die Masse ziehen. In die mit Butter ausgestrichene und mit Bröseln ausgestreute Form füllen und bei 190° C 50-60 Minuten backen. Etwa 10 Minuten in der Form auskühlen lassen, dann stürzen und erkalten lassen. Hauchdünn aprikotieren und mit temperierter Kuvertüre überziehen. Mit gehackten Pistazien bestreuen.

Gâteau basque

Dieser Kuchen in Tortenform stammt zwar ursprünglich aus dem Baskenland, hat aber in der Zwischenzeit ganz Frankreich erobert. Gefüllt wird der Rührkuchen (die Franzosen verwenden etwas Backpulver, das aber nicht unbedingt vonnöten ist) mit Vanillecreme, doch verwendet man in seiner baskischen Heimat auch Konfitüre, speziell solche aus schwarzen Kirschen.

300 g Butter
300 g Zucker
1 Msp. Salz
1 Vanilleschote
460 g Mehl
8 g Backpulver
3 Eier

Zwei Kuchenformen, 18-20 cm ∅
Butter zum Ausfetten
Brösel zum Ausstreuen

350 g Vanillecreme (Rezept Seite 66)
2 cl feinster brauner Rum
Puderzucker zum Besieben

Butter und Zucker mit dem Salz und dem Mark der Vanilleschote schaumig rühren. Die Butter muß bereits sehr weich sein und der Zucker muß sich durch das Rühren vollständig auflösen. Das Mehl zusammen mit dem Backpulver sieben. Eier nach und nach zugeben und mit jedem Ei etwa 1 Teelöffel von der Mehl-Backpulver-Mischung zugeben. Unter die lockere, weiche Masse das Mehl mit einem Holzspatel melieren.
Zwei französische Kuchenformen (sie haben einen leicht konischen Rand) oder eine entsprechend große Springform (26 cm ∅) ausfetten und mit Bröseln ausstreuen. Spritzbeutel mit Lochtülle Nr. 10 mit der Masse füllen und von außen beginnend in die Form eine Spirale spritzen. Am Formrand entlang einen Ring daraufspritzen, damit die Füllung später beim Backen nicht bis an den Rand gelangen kann. Die passierte Vanillecreme mit dem Rum verrühren und mit einer kleinen Palette auf die Teigfläche innerhalb des Teigrandes streichen. Mit der restlichen Masse die Füllung mit einer zweiten Spirale abdecken und den Kuchen bei 190-200° C etwa 40 Minuten backen. Nach dem Abkühlen mit Puderzucker besieben.

Französicher Feigenkuchen

(ohne Abbildung)

Die Menge der Früchte des »Gâteau aux figues« erinnert an einen englischen Cake, aber die Zusammensetzung, nämlich Datteln, Feigen und Walnüsse, ist schon ganz typisch mediterranen Ursprungs.

100 g getrocknete Feigen
100 g Datteln
90 g Walnußkerne
3 cl Armagnac

etwa 500 g Mürbteig (Rezept Seite 54)
Eine Kastenkuchenform (30 x 11 cm)

100 g Butter
160 g Zucker
80 g abgezogene, fein geriebene Mandeln
1/2 Vanilleschote
je 1 Msp. Salz und Nelkenpulver
1/2 TL Zimt
6 Eigelb
4 Eiweiß
50 g Mehl
Puderzucker zum Besieben

Die getrockneten Feigen über Nacht in lauwarmem Wasser einweichen. Anschließend sehr gut ablaufen lassen und, wenn nötig, etwas abtrocknen. Zusammen mit den Datteln mittelgrob hacken. Die Walnußkerne ebenfalls hacken, mit den Datteln und Feigen in eine Schüssel geben, mit Armagnac übergießen und 1-2 Stunden zugedeckt durchziehen lassen.
Den Mürbteig zu einer Platte von etwa 50x30 cm Größe dünn ausrollen und damit die Kuchenform auslegen.
Die weiche Butter und ein Drittel des Zuckers schumig rühren (die Franzosen sagen »en pommade«, und das definiert die Konsistenz aufs Genaueste). Die fein geriebenen Mandeln, das Mark der Vanilleschote sowie Salz, Nelkenpulver und Zimt zugeben. Diese Gewürze unterrühren, dann das Eigelb nach und nach zugeben und rühren, bis die Masse luftig und schaumig ist. Eiweiß zu steifem Schnee schlagen, dabei den restlichen Zucker einrieseln lassen. Etwa ein Drittel davon unter die Masse rühren, dann den Rest ganz vorsichtig unterheben. Mehl und Früchte darübergeben und alles zusammen melieren. Die Masse in die mit dem Mürbteig ausgelegte Form füllen und die Oberfläche glattstreichen. Bei 180° C etwa 50-60 Minuten backen.
Den Kuchen nach dem Erkalten mit Puderzucker besieben oder dünn aprikotieren und mit Kuvertüre überziehen. Für dieses Rezept kann man auch frische Feigen verwenden, die dann natürlich nicht eingeweicht werden müssen.

Britische Kuchentradition

Man mag das eiserne Festhalten an bestimmten Traditionen der Engländer bewundern oder belächeln, es ist jedenfalls eine Tugend, die manche Gewohnheiten und Bräuche konserviert und bis in unsere Tage hinübergerettet hat. Das trifft zweifelsohne auch für die traditionellen englischen Cakes zu, wenn auch kritische Gaumen vom Kontinent meinen, daß es dieser Rettungsaktion nicht unbedingt bedurft hätte. Aber da man über Geschmack bekanntlich gar nicht oder auch unendlich lange diskutieren kann, wollen wir zugunsten der englischen Cakes annehmen, den Kritikern wurde vielleicht nicht vom Besten angeboten. Denn, ganz objektiv beurteilt, kann sich mancher Traditions-Cake Britanniens mit vergleichbaren Produkten der Kontinentalen Kuchenbäckerei messen. Doch hier wie dort hat die einschlägige Industrie erbarmungslos zugeschlagen, und die ohnehin nicht gerade verwöhnten Briten können zwar unter einer großen Anzahl hygienisch in transparenter Folie verpackten Kuchensorten wählen, aber die sind vom Original ebenso weit entfernt, wie es die Industrieprodukte in aller Welt eben an sich haben. Wer da nicht die Hausbäckerei pflegt oder die wenigen guten Konditoreien aufsucht, für den ist die englische Kuchentradition endgültig Vergangenheit.

Bei gewissen Festtagskuchen ist aber die Tradition noch ungebrochen, selbst wenn diese nicht mehr im Haushalt gebacken, sondern von Spezialisten, die wahre Dekorationskünstler sind, frei Haus geliefert werden. Wie der Wedding Cake, für den auch der sparsamste Schotte mal tiefer in die Tasche greift. Zur Weihnachtszeit leistet man sich den legendären Christmas Cake und um die Osterzeit und zum Muttertag ist es der älteste aller englischen Kuchen: der Simnel Cake.

Die große Menge der »Alltagskuchen« aufzuzählen, würde den Rahmen dieses Kapitels sprengen und von den vielen Bezeichnungen kann man nicht immer auf den Inhalt schließen. Da gibt es die verschiedensten Royal Cakes, mit oder ohne Früchte, Mandelkuchen, schlichte Fruit Cakes und Luxus-Fruit-Cakes. Worin der Luxus in dem Kuchen verborgen ist, muß man schon erraten. Aber es gibt auch eine Anzahl von Cakes, die einen nicht im Unklaren lassen: der Sultaninenkuchen, der »Seed Cake« (für »Nicht-Engländer« etwas ungewohnt mit Kümmel gewürzt), der Cherry Cake mit ganzen Belegkirschen darin oder der etwas scharf schmeckende Ginger Cake, mit viel eingelegtem Ingwer, und der Coconut Cake sprechen für sich selbst.

Welchen Kuchen mit welchen Früchten man auch backen will, für die englischen Kuchen gibt es so etwas wie ein Grundrezept, auf dem mit mehr oder weniger großen Abwandlungen die meisten Rezepte basieren. Die Engländer nennen sie »Pound Cakes«, also Pfundkuchen. Bestehend aus je 500 g Butter, Zucker, Eiern und Mehl. Der Technik nach ist es ein Rührkuchen, der, zumindest seit es Backpulver gibt (früher wurden Essig und Natron als Treibmittel verwendet), meist mit diesem chemischen Hilfsmittel hergestellt wird. Für die Variationen werden die Grundzutaten meist nur wenig verändert. Die Gewürze und vor allem das Verhältnis vom Grundteig zu den Früchten machen hier die Unterschiede aus. Angefangen vom leichten Fruchtkuchen, dem auf 500 g Teig etwa 125 g Früchte zugesetzt werden, über mittelschwere und schwere bis hin zum Hochzeitskuchen, bei dem der Früchteanteil manchmal das Teiggewicht übersteigt und der nach einem Jahr noch saftig und genießbar ist.

Einer, der ganz ohne Früchte gebacken wird und trotzdem an der Spitze der Beliebtheitsscala steht, ist der Madeira Cake. Er ist ein eher schlichter Kuchen, der nichts mit dem gehaltvollen Wein dieser Insel zu tun hat und sich nur unwesentlich vom Grundrezept »Pfundkuchen« unterscheidet. Hier das Rezept: 500 g Butter, 500 g Zucker, 12 Eier, abgeriebene Schale von 2 Orangen und einer Zitrone, 650 g Mehl. Er wird in einem Kuchenring gebacken und meist mit dünnen Scheiben von Zitronat oder Mandeln dekoriert.

Tradition verpflichtet, und England bietet dafür viele Beispiele. Nicht nur der Rolls-Royce ist ein solches Symbol, sondern auch der Sherry und die Cakes, die dazu genossen werden: Simnel Cake, der schottische Dundee Cake und der ungefüllte, schlichte Madeira Cake.

Simnel Cake

Er ist wohl der älteste Cake Englands. Nach der Überlieferung soll er, zumindest was die Dekoration betrifft, aus dem alten Griechenland stammen, geschmückt mit 12 Marzipankugeln zu Ehren der Götter des Pantheon. Über Jahrtausende hat sich diese Sitte in England erhalten, und Traditionalisten dekorieren den Kuchen noch heute so. Die eher praktisch handelnden Profis unserer Zeit sehen dies leider anders. Aber ein Festtagskuchen ist er geblieben. Er wird besonders zur Osterzeit und zum Muttertag gebacken.

250 g Butter, 250 g Zucker
6 Eier
je 1 Msp. Salz, Piment, Ingwer und Nelken
1 gestrichener TL Zimt
abgeriebene Schale einer Orange und einer halben Zitrone
330 g Mehl, 1 TL Backpulver
60 g geriebene Mandeln
300 g Korinthen, 100 g Rosinen
2 cl Orangenlikör

Ein Kuchenring, 16-18 cm ∅
Pergamentpapier
Butter zum Fetten des Papiers

350 g Marzipanrohmasse
100 g Puderzucker
Aprikotur zum Bestreichen
80 g Fondant
2 cl Orangenlikör

Die Butter mit dem Zucker schaumig rühren. Eier in ein Gefäß schlagen und kurz mit dem Schneebesen verrühren. Anschließend in kleinen Portionen der Buttermasse zusetzen und weiterrühren, bis die Masse richtig schaumig ist und deutlich an Volumen zugenommen hat. Die Gewürze zugeben und unterrühren. Mehl mit Backpulver sieben, mit den Mandeln mischen und zu der Masse schütten. Darüber die parfümierten Früchte geben und das Ganze vorsichtig miteinander vermengen, damit die Masse so wenig wie möglich zusammenfällt. Den Kuchenring wie bei nebenstehender Bildfolge vom Dundee Cake mit Papier auslegen und fetten. Die Masse einfüllen und Oberfläche glattstreichen. Bei 180° C 65-67 Minuten backen. Den Kuchen mindestens 2 Tage durchziehen lassen.
Die Marzipanrohmasse mit dem Puderzucker anwirken. Das Papier von dem Kuchen abziehen und die Oberfläche dünn mit heißer Aprikotur bestreichen. Mit einer Marzipanplatte in Kuchengröße abdecken. Die Oberfläche nochmals ganz dünn mit Aprikotur isolieren. Mit dem übrigen Marzipan in Form von Plätzchen mit 3 cm ∅ dekorieren und unter dem Grill etwas abflämmen. Den Fondant erwärmen, mit dem Orangenlikör parfümieren. Die Kuchenoberfläche damit ausgießen und mit Spritzglasur beschriften.

Dundee Cake

Ob die Anekdote zutrifft, daß man in Schottland mehr Kuchensorten kennt als es Whiskymarken gibt, sei dahingestellt. Daß der Dundee Cake aber der Favorit zum Fünfuhrtee ist — und das in ganz England — ist verbürgt.

1,2 kg Rosinen
125 g gewürfeltes Orangeat
8 cl brauner Rum

500 g Butter
100 g Marzipanrohmasse
500 g brauner Zucker
12 Eier
5 g Salz
1 EL Orangenmarmelade
700 g Mehl
5 g Backpulver

etwa 200 g abgezogene, halbierte Mandeln zum Belegen
Zwei Kuchenringe, 16-18 cm ∅
Pergament- oder Backtrennpapier zum Auslegen der Ringe

Backzeit: 65-80 Minuten bei 180° C.

1 **Butter und Zucker verrühren.** Die weiche Butter mit der Marzipanrohmasse verarbeiten, dann mit dem braunen Zucker schaumig rühren. Dies kann man der Küchenmaschine überlassen, denn es dauert bis zu 1/2 Stunde, bis sich der Zucker gelöst hat und die Masse beginnt, schaumig zu werden.

2 **Die Eier zugeben.** Am besten in ein Gefäß ablassen und mit dem Schneebesen etwas verrühren. Dann nach und nach unter die Buttermasse rühren. Ist die erste Portion vollständig vermischt, dann eine weitere hineinschütten und weiterrühren, bis erneut Eier zugesetzt werden können.

3 **Die Masse hat stark zugenommen.** Das lang anhaltende Rühren bestimmt die Qualität, die lockere Krume des Dundee Cakes. Jetzt das Salz und die Orangenmarmelade zugeben und weiterrühren, bis sich diese Zutaten vollständig mit der lockeren Buttermasse vereinigt haben.

Die meisten englischen Cakes sind Dauergebäcke, die ihr volles Aroma erst nach Tagen entwickeln. Auch beim Dundee Cake ist es nicht anders. Deshalb sollte man ihn unbedingt mit dem anhaftenden Pergament an Boden und Rand kühl lagern. Übrigens, die Mandeln bekommen einen besonders schönen Glanz, wenn man sie noch heiß mit Lebkuchenlack bestreicht.

4 **Mehl über die Buttermasse geben.** Es wird mit dem Backpulver gesiebt und über die Buttermasse geschüttet. Ohne es unterzurühren, die zuvor im Rum geweichten Früchte darübergeben und das Ganze mit einem Holzspatel zusammenarbeiten, dabei aber nicht kräftig rühren, sondern mehr unterheben.

5 **In die vorbereiteten Ringe füllen.** Das Backblech mit Pergamentpapier auslegen und einfetten. Die beiden Ringe ebenfalls auslegen, den Papierrand überstehen lassen und leicht einfetten. Teig einfüllen, Oberfläche glattstreichen und, wie es die Tradition verlangt, mit geschälten, halbierten Mandeln belegen.

Baumkuchen

Ein Kuchen der Superlative

Dieses Spitzenerzeugnis deutscher Backkunst ist gleichsam zum Symbol für deutsche Kuchenqualität geworden. Selbst der deutsche Konditorenbund führt ihn in seinem Wappen, und wann immer von typisch deutschen Gebäcken die Rede ist, der Baumkuchen wird als erster genannt.
Aber so sehr deutsch ist er eigentlich gar nicht, denn seine geschichtliche Entwicklung ist bis in das vorchristliche Griechenland zu verfolgen. Wie andere Backwerke der Mythenbildung dienten, war es diesem Kuchen vorbehalten, als Phallussymbol verehrt zu werden. Je nach dem technischen Stand war eine solche Erfindung, nämlich das Backen auf einem rotierenden Spieß, wohl der erste Schritt. Abgeschaut war er vom Spießbraten, und es ist anzunehmen, daß der Teig ähnlich einem Braten auch von entsprechend fester Konsistenz war, so wie ein zäher Brotteig. In den verschiedensten Formen tauchte der Kuchen dann im Lauf der Jahrhunderte in fast allen Kulturen auf. Diese Vorläufer des heutigen Baumkuchens hatten Bezeichnungen wie Spießkuchen, Notbrot, Spießlaib oder Prügelkuchen. Aus den Kriegen des Altertums weiß man, daß Soldaten solche Kuchen am Spieß gebacken haben, und selbst die Kolonisten Amerikas haben ähnliche Spießkuchen über den mit glühendem Büffeldung beheizten Lagerfeuern gebacken.
Die Phase der Veredelung des Teiges, vom schlichten Brotlaib zu unserem heutigen Edelprodukt, war sicher ein langer Prozeß, und es ist anzunehmen, daß wie bei den meisten genialen Erfindungen der Kochkunst die Köche und Zuckerbäcker an den europäischen Höfen an den Rezeptentwicklungen großen Anteil hatten. Durch das Entstehen der Handwerksbetriebe und der Popularisierung des Zuckers bildeten sich regionale Zentren der Baumkuchenbäckerei im mitteldeutschen Raum: Dresden, Cottbus, Salzwedel etc. Der Zucker war es ja auch, der jene Rezepte erst ermöglichte, die unseren heutigen Vorstellungen nahekommen und parallel dazu den Übergang vom Spieß zur Holzwalze, dem heute noch im Tirol bekannten »Prügel«.

Woher der Name »Baumkuchen« stammt, darüber gibt es keine eindeutigen Beweise. Zu vermuten ist, daß es die Backtechnik war, nämlich sein äußerer Habitus und, was noch viel mehr an einen Baum erinnert, die nacheinander gebackenen Teigschichten, die im horizontal angeschnittenen Kuchen ganz eindeutig an die Jahresringe eines Baumes erinnern. Daß der Name von der Holzwalze, dem »Prügel« kommt, auf dem er gebacken wird, klingt weniger einleuchtend.
Heute behauptet dieses einmalige Gebäck den ihm gebührenden Spitzenplatz und ist trotz mechanisierter Hilfen ein Produkt handwerklicher Kunst. Von der Zubereitung der Masse bis zum richtigen Backen gehört schon eine Portion Erfahrung und viel Fingerspitzengefühl dazu, soll es ein optimales Resultat ergeben. Wenn man aber bei diesem herrlichsten aller Gebäcke über »All-in-Verfahren und Emulgatoren« bereits laut nachdenkt, und dies teilweise auch anwendet, dann ist das schon sehr bedenklich.
Als Rezeptbeispiel — obwohl wir in diesem Buch aus Platzmangel die umfassende Technik nicht behandeln — möchten wie die Zusammenstellung eines Salzwedeler Baumkuchens vorstellen: Die Zubereitung erfolgt in drei Arbeitsgängen: 25 Eigelb werden mit 250 g Zucker schaumig gerührt. 550 g Butter wird mit dem Mark einer Vanilleschote schaumig gerührt, dazu kommen 10 cl feiner Rum. Zuletzt werden 250 g Mehl und 250 g Weizenpuder zusammengesiebt und unter die Buttermasse gerührt, aber nur so lange, bis sich die Zutaten vollkommen vermischt haben. 20 Eiweiß werden mit 250 g Zucker zu einem sehr steifen Schnee geschlagen. Zuerst wird die Eigelbmasse unter die Buttermasse gezogen und anschließend der Eischnee vorsichtig untergehoben. Während des Backens kann es nach den ersten Schichten nötig sein, die Masse mit etwas Sahne zu verdünnen. Die Rezeptmenge ist ausreichend für einen Baumkuchen von etwa 60-70 cm Höhe.

Die Holzwalze wird mit Pergamentpapier umwickelt, ganz wie beim heutigen Baumkuchen, und mit einem Faden festgeschnürt. Über den brennenden Holzscheiten bäckt die erste Teigschicht. Gefühlvolles Drehen ist für eine gleichmäßige Bräunung notwendig.

Ein hausgebackener Baumkuchen ist dieser »Prügelkuchen« aus dem Tiroler Brannenberg. Die Methode ist die gleiche wie beim Baumkuchen, aber mit Holzfeuer, das im Gegensatz zur modernen Gasheizung dem Kuchen einen unverwechselbaren Geschmack gibt.

Sie beherrscht die Kunst des Backens. Katharina Marksteiner heizt nur mit Buchenholzscheiten, weil sie am ruhigsten brennen und konstante Hitze liefern. Während der zweistündigen Backzeit muß mal »nachgelegt« werden, ohne daß das Feuer zu wild wird.

Der Tiroler Prügelkuchen

Daß dieses volkstümliche Backwerk bis in unsere Tage hinübergerettet wurde, ist ein Glücksfall und Beispiel für die geschichtliche Entwicklung eines Kuchens und einer Backmethode. Und ein Verdienst der Katharina Marksteiner aus Brannenberg, die das von der Großmutter erlernte Prügelkuchen-Backen noch nach guter alter Sitte betreibt: überm Holzfeuer und mit der Handkurbel. Andere »lassen bereits drehen«, nämlich von einem Motor, aber Frau Marksteiner versichert, daß diese Kuchen einfach nicht mehr so gut schmecken würden.
Tatsache ist, daß dieser Kuchen einer der Vorläufer unseres heutigen Baumkuchens ist, und die Backmethode ist identisch. Der »Prügel«, die leicht konische Holzwalze, wird ebenso mit Pergamentpapier umwickelt und dann mit einem Baumwollfaden festgeschnürt. Auf den Spieß mit der Handkurbel wird die Walze gesteckt und dieser dann in zwei primitive eiserne Halterungen gelegt. Nur der Teig unterscheidet sich stark vom Baumkuchen-Rezept, obwohl die Grundzutaten gleich sind. Er ist sozusagen ein »Eischwerteig«, das heißt, Gewicht von Butter, Zucker und Mehl ist gleichschwer wie die Eier. Diese wurden mit dem Zucker und der Butter schaumig gerührt und zum guten Schluß wird das Mehl daruntergerührt. Also eine ziemlich feste Masse, die während des Backvorgangs immer in angemessenem Abstand vom Feuer stehen muß, um durch die Wärme flüssig zu bleiben. Das Ergebnis ist deshalb mit dem Baumkuchen nicht vergleichbar. Es ist ein Dauergebäck, das auch relativ trocken ausgebacken wird und bei entsprechender Lagerung mehr als ein halbes Jahr genießbar bleibt. Also nicht wie unser Baumkuchen, der mit entsprechender Glasur isoliert wird, um frisch und locker zu bleiben. Der Prügelkuchen war ein Festgebäck der Bauern und wurde zu Taufen und Hochzeiten gebacken, geschmückt mit einem Blumenstrauß. Eine Glasur war unbekannt und auch nicht nötig, wenn man die braunglänzende Oberfläche betrachtet, mit ihren vielen unregelmäßigen Spitzen. Sie entstehen nicht zuletzt durch das individuelle Drehen mit der Hand. Die Geschwindigkeit kann so genau den Erfordernissen angepaßt werden.

KUCHEN UND TORTEN MIT OBST

Einfache Blechkuchen und raffiniert belegte Torten

Sind die Rührkuchen der Gegenstand von Traditionsbewußtsein und Konvention, so erscheinen die Obstkuchen umgekehrt als Feld des ungehemmten Individualismus und schillernder Phantasie. Überblickt man das Spektrum der Möglichkeiten, mit frischem Obst Kuchen herzustellen, so kommt es einem vor, als gäbe es hier keine unanfechtbaren Klassiker und keine doktrinären Maßregeln. Unzählbar scheinen die Rezepturen, und jeder Konditor schwört auf Spezialrezepte. Sie sind der Stolz eines guten Konditors, in ihnen äußert sich seine Handschrift.
Aber nicht zuletzt gehören die Obstkuchen, vor allem die einfachen Blechkuchen, zum Standard-Repertoire der Hausbäckerei. Das sind die Kuchen des Sommers und Herbstes, die in der Erntezeit gebacken wurden, wenn es Früchte in Hülle und Fülle gab. Und jede europäische Region hat ihre Spezialitäten hervorgebracht, die sich weniger in der Teigzubereitung unterscheiden, sondern mehr durch die verwendeten Früchte. So bleibt es letztlich dem Gusto jedes Einzelnen vorbehalten, ob er die Pflaumen (oder Zwetschgen) lieber auf feinem Mürbteig bäckt oder damit einen dünn ausgerollten Hefeteig belegt, wie es in Süddeutschland üblich ist. Diese Variante des Pflaumenkuchens ist als »Datschi« fest mit seiner Heimatstadt Augsburg verbunden.
Spitzenreiter der Obstkuchen oder -torten, wie sie in Westdeutschland genannt werden, ist der Apfelkuchen. Sicher weil der Apfel fast rund um's Jahr zur Verfügung stand, haben sich unzählige Rezepte durchgesetzt. Als gedeckter Mürbteigkuchen, auf Hefeteig oder wie bei der französischen Tarte Tatin, bei der die dünne Teigschicht nur noch als Deckel für feinstes, karamelisiertes Apfelkompott dient.
Schlechthin keine Frucht scheint ungeeignet, als Belag für Obstkuchen zu dienen. Das Organ des Konditor-Handwerks kennt eine Vielfalt von Methoden, den verschiedenartigen Eigenarten der Früchte gerecht zu werden. Eine der bekanntesten ist das Belegen bereits vorgebackener Böden aus Mürbteig oder Blätterteig. Oft wird auch noch ein Biskuitboden daraufgesetzt, mit einer Marmeladenschicht dazwischen und einer isolierenden Cremeschicht darauf — ein Verfahren, das die empfindlichen Früchte wie Himbeeren, Erdbeeren und andere vor dem Backprozeß verschont.
Mitgebacken werden dagegen Früchte von robuster Konsistenz wie Zwetschgen, Äpfel, Birnen, aber auch Kirschen, Schattenmorellen und Johannisbeeren. Doch gibt es ein reiches Repertoire an Kombinationen und Abwandlungen der zwei Methoden. Der »gedeckte« Obstkuchen besitzt einen Teigdeckel, beim »versunkenen« bäckt der Teig über die Früchte hoch und hüllt sie ganz ein. Die Elsässer lieben es, ihre Obstkuchen bei Halbzeit des Backvorgangs mit einer »Royale« aus Sahne, Eiern und Aromaten zu bereichern, die darüber stockt und wunderbar cremig wird. Frankreich hat seine leichten »Tartes«, deren Blätterteigboden häufig nur wenige Millimeter stark ist, und die mit funkelndem Gelee abgeglänzt sind. Für England und Amerika typisch: die flachen Pies, die gedeckt oder ungedeckt serviert werden, aber auch gestürzt auf den Tisch kommen! In feinen Häusern werden Obstkuchen mit Baisermasse abgedeckt und »abgeflämmt«, was äußerst elegant aussieht.
Die neuesten Hits aber sind die Exoten. Da haben sich bei uns in den letzten Jahren völlig unbekannte Früchte etabliert, die heute so selbstverständlich verwendet werden wie Banane oder Orange. Allen voran die äußerlich unscheinbare, aufgeschnitten aber dekorative und wohlschmeckende Kiwi. Doch auch Mango, Kaki, Litschi und Baumtomate können sich geschmacklich durchaus mit unseren heimischen Früchten messen.

Birnentorte

350 g Mürbteig (Rezept von Seite 54)
200 g Vanillecreme (Rezept Seite 66)
Eine Obstkuchenform, 24 cm ∅

1 kg Birnen
1 l Wasser, Saft einer Zitrone
100 g Zucker
50 g Marzipanrohmasse, 2 Eier
10 cl Sahne, 30 g Zucker

Birnen schälen, halbieren und das Kernhaus entfernen. Das Wasser mit dem Zitronensaft und Zucker zum Kochen bringen und die Birnen darin nur wenige Minuten blanchieren. Ablaufen lassen und auf die Torte legen. Die Marzipanrohmasse zuerst mit einem Ei cremig verarbeiten, dann das zweite Ei, Sahne und Zucker zugeben und gut verrühren. Über die Torte gießen und bei 190° C etwa 40-45 Minuten backen.

Virginia Apple Pie

Warum der Apple Pie gerade für die englischen Siedler Virginias zum Symbolgebäck wurde, ist allerdings nicht bekannt. Die Kombination »salziger Teig — süße Füllung« macht seinen besonderen, fast etwas deftigen Geschmack aus.

Für den Teig:
250 g Mehl
80 g geschmeidiges Pflanzenfett
125 g eisgekühlte, kleingewürfelte Butter, 1/4 TL Salz
6-8 EL Eiswasser
Eine Obstkuchenform, 30 cm ∅

Für die Füllung:
1,5 kg Äpfel (Boskop oder Cox Orange)
80 g Zucker, 2 EL Zitronensaft
je 1 Msp. Muskat, Piment und Ingwer, 2 TL Zimt
40 g Butter in Flöckchen
Mehl zum Ausrollen
1 Eigelb zum Bestreichen

Mehl, Pflanzenfett, Butterwürfel und Salz in einer Schüssel mit den Fingern wie zu feinen Streuseln zerkrümeln. Das Eiswasser über die Mischung gießen, mit den Händen durchmischen und zusammendrücken, bis eine Teigkugel entsteht. Diese mindestens 1 Stunde im Kühlschrank lagern. Die Äpfel schälen und in dünne Spalten schneiden. In einer Schüssel mit dem Zucker, Zitronensaft und den Gewürzen mischen und in die mit Teig ausgelegte Pie-Form füllen. Mit den Butterflöckchen bestreuen und mit dem Teigdeckel verschließen. Das Eigelb mit etwas Wasser verrühren und damit die Oberfläche bestreichen. Bei 200° C etwa 45 Minuten backen.

Den Mürbteigrand mit dem Daumen etwas über den Rand drücken und mit einem Marzipankneifer Rillen eindrücken. Den Boden mit der Gabel einstechen, die Vanillecreme hineinstreichen und mit den Birnen auslegen. Darüber wird dann die Sahne-Eiermischung gegossen.

Virginia Apple Pie ist ein rustikaler Obstkuchen, ein echtes Produkt der Hausbäckerei und vielleicht gerade deshalb wieder ein Schlager im Repertoire der Profis. Eine Pie-Form wird mit dem Teig ausgelegt und die vorbereitete Apfelmischung eingefüllt. Wichtig ist, daß der Rand etwas übersteht. Mit Eigelb wird die Decke darauf befestigt. Der Wellenrand, mit einem Kochlöffelstiel und zwei Fingern eingedrückt, gehört zur Tradition.

Tarte Tatin

Dieser legendäre Apfelkuchen der Madame Tatin ist wohl der bekannteste unter jenen, die es in regionaler Vielfalt in Frankreich gibt. Er ist schon fast kein echter Kuchen mehr, denn das bißchen Teig hat eigentlich nur die Aufgabe, dieses herrlich zarte, karamelisierte Kompott zusammenzuhalten. Und wie die meisten Apfelkuchen schmeckt auch er ganz frisch, möglichst noch etwas warm, am besten. Für das Gelingen ist die Qualität der Äpfel von ganz entscheidender Bedeutung. Sie sollen beim Backen zwar zart schmelzen, aber ihre Form behalten. Mit welchem Teig man die Torte dann abdeckt, ist Geschmackssache: Blätterteig taugt dafür genauso wie Pâte brisée, den wir für das nebenstehend beschriebene Rezept verwendeten.

Noch etwas sehr wichtiges: Nicht jede Form eignet sich für diesen Kuchen. Sie muß die Wärme gut leiten. Ideal ist Kupfer, aber auch Gußeisen oder Jenaer Glas sind brauchbar oder eine starke Weißblechform, wie sie bei der Bildfolge gebraucht wird.

Für den Teig:
150 g Mehl, 80 g Butter
2 TL Puderzucker
1/2 TL Salz
1 Eigelb
3-4 EL Wasser

Für die Füllung:
80 g Butter
150 g Zucker
1,2 kg backfähige Äpfel
Eine Kuchenform von 24 cm ∅ (möglichst mit schrägem Rand, aus Kupfer, Gußeisen oder Jenaer Glas)

Den Teig nach der Methode »Geriebener Teig« von Seite 53 zubereiten und im Kühlschrank ruhen lassen. In der Zwischenzeit kann man die Äpfel schälen, vierteln, das Kernhaus entfernen und auch die Form vorbereiten. Nach der untenstehenden Bildfolge den Kuchen zubereiten.
Neben dieser Zubereitung gibt es noch eine Alternative, die vielleicht etwas einfacher ist, weil man den Garprozeß leichter überprüfen kann. Die Kuchenform mit den Äpfeln gefüllt auf den Herd stellen und bei starker Hitze den Zucker etwa 15 Minuten karamelisieren lassen. Einige Minuten in den vorgeheizten Ofen schieben, damit die Äpfel etwas zusammenfallen, herausnehmen, die Teigplatte darüberrollen und fertigbacken.

1 **Die Form buttern und zuckern.** Die Butter soll dafür schön weich und geschmeidig sein, damit man die relativ große Menge gleichmäßig in der Form verteilen kann. Den Zucker daraufschütten, die Form mit beiden Händen so lange rütteln, bis der Zucker als gleichstarke Schicht auf dem Boden verteilt ist.

2 **Die Äpfel hineinstellen.** Die in Viertel geschnittenen, vom Kernhaus befreiten Äpfel werden mit der Spitze nach unten in die Form gestellt. Ganz eng aneinandersetzen, damit sie sich gegenseitig stützen. So fortfahren, bis die Form möglichst ohne Zwischenräume vollständig gefüllt ist.

3 **Den Mürbteig darüberlegen.** Den Teig zu einer Kugel rollen und zu einer runden Platte von etwa 28-30 cm ∅ ausrollen. Auf ein mit Mehl bestaubtes Rundholz wickeln, über der gefüllten Kuchenform wieder abwickeln. Dabei darauf achten, daß die Teigplatte möglichst genau in die Mitte zu liegen kommt.

4 **Die Form vollständig verschließen.** Die Teigplatte soll deshalb etwas größer sein als die Form. Den überhängenden Teig so in den Formrand drücken, daß die Äpfel hermetisch verschlossen sind. Trotzdem aber die Teigdecke mit einer Gabel mehrmals einstechen, weil der Saft sonst an der Seite ausläuft.

5 **Der fertig gebackene Kuchen.** Er wird bei 210-220° C etwa 45 Minuten gebacken und soll danach nicht sofort gestürzt werden, weil der Saft dadurch ablaufen würde. Etwa 5-8 Minuten stehen lassen, aber auch nicht länger, weil sonst der Karamel schon zu kalt wird und an der Form hängen bliebe.

6 **Der gestürzte Kuchen** soll von einer dünnen Karamelschicht überzogen sein. Die Äpfel haben ihre Form behalten, sind durchzogen von Butter und Zucker aber so weich, daß sie auf der Zunge zergehen. Boskop, Cox Orange oder Renetten sind Äpfelsorten, die solchen Anforderungen standhalten.

Apfelwähe

Wie viele der gebackenen Obstkuchen sind auch die Schweizer Wähen, ähnlich den Kuchen aus dem deutsch-alemannischen Raum oder auch aus dem Elsaß, ganz eindeutig der ländlichen Hausbäckerei zuzurechnen. Als ausgesprochene Saisongebäcke kamen sie nur zur Erntezeit der entsprechenden Früchte auf den Tisch. Diese Zeit war kurz bei Pflaumen, Aprikosen oder auch bei den Beerenfrüchten. Die Äpfel machen da eine Ausnahme, weil sie (vor allem die festen, backtauglichen Sorten) eine relativ lange Lagerfähigkeit haben; somit kann es Apfelkuchen fast rund ums Jahr geben. In verschiedenen Regionen wird auch oftmals die Mürbteigunterlage durch Hefeteig ersetzt und die Kuchen haben, mit welchem Teig auch immer sie gebacken werden, meist stattliche Ausmaße, die kaum noch in die modernen Miniherde passen. Aber das folgende Rezept läßt sich ja beliebig verkleinern.

Für den Teig:
300 g Mehl, 120 g Butter
50 g Schweineschmalz
30 g Zucker, 1/2 TL Salz
1 Ei, 3-4 EL Eiswasser
Mehl zum Ausrollen
Eine Obstkuchenform, 35 cm ∅

Für die Füllung:
2 kg Äpfel (Boskop oder Cox Orange)
120 g Zucker
Saft und abgeriebene Schale einer Zitrone
100 g geriebene Mandeln
70 g Biskuitbrösel
2 Eier, 1/4 l Sahne
3 cl Cognac oder Rum

Mehl mit der kleingewürfelten Butter, dem Schweineschmalz, Zucker und Salz in eine Schüssel geben und mit den Fingern ähnlich wie bei Streuseln zu ganz feinen Krümeln zerreiben. Ei und Eiswasser dazugeben und die Zutaten zusammendrücken. Auf dem Backbrett mit möglichst wenigen Handgriffen zu einer Teigkugel kneten. Im Kühlschrank 1-2 Stunden ruhen lassen. Zu einer runden Teigplatte von etwa 45 cm ∅ ausrollen und damit die Kuchenform auslegen. Rand gut andrücken und eventuell überstehenden Teig abschneiden. Den Boden mit einer Gabel mehrmals einstechen.

Die Äpfel schälen, vom Kerngehäuse befreien und in etwa 1 cm starke Spalten schneiden. In einer Schüssel mit der Hälfte des Zuckers, dem Saft und der abgeriebenen Schale der Zitrone (wenn gewünscht, mit etwas Zimt) mischen. In die ausgelegte Form die Mandel-Bröselmischung streuen, die Äpfel daraufgeben und für eine möglichst plane Oberfläche sorgen. Den Kuchen bei 200° C etwa 20 Minuten backen. Inzwischen die Eier mit der Sahne, dem Cognac und dem restlichen Zucker verrühren und über den angebackenen Kuchen gießen. Weitere 15-20 Minuten hellbraun backen. Die Oberfläche kann noch dünn aprikotiert werden, wenn der Kuchen schön glänzen soll.

Apfelkuchen mit Preiselbeeren

Rechteckige, sogenannte Blechkuchen sind für Obstbeläge beliebt und haben eine lange Tradition.

Für den Teig:
250 g Mehl
20 g Hefe
1/8 l Milch
30 g Schweineschmalz
20 g Zucker
1/4 TL Salz
abgeriebene Schale einer halben Zitrone
1 Msp. Piment
1 Ei
Ein Backblech (43 x 33 cm)
Butter zum Einfetten

2 kg backfähige Äpfel (Cox Orange oder Renetten)

Für die Creme:
400 g saure Sahne
60 g Zucker
3 EL Speisestärke
2 Eigelb
abgeriebene Schale einer halben Zitrone

400 g Preiselbeerkompott
Puderzucker zum Besieben

Mehl in eine Schüssel sieben, Hefe hineinbröckeln und mit der lauwarmen Milch zu einem »Ansatz« vermischen. Diesen mit Mehl überdecken und zugedeckt 10-15 Minuten an einem warmen Ort gehen lassen. Inzwischen das Schmalz erhitzen (es soll nur warm sein) und mit Zucker, Gewürzen und Ei verrühren. Zeigt der Hefeansatz an der Oberfläche deutliche Risse, die Schmalzmischung zugeben, alles gut vermischen und zu einem nicht zu festen, glatten Hefeteig schlagen. Nochmals 15-20 Minuten gehen lassen. Dann auf Kuchenblechgröße ausrollen. Das gefettete Blech damit auslegen und mit einer Gabel mehrmals einstechen. Die Äpfel schälen, in 1 cm dicke Scheiben schneiden und das Kernhaus ausstechen.
Für die Creme die saure Sahne mit Zucker, Speisestärke, Eigelb und abgeriebener Zitronenschale in einer Stielkasserolle unter ständigem Rühren mit einem Schneebesen einmal kräftig aufkochen. Abkühlen lassen bis die Creme lauwarm ist. Auf den Hefeteig gleichmäßig stark aufstreichen und mit den Apfelringen dachziegelartig belegen. Die Löcher der Ringe mit dem Preiselbeerkompott ausfüllen und den Kuchen bei 200° C etwa 30 Minuten backen. 5 Minuten vorher herausziehen, mit Puderzucker besieben und bei starker Oberhitze oder unter dem Grill karamelisieren lassen.
Nach dem gleichen Rezept kann man Aprikosen- und Pflaumenkuchen bereiten. Die Sahnecreme mischt man dafür mit 120 g geriebenen Mandeln und läßt die Preiselbeeren weg.

Kirschkuchen mit Streuseln

Für den Teig:
250 g Mehl, 20 g Hefe
1/8 l Milch
40 g Butter
30 g Zucker, 1 Ei
abgeriebene Schale einer halben Zitrone, 1/4 TL Salz
Ein Backblech (43 x 33 cm)
Butter zum Einfetten

Für den Belag:
1/4 l Milch
20 g Speisestärke
1/2 Vanilleschote, 3 Eigelb
60 g Marzipanrohmasse
1 kg Süßkirschen

Für die Streusel:
350 g Mehl
200 g Butter
200 g Zucker
1/2 Vanilleschote

Das Mehl in eine Schüssel sieben, in die Mitte eine Vertiefung drücken und die zerbröckelte Hefe darin mit der lauwarmen Milch auflösen. Diesen »Ansatz« mit Mehl dicht überstreuen und zugedeckt etwa 15 Minuten gehen lassen. Die Butter auflösen, mit Zucker, Ei, abgeriebener Zitronenschale und Salz verrühren. Wenn der Ansatz auf der Oberfläche deutliche Risse zeigt, diese Mischung hineingeben und alles zu einem glatten, nicht zu festen Hefeteig schlagen, bis er Blasen wirft und sich vom Schüsselrand löst. Zugedeckt an einem warmen Ort nochmals 15-20 Minuten gehen lassen, bis er etwa das doppelte Volumen erreicht hat.
Von der Milch 2 EL abnehmen und damit die Speisestärke anrühren. Die übrige Milch mit der Vanilleschote zum Kochen bringen. Die Speisestärkemischung mit dem Eigelb verrühren, in die Milch gießen und diese einige Male kräftig aufkochen lassen. Vom Herd nehmen, mit etwas Puderzucker besieben, damit die Creme beim Erkalten keine Haut zieht. Wenn sie vollkommen fest geworden ist, Marzipanrohmasse in kleinen Stücken dazugeben und mit dem Schneebesen glattrühren. Hefeteig zu einem Rechteck von 43 x 33 cm Größe ausrollen, das leicht gefettete Blech damit auslegen, mit einer Gabel mehrmals einstechen. Die Creme gleichmäßig daraufstreichen. Mit den entsteinten Süßkirschen belegen.
Mehl, Butter, Zucker und das Mark der Vanilleschote zwischen den Fingern zu feinen Streuseln reiben und über dem Kuchen verteilen. Er soll noch etwa 10-15 Minuten gehen, bevor er bei 210-220° C 35-40 Minuten gebacken wird. Auf dem Blech 5-10 Minuten abkühlen lassen, dann herunterschieben und in Rechtecke schneiden.

Aprikosen-Streuselkuchen

mit Quarkfüllung

Für den Teig:
250 g Mehl
20 g Hefe
1/8 l Milch
30 g Butter
30 g Zucker
1 Ei
1/4 TL Salz
Eine Obstkuchenform, 35 cm ∅

Für den Belag:
1 kg frische, reife Aprikosen
600 g Quark
3 Eier
150 g Zucker
abgeriebene Schale einer Zitrone
4 EL Speisestärke
1 EL Butter
150 g gehackte Walnüsse
80 g Puderzucker
1 Eiweiß
50 g gehackte Belegkirschen

Für die Streusel:
175 g Mehl
100 g Butter
100 g Zucker
1/2 TL Zimt
Puderzucker zum Besieben

Aus den angegebenen Zutaten wie beim vorhergehenden Rezept »Kirschkuchen« einen Hefeteig bereiten und zugedeckt etwa 15 Minuten gehen lassen.
Die Aprikosen jeweils mit dem Schaumlöffel kurz in kochendes Wasser (für höchstens 1-2 Minuten) tauchen und anschließend schälen. Mit einem Obstmesser an der Einkerbung halbieren und den Stein entfernen. Die Obstkuchenform mit dem Teig belegen und einen Rand formen, mit einer Gabel mehrmals einstechen. Quark mit Eiern, Zucker, abgeriebener Zitronenschale und Speisestärke verrühren. Die Masse auf den Teigboden streichen. Die Aprikosenhälften mit der Wölbung nach unten auf die Quarkmasse legen. Die Butter in einer Stielkasserolle zerlaufen lassen, die fein gehackten Walnüsse und den Puderzucker hinzugeben und unter Rühren karamelisieren. Auf eine geölte Unterlage geben, fein zerstoßen und dann in einer Schüssel mit dem Eiweiß und den gehackten Belegkirschen zu einer weichen Masse verarbeiten. Mit Spritzbeutel und Lochtülle in die Vertiefungen der Aprikosen verteilen.
Die Butterstreusel ebenfalls wie bei dem nebenstehenden Rezept »Kirschkuchen« zubereiten und damit den Aprikosenkuchen überstreuen. Den Kuchen nochmals 10-15 Minuten gehen lassen und dann bei 200° C 35-40 Minuten backen. Nach dem Erkalten mit Puderzucker besieben.

Zwetschgen-Streuselkuchen

(ohne Abbildung)

Schon der Name führt oft zu Mißverständnissen und Diskussionen. In Norddeutschland heißt er Pflaumenkuchen, was von den süddeutschen Zwetschgenkuchen-Spezialisten belächelt wird, weil ja Pflaumen gar keinen guten Kuchen ergäben. Es müssen schon die zuckersüßen späten Zwetschgen (auch Zwetschen) sein, die ihre Form behalten und keinen Saft abgeben. Und ob für den hessischen »Quetschekuche« oder den Augsburger »Zwetschgendatschi«, jeder schwört auf seine bestimmte Zwetschgensorte, die angeblich das beste Ergebnis liefert, was bei den heutigen Anbaumethoden und den daraus resultierenden mittelmäßigen Qualitäten gar nicht einfach ist.
Die Kombinationsmöglichkeiten beim Zwetschgenkuchen sind vielfältig. Unterlage kann Mürbteig oder Hefeteig sein. Zwischen Teig und Früchte kann man Mandeln streuen, Vanille- oder Quarkcreme streichen, und die Oberfläche kann mit Streuseln, Mandeln oder Nüssen bestreut werden. Das folgende Rezept beschreibt den ganz schlichten Zwetschgenkuchen mit Streuseln, sozusagen das Basisrezept:

Für Teig und Belag:
300 g Mehl
20 g Hefe
1/8 l Milch
30 g Butter
30 g Zucker
abgeriebene Schale einer halben Zitrone
1/4 TL Salz
2 Eier
1,5 kg reife Zwetschgen
Ein Backblech (43 x 33 cm)

Für die Streusel:
350 g Mehl
200 g Butter
200 g Zucker

Von den Zutaten einen Hefeteig bereiten, nach dem nebenstehenden Rezept »Kirschkuchen«. Mit dem gleichmäßig ausgerollten Teig das Backblech auslegen und mehrmals mit der Gabel einstechen. Die Zwetschgen entsteinen und so einschneiden, daß sie als Viertel noch zusammenhängen. Den Teig damit dachziegelartig dicht belegen. Aus Mehl, Butter und Zucker Streusel bereiten und damit den Kuchen dicht überstreuen. Falls der Teig während des Belegens nicht genügend gegangen ist, nochmals 10-15 Minuten gehen lassen und den Kuchen bei 200° C 25-35 Minuten backen. Zwischendurch den Kuchen mit einem Messer anheben und die Farbe der Unterseite kontrollieren.

KUCHEN UND TORTEN MIT OBST

Blechkuchen mit Obstbelag

Das klingt etwas mißverständlich, weil schließlich jeder Kuchen und vor allem jeder Obstkuchen auf oder in einem Blech gebacken wird. Gemeint sind aber in diesem Fall die Kuchen mit Obstbelag, die auf den rechteckigen Backblechen gebacken und dann zu länglichen Schnitten oder Quadraten geteilt werden. Diese Fladenkuchen sind ohnehin die älteste Form, Obst zu backen. Im vorderen Orient und in den Mittelmeerländern waren es Feigen und süße Trauben, Kirschen und Aprikosen, die als Belag verwendet wurden. Im kälteren Mittel- und Nordeuropa mußte man sich mit einfacheren Früchten wie Äpfeln, Birnen, Pflaumen und den wilden Beeren aus den Wäldern behelfen. Aber sie waren nicht minder schmackhaft, und die Köche und Hausfrauen haben es verstanden, recht feine Rezepte daraus zu entwickeln.
Die Variationsmöglichkeiten und Kombinationen sind schier endlos. So kann man zwischen Hefeteig und den verschiedenen Mürbteigen wählen. Auch ein fester Rührteig eignet sich als Unterlage. Biskuitmassen werden teilweise als Zwischenschicht verwendet. Bei der Auswahl der Früchte sollte man deren Backfähigkeit berücksichtigen. So taugen Äpfel, Pflaumen, auch Aprikosen, Kirschen, Mirabellen und Rhabarber für eine längere Garzeit zum Beispiel auf Hefeteig. Sehr robust sind auch Heidelbeeren und Stachelbeeren. Bei den Johannisbeersorten sollte man auf kurze Backzeiten achten, also den Teig möglichst vorbacken. Himbeeren, Erdbeeren oder Brombeeren muß man schon in zarte Baisermasse hüllen, die nur wenige Minuten gebacken wird, sollen sie diesen Prozeß heil überstehen.
Weitere Kombinationsmöglichkeiten bieten noch die Zwischenlagen, also die Schichten zwischen Teig und Obst. Das können Mandeln, Brösel, Nüsse sein, aber auch gekochte oder kalt gerührte Cremes aus Milch, Quark, Joghurt und dergleichen mit einer auf die Obstsorte abgestellten Würzung. Die nebenstehenden Rezeptbeispiele sollen nur Anregung für weitere Kreationen sein.

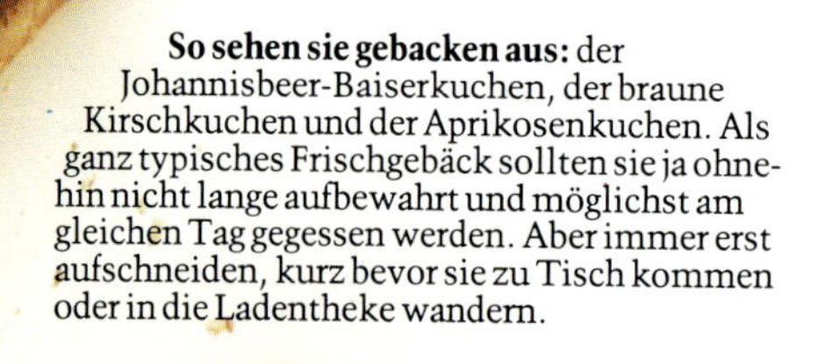

So sehen sie gebacken aus: der Johannisbeer-Baiserkuchen, der braune Kirschkuchen und der Aprikosenkuchen. Als ganz typisches Frischgebäck sollten sie ja ohnehin nicht lange aufbewahrt und möglichst am gleichen Tag gegessen werden. Aber immer erst aufschneiden, kurz bevor sie zu Tisch kommen oder in die Ladentheke wandern.

Heidelbeerkuchen

Ein Backblech von 43 x 33 cm Größe mit 525 g Hefeteig auslegen und mehrmals einstechen, damit sich beim Backen keine Blasen bilden können. 1 kg Heidelbeeren gut verlesen und alle nicht ganz einwandfreien Beeren aussondern, weil diese sonst den Geschmack beeinträchtigen würden. Den Teig damit belegen, eventuell etwas zuckern. Aus 350 g Mehl, 200 g Zucker, 1/2 TL Zimt und 200 g flüssiger Butter Streusel reiben, auf den Beeren verteilen. 15 Minuten gehen lassen und anschließend bei 220° C auf der mittleren Schiebeleiste 30 Minuten backen.

Sauerkirschkuchen

2 kg Sauerkirschen waschen, entsteinen, in einer Schüssel mit 150 g Zucker 3 Stunden ziehen lassen. Ein Backblech von 43 x 33 cm Größe mit 525 g Hefeteig auslegen, mehrmals einstechen. 80 g geriebene, geröstete Haselnüsse mit 50 g Biskuitbröseln mischen, gleichmäßig auf dem Teig verteilen. Kirschen auf einem Sieb gut abtropfen lassen (Saft auffangen) und den Kuchen dicht damit belegen. 15 Minuten gehen lassen, bei 230° C 30 Minuten backen. Den Kirschsaft mit 15 cl Wasser, 1/2 TL Zimt und 1 EL Zitronensaft zu Sirup einkochen, mit 2 EL Kartoffelmehl binden und über dem noch warmen Kuchen verteilen.

Rhabarberkuchen

Ein Backblech von 43 x 33 cm Größe mit 650 g Mürbteig auslegen, mehrmals einstechen und 10 Minuten vorbacken. 150 g geriebene, angeröstete Mandeln mit 75 g Biskuitbröseln mischen und auf dem Teig verteilen. 2 kg Rhabarber waschen, schälen, in 5 cm lange Stücke schneiden, auf den Teig legen und mit einem Gemisch aus 150 g Zucker und 1/2 TL Zimt bestreuen. Auf der mittleren Schiebeleiste bei 200° C 40 Minuten backen. Etwas abkühlen lassen. 4 Eiweiß mit 200 g Zucker steifschlagen, mit Sterntülle Nr. 9 ein Gitter auf den Kuchen spritzen und auf der oberen Schiene bei 220° C noch 10 Minuten backen.

Brauner Kirschkuchen

Ein Backblech von 43 x 33 cm Größe mit 650 g Mürbteig auslegen und mehrmals einstechen. 300 g Butter mit 175 g Zucker schaumig rühren, nach und nach 9 Eigelb, 1 Prise Salz, abgeriebene Schale einer Zitrone, 1 TL Zimt, 300 g geriebene Mandeln und 225 g Mehl unterrühren. 9 Eiweiß mit 200 g Zucker steifschlagen und unter den Teig heben. Zuletzt 300 g geriebene Schokolade daruntermischen. Die Hälfte der Masse auf den Mürbteig streichen, 800 g vorbereitete Kirschen darauf verteilen, den restlichen Teig darübergeben, glattstreichen. Bei 200° C 55-60 Minuten backen. Abgekühlt mit Puderzucker besieben.

Johannisbeer-Baiser

Ein Backblech von 43 x 33 cm Größe mit 650 g Mürbteig auslegen, mehrmals einstechen und bei 220° C 12 Minuten vorbacken. Abkühlen lassen. 8 Eiweiß steifschlagen, dabei 270 g Zucker langsam einrieseln lassen. 500 g von den Stielen gezupfte rote Johannisbeeren unter den Eischnee ziehen. Die Masse gleichmäßig auf den Mürbteigboden streichen und bei 250° C 10 Minuten backen. Dabei die Ofentür mit einem Kochlöffel etwas offen halten, damit der Dampf entweichen und der Kuchen nicht zu sehr aufgehen kann. Nach dem Erkalten in Quadrate von etwa 8 x 8 cm Größe schneiden.

Aprikosenkuchen

Ein Backblech von 43 x 33 cm Größe mit 525 g Hefeteig auslegen. 1/2 l Milch zum Kochen bringen, 1 Päckchen Vanille-Puddingpulver mit wenig Milch, 2 EL Zucker und 3 Eigelb verrühren, in die Milch geben, mehrmals aufkochen. Etwas abkühlen lassen und 200 g Marzipanrohmasse unterrühren. Auf den Teig streichen. 1 kg Aprikosen blanchieren, Haut abziehen, die Früchte halbieren, entsteinen und auf die Creme legen. Den Kuchen noch 10 Minuten gehen lassen, bei 220° C 20 Minuten backen. 1/2 Glas Aprikosenmarmelade erhitzen, den fertigen Kuchen damit bestreichen. Mit 100 g gehobelten gerösteten Mandeln bestreuen.

Stachelbeerkuchen

Ein Backblech von 43 x 33 cm Größe mit 650 g Mürbteig auslegen, mehrmals einstechen und bei 220° C 10 Minuten hellbraun vorbacken. 1/2 Glas Johannisbeermarmelade auf den Teigboden streichen und eine Platte Rouladen-Biskuit (Seite 44 f.) darauflegen. 8 Eiweiß mit 240 g Zucker zu steifem Schnee schlagen, 160 g gemahlene Mandeln ohne Schale darunterheben. Die Hälfte des Eischnees auf den Biskuit streichen, 1 kg geputzte Stachelbeeren darauf verteilen und mit dem restlichen Eischnee bedecken. Glattstreichen und 12-15 Minuten bei 220° C überbacken.

Zwetschgenkuchen

Ein Backblech von 43 x 33 cm Größe mit 525 g Hefeteig auslegen und mehrmals einstechen. 1,5 kg Zwetschgen waschen, entsteinen und zweimal längs einschneiden. Den Teig in dichten Reihen damit belegen. 150 g Mehl mit 150 g Zucker und 75 g flüssiger Butter zu Streuseln reiben und locker auf dem Kuchen verteilen. Mit 100 g gehobelten Mandeln bestreuen. 15 Minuten gehen lassen, anschließend bei 200° C auf der mittleren Schiebeleiste 20-30 Minuten backen. Nach dem Abkühlen mit Puderzucker besieben und den Kuchen in Schnitten von 7 x 10 cm Größe schneiden.

Zitronentorte

Die französische »Tarte au citron« wird meist mit einer feinen Eiercreme (mit reichlich Butter) gebacken. Das nachfolgende Rezept ist wesentlich leichter und luftiger, aber deswegen nicht minder schmackhaft, ganz besonders mit der abgeflämmten Baisermasse.

Für den Mürbteig:
220 g Mehl
110 g Butter
50 g Puderzucker
1 Msp. Salz
1 Eigelb
Eine Kuchenform von 26 ∅ mit 3 cm hohem Rand oder eine Springform gleicher Größe

Für die Zitronencreme:
30 g Zucker
30 g Speisestärke
3 Eigelb
1/4 l Milch
1 unbehandelte Zitrone

Für die Baisermasse:
250 g Zucker
6-8 EL Wasser
4 Eiweiß
1 EL Zucker
Puderzucker zum Besieben

Aus den Zutaten einen Mürbteig, wie auf Seite 54 beschrieben, zubereiten. Nach möglichst langer Ruhezeit ausrollen und nach der Methode von Seite 55 die Form auskleiden. Den Boden mit Hülsenfrüchten »blind« backen, etwa 15 Minuten bei 190° C. Anschließend die Hülsenfrüchte und das Papier entfernen und den Boden nochmals etwa 10-15 Minuten bei gleicher Temperatur schön hellbraun ausbacken. Aus Zucker, Speisestärke, Eigelb und Milch eine Creme (wie auf Seite 66, Vanillecreme) kochen und in die heiße Creme den Saft und die fein abgeriebene Zitronenschale rühren.
Parallel zur Zitronencreme Zucker und Wasser bis zum Ballen (116° C) kochen. Das Eiweiß mit dem Zucker zu steifem Schnee schlagen und dann den gekochten Zucker in feinem Strahl unter die Baisermasse schlagen. Die Hälfte davon abnehmen, mit einem Holzspatel unter die heiße Zitronencreme ziehen und sofort in den vorgebackenen Boden füllen. Die Oberfläche glattstreichen.
Die zweite Hälfte der Baisermasse in einen Spritzbeutel mit Sterntülle Nr. 9 füllen und die Kuchenoberfläche, wie unten abgebildet, garnieren. Mit Puderzucker besieben und unter starker Oberhitze oder unter dem Grill leicht bräunen.

Apfeltorte

mit Calvadoscreme

300 g Blitzblätterteig
oder 1 Paket
(300 g) Tiefkühl-Blätterteig
1 kg Äpfel (Boskop oder Cox Orange)
60 g Korinthen
2 cl Calvados
50 g Zucker

Für die Creme:

3 Eigelb
70 g Zucker
1/4 l Milch
1/2 Vanilleschote
4 Blatt Gelatine
4 cl Calvados
1/4 l Sahne

Für den Guß:

1/4 l trockener Weißwein
50 g Zucker
1 gehäufter EL Speisestärke
2 EL Wasser

50 g geröstete, gehobelte Mandeln

Von dem Blitzblätterteig zwei gleichmäßig starke Böden (28 cm ∅) ausrollen und mittels einer Schablone genau beschneiden. Bei Verwendung von Tiefkühl-Blätterteig diesen zuerst in Stücke schneiden, wieder zusammenwirken und etwa eine Stunde ruhen lassen. Dann erst ausrollen. Auf ein mit Wasser befeuchtetes Backblech setzen, mit einer Gabel mehrmals einstechen und nach einer Ruhezeit von 1/4 Stunde bei 220° C etwa 12-15 Minuten backen. Sollten die Böden nicht rund sein, mit einem Ring von 26 cm ∅ nachschneiden. Die Äpfel schälen und in etwa 1 cm starke Spalten schneiden. Mit den Korinthen in eine Schüssel geben, mit dem Calvados übergießen und mit Zucker bestreuen. Zugedeckt mindestens eine Stunde durchziehen lassen.

Eigelb mit Zucker cremig rühren. Milch mit der Vanilleschote aufkochen und heiß langsam unter die Eigelbmasse rühren. Die Vanilleschote vorher herausnehmen. Die Creme (wie auf Seite 69 beschrieben) bis zur Rose abziehen und die gequollene Gelatine darin auflösen. Diese Grundcreme durchseihen und abkühlen lassen. Den Calvados darunterrühren und, bevor die Creme beginnt fest zu werden, die geschlagene Sahne darunterrühren. Etwa 3/4 der Creme auf den Blätterteigboden streichen. Den zweiten Boden daraufsetzen und mit der restlichen Creme Oberfläche und Rand der Torte einstreichen. Die Apfelspalten ablaufen lassen und die Tortenoberfläche damit belegen. Die Korinthen darüberstreuen.

Wein mit Zucker aufkochen. Die Speisestärke mit dem Wasser anrühren und in den Wein gießen. Unter Rühren kochen lassen, bis die Flüssigkeit klar ist. Sofort mit einem breiten Pinsel über den Äpfeln verteilen. Den Rand mit den Mandeln einstreuen.

Cassis mit Vanillecreme

Von 1/4 l Milch, 1/2 Vanilleschote, 60 g Zucker, 20 g Speisestärke und 2 Eigelb eine Vanillecreme (Seite 66) kochen. Etwas abkühlen lassen, glattrühren und damit 6 Torteletts von 10 cm ∅ füllen. 90 g Zucker mit 2 EL Wasser aufkochen, 4 cl Crème de Cassis und 2 EL Zitronensaft zugeben. Nochmals aufkochen lassen, dann 350 g schwarze Johannisbeeren zugeben. Etwa 2-3 Minuten darin kochen und in den Torteletts verteilen. Mit gestiftelten Pistazien garnieren.
Für 6 Portionen.

Zwetschgen auf Mandelcreme

Von 1/4 l Milch, 1/2 Vanilleschote, 50 g Zucker, 20 g Speisestärke und 2 Eigelb eine Vanillecreme (Seite 66) kochen. Kalt rühren und 2 cl Amaretto und 110 g fein geriebene Mandeln unterrühren. In 6 Mürbteigtorteletts von 10 cm ∅ verteilen. 400 g reife Zwetschgen entsteinen und vierteln. 1/2 l Wasser mit dem Saft einer Zitrone und 100 g Zucker aufkochen, die Zwetschgen darin ganz kurz blanchieren und die Törtchen damit belegen. 1/8 l von dem Sud mit 1/8 l Weißwein aufkochen, mit 2 TL Speisestärke binden und damit die Zwetschgen abglänzen.
Für 6 Portionen.

Karamelisierte Himbeeren

Von 1/4 l Milch, 30 g Zucker, 20 g Speisestärke und 2 Eigelb eine Vanillecreme (Seite 66) kochen, in eine Schüssel geben und mit etwas Puderzucker übersieben. Die kalte Creme durch ein Sieb streichen, mit 4 cl Himbeergeist und 80 g zerbröckelten Mandelmakronen vermischen. 2 Eiweiß mit 70 g Zucker zu Schnee schlagen und unter die Vanillecreme ziehen. In 4 Mürbteigtorteletts von 12 cm ∅ füllen und dicht mit frischen Himbeeren belegen. Mit Puderzucker übersieben und unter dem Grill kurz abflämmen, bis der Zucker leicht karamelisiert ist.
Für 4 Portionen.

Kiwis mit Limettencreme

1/8 l trockenen Weißwein mit 8 cl Limettensaft, der abgeriebenen Schale von 2-3 Limetten und 80 g Zucker aufkochen. 4 Blatt eingeweichte und wieder ausgedrückte Gelatine darin auflösen. Diese Mischung mit 100 g Magerjoghurt verrühren. Abkühlen lassen und 1/4 l ungesüßte Schlagsahne darunterziehen. 4 Baisertorteletts von 12 cm ∅ in der Mitte dünn mit Kuvertüre auspinseln und die Creme darin verteilen. Erstarren lassen und mit Kiwischeiben (von etwa 8 Kiwis) und dünnen Scheiben einer geschälten Limette belegen. Mit Preiselbeerkompott garnieren.
Für 4 Portionen.

Japanische Weinbeeren

Diese köstlichen Früchte sind bei uns nur sehr selten zu bekommen, deshalb seien als Ersatz Brombeeren empfohlen. 1/2 l saure Sahne, 40 g Zucker, Saft einer Orange und 1 Eigelb aufkochen und mit 2 TL Speisestärke binden. In 4 Mürbteigtorteletts verteilen und glattstreichen. 1/4 l Weißwein mit 50 g Zucker aufkochen und auf die Hälfte reduzieren. Die Schale einer halben Orange und 300 g Weinbeeren zugeben, nochmals aufkochen und auf die Sauerrahmcreme verteilen.
Für 4 Portionen.

Renetten auf Weincreme

1/4 l trockenen Weißwein mit 80 g Zucker aufkochen. 4 Renetten oder Cox Orange in gleichmäßige Spalten schneiden, mit 40 g Rosinen kurz darin blanchieren. Äpfel und Rosinen abseihen, den Sud mit 2 Eigelb, abgeriebener Schale und Saft einer Limette, 2 cl Calvados und 1 TL Speisestärke unter Rühren aufkochen. 4 Blatt eingeweichte und wieder ausgedrückte Gelatine darin auflösen. Abkühlen lassen, 1/4 l geschlagene Sahne unterziehen und 4 Mürbteigtorteletts von 10 cm ∅ damit füllen. Die Apfelspalten rosettenförmig darauflegen, Rosinen darüberstreuen. Mit Weingelee oder auch etwas Tortenguß abglänzen.
Für 4 Portionen.

Stachelbeer-Baiser

4 Baisertörtchen (vor dem Trocknen mit gerösteten, gehobelten Mandeln bestreut), mit einer Mischung aus 80 g Marzipanrohmasse, 2 cl Amaretto und 4 cl Läuterzucker ausstreichen. 1/8 l Weißwein, 60 g Zucker und 2 cl Zitronensaft zum Kochen bringen. 350 g geputzte reife Stachelbeeren hineingeben und einige Minuten dünsten, bis sie glasig werden. Die Stachelbeeren abseihen und die Törtchen damit belegen. Den Früchtesud nochmals aufkochen, mit 1 TL Speisestärke binden und damit die Beeren abglänzen.
Für 4 Portionen.

Brombeeren mit Meringue

1/8 l Rotwein mit 60 g Zucker und 2 cl Zitronensaft aufkochen und etwas reduzieren. 300 g frische Brombeeren und 2 cl Rum zugeben und in einer Schüssel zugedeckt eine Stunde durchziehen lassen. 3 Eiweiß zu Schnee schlagen, dabei 100 g Zucker langsam einrieseln lassen. Von dem steifen Schnee 1/3 in einen Spritzbeutel mit Sterntülle füllen. Unter den restlichen Schnee 60 g geriebene Mandeln ziehen und in 4 Mürbteigtorteletts von 10 cm ∅ füllen. Darüber die Brombeeren mit dem Saft verteilen, jeweils mit einer Meringuerosette garnieren und abflämmen.
Für 4 Portionen.

Sauerkirschen in Burgunder

1/4 l Burgunder mit 100 g Zucker aufkochen und etwa 5 Minuten lang einkochen. Von 500 g Sauerkirschen die Stiele enfernen und die Früchte entsteinen. Zu dem kochenden Wein geben und wieder erhitzen, bis die Mischung aufkocht. Vom Herd nehmen und die Kirschen abseihen. Den Sud wieder zum Kochen bringen, mit 1 TL angerührter Speisestärke binden und mit 2 cl Kirschwasser würzen. Die Kirschen wieder dazugeben und alles in 4 Mürbteigtorteletts von 12 cm ∅ verteilen. Mit gehobelten, gerösteten Mandeln garnieren.
Für 4 Portionen.

Walderdbeer-Sahne

4 Mürbteigtorteletts von 10 cm ∅ (45 g Teig pro Stück) dünn mit Kuvertüre auspinseln und diese erstarren lassen. 1 Tasse Biskuitwürfel mit 2 cl Cognac tränken und eine halbe Stunde durchziehen lassen. 1/4 l Sahne mit 30 g Zucker steifschlagen, 125 g mit der Gabel zerdrückte Walderdbeeren unterrühren, dann die Biskuitwürfel vorsichtig unterziehen. In die 4 Torteletts verteilen. Mit weiteren 125 g Walderdbeeren belegen und mit Puderzucker besieben.
Für 4 Portionen.

Feigen auf Sauternes

1/4 l feinen Sauternes mit 80 g Zucker zum Kochen bringen, sofort vom Herd nehmen und 5 Blatt zuvor eingeweichte und wieder ausgedrückte Gelatine darin auflösen. Die Mischung erkalten lassen und, kurz bevor sie zu stocken beginnt, 1/4 l leicht gesüßte, geschlagene Sahne unterziehen. In die Mürbteigtorteletts von 12 cm ∅ füllen und verstreichen. Etwa 10-12 reife Feigen schälen, in Spalten schneiden und die Törtchen damit belegen. In die Mitte jeweils einige geschälte Trauben setzen. Mit Weingelee oder Tortenguß abglänzen und den Rand mit Mandeln einstreuen.
Für 6 Portionen.

Preiselbeertörtchen

70 g Marzipanrohmasse mit 2 cl Kirschwasser cremig verarbeiten. Anschließend 100 g kalte Vanillecreme (Seite 66) darunterrühren und, wenn die Masse noch nicht genügend streichfähig sein sollte, mit etwas Sahne verdünnen. Damit die Mürbteigtorteletts ausstreichen. 4 cl Weißwein und 80 g Zucker aufkochen und etwas reduzieren. 350 g frische Preiselbeeren zugeben und die Früchte darin so lange schmoren, bis sie glasig sind und etwas zusammenfallen. In die Torteletts verteilen.
Für 4 Portionen.

KÄSEKUCHEN

Spezialitäten aus Quark und Joghurt

Das Rom der Antike hat den Käsekuchen zwar nicht erfunden, aber es hat ihn zu einer der feinsten Delikatessen unter den Kuchen gemacht. Die Römer besaßen eine ausgeprägte Vorliebe für Käse und kannten mindestens 13 verschiedene Sorten. Süße Kuchen mit dieser Zutat zu vermengen, stand durchaus in Übereinstimmung mit dem oft recht exotischen Geschmack jener Epoche. Die Mischung von herb und süß, welche die Römer liebten, hat aber selten ein Resultat geliefert, das für alle folgenden Jahrhunderte ähnlich überzeugend war, wie eben jenes »savillum«: die antike Ausgabe des heutigen Käsekuchens. Seine Rezeptur war denkbar einfach: »Bereite einen Teig aus einem halben Pfund Mehl, zweieinhalb Pfund Quark, einem Viertelpfund Honig und einem Ei. Koche ihn in einer gefetteten Tonform bei fest verschlossenem Deckel. Wenn der Teig gar ist, gieße Honig darüber und bestreue ihn mit Mohnsamen«.
Im Herkunftsland des Käsekuchens aber, in Italien, bevorzugt man den »Ricotta« als Ausgangsbasis für die Käsefüllung. Ricotta ist eine Quarkart, welche aus Schafsmilch bereitet wird. Auch heute noch kommen wunderbare Käsekuchen aus Italien, von denen die teiglose »crostata di ricotta« nur ein Beispiel ist. Weniger bekannt ist, daß die berühmte »Cassata Siciliana« ebenfalls in diese Rubrik einzuordnen ist; ihre Füllung besteht nämlich nicht aus Speiseeis, wie uns die Hersteller der Tiefkühl-Variante glauben machen wollen, sondern aus Quark! Lediglich, um einen Festigkeitsgrad zu erzielen, wird die Cassata auch gekühlt. Für diese mit feinsten kandierten Früchten dekorierte Köstlichkeit ist ein schönes Wort anzuwenden, welches auch für alle guten Käsekuchen gelten kann: »Tout est beauté, tout est charme en elle« — An ihr ist alles schön und berückend.
Heute sind Käsekuchen wieder die großen »Hits« und dies sicher aus zwei Gründen. Man bevorzugt wieder frische Kuchen, die nicht unbedingt eine ganze Woche haltbar sein müssen und zweitens, es sind fast »schlanke Kuchen und Torten«, soweit man dies überhaupt von Gebäck behaupten kann. Aber Quark und Joghurt haben nicht zu Unrecht in der modernen Ernährung einen besonders hohen Stellenwert. Zusätzlich kann man mit diesen Produkten so herrliche Kombinationen erfinden. Ganz besonders harmonieren die Käsesahnecremes oder die mit Joghurt mit fast allen würzenden Zutaten und vor allem mit Obst. Den säuerlichen Quark, auch Joghurt, kann man mit schlichten Äpfeln oder Birnen genausogut kombinieren wie mit den raffiniertesten tropischen Früchten. Gut gekühlt, sind das ideale Sommertorten, erfrischend, leicht und nicht belastend. Ganz besonders im Hochsommer, der Saison frischer Beeren, sind Kuchen und Torten aus Joghurt und Quark beliebt. Von den ersten Erdbeeren bis zu den Preiselbeeren passen fast alle Früchte gut zum Käse.
Aber auch die gebackenen Käsekuchen, Alptraum mancher Hausfrauen und Zuckerbäcker, weil sie nicht immer leicht zu machen sind, lassen genügend Raum für eigene Kreationen. So können sie außer den üblichen Rosinen auch mit Früchten wie Kirschen oder Äpfeln gebacken werden.

Käsekuchen

Mit dem Käsekuchen hat es so seine Bewandtnis, denn jeder hat seine eigene Vorstellung von diesem Gebäck, von seinem Aussehen und von seinem Geschmack. Und wohl kaum jemand kann von sich behaupten, daß er mit diesem an sich sehr einfachen Kuchen nicht schon sein ganz persönliches Desaster erlebt hätte. Aber das liegt eben am sehr unberechenbaren Käse oder Quark, einem Naturprodukt, das auch heute noch Probleme bereiten kann. Grundsätzlich sollte man besorgt sein, nur guten, möglichst trockenen Quark zu verwenden. Im Zweifelsfall ist Schichtkäse am zuverlässigsten. Der Unterschied liegt im Herstellungsverfahren, das dem Quark heutzutage eine sehr cremige Beschaffenheit verleiht. Für Schichtkäse wird die geronnene Milch nach und nach in meist viereckige Formen geschöpft. Diese läßt man so lange stehen, bis die Molke durch Löcher am Boden der Form abgelaufen ist. Früher schöpfte man abwechselnd magere und fettreiche Milch in die Behälter; daher der Name Schichtkäse. Heute verwendet man dafür meist Milch einer Fettstufe.

Für den Mürbteig:
220 g Mehl
120 g Butter
50 g Puderzucker
1 Msp. Salz
1 Eigelb
Eine Kuchenform von 26 cm ∅ mit 3 cm hohem Rand oder eine Springform gleicher Größe

Für die Quarkmasse:
500 g Quark oder Schichtkäse
160 g Zucker
4 Eier
abgeriebene Schale einer Zitrone
1 Msp. Salz
100 g Butter
60 g Mehl
80 g Rosinen
2 cl Kirschwasser oder weißer Rum
Puderzucker zum Besieben

Aus den Zutaten einen Mürbteig bereiten, wie auf Seite 54 beschrieben. 1-2 Stunden im Kühlschrank ruhen lassen. Dann zu einer runden Platte von etwa 33 cm ∅ ausrollen. Mit dem Teig die Kuchenform auslegen, den Rand sorgfältig andrücken, überstehende Reste abschneiden. Den Boden mit einer Nadel mehrmals einstechen. Mit Pergament und Hülsenfrüchten (wie auf Seite 55 beschrieben) »blind backen«.

Die Quarkmasse zubereiten, wie nebenstehende Bildfolge zeigt. Ganz besonders wichtig für ein gutes Ergebnis ist, daß der Kuchen keinesfalls wärmer als bei 150-160° C gebacken wird, weil er sonst sehr stark aufginge, auch aufreißen würde, um nachher wieder zusammenzufallen. Bei der niedrigen Temperatur aber geht er nur unbedeutend auf, dennoch bindet das Eiweiß ab, und der Kuchen bleibt locker und saftig. Nach dem Backen etwas abkühlen lassen, mit Puderzucker besieben und mit einem glühenden Draht ein Gitter einbrennen. Der karamelisierte Zucker harmoniert geschmacklich bestens mit dem Kuchen.

Backzeit: etwa 45 Minuten bei 150-160° C.

Rosinen im Kuchen sind nicht jedermanns Sache. Man kann sie getrost herauslassen, ohne das Ergebnis zu schmälern. Dieser Käsekuchen verträgt auch andere Füllungen, zum Beispiel frisches Obst, das allerdings reif und trocken sein muß. So eignen sich Sauerkirschen, süße Kirschen oder Aprikosen besonders gut als Einlage. Dafür den Mürbteig dünn mit Biskuitbröseln als Isolierschicht ausstreuen, die Früchte darauflegen und mit der Käsemasse bedecken. Die Backzeit verlängert sich dadurch um etwa 10 Minuten.

1 **Quark durch ein feinmaschiges Sieb streichen.** In diesem Fall ist es Schichtkäse, der gut abgelaufen immer etwas trockener als Quark, aber gerade deshalb sehr empfehlenswert ist. Ob Schichtkäse oder Magerquark, passiert werden muß er immer, damit er sich gut flaumig rühren läßt.

2 **Eigelb von Eiweiß trennen.** Den passierten Quark und die Hälfte des Zuckers in eine Schüssel geben. Die Eier trennen. Eigelb zum Quark geben und das Eiweiß gleich in eine fettfreie Schüssel ablassen. Zugedeckt (wegen möglicher Verunreinigung) beiseite stellen und die Quarkmischung vorbereiten.

3 **Mit dem Schneebesen schaumig rühren.** Dafür einen möglichst stabilen Schneebesen verwenden und den Quark mit Zucker und Eigelb locker und flaumig rühren. Weil das ziemlich viel Kraft kostet, sei hier sowohl Küchenmaschine als auch Handrührgerät empfohlen. Mittlere Geschwindigkeit wählen.

4 **Das Gewürz zugeben.** Ausschließlich unbehandelte Zitronen verwenden und diese außerdem vor dem Gebrauch noch unter fließendem Wasser gründlich abbürsten. Die Schale dann sehr dünn abreiben und anschließend die Reibe am Schüsselrand ausklopfen. Salz zugeben.

5 **Warme Butter zufügen.** Die Butter erhitzen und klären. Den auf der Oberfläche entstehenden Schaum mit einem Löffel vorsichtig abheben, um nichts von der kostbaren Butter mit abzuschöpfen. Die Butter mit dem Schneebesen unter die Quarkmasse rühren, das Mehl hineinsieben, nochmals durchrühren.

6 **Eingeweichte Rosinen zugeben.** Für einen Käsekuchen nur weiche, frische Rosinen verwenden und diese mindestens eine Stunde in Alkohol (Kirschwasser oder Rum) durchziehen lassen. Zu der schaumigen Quarkmasse geben, nur einmal kurz durchrühren, weil sonst die Masse leicht grau wird.

7 **Eischnee unterziehen.** Das Eiweiß zu Schnee schlagen, dabei die zweite Hälfte Zucker hineinrieseln lassen. Zuerst etwa ein Viertel von dem Schnee mit einem Holzspatel unterrühren, den Rest dann ganz vorsichtig darunterheben, damit die Masse möglichst wenig an Volumen verliert.

8 **In den vorgebackenen Mürbteigboden füllen.** Dafür wurde eine Obstkuchenform (möglichst mit eingelegtem Boden) dünn mit Mürbteig ausgelegt und »blind gebacken«. In den so vorbereiteten Mürbteigboden mit Rand die Käsemasse mittels Teigschaber einfüllen. Der Boden muß etwas abgekühlt sein.

9 **Oberfläche glattstreichen.** Mit einer Palette die Masse glattstreichen und zum Rand hin abstreifen. Den Kuchen sofort in den vorgeheizten Ofen schieben. Während der ersten 20-30 Minuten nach Möglichkeit nur berühren, wenn er ungleichmäßig bäckt und gedreht werden muß.

Käsesahnetorten

Grundrezept:

120 g Butter
60 g Puderzucker
1 Eigelb, 210 g Mehl

4 Eigelb
200 g Zucker
abgeriebene Schale einer Zitrone
1 Msp. Salz
1/4 l Milch
7 Blatt Gelatine
500 g trockener Quark
1/2 l Sahne
Puderzucker zum Besieben

Von Butter, Puderzucker, Eigelb und Mehl einen Mürbteig kneten. Nach der üblichen Kühlphase davon zwei Böden von 26 cm Ø ausrollen, hellbraun backen.

1 **Eigelb, Zucker und Gewürz** in eine Kasserolle geben und die Milch zugießen. Die Zutaten vermischen, am besten zuerst mit einem Schneebesen kurz und kräftig verrühren, dann auf dem Herd bei mittlerer Hitze unter ständigem Rühren mit einem Holzspatel langsam erhitzen.

2 **Bis zur Rose abziehen,** das heißt, die Mischung unter Rühren so lange erhitzen, bis sie merklich dickflüssiger wird. Hebt man den Kochlöffel mit etwas Creme heraus, bleibt sie leicht angedickt daran haften und bildet beim Daraufblasen Kringel, die an die Form einer Rose erinnern.

3 **Die ausgedrückte Gelatine zugeben.** Sobald die Grundcreme vom Herd genommen wurde, die vorher in kaltem Wasser eingeweichte und nach einigen Minuten wieder ausgedrückte Gelatine darin auflösen. Anschließend die Creme durch ein feinmaschiges Sieb seihen.

4 **Die leicht abgekühlte Grundcreme** über den Quark gießen. Den passierten Quark in eine entsprechend große Schüssel geben. Die Creme in zwei oder drei Portionen zugeben, damit sie sich mühelos unterrühren läßt. Sie muß noch etwas warm sein, weil sie durch den kalten Quark schnell abkühlt.

5 **Mit dem Schneebesen glattrühren.** Dafür einen sehr stabilen Schneebesen verwenden, weil die Masse zunächst recht fest ist. Sobald die erste Portion vollständig untergerührt ist, wieder etwas warme Grundcreme zugeben. Dann erneut so lange rühren, bis eine glatte Creme entstanden ist.

Nur Quark von bester Qualität sollte man für die Käsesahnetorte verwenden. Wie bei allen anderen Käsekuchen ist dies bestimmend für die Güte des Kuchens. Der Quark soll frisch-säuerlich schmecken und trocken sein, weil zuviel Molke die Konsistenz und den Geschmack des Kuchens beeinträchtigen würde. Den Quark wenn nötig ein bis zwei Stunden ablaufen lassen. Deshalb mehr einkaufen, als im Rezept angegeben ist, um das nötige Gewicht auszugleichen.

Käsesahnetorten mit Obst gefüllt

Geschmacklich harmonieren fast alle Obstsorten mit der leicht säuerlichen Quarksahnecreme, vor allem Erdbeeren, Himbeeren und Brombeeren,
die frisch

6 **Sahne unterziehen.** Die steifgeschlagene Sahne am besten mit dem Schneebesen unter die Creme ziehen, weil sich dadurch die beiden Massen schnell vereinigen. Vorsichtig vorgehen, damit die lockere Creme nicht an Volumen verliert. Mit dem Holzspatel geht es schonender, dauert aber länger.

7 **In einen Tortenring füllen.** Um einen Mürbteigboden einen Tortenring stellen. Das kann ein Aluring sein, aus dem man die Torte dann mit einem Messer herauslöst. Die Industrie liefert aber auch im Durchmesser zu verändernde Ringe aus Kunststoff (Bild), die sich später mühelos von der Torte lösen.

8 **Mürbteigdecke daraufschieben.** Dieser Boden muß unmittelbar nach dem Backen (solange er noch heiß und weich ist) in die gewünschte Stückzahl geschnitten werden, damit er nicht bricht. Mit Hilfe eines Tortenringes von der Unterlage auf die Tortenoberfläche schieben. Mit Puderzucker besieben.

unter die Creme gezogen werden. Stein- oder Kernobst vorher blanchieren, oder Kompottfrüchte verwenden.
Wegen des Obstanteils kann das Rezept für die Quarkcreme reduziert werden.

2 Mürbteigböden (nebenstehendes Rezept)
4 Eier
160 g Zucker
abgeriebene Schale einer halben Zitrone
1 Msp. Salz
20 cl Milch
6 Blatt Gelatine
400 g trockener Quark
3/8 l Sahne

Die Zubereitung der Quarkcreme ist identisch mit dem Grundrezept. Die Obstfüllung muß schon parat stehen, während die Creme zubereitet wird, da diese relativ schnell fest wird. Auf den mit einem Ring umstellten Mürbteigboden zur Isolierung eine dünne Schicht Quarkcreme auftragen. Darauf die Früchte geben. Nicht ganz bis zum Rand belegen, damit zwischen Früchten und Ring noch Raum für die Quarkcreme bleibt. Restliche Creme einfüllen und die Oberfläche glattstreichen. Damit eventuelle Luftblasen entweichen können, die Torte mit der Unterlage etwas anheben und wieder auf die Arbeitsfläche fallen lassen.
Nach etwa zwei Stunden Ruhezeit im Kühlschrank ist die Torte schnittfest. Den Ring entfernen, den vorgeschnittenen Mürbteigboden auflegen und die Oberfläche mit Puderzucker besieben.

Kirschfüllung

460 g Kompott-Sauerkirschen
1/8 l Sauerkirschsaft
1 EL Zucker
1/2 Zimtstange
1 TL Speisestärke

Die Sauerkirschen in einem Sieb gut ablaufen lassen. 1/8 l des Saftes mit Zucker und Zimtstange aufkochen, mit der angerührten Speisestärke binden. Einige Male kräftig aufkochen lassen. Die Kirschen dazugeben und vorsichtig umrühren, damit sie nicht zerdrückt werden. Nochmals aufwallen lassen. Vom Herd nehmen und auskühlen lassen.

Aprikosenfüllung

700 g frische Aprikosen
1/4 l trockener Weißwein
160 g Zucker
4 cl Aprikosengeist

Die Aprikosen in kochendem Wasser ganz kurz blanchieren, Haut abziehen, Früchte halbieren und Stein entfernen. Die Wein-Zuckermischung 2-3 Minuten kochen lassen. Aprikosen zugeben, einmal aufwallen lassen und vom Herd nehmen. Aprikosengeist zugeben. Die Früchte in der Flüssigkeit erkalten lassen und vor Gebrauch gut ablaufen lassen.

Tamarillo-Joghurttorte

Für den Teig:
170 g Butter
70 g Puderzucker
abgeriebene Schale einer halben Zitrone, 1 Msp. Salz
1 Eigelb
250 g Mehl
Eine Obstkuchenform, 24 cm ∅

Für die Joghurtcreme:
300 g Tamarillos (Baumtomaten)
140 g Zucker, 3 Eigelb
Saft von 2 Limetten
6 Blatt Gelatine
250 g Joghurt (am besten bereits verrührter, cremiger Joghurt)
1/4 l Sahne, geschlagen

Für die Garnitur:
1/4 l Sahne, 30 g Zucker
etwas Kuvertüre

Aus den Zutaten einen Mürbteig kneten und damit, wie auf Seite 55 gezeigt, einen Boden mit Rand »blind backen«. Nach 15 Minuten die Hülsenfrüchte herausnehmen und den Boden etwa 10-15 Minuten weiterbacken, bis er schön braun ist.
Die reifen Früchte schälen, im Mixgerät pürieren und durch ein Sieb streichen. Mit Zucker, Eigelb und Limettensaft verrühren und bis kurz vor dem Kochen erhitzen. Die in kaltem Wasser eingeweichte und wieder ausgedrückte Gelatine darin auflösen. Diese Mischung durch ein feines Sieb geben, damit eventuelle Klümpchen der Gelatine zurückbleiben. Anschließend den verrührten Joghurt daruntermischen. Diese Creme kaltrühren. Kurz bevor sie zu stocken beginnt, die geschlagene Sahne mit dem Schneebesen mehr unterheben als rühren, damit die Creme möglichst wenig an Volumen verliert. In den gebackenen Mürbteigboden füllen, Oberfläche glattstreichen. Etwa 2 Stunden im Kühlschrank fest werden lassen. In 12 Segmente teilen und mit Sterntülle Nr. 11 garnieren. Mit der Rohkostreibe Kuvertüre darüberreiben.

Orangen-Joghurtkranz

Für den Teig:
120 g Butter, 70 g Puderzucker
Mark einer halben Vanilleschote
1 Eigelb
150 g Mehl
70 g geriebene Mandeln
80 g Orangenkonfitüre

Für die Creme:
1/8 l frisch gepreßter Orangensaft
Saft einer halben Zitrone
abgeriebene Schale von 2 unbehandelten Orangen
120 g Zucker, 4 Eigelb
8 Blatt Gelatine
250 g Joghurt
3/8 l Sahne, 30 g Zucker
50 g gehobelte, geröstete Mandeln
Eine Kranzform von 26 cm ∅

Butter, Puderzucker, Vanillemark und Eigelb cremig verarbeiten. Das Mehl mit den geriebenen Mandeln mischen und schnell unter die Buttermischung kneten. Im Kühlschrank zwei Stunden ruhen lassen. Den Teig ausrollen, zwei Ringe in Größe der Kranzform ausschneiden, aufs Backblech legen und mit einer Gabel einstechen. Bei 200° C hellbraun backen. Mit der Orangenkonfitüre die beiden gebackenen Ringe zusammensetzen.
Den Orangen- und Zitronensaft mit der abgeriebenen Orangenschale, Zucker und Eigelb verrühren und bis kurz vor dem Kochen erhitzen. Die eingeweichte und wieder ausgedrückte Gelatine darin auflösen. Die Mischung durchseihen und mit dem Joghurt verrühren. Die Sahne mit dem Zucker steifschlagen und, sobald die Joghurtcreme zu stocken beginnt, darunterrühren. Die Creme in die Kranzform füllen und die Mürbteigringe darauflegen. Im Kühlschrank etwa zwei Stunden vollständig erstarren lassen. Vor dem Servieren die Form kurz in heißes Wasser halten und auf eine Tortenunterlage stürzen. Den Mürbteigrand mit etwas Orangenmarmelade bestreichen und mit den Mandeln einstreuen.

Himbeer-Joghurttorte

Für die Biskuitmasse:
4 Eier, 100 g Zucker
100 g Mehl, 30 g Speisestärke
50 g heiße Butter
Eine Springform oder ein Tortenring von 26 cm ∅

Für die Füllung:
1/4 l Milch
180 g Zucker, 4 Eigelb
8 Blatt Gelatine
500 g cremiger Joghurt
250 g frische Himbeeren
2 cl Himbeergeist
3/8 l Sahne, 30 g Zucker
Saft einer Zitrone

Zum Einstreichen und Garnieren:
1/4 l Sahne, 1 EL Zucker
50 g gehobelte, geröstete Mandeln

Möglichst am Tag zuvor von den Zutaten einen Wiener Boden herstellen, wie auf Seite 44 f. beschrieben.
Einmal quer durchschneiden und einen Boden mit dem Tortenring umstellen. Milch mit Zucker und Eigelb bis zur Rose abziehen. Die eingeweichte und wieder ausgedrückte Gelatine darin auflösen und den Joghurt unterrühren. Die Masse zu gleichen Teilen in zwei Schüsseln seihen.
Die Himbeeren pürieren (16 schöne Exemplare für die Garnitur zurückbehalten) und mit dem Himbeergeist unter einen Teil der Creme rühren. Die Sahne mit dem Zucker steifschlagen und vor dem Stocken der Creme die Hälfte unter die Himbeercreme rühren und auf dem Biskuitboden glattstreichen. Im Kühlschrank erstarren lassen. Inzwischen den anderen Teil der Creme mit dem Zitronensaft verrühren, die restliche Sahne unterziehen. Auf die etwas fest gewordene Himbeercreme füllen, glattstreichen und mit dem zweiten Boden bedecken. Wieder kühlen, dann mit Schlagsahne einstreichen. In 16 Segmente teilen und mit den gehobelten Mandeln bestreuen. Mit Sahnerosetten und Himbeeren garnieren.

Frucht-Joghurttorte

mit Walderdbeeren und Pfirsichen

Für den Teig:
170 g Butter
70 g Puderzucker
abgeriebene Schale einer halben Zitrone
1 Msp. Salz
1 Eigelb
250 g Mehl
Eine Obstkuchenform von 20-26 cm ∅

Für die Schokoladen-Joghurtcreme:
1/8 l Milch
60 g Zucker
2 Eigelb
40 g Kakaopulver
4 Blatt Gelatine
2 cl Rum
150 g cremiger Joghurt
1/4 l Sahne
1 EL Zucker
5 halbe Kompottpfirsiche
200 g frische Walderdbeeren
3/8 l Sahne
60 g Zucker
Kuvertüre für die Garnitur

Butter mit Zucker, Gewürz und Eigelb cremig verarbeiten, anschließend das Mehl rasch darunterkneten, damit der Mürbteig nicht brandig wird. Im Kühlschrank etwa zwei Stunden ruhen lassen.
Die Obstkuchenform, wie auf Seite 55 demonstriert, mit dem Teig auslegen und »blind backen«. Nach 15 Minuten mit dem Pergamentpapier die Hülsenfrüchte herausnehmen und den Boden 10-15 Minuten weiterbacken, bis er schön braun ist.
Milch mit Zucker, Eigelb und Kakaopulver bis »zur Rose« abziehen, das heißt, unter ständigem Rühren bis kurz vor dem Kochen erhitzen. Die eingeweichte und wieder ausgedrückte Gelatine darin auflösen. Den Rum und den cremigen Joghurt unterrühren. Die Sahne mit dem Zucker steifschlagen und unter die kühle Creme rühren. In den Mürbteigboden füllen und im Kühlschrank erstarren lassen.
Die Pfirsiche ablaufen lassen und in Spalten schneiden. Die Torte kreisförmig damit belegen. Von den Walderdbeeren für die Garnitur die schönsten aussuchen, den Rest pürieren. Die Sahne mit dem Zucker steifschlagen. Ein Drittel davon für die Rosetten zurückbehalten, den Rest mit dem Walderdbeerpüree verrühren. Sollte dadurch die Sahne zu weich werden, mit 2 Blatt aufgelöster Gelatine absteifen. Kuppelförmig über die mit den Pfirsichen belegte Torte streichen und mit der Rohkostreibe Kuvertüre darüberreiben. Auf der Oberfläche 12 oder 14 Stücke markieren und mit Sterntülle Nr. 11 garnieren. Jede Rosette mit drei Walderdbeeren belegen.

HEFEGEBÄCK

geflochten oder in der Form gebacken

Gebäck aus Hefeteig (die Österreicher nennen ihn Germteig) hat Geschichte, obwohl die Hefe selbst erst seit dem 16. Jahrhundert bekannt ist. Aber der Teig hat enge Verwandtschaft zum Brotteig, zum Sauerteig. Und dieser hat ähnliche Eigenschaften. Er läßt sich zum Beispiel gut formen. Man denke nur an die Gebildbrote. Heute werden die geformten oder geflochtenen Gebäcke fast alle aus Hefeteig gebacken, die verschiedenen Zöpfe, die Striezel und Kränze. Aber auch in der Form wird er gebacken und dies sicher nicht nur, um sich die Arbeit des Flechtens zu sparen, sondern weil der Teig fast grenzenlos verfeinert werden kann. Mit Butter, mit Zucker, Eiern oder auch trockenen Früchten.

Der Gugelhupf, welcher eine vorrangige Erscheinungsform des Hefeteig-Kuchens ist, war einmal ein bürgerliches Status- und Wohlstandssymbol ohne Beispiel. Er war, und ist vielerorts auch heute noch, unerläßlicher Bestandteil des gutbürgerlichen Familienfrühstücks und der sonntäglichen Kaffeehausjause. Überhaupt gehört der Gugelhupf zum Sonntag, wie der Ausflug oder der Familien-Besuch. Vermutlich hängt das mit seiner zeitraubenden Herstellung zusammen, welche vernünftigerweise auf den Samstag fällt, und damit, daß alles Hefegebäck am besten frisch schmeckt, am allerbesten noch ofenwarm.

Ungemein interessant ist die rätselhafte Etymologie des wunderlichen Namens »Gugelhupf«, dessen Schreibweise allein unlösbare orthographische Fragen aufwirft. Ob er am Anfang mit »K« oder »G« geschrieben wird, ob es sich um einen »Gugel« oder »Gogel«, um einen »Hupf« oder »Hopf« handelt, ist wohl gänzlich unentscheidbar. Wahrscheinlich verweist das Wort »Gugel« auf die Form des Kuchens, welche sich »immer einem hohen Corpus nähern soll«, wie es in Zenkers »Kochkunst« heißt. Das Wort »Kugel« liegt nicht fern, in den Alpen heißt ein hoher Kegelberg »Kogel«, und immer noch tragen die Bäuerinnen mancherorts jenes kugelförmige Kopftuch namens »Gugel«, das bereits im 12. Jahrhundert Mode geworden war. Die Silbe »Hupf« oder »Hopf« hingegen verweist auf das faszinierende Steigen und Treiben des Hefeteiges, welches man einmal als eine Art »Hüpfen« empfunden haben muß.

Dieser Kuchen war schon bei den Römern beliebt. Die Ausgrabungen in Herculaneum förderten steilwandige Backteller zutage, und Museen in Speyer und Bern verwahren Funde von Formen, welche alle frappante Ähnlichkeiten mit dem späteren Napfkuchen aufweisen. Die Forscher nehmen an, daß seine Form ursprünglich die »rotierende Sonne« darstellte. Freilich fehlt noch im Mittelalter der charakteristische »Kamin«, welcher die Mitte des Gebäcks aushöhlt, um eine gleichmäßigere Wärmeverteilung zu erzielen. Damals wurde der Gugelhupf einfach in einem Mörser gebacken, wie eine Wiener Handschrift verrät (»Kuchen in einem Mörser«, heißt er da). Vom 18. Jahrhundert an entstanden dann reichverzierte und ornamentierte Formen aus Kupferblech, und entsprechend umfangreich wird gleichzeitig das Repertoire der Rezepte. Es gab nun nicht mehr den »ordinären« Gugelhupf allein, sondern auch Sacher-, Biskuit-, einen Waltersdorfer-, Mandel-, Krebs-, Malaga-, sowie einen Kaiser-Gugelhupf. Bekanntlich sprach auch Kaiser Franz Joseph gern diesem »alten teutschen Essen« zu, wie es in einem Buch von 1719 genannt wird.

Ob Kaiser oder Bauersmann: unweigerlich erzeugt diese Kuchen-Gattung, mit butterglänzenden Mandelscheiben behaftet oder mit schneeweißem Sandzucker bestreut, von schwarzer Schokolade schimmernd oder von leckerer Zuckerglasur versiegelt, goldgelb und locker im Innern und voll von duftenden Rosinen, ein festliches und feierliches Gefühl andachtsvoller Erlesenheit. Die Elsässer trinken dazu ein Glas Riesling oder gar Gewürztraminer. Wer dies tut, so schrieb ein geistreicher Mann, »den mag man ruhig einen Genußmenschen nennen — er ist es.«

Zöpfe aus Hefeteig

Es ist ein uralter Brauch, Backwerk durch Flechten eine ansprechende Form zu geben. Der Hefeteig erfüllt alle Voraussetzungen dazu. Doch er sollte mager sein, denn ein Teig mit viel Eiern und Butter taugt nicht zum Flechten, weil er beim Backen zu viel von seiner Form verliert. Aber es müssen ja nicht immer vielsträngige Meisterwerke sein. Nachfolgend ein Rezept für einen festen Zopfteig:

1 kg Mehl
50 g Hefe, 3/8 l Milch
100 g Butter
150 g Zucker
1 TL Salz
Eigelb zum Bestreichen

Die Zubereitung erfolgt wie beim Grundrezept (Seite 62). Den Teig und die geflochtenen Zöpfe gut gehen lassen und bei 210° C backen.
Ein Rezept für einen gehaltvollen Zopf aus Hefeteig; er ist weicher, nicht so leicht zu flechten und verliert beim Backen auch ein wenig an Form:

550 g Mehl
30 g Hefe, 1/4 l Milch
100 g Butter, 80 g Zucker
1/2 TL Salz, abgeriebene Schale einer Zitrone
1 Ei
50 g Mandeln, gehackt
30 g Zitronat, gehackt
70 g Rosinen
1 Eigelb zum Bestreichen
Mandeln oder Hagelzucker zum Bestreuen

Die Zubereitung erfolgt nach dem Grundrezept (Seite 62). Die Früchte nach der ersten Gare unterwirken. Den Zopf bei 210° C etwa 25-35 Minuten backen.

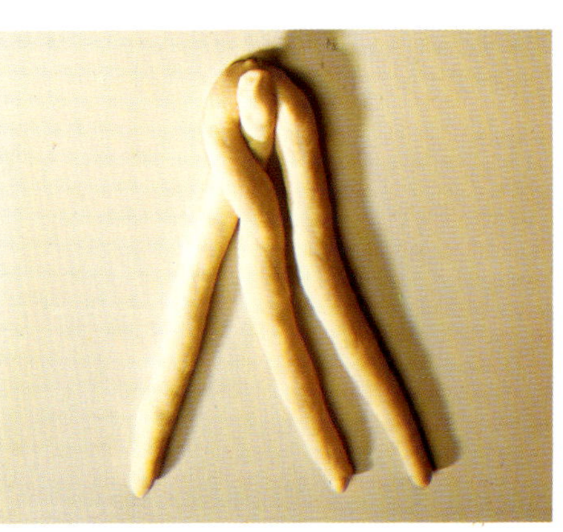

1 **Zopf aus drei Teigsträngen.** Dies ist die einfachste Art, einen Zopf zu flechten. Je nachdem, ob der Zopf gleichmäßig stark werden oder ob er sich nach den Enden verjüngen soll, müssen die Stränge entsprechend gerollt werden. Der Fachmann spricht von »Auslängen«.

2 **Zu flechten beginnen.** Die Teigstränge strahlenförmig auf die Arbeitsfläche legen und am Ende etwas zusammendrücken. Den linken Strang über den mittleren legen. Der linke liegt jetzt in der Mitte, der mittlere Strang links außen. Nun wird der rechte Strang über den mittleren gelegt.

1 **Vierer-Zopf aus zwei Teigsträngen,** flach geflochten. Die Stränge zu den Enden verjüngend rollen. Einen Teigstrang quer auf die Arbeitsfläche legen. Den zweiten gleichlangen Strang in der Mitte um den ersten schlingen und an den beiden Enden auseinanderspreizen.

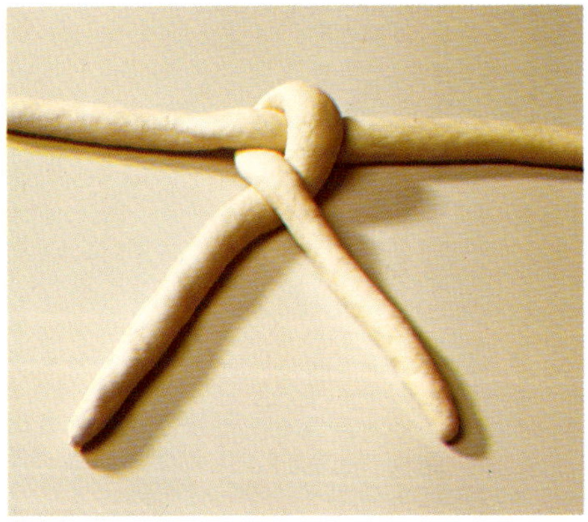

2 **Mit den mittleren Strängen** zu flechten beginnen. Man verfährt folgendermaßen: Den zweiten Strang von links in die rechte Hand nehmen, den zweiten von rechts in die linke. Nun die beiden Teigstränge übereinanderkreuzen und wieder auf die Arbeitsfläche zurücklegen.

3 **Die rechte Hälfte** des querliegenden Teigstranges mit der rechten Hand fassen und über den zweiten Strang von rechts legen. Er liegt nun parallel zum zweiten Strang von links. Beim Flechten darauf achten, daß die Teigstränge jeweils dicht aneinander liegen, also keine Zwischenräume entstehen.

Ein Vierer-Zopf hochgeflochten. Diese Methode ist schon ein bißchen »Hohe Schule des Flechtens«, denn sie ist ungleich komplizierter als die beim flach geflochtenen Zopf (siehe untere Bildfolge). Es erleichtert die Arbeit sehr, wenn man dabei die Teigstränge — wie auf den Bildern gezeigt — strahlenförmig, auf jeder Seite zwei, anordnet. So sind die einzelnen Handgriffe leichter kontrollierbar. Die obenstehende Bildfolge zeigt die erste Phase in allen Einzelheiten.

3 **Den linken Teigstrang** wieder über den mittleren legen. Also immer abwechselnd die außenliegenden Stränge über den mittleren Strang legen und so fortfahren, bis die Enden der Stränge erreicht sind. Diese dann fest zusammendrücken, damit sie beim Backen nicht aufgehen können.

4 **Den zweiten Strang von links** mit der linken Hand hochheben. Mit der rechten Hand darunterfassen und die linke Hälfte des querliegenden Teigstranges nach rechts über den zweiten Strang von rechts legen. Dann den gleichen Vorgang mit dem rechten Teigstrang wiederholen. Bis zum Ende so fortfahren.

Mohnstollen

500 g Mehl
35 g Hefe
1/8 l Milch
160 g Butter
60 g Zucker
2 Eier
1/2 TL Salz
abgeriebene Schale einer Zitrone
40 g süße Mandeln, gerieben
10 g bittere Mandeln, gerieben

300 g Mohn, gemahlen
1/2 l Milch
40 g Speisestärke
1 Eigelb
100 g Zucker
30 g Butter

100 g Aprikotur
120 g Fondant
2 cl Rum
50 g gehobelte, geröstete Mandeln

Butter zum Bestreichen des Backblechs

Das Mehl in eine Schüssel sieben, in die Mitte eine Vertiefung drücken, die Hefe hineinbröckeln und mit der lauwarmen Milch auflösen. Diesen »Ansatz« mit Mehl dick bestreuen und zugedeckt an einem warmen Ort 15 Minuten gehen lassen. Zwischenzeitlich die Butter auflösen, Zucker, Eier, Salz, abgeriebene Zitronenschale und die geriebenen Mandeln zugeben und verrühren. Die Mischung soll lauwarm sein. Zu dem Ansatz geben und davon einen glatten, formbaren Hefeteig schlagen. In der Schüssel zugedeckt nochmals 20-25 Minuten gehen lassen.
Den Mohn mit 3/4 der Milch aufkochen und 10 Minuten quellen lassen. Die Speisestärke mit der restlichen Milch verrühren, dann Eigelb, Zucker und lauwarme Butter zugeben, unter die Mohnmasse rühren und nochmals kurz aufkochen. Abkühlen lassen. Den aufgegangenen Teig zusammendrücken und zu einer Platte von etwa 30 x 40 cm Größe ausrollen. Die Mohnfüllung darauf verstreichen und von beiden Längsseiten nach innen aufrollen. Den Stollen auf das leicht gefettete Backblech legen und wieder zugedeckt gehen lassen, bis er sein Volumen fast verdoppelt hat. Bei 220° C 15 Minuten backen, die Hitze auf 200° C reduzieren und weitere 45-55 Minuten fertigbacken.
Noch warm mit der heißen Aprikotur bestreichen, einige Minuten abtrocknen lassen und dann mit dem Fondant glasieren. Er wird wie auf Seite 76 beschrieben aufgelöst, mit Rum parfümiert und wenn nötig entsprechend verdünnt. In der Mitte den Stollen mit den gehobelten Mandeln bestreuen.

Mandelzopf

350 g Mehl
20 g Hefe
1/8 l Milch
50 g Butter
40 g Zucker
1/4 TL Salz
1 Ei
je 50 g Marzipanrohmasse, Aprikosenmarmelade, Rosinen und gehackte Mandeln
Butter zum Fetten des Backblechs
1 Eigelb zum Bestreichen
100 Aprikotur
100 g Fondant
30 g gehobelte, geröstete Mandeln

Aus den Zutaten, wie im Grundrezept auf Seite 62 beschrieben, einen gut formbaren Hefeteig schlagen und zugedeckt 20-25 Mi-

1 **Den Zopf füllen und einschneiden.** Eine Teigplatte von 30 x 40 cm Größe ausrollen und die Füllung in Form eines 8 cm breiten Streifens in die Mitte streichen. Von beiden Seiten den Teig mit einem Rädchen oder Messer schräg einschneiden. Die Zwischenräume sollen etwa 2 cm betragen.

2 **Die Teigstreifen übereinanderlegen.** Von oben angefangen die Teigstreifen abwechselnd von links und rechts übereinanderschlagen. Das Ende dann fest zusammendrücken, damit keine Füllung auslaufen kann. Den Zopf auf ein leicht mit Butter bestrichenes Backblech legen.

nuten gehen lassen. Die Marzipanrohmasse zunächst mit der Aprikosenmarmelade zu einer glatten Masse verrühren, die Rosinen und Mandeln darunterrühren. Die Füllung soll leicht streichfähig sein. Wenn nötig, mit etwas Eiweiß verdünnen. Den Zopf wie unten gezeigt herstellen und auf dem Blech zugedeckt gehen lassen, bis er ganz deutlich an Volumen zugenommen hat. Mit Eigelb bestreichen und bei 220° C etwa 30 Minuten schön hellbraun backen. Noch heiß aprikotieren. Etwas abkühlen lassen, mit Fondant glasieren und mit den gerösteten Mandeln bestreuen.

Nußzopf

400 g Mehl
25 g Hefe
1/8 l Milch
60 g Butter
40 g Zucker
1/4 TL Salz
abgeriebene Schale einer halben Zitrone
2 Eier
100 g Marzipanrohmasse
2 Eiweiß
30 g Zucker
1/2 TL Zimt
150 g geröstete, geriebene Haselnüsse
1 Eigelb zum Bestreichen
Butter zum Fetten des Blechs
100 g Aprikotur
100 g Fondant
je 1 EL Zitronensaft und Arrak

Die Zutaten zu einem Hefeteig verarbeiten, wie beim Mohnstollen oder beim Grundrezept auf Seite 62. Die Marzipanrohmasse mit dem Eiweiß, Zucker und Zimt zu einer glatten Masse abrühren und die geriebenen Haselnüsse daruntermengen. Den gegangenen Hefeteig wie auf der unteren Bildfolge gezeigt füllen und zu einem Zweistrangzopf flechten. Auf das leicht gefettete Backblech legen und zugedeckt bis fast zum doppelten Volumen gehen lassen. Bei 220° C 10 Minuten anbacken und bei 190° C etwa 30 Minuten fertigbacken. Noch heiß aprikotieren und mit dem Zitronenfondant glasieren.

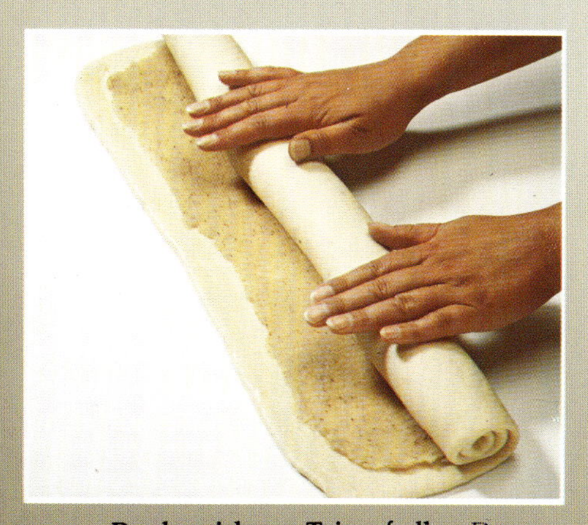

1 **Den bestrichenen Teig aufrollen.** Der gut gegangene Hefeteig wird zu einer Platte von 35 x 40 cm Größe ausgerollt. Die Füllung darauf verteilen und gleichmäßig verstreichen. Die Ränder freilassen und mit verrührtem Eigelb bestreichen, damit die Rolle gut zusammenhält. Von der Längsseite aufrollen.

2 **Die Teigrolle teilen.** Mit dem Teigende nach unten die Rolle auf die Arbeitsfläche legen. Mit einem scharfen Messer von oben nach unten auseinanderschneiden. Dabei darauf achten, daß man exakt die Mitte trifft, weil der Zopf sonst später ungleichmäßig aufginge.

3 **Den Zopf flechten.** Die beiden Hälften nebeneinander auf die Arbeitsfläche legen und in der Mitte beginnen, sie nach unten zu einem Zopf ineinanderzuschlingen. Dann um 180° drehen und die zweite Hälfte wieder von der Mitte aus nach unten flechten. Die Enden fest zusammendrücken.

Gugelhupf

Die Zusammensetzung dieses Rezeptes ergibt einen mittelschweren, nicht zu fetten Teig. Es ist sozusagen ein Grundrezept für einen Gugelhupf aus Hefeteig und kann entsprechend verändert werden, zum Beispiel können mehr Rosinen und zusätzlich noch Zitronat, Mandeln etc. zugegeben werden.

500 g Mehl
40 g Hefe
1/8 l Milch
180 g Butter
120 g Zucker
1/2 TL Salz
1 Msp. Muskatnuß
abgeriebene Schale einer Zitrone
2 Eigelb
3 Eier
100 g Rosinen
2 cl Rum
Butter zum Ausstreichen der Form
Brösel zum Ausstreuen
16 abgezogene Mandeln
Eine Gugelhupfform, 22 cm ∅
Puderzucker zum Besieben

Das Mehl in eine Schüssel sieben, in die Mitte eine Vertiefung drücken und die Hefe mit der lauwarmen Milch darin auflösen. Zugedeckt 15 Minuten gehen lassen. Dann die schaumige Buttermischung darunterarbeiten und den Teig wieder gehen lassen. Anschließend die mit Rum parfümierten Rosinen untermengen. Den Teig abermals aufgehen lassen und in die Form füllen. Wenn er annähernd sein doppeltes Volumen erreicht hat, bei 200° C etwa 45 Minuten backen. Sollte die Oberfläche schnell bräunen, diese mit Pergamentpapier (mehrfach gefaltet) abdecken. Die Stäbchenprobe ist bei solch hohen Gebäcken unbedingt erforderlich. Den abgekühlten Gugelhupf mit Puderzucker besieben.

1 **Zutaten vorbereiten.** Die Butter rechtzeitig aus dem Kühlschrank nehmen, damit sie weich ist, in grobe Stücke schneiden und in eine Schüssel geben. Zucker, Salz, Muskatnuß und abgeriebene Zitronenschale dazugeben. Dann Eigelb ablassen und zum Schluß die Eier zugeben.

2 **Die Buttermischung schaumig rühren.** Mit einem kräftigen Schneebesen die Zutaten miteinander vermengen und zu einer schaumigen Masse rühren. Leichter und einfacher geht das mit einem Handrührgerät. So lange rühren, bis die Masse ihr Volumen verdoppelt hat.

3 **Zu dem gegangenen Vorteig geben.** Die Buttermischung zusammen mit dem Vorteig mit einem Holzspatel zu einem weichen Hefeteig rühren und so lange schlagen, bis sich der Teig vom Schüsselrand löst und Blasen wirft. Mit einem Tuch zudecken und 20-25 Minuten gehen lassen.

4 **Form fetten und ausstreuen.** Die Gugelhupfform mit weicher Butter dünn ausstreichen. Damit es eine gleichmäßige Fettschicht wird, kurz im Kühlschrank erstarren lassen und nochmals darüberstreichen. Die Mandeln einlegen und dann die Form mit den Bröseln ausstreuen.

5 **Rosinen daruntermischen.** Eine Stunde vorher die Rosinen in eine Schüssel geben, mit dem Rum übergießen und zugedeckt gut durchziehen lassen. Dann in ein Sieb schütten, ablaufen lassen und zu dem gegangenen Hefeteig geben. Mit einem Holzspatel unterheben.

6 **In der Form gehen lassen.** Zuvor den mit den Rosinen vermengten Teig nochmals zugedeckt gehen lassen. Anschließend in die vorbereitete Form füllen und die Oberfläche glattstreichen. Zugedeckt an einem warmen Ort gehen lassen, bis sich das Volumen des Teiges verdoppelt hat.

Feiner Napfkuchen

Diesen feinen, mit Kuvertüre überzogenen Kuchen könnte man auch als »Luxus-Gugelhupf« bezeichnen.

500 g Mehl
40 g Hefe, 1/8 l Milch
200 g Butter, 120 g Zucker
3 Eigelb, 2 Eier
Mark einer Vanilleschote
1/2 TL Salz
1 Msp. Pimentpulver
1 Msp. Ingwerpulver
3 EL Sahne

30 g Korinthen, 60 g Rosinen
30 g Zitronat, gehackt
50 g Orangeat, gehackt
2 cl Rum
80 g Mandeln, gehackt
50 g Kuvertüre, gehackt
Eine Gugelhupfform, 22 cm ∅
Butter und Brösel

Aprikotur
temperierte Kuvertüre
gehobelte, geröstete Mandeln

Aus den Zutaten wie beim Gugelhupf einen weichen Hefeteig zubereiten und zugedeckt 20-25 Minuten gehen lassen. In der Zwischenzeit Korinthen, Rosinen, gehacktes Zitronat und Orangeat in eine Schüssel geben, mit Rum übergießen und zugedeckt gut durchziehen lassen. Dann in einem Sieb ablaufen lassen, mit den gehackten Mandeln und den Kuvertürestückchen mischen und zu dem gegangenen Hefeteig geben. Mit einem Holzspatel unterheben und nochmals zugedeckt gehen lassen. In die gefettete und mit Bröseln ausgestreute Form füllen und die Oberfläche glattstreichen. Zugedeckt gehen lassen, bis sich das Volumen verdoppelt hat, und bei 200° C 45 Minuten backen. Mit einem Stäbchen prüfen, ob der Kuchen tatsächlich gar ist.
Den lauwarmen Gugelhupf ganz dünn aprikotieren und vollständig abkühlen lassen. Auf ein Kuchengitter setzen und mit der Kuvertüre übergießen. Solange sie noch weich ist, den Rand mit den Mandeln absetzen.

FEINES ZUM KAFFEE

Croissants und Kipferln, Plunder- und Blätterteig

»An der Vielfalt und fast ornamentalen Verspieltheit unserer Gebäcksorten allein erkennt man schon die Tradition und das Alter unserer Eßkultur«.
»Wiener Stadt, Wiener Leut« heißt das Buch Otto Stradals, aus dem das wiedergegebene Zitat stammt. Und wirklich scheint Wien der ganzen restlichen Welt auf dem Gebiet der Fein- oder Kaffeegebäcke als das allererste Vorbild gedient zu haben. In Danzig heißen kleine Brötchen »Wiener Brötchen«, in Prag gibt es die »Wiener Butterkipfel«, in Schlesien ein »Wiener Hörnchen«, in Sachsen einen »Wiener Knoten«, und in Kopenhagen trägt das Plunderteiggebäck den Namen »Wienerbrod«. Von soviel Ruhm verwöhnt, pflegen die Wiener selbst das Unterstatement und nennen dieses letzte Gebäck dankbar »Kopenhagener«.
Das Kipferl, welches eines der berühmtesten Plunderteiggebäcke ist, ist der Fama zufolge mit der Wiener Lokalgeschichte verschwistert. Ein Bäckermeister namens Peter Wendler soll es nach der Türkenbelagerung zum Hohn auf den islamischen Halbmond gebacken haben, den die geschlagenen Türken vordem auf den Stephansdom gepflanzt hatten. Die Fama irrt hier leider, denn Peter Wendler war 1683 bereits drei Jahre tot. Außerdem ist das Kipferl viel älter. Schon 1670 ist in den Annalen Wiens von »ayren knüpflgebächt« die Rede, Abraham a Santa Clara erwähnte schon im Barock »lange, kurze, krumpe und gerade küpfel«, und bereits 1227 überreichten Wiener Konditoren dem Herzog Leopold dem Glorreichen zu Weihnachten eine »Tracht Chipfen«. Noch früher hat es zu den germanischen Ostergebäcken gezählt und soll eine Nachahmung des Fruchtbarkeitssymbols der Ziegenhörner gewesen sein.
Somit besteht die Chance, daß sich das »Kipferl« von den Germanen her nicht nur in Richtung Wien bewegte, sondern auch nach Westen ins gallische Reich. Hier »mauserte« sich nämlich das »Plunderhörnchen« zum feinen »Croissant«, auch »Pariser Hörnchen« genannt, auf das mit Recht nicht nur die Pariser, sondern alle Franzosen stolz sind. Zum Frühstückskaffee frische Croissants, leicht warm mit dem Hauch des Backofens und dem Duft von Butter — dann hat der Tag eine positive Richtung! Ähnliche Gefühle lösen auch Brioches aus, ein feines französisches Gebäck aus empfindlichem Hefeteig. Diesen Traum von Lockerheit gibt es in verschiedenen Ausführungen, als kleine Portionsbrioches, in größerer Form, auch mit dem Namen Nanterre und Brioche mousseline — alle ausgezeichnet mit dem charakteristischen Duft von frischer Butter.
Doch zurück zu den Germanen. Aus jener Zeit kommt nämlich eine weitere Form des Kaffeegebäcks: die Brezel. Die mittelalterlichen Mönche ersannen für dieses Gebäck in Form verschlungener Arme das Wort »Brachitum« und dazu eine Verkleinerungsform »brachitellum«, abgeleitet aus dem lateinischen »brachium« (»Arm«). Das Verschlingen und Flechten ist überhaupt ein Feld, an welchem sich der Formensinn der Konditoren von jeher delektieren konnte, sobald es an die Herstellung kleiner Gebäcke aus Hefe- und Plunderteig ging.
Unmöglich, die Formenvielfalt und den Einfallsreichtum herzuzählen, welche Konditoren bei den Kaffeegebäcken hervorbringen. Der Wiener unterscheidet zum Beispiel sehr genau zwischen Kipfel und Kipferl. Letzteres zerfällt nochmals in Unterarten wie Butterkipferl, Briochekipferl oder das feinwandige »Splitterkipferl«; erstere Gattung umfaßt dagegen Dinge wie Herd-, Radetzky-, Schinken- und Blechkipfel, welches die Lieblingsspeise von Mozarts Frau Konstanze gewesen sein soll. Wie Otto Stradal seine Betrachtungen treffend summierte: »Die Spezialität des Wiener Gebäckkörberls ist absolut ein Dissertationsthema«.

Brioches

Diese buttrigen Hefeteiggebäcke aus Frankreich werden in verschiedenen Formen hergestellt. Die bekanntesten sind aber die kleinen Portions-Brioches, die in den gezackten Förmchen gebacken werden und frisch gegessen zu den luftigsten und lockersten Hefegebäcken zählen.
Briocheteig sollte schon am Tag zuvor zubereitet und kann auch ohne großen Qualitätsverlust eingefroren werden. Deshalb die große Teigmenge beim folgenden Rezept, das natürlich halbiert werden kann.

1 kg Mehl
40 g Hefe
15 cl lauwarmes Wasser
12 Eier
24 g Salz
100 g Zucker
600 g Butter
Mehl zum Verarbeiten
Eigelb zum Bestreichen

Den fertigen Teig im Kühlschrank zugedeckt etwa 2 Stunden gehen lassen. Er entwickelt sich bei dieser Temperatur natürlich nur sehr schwach, aber gerade diese gebremste Gare ergibt ein gutes Resultat. Dann nochmals kurz »zusammenstoßen«, also durchwirken, und wieder zu einer Kugel formen. Vor dem Verarbeiten über Nacht im Kühlschrank (zugedeckt in einer Schüssel) ruhen lassen. Die Formen können etwas mit Butter ausgestrichen werden. Nach der Gare die Brioches gleichmäßig mit verquirltem Eigelb bestreichen.

Teigmengen:

Kleine Förmchen 7 cm ∅	35 g
Mittlere Form 16 cm ∅	300 g
Große Form 18 cm ∅	400 g

Backzeit: kleine Brioches etwa 12 Minuten, große Brioches etwa 20 Minuten bei 230° C.

1 **Das Mehl auf die Arbeitsplatte sieben** und in der Mitte eine Mulde anbringen. Die Hefe hineinbröckeln und mit dem lauwarmen Wasser auflösen. Diesen kleinen Vorteig mit Mehl überdecken, denn die Hefe soll möglichst nicht direkt mit dem Salz in Verbindung kommen.

2 **Eier, Salz und Zucker zugeben.** Zuerst die Eier und anschließend Salz und Zucker in die Mulde geben. Mit der Hand von innen nach außen die Zutaten vermischen und nach und nach mit dem Teigschaber vom Außenrand das Mehl hineinschaufeln. Alles zu einem weichen Teig vermengen.

4 **Die weiche Butter darunterwirken.** Sie sollte schon 1-2 Stunden vorher aus dem Kühlschrank genommen werden, damit sie Raumtemperatur annimmt. Anschließend weichkneten und unter den Teig wirken. Erst mit den Fingern durchgreifen, dann den Teig mit dem Handballen auseinanderdrücken.

5 **Locker und seidig glänzend soll der Teig sein.** Das erreicht man am besten durch kräftiges Abschlagen. Dafür wird der Teig mit den Händen hochgehoben und auf die Arbeitsplatte zurückgeworfen. Das Ergebnis ist ein elastischer Teig, der extrem dehnbar ist, ohne zu reißen.

7 **Die erste Methode, Brioches zu formen.** Die Teigkugel wird dafür mit der Handkante hin und her gerollt, ohne sie aber ganz zu durchtrennen. Etwa zwei Drittel für den unteren Teil des Brioches und ein Drittel für das Köpfchen. Mit dem größeren Teigende nach unten in das Brioche-Förmchen setzten.

8 **Eine zweite Möglichkeit.** Dabei wird die Teigkugel auf die gleiche Weise mit der Handkante gerollt, aber vollständig durchgetrennt. Zuerst den größeren Teil in das Förmchen geben, mit dem Finger ein Loch in die Mitte drücken und das Köpfchen mit der Spitze nach unten hineinsetzen.

9 **Das Köpfchen andrücken,** weil es sonst schon bei der Gare oder spätestens beim Backen herauswachsen würde. Mit einer Hand das Förmchen drehen, mit dem Zeigefinger der anderen Hand zwischen Köpfchen und Rand den Teig herunterdrücken, damit die äußere Teigwulst nach oben geschoben wird.

3 **Den Teig kräftig durcharbeiten.** Mit beiden Händen schlagen und dabei immer wieder hochheben und auf die Arbeitsplatte zurückfallen lassen, damit reichlich Luft unter den Teig kommt. Zwischendurch mit dem Teigschaber an der Arbeitsfläche haftenden Teig entfernen.

Brioches Nanterre. Der Teig wird für diese Brioche-Sorte in einer Kastenform gebacken. Dafür wird der gegangene Teig zusammengestoßen. Für eine Kastenform von 20 x 9 cm benötigt man 300 g Teig. Diesen in 4 gleiche Teile schneiden und zu Kugeln schleifen, wie es bei Bild Nr. 6 erklärt ist. Die Kugeln in die Form setzen, bei Zimmertemperatur etwa 1 1/2 Stunden gehen lassen und anschließend mit verquirltem Eigelb bestreichen. Mit einer Schere, die in kaltes Wasser getaucht wurde, die Brioches einschneiden, damit sie beim Backen schön aufreißen. Backzeit: etwa 20 Minuten bei 220° C.

6 **Die Teigstücke rundschleifen.** In der hohlen Hand die exakt abgewogenen Teigstücke rundschleifen. Kreisende Bewegungen ausführen, bis der Teig zur glatten Kugel geformt ist. Bei dem leichten, fettreichen Teig ist es nötig, die Hand in Mehl zu tauchen und auch die Arbeitsfläche zu bestauben.

10 **Schön aufgegangene Brioches** müssen mindestens das doppelte Volumen erreichen. Da der Teig relativ wenig Hefe enthält, muß er entsprechend lang gehen (etwa 1 1/2 Stunden bei Zimmertemperatur). Diese Zeit darf wegen des hohen Butteranteils nicht durch höhere Temperatur verkürzt werden.

Eine Auswahl feinster Brioches, die alle aus dem Teig von nebenstehendem Rezept zubereitet werden. Die kleinen Portions-Brioches, die großen Brioches in gleicher Form, deren Rand allerdings viermal eingeschnitten wird. Die vierteiligen »Brioches Nanterre« und der hohe »Brioche mousseline«, der in einer konischen Form von 10 cm ∅ gebacken wird. Die Charakteristik des Teiges, er ist ganz besonders locker und schmeckt angenehm nach Butter, kommt durch den hohen Eier- und Butteranteil zustande. Dieser Butteranteil kann übrigens bis zu einem Verhältnis von 1:1 gegenüber dem Mehl gesteigert werden.

Feines Frühstücksgebäck

1 kg Mehl
60 g Hefe
3/8 l Milch
60 g Butter
60 g Zucker
1 gestr. TL Salz
1 Msp. Muskatnuß
1 Ei

1 Eigelb und 2 EL Sahne zum Bestreichen
Hagelzucker zum Bestreuen

Das Mehl in eine Schüssel sieben und in die Mitte eine Mulde drücken. Die Hefe darin mit der lauwarmen Milch auflösen. Diesen Vorteig dicht mit Mehl bestreuen und mit einem Tuch zugedeckt gehen lassen, bis die Oberfläche deutliche Risse zeigt. Butter auflösen, Zucker, Salz, Muskatnuß und Ei daruntermischen. Diese Mischung zu dem gegangenen Vorteig geben und alles zu einem glatten und festen Teig schlagen. Er muß anschließend noch kräftig durchgeknetet werden. Nochmals gehen lassen und in 50-Gramm-Stücke teilen. Diese rund schleifen und mit einem leicht feuchten Tuch zudecken, damit sie nicht abtrocknen und sich gut rollen lassen.
Wie auf den nebenstehenden Bildern gezeigt, formen und flechten. Auf dem Backblech zugedeckt gehen lassen. Eigelb mit der Sahne verrühren und die geformten Teigstücke damit bestreichen. Bei 220° C 12-16 Minuten backen.

Streuselkuchen

Für den Teig:
375 g Mehl
25 g Hefe, 1/8 l Milch
80 g Butter
50 g Zucker, 1/2 TL Salz
abgeriebene Schale einer Zitrone
1 Msp. Pimentpulver
2 Eier
Ein Backblech (43 x 33 cm)

Für die Füllung:
1/4 l Milch, 90 g Zucker
30 g Speisestärke
250 g Quark
Saft und abgeriebene Schale einer halben Zitrone
1 EL Rum

Für die Streusel:
350 g Mehl, 200 g Butter
200 g Zucker, 1/2 Vanilleschote

Das Mehl in eine Schüssel sieben und in die Mitte eine Vertiefung drücken. Die Hefe hineinbröckeln und mit der lauwarmen Milch auflösen. Diesen Vorteig zugedeckt etwa 15 Minuten gehen lassen. Butter auflösen und mit Zucker, Gewürzen und Eiern verrühren. Die Mischung soll lauwarm sein, wenn sie mit dem Vorteig zu einem lockeren Hefeteig geschlagen wird. Zugedeckt nochmals etwa 20 Minuten gehen lassen. Auf der bemehlten Arbeitsfläche auf Backblechgröße ausrollen und auf das Blech legen. Mit einer Gabel in kurzen Abständen einstechen, damit der Teig beim Backen keine Blasen wirft. Milch mit dem Zucker aufkochen. Die Speisestärke mit etwas Milch (vorher abnehmen) anrühren und damit die Milch binden. Etwas abkühlen lassen. Quark, Zitronensaft, abgeriebene Schale und Rum darunterrühren und auf den Teig streichen.
Mehl mit Butter, Zucker und Vanillemark zwischen den Fingern zu Streuseln reiben und gleichmäßig über dem Kuchen verteilen. Bei 210° C etwa 20-25 Minuten backen. Abgekühlt in Stücke schneiden.

Bienenstich

Für den Teig:
400 g Mehl
25 g Hefe, 1/8 l Milch
120 g Butter, 90 g Zucker
1/4 TL Salz, 2 Eier
Ein Backblech (43 x 33 cm)

Für die Mandeldecke:
150 g Butter, 200 g Zucker
1 EL Bienenhonig
3 EL Sahne
150 g gehobelte Mandeln

Für die Füllung:
140 g Zucker
40 g Speisestärke
4 Eigelb
1/2 l Milch
1 Vanilleschote
5 Blatt Gelatine
1/2 l Sahne

Aus den Zutaten nach dem Grundrezept von Seite 62 einen Hefeteig bereiten. Zugedeckt 20 Minuten gehen lassen. Gleichmäßig stark zu Blechgröße ausrollen und auf das Backblech legen. Mit einer Gabel in geringen Abständen einstechen, damit der Teig beim Backen keine Blasen wirft. Wenn dies (durch den Mandel-Zuckerbelag) trotzdem geschehen sollte, während des Backens die Blasen mit einem spitzen Gegenstand aufstechen. Butter mit Zucker, Honig und Sahne aufkochen, vom Herd nehmen und die Mandeln unterrühren. Abkühlen lassen und auf den Teig streichen. Bei 210° C knusprig braun backen.
Aus den Zutaten (außer Gelatine und Sahne) eine Vanillecreme (Seite 66) kochen, abkühlen lassen und passieren. Die eingeweichte Gelatine ausdrücken, auflösen und unter die Vanillecreme rühren. Schlagsahne darunterheben. Den abgekühlten Kuchen durchschneiden und den oberen Teil in 20 Stücke von 10 x 6 cm Größe schneiden. Auf den unteren Teil die Creme streichen, die geschnittene Decke daraufsetzen und die Stücke durchschneiden.

Dresdner Eierschecke

Für den Teig:
400 g Mehl
25 g Hefe
1/8 l Milch
60 g Butter
40 g Zucker
1/4 TL Salz
abgeriebene Schale einer halben Zitrone
2 Eier
Ein Backblech (43 x 33 cm)

Für die Quarkfüllung:
2 Eier
120 g Zucker
1/4 TL Salz
abgeriebene Schale einer Zitrone
500 g Quark

Für die Butter-Eiermischung:
180 g Butter
150 g Zucker
Mark einer halben Vanilleschote
4 Eier
30 g Mehl
30 g gehobelte Mandeln

Den Hefeteig nach Grundrezept oder wie beim Streuselkuchen (nebenstehend) zubereiten. Für die Quarkfüllung zuerst die Eier mit dem Zucker cremig rühren, Salz, abgeriebene Zitronenschale und dann den Quark zugeben und alles schaumig rühren. Den gut gegangenen Hefeteig gleichmäßig stark in Blechgröße ausrollen und auf das Backblech legen. Den Rand etwas hochdrücken und den Teig mit einer Gabel in Abständen einstechen. Die Quarkmasse daraufstreichen.
Butter mit dem Zucker schaumig rühren, Vanillemark zugeben und das erste Ei darunterrühren. Das Mehl zugeben und dann nacheinander die restlichen Eier unterrühren. Diese Buttermasse auf die Quarkschicht streichen und mit den gehobelten Mandeln bestreuen. Bei 210° C etwa 25-30 Minuten backen. Abkühlen lassen und in Stücke von 10 x 6 cm Größe schneiden.

Butterkuchen

400 g Mehl
25 g Hefe
1/8 l Milch
70 g Butter
30 g Zucker
1/2 TL Salz
2 Eier
Ein Backblech (43 x 33 cm)

300 g Butter
1/4 TL Salz
150 g gehobelte Mandeln
150 g Zucker
1/4 TL Zimtpulver

Aus den Zutaten einen mittelfesten Hefeteig schlagen. Nach der ersten Gare gleichmäßig stark in Blechgröße ausrollen. Auf das Backblech legen, mit einem Tuch zudecken und gehen lassen. Weiterverarbeiten, wie nebenstehende Bildfolge zeigt.
Den gut aufgegangenen Kuchen dann bei 220° C etwa 5 Minuten anbacken, die Hitze auf 200° C reduzieren und weitere 12-15 Minuten backen. Der Kuchen soll knusprig braun, aber innen schön weich sein. In Schnitten von 10 x 6 cm Größe schneiden.

1 **Vertiefungen in den Teig drücken.** Der gleichmäßig stark ausgerollte Teig soll auf dem Blech gut aufgegangen sein. Mit zwei Fingern Vertiefungen in geringen Abständen eindrücken, und zwar bis zum Boden, damit sie sich durch weiteres Gehen nicht wieder schließen können.

2 **Buttertupfen daraufspritzen.** Die Butter salzen und schaumig rühren. In einen Spritzbeutel mit Lochtülle Nr. 6 füllen und in geringen Abständen kleine Tupfen auf die Teigoberfläche spritzen — unabhängig von den Vertiefungen, in welche die Butter beim Backen hineinläuft.

3 **Mit Mandeln und Zucker bestreuen.** Zuerst die gehobelten Mandeln gleichmäßig auf der Kuchenoberfläche verteilen. Den Zucker mit dem Zimtpulver mischen und darüberstreuen. Ganz einfach geht das mit einem Sieb, das so fein ist, daß der Zucker gerade noch durchfällt.

Nuß- und Mohnbeugeln

Für den Teig:

600 g Mehl, 100 g Puderzucker
3 Eigelb, 50 g Hefe
250 g Butter, 5 g Salz
abgeriebene Schale einer Zitrone
7 cl kalte Milch

Für die Nußfülle:

150 g geriebene Walnußkerne
150 g Biskuit- oder Semmelbrösel
abgeriebene Schale einer Zitrone
250 g kochender Läuterzucker
50 g Rosinen

Für die Mohnfülle:

150 g geriebener Mohn
150 g Biskuit- oder Semmelbrösel
100 g Zucker
18 cl Milch, 1 Schuß Rum
50 g Rosinen

Zum Bestreichen:

4 Eigelb

Für den Teig im all-in-Verfahren alle Zutaten — bis auf die kalte Milch — in die Küchenmaschine geben. Mit dem Knethaken zu Teig verarbeiten. Dabei die kalte Milch nach und nach hineingeben. Oder den Teig wie einen Mürbteig (siehe Bildfolge) zubereiten: Zutaten in die Mehlmulde füllen, mischen und von außen nach innen das Mehl einarbeiten. Zur Kugel geformt in Klarsichtfolie packen und 20 Minuten im Kühlschrank ruhen lassen.

Für die Nußfüllung die geriebenen Walnußkerne mit den Bröseln und der abgeriebenen Zitronenschale mischen. Kochenden Läuterzucker zugeben und unterarbeiten. Zum Schluß die Rosinen einkneten. Die Fülle muß sehr fest und knetbar sein. Für die Mohnfülle Mohn, Brösel und Zucker mischen. Kochende Milch zugießen und unterarbeiten. Rum zugeben, durchkneten und die Rosinen untermischen.

Teig zu zwei Rollen von etwa 3 cm Durchmesser formen und in 2 cm starke Stücke schneiden. Diese zu Kugeln rollen. Aus den Füllungen je eine gleichgroße Rolle formen, auch in 2 cm starke Stücke schneiden. Jeweils drei Teigkugeln (siehe Bildfolge) nebeneinander mit dem Rollholz zu ovalen kleinen Platten ausrollen — an den Außenenden etwas dünner. Gewünschte Füllung zu kleinen Rollen formen, auf den Teig legen und sorgfältig einrollen. An den Seiten den Teig fest zusammendrücken, damit die Füllung beim Backen nicht herausfließt. Mit den Händen zu Hörnchen rollen, in der Mitte dicklich, an den Seiten dünner. Nußbeugeln wie ein V zusammenlegen. An der dicken Mitte mit den Fingern leicht andrücken. Auf das gefettete Backblech legen, dünne Enden etwas auseinanderziehen. Mohnbeugeln genauso formen, aber zum Schluß an beiden Seiten wie einen Topfgriff umbiegen. Auch auf das gefettete Backblech legen. Alle sorgfältig mit verquirltem Eigelb bestreichen. Kühl stellen und trocknen lassen. Nach 30 Minuten wieder mit Eigelb bestreichen und solange trocknen lassen, bis das Eigelb zu reißen beginnt. Die Menge ergibt 35 Nuß- und Mohnbeugeln.

Backzeit: etwa 15 Minuten bei 200° C.

Dieses Rezept kann unverändert auch für einen Böhmischen Kleckerkuchen verwendet werden. Dafür das Backblech mit dem Hefeteig auslegen und Quarkfüllung, Mohn und Pflaumenmus in Form von Häufchen darauf verteilen. Nach dem Backen in Rechtecke schneiden.

Böhmische Kolatschen

Für den Teig:
500 g Mehl
35 g Hefe
1/4 l Milch
80 g Butter
70 g Zucker
1/2 TL Salz
abgeriebene Schale einer Zitrone
1 Ei

Für den Belag:
500 g Quark (Schichtkäse)
60 g Butter
180 g Zucker
2 Eigelb
30 g Speisestärke
2 cl Rum
2 Eiweiß
250 g gemahlener Mohn
100 g Zucker
2 EL Semmelbrösel
1/4 l Milch
200 g Pflaumenmus
1 Eigelb zum Bestreichen
Butter für das Backblech
200 g Aprikotur
50 g gehobelte, geröstete Mandeln

Das Mehl in eine Schüssel sieben, in die Mitte eine Vertiefung drücken. Hefe hineinbröckeln und mit der lauwarmen Milch auflösen. Diesen »Ansatz« 1/4 Stunde zugedeckt gehen lassen. Butter auflösen und mit Zucker, Gewürz und Ei verrühren. Zu dem Vorteig geben und davon einen lockeren, gut formbaren Hefeteig schlagen. Zugedeckt nochmals 20-25 Minuten gehen lassen. Dann in 50-Gramm-Stücke aufteilen. Rund schleifen und mit der Hand von innen nach außen flachdrücken, so daß ein Rand mit einer Wulst stehen bleibt und die Kolatschen 10-12 cm ∅ haben. Mit einer Gabel mehrmals einstechen, damit sie beim Backen keine Blasen werfen. Auf das leicht gefettete Backblech legen und die Ränder mit verquirltem Eigelb bestreichen.

Den Quark mit der weichen Butter und der Hälfte des Zuckers glattrühren. Eigelb, Speisestärke und Rum darunterrühren. Eiweiß zu Schnee schlagen, dabei den restlichen Zucker einrieseln lassen. Den schnittfesten Eischnee unter die Quarkmasse ziehen. Mohn mit Zucker und Semmelbröseln mischen und mit der kochenden Milch übergießen. Durchrühren und nochmals aufkochen lassen. Quarkfüllung und Mohn mit einem Teelöffel abwechselnd in Form kleiner Häufchen auf den Kolatschen verteilen. In die Mitte jeweils einen Löffel Pflaumenmus geben. Noch etwas gehen lassen und dann bei 200° C 20-25 Minuten backen.

Sie schmecken frisch ganz besonders gut. Sollen sie einige Stunden frisch bleiben, kann man sie dünn mit Aprikotur isolieren. Mit gehobelten Mandeln bestreuen.

Mandelschleifen

Für den Plunderteig:
35 g Hefe
1/4 l kalte Milch
500 g Mehl
50 g Butter
50 g Zucker
1/2 TL Salz
2 Eigelb

220 g Butter
40 g Mehl
1 Eigelb zum Bestreichen

Für die Füllung:
150 g Marzipanrohmasse
90 g geriebene, geröstete Mandeln
1/2 TL Zimt
abgeriebene Schale von 2 unbehandelten Orangen
2 cl Rum
2 Eiweiß
Aprikotur
Rumfondant

Die Hefe mit 3-4 EL kalter Milch auflösen, dann die restliche Milch zugießen. Mehl in eine Schüssel sieben. Die in der Milch gelöste Hefe, die weiche Butter, Zucker, Salz und Eigelb zugeben und alles zu einem glatten, mittelfesten Hefeteig schlagen. Mit Folie abgedeckt über Nacht im Kühlschrank ruhen lassen.
Butter mit Mehl anwirken und auf der bemehlten Arbeitsfläche zu einer Platte von 20 x 30 cm Größe ausrollen. Den Hefeteig etwas mehr als doppelt so groß, also 32 x 42 cm ausrollen. Die Butterplatte auf die eine Teighälfte legen, den Rand mit Eigelb bestreichen und die zweite Teighälfte darüberklappen. Den Rand fest andrücken, dann, mit den entsprechenden Ruhezeiten, drei einfache Touren geben (siehe Blätterteig, Seite 58).
Aus Marzipanrohmasse, geriebenen Mandeln, Zimt, Orangenschale, Rum und Eiweiß eine Füllung rühren. Den Plunderteig zu einer Platte von 110 x 36 cm Größe ausrollen. Die Füllung auf 2/3 des Teiges streichen, so daß längs ein etwa 12 cm breiter Streifen und auf der gegenüberliegenden Seite ein 1 cm breiter Streifen freibleibt. Diesen mit Eigelb bestreichen. Den unbestrichenen Streifen bis zur Hälfte der aufgestrichenen Füllung daraufklappen, den bestrichenen entgegengesetzt darüberlegen. Den gefüllten Teigstreifen in 4 cm breite Streifen schneiden und diese mit dem Teigrädchen der Länge nach in der Mitte einschneiden. Dann mit einem Ende durch diesen Schnitt durchschlingen. Mit genügend Zwischenraum auf das Backblech legen, gehen lassen, mit Ei bestreichen und bei 220° C 15-18 Minuten backen. Aprikotieren und mit Rumfondant glasieren. Die Menge ergibt 25 Stück.

Haselnußschnecken

Plunderteig wie beim Rezept Mandelschleifen

Für die Füllung:
300 g geröstete, geriebene Haselnüsse
1 Msp. Pimentpulver
1 Msp. Salz, 120 g Farinzucker
3 Eiweiß
Butter für das Backblech
Aprikotur
Zitronenfondant

Die Zutaten zu einer streichfähigen Masse rühren. Den Plunderteig zu einer Platte von etwa 75 x 35 cm Größe ausrollen. Die Füllung darauf verstreichen, jedoch nicht ganz bis zu den Längsrändern. Dann von beiden Längsseiten zur Mitte hin aufrollen und Scheiben von 2,5 cm Breite schneiden. Auf leicht gefettete Backbleche legen und zugedeckt gut gehen lassen. Bei 220° C 15-18 Minuten schön hellbraun backen. Noch warm aprikotieren und mit Zitronenfondant glasieren. Die Menge ergibt 30 Stück.

Croissants

und Pains au chocolat

Diese Pariser Hörnchen und die Schokoladenbrötchen sind zwei besonders feine französische Gebäcke zum Kaffee, speziell zum Frühstück. Noch eines haben sie gemeinsam: den gleichen Teig. Sie sind ein ausgesprochenes Frischgebäck. Fast noch warm, entwickeln sie ihren ganz typischen, knusprig blättrigen Charakter und den Geschmack nach frischer Butter. Croissants sind relativ stark gesalzen, und das Verhältnis von Salz und Zucker macht auch zum Teil den aparten Geschmack aus. Man kann übrigens auch gesalzene Butter verwenden, dann aber muß das Salz im Teig reduziert werden.

1 kg Mehl
40 g Hefe
5/8 l Milch
20 g Salz
120 g Zucker
600 g Butter
Mehl zum Ausrollen
Eigelb zum Bestreichen

Das Mehl auf eine Arbeitsplatte sieben, in die Mitte eine Mulde drücken und die Hefe hineinbröckeln. Mit lauwarmer Milch die Hefe auflösen und zugleich mit etwas Mehl vermischen. Salz und Zucker hinzufügen. Alles zu einem leichten, geschmeidigen Teig kneten. Wegen des geringen Hefeanteils soll der Teig bei Raumtemperatur langsam gehen (etwa 1 Stunde), bis er sein Volumen verdoppelt hat. Den Teig nochmals kurz durchkneten und mit Folie zugedeckt für 1-2 Stunden in den Kühlschrank geben. Inzwischen die Butter bei Raumtemperatur weich werden lassen und etwas geschmeidig kneten. Sie muß die gleiche Konsistenz wie der Teig haben.

Den Teig aus dem Kühlschrank nehmen und zu einer Platte von etwa 40 x 40 cm ausrollen. Die Butter zu einer Platte von 20 x 20 cm drücken, auf die Mitte des Teiges legen und die Enden darüberklappen. Die Butter muß vollständig von Teig umhüllt sein. Das Ganze zu einer 25 x 50 cm großen Platte ausrollen und dann drei einfache Touren (siehe klassischer Blätterteig Seite 58) geben. Dazwischen den Teig jeweils 10 Minuten im Kühlschrank ruhen lassen. Dann wird er zu einer Platte von 30 x 60 cm Größe ausgerollt. Darauf achten, daß abwechselnd nach verschiedenen Richtungen gerollt wird. Den Teig einige Minuten entspannen lassen und längs zu zwei Bahnen von 15 cm Breite teilen. Die fertig geformten Croissants mit einem Tuch abgedeckt bei Raumtemperatur oder im Gärschrank langsam gehen lassen. Mit Eigelb bestrichen bei 220-240° C etwa 15 Minuten knusprig braun backen. Die Menge ergibt 36 Stück.

1 **Den Teig zu Dreiecken schneiden.** Aus den beiden Teigbahnen, die jeweils 15 cm breit und 60 cm lang sind, 12 cm breite Dreiecke schneiden. Dafür am besten ein scharfes Messer oder ein gutes Teigrädchen verwenden, weil der Teig nicht gedrückt, sondern geschnitten werden soll.

2 **Die Teigdreiecke** mit beiden Händen an der Schmalseite (12 cm) fassen und in der Mitte etwa 2-3 cm tief einreißen, um den Teig ein wenig auseinanderziehen zu können. Noch exakter ist es, wenn die Teigstücke zuvor mit einem scharfen Messer eingeschnitten werden.

3 **Die Croissants aufrollen.** Dazu gehört ein bißchen Routine, damit sie alle die gleiche Form bekommen. Beim Rollen sollte man mit den Fingern den Teig nach außen drücken und, wenn nötig, auch noch mal zurückrollen, damit sich die Croissants nach außen verjüngen.

4 **Das Teigende auf die Arbeitsplatte drücken** und mit dem Daumen festhalten. Mit der anderen Hand das Croissant aufrollen und zugleich dagegenziehen, damit die Teigspitze dünner und länger wird. Bei dieser Gelegenheit das Croissant so rollen, daß es zu den Enden hin deutlich dünner wird.

5 **Die Croissants auf das Backblech legen.** Bei diesem fettreichen Teig muß das Blech nicht gefettet sein. Die Croissants in genügend großen Abständen auflegen, weil sie durch Gare und Backen stark aufgehen. Das Teigende immer nach unten legen, damit sie sich beim Backen nicht aufrollen.

6 **Mit Eigelb bestreichen.** Dafür das Eigelb mit etwas Milch verdünnen. Wünscht man eine besonders braune Oberfläche, noch 1 TL Puderzucker unterrühren. Die Croissants müssen vorher vollständig aufgegangen sein, das heißt, ihr Volumen muß sich verdoppelt haben.

Frisch aus dem Ofen schmecken sie am besten. Sowohl der Teig als auch die fertig geformten Croissants können tiefgefroren werden und erlauben so rationelles Arbeiten ohne Qualitätsverlust.

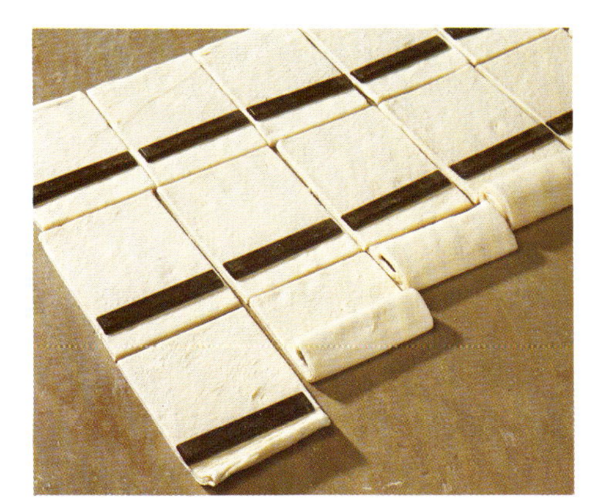

Rechtecke von 9 x 12 cm wurden aus dem 3 mm starken Croissant-Teig geschnitten und jeweils ein kleiner Schokoladenriegel (oder 2-3 Rippen aus einer Tafel) daraufgelegt. Das Teigende mit Eigelb bestreichen und aufrollen. Nach der Gare die Oberfläche ebenfalls mit Ei bestreichen. Backzeit: Etwa 15-17 Minuten bei 230° C.

Pains au chocolat, die französischen Schokoladenbrötchen, überzeugen durch ihre interessante Geschmackskomposition. Die Schokolade harmoniert vorzüglich mit dem relativ stark gesalzenen Teig und dem Geschmack frischer Butter. Die Schokoladenbrötchen kann man auch, wenn keine passenden Riegel vorhanden sind, mit Rippen von Schokoladentafeln oder auch mit geschmeidiger Kuvertüre füllen. Dafür die temperierte Kuvertüre mit einigen Tropfen Rum (oder Wasser) versetzen. Sie wird dadurch dickflüssiger bis geschmeidig. In einen Spritzbeutel mit Lochtülle Nr. 7 füllen und auf jedes Teigstück einen Streifen spritzen.

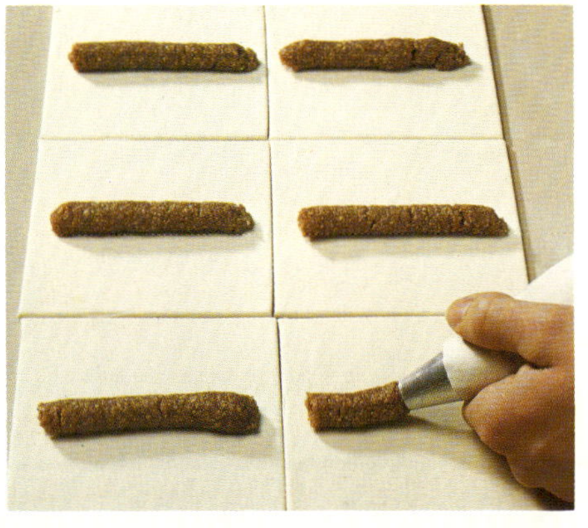

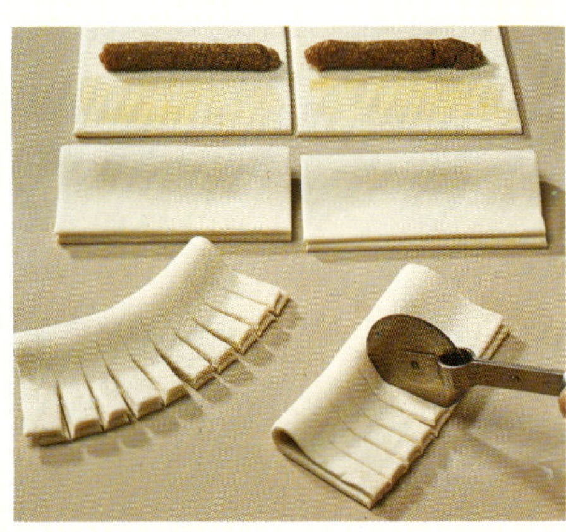

Schuhsohlen

Den Blätterteig (Grundrezept Seite 58 f.) 6-7 mm stark ausrollen und runde Platten von 7 cm ∅ ausstechen. Auf die Arbeitsplatte Zucker schütten und die Teigplatten darauf mit einem kleinen Rollholz zu länglichen »Sohlen« rollen. Abwechselnd von beiden Seiten rollen, damit der Zucker gut verteilt ist. Auf einem mit Wasser benetzten Backblech bei 220° C knusprig braun backen. Man kann sie nach halber Backzeit wenden, damit sie beidseitig karamelisieren.

Nußkämme

Den Blätterteig 3 mm dünn ausrollen und Quadrate von 11 x 11 cm Größe ausschneiden. 150 g geröstete, geriebene Haselnüsse mit 1 Eiweiß, 80 g Farinzucker und 1 EL Rum verrühren und in einen Spritzbeutel mit Lochtülle Nr. 9 füllen. Auf jedes Teigquadrat einen Streifen spritzen. Die Menge ist ausreichend für 12 Stück. Mit Eigelb bestreichen, den Teig zur Hälfte zusammenklappen und mit dem Teigrädchen oder einem Messer mehrmals einschneiden. Oberfläche mit Eigelb bestreichen, 1/2 Stunde ruhen lassen und bei 220° C 12-15 Minuten backen. Aprikotieren und glasieren.

Kirschblätterteig

Den Teig etwa 4-5 mm stark ausrollen und Quadrate von 10 x 10 cm Größe schneiden. Für die Füllung (12 Stück) 100 g Marzipanrohmasse mit 80 g gehackten Belegkirschen, 50 g gehackten Walnüssen und 2 cl Kirschwasser zusammenarbeiten. In Form von Häufchen auf die mit Eigelb bestrichenen Quadrate setzen. Abfall-Blätterteig dünn ausrollen, mit dem gezackten Rädchen 1 cm breite Streifen schneiden und über Kreuz auf die Füllung legen. Ebenfalls mit Eigelb bestreichen. Nach einer Ruhepause bei 210° C etwa 15-18 Minuten hellbraun backen. Aprikotieren und mit Kirschwasserfondant glasieren.

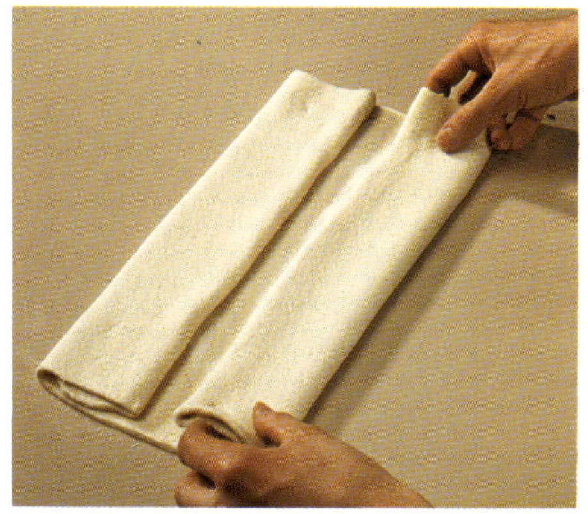

Mürbe Brezeln

500 g Blätterteig zu einer Platte von etwa 50 x 30 cm Größe ausrollen. 500 g Mürbteig (Grundrezept Seite 54) in gleicher Größe ausrollen, mit Eigelb bestreichen und den Blätterteig mit Hilfe eines kleinen Rollholzes darauflegen. In Streifen von 15 mm Breite schneiden und spiralförmig aufrollen. Zu Brezeln formen, mit Eigelb bestreichen und bei 210° C 12-15 Minuten backen. Aprikotieren und glasieren.

Windrädchen

Blätterteig 4-5 mm stark ausrollen und zu Quadraten von 11 x 11 cm Größe schneiden. Mit Eigelb bestreichen und mit je einer halben Kompottaprikose belegen. Mit dem Teigrädchen oder einem Messer von den Ecken zur Mitte einschneiden. Jede zweite Spitze hochklappen und in der Mitte zusammendrücken. Mit Eigelb bestreichen. Aus Abfall-Blätterteig (dünn ausgerollt) Plätzchen von 4-5 cm ∅ ausstechen und darauflegen. Nach halbstündiger Ruhezeit bei 220° C etwa 15 Minuten backen. Aprikotieren und glasieren.

Schweinsohren

600 g Blätterteig auf Zucker zu einer Platte von 45 x 30 cm Größe ausrollen. Dabei die Teigplatte öfters wenden, damit der Zucker gleichmäßig in den Teig eingerollt wird. Für die verwendete Teigmenge etwa 200 g Zucker einrollen. Die Teigplatte von den Schmalseiten zweimal zur Mitte umschlagen und ein drittes Mal zusammenfalten. Von diesem 30 cm langen Streifen 20 Stücke von 15 mm Breite abschneiden und auf das Backblech legen. Nach 15 Minuten Ruhezeit bei 220° C etwa 10 Minuten backen, dann mit einer Spachtel wenden, damit der Zucker auf beiden Seiten karamelisieren kann.

1 Den Teig aufteilen. Teigstücke von 50 g abwiegen und in der hohlen Hand mit kreisenden Bewegungen zu Kugeln schleifen. Diese dann mit einem dünnen Rollholz zu Fladen von etwa 10 cm ∅ ausrollen. In die Mitte je 1 TL Marmelade setzen. Dabei darauf achten, daß der Teigrand sauber bleibt.

2 Krapfen verschließen. Den Teigfladen jeweils in die linke hohle Hand legen. Mit den Fingern der rechten Hand den Rand falten und fest zusammendrücken. Damit der Teig besser zusammenhält, den Rand vorher leicht mit Wasser benetzen. Nochmals nachschleifen und auf ein bemehltes Tuch setzen.

Die schönen weißen Rändchen sind ein Qualitätsbeweis für korrekt gebackene Krapfen. Deshalb vor dem ersten Wenden den Topf mit dem Deckel verschließen, damit sie sich durch den so entstehenden Dampf gut entwickeln können. Während die Unterseite bäckt, den Topf (oder die Friteuse) offen lassen. Sauberes Fett ist für gutes Gelingen ebenfalls wichtig, weil es sonst stark schäumt und dadurch kein weißes Rändchen bleibt. Deshalb darauf bedacht sein, daß den Krapfen kein Mehl anhaftet, wenn sie in das Fett gelegt werden.

Krapfen

500 g Mehl
40 g Hefe
15 cl Milch
60 g Butter
70 g Zucker
1/2 TL Salz
3 Eier
Zwetschgenmus oder Marmelade zum Füllen
Pflanzenfett zum Ausbacken

Von den Zutaten nach der Methode von Seite 62 einen Hefeteig bereiten. Er muß kräftig geschlagen werden, weil er von sehr leichter Konsistenz ist. Nachdem er einmal gut aufgegangen ist (nach etwa 15-20 Minuten), den Teig wieder zusammendrücken, bis die Treibgase herausgepreßt sind. Nochmals gehen lassen. Zu 50-Gramm-Stücken abwiegen, rund schleifen, mit der Marmelade füllen und mit den Fingern verschließen. Dann nochmals kurz nachrollen, damit die Krapfen gleichmäßig rund werden. Auf einem mit Mehl bestaubten Tuch flachdrücken und, mit einem zweiten Tuch zugedeckt, bis zum doppelten Volumen aufgehen lassen.

Vorsichtig vom Tuch nehmen und nacheinander mit der Oberseite nach unten in das heiße Fett (180° C) legen. Den Topf verschließen. Nach etwa drei Minuten die Krapfen drehen. Bei offenem Fettopf die Unterseite ebenso lange backen. Damit sie eine feste Oberfläche bekommen, die Krapfen nochmals drehen und die Oberseite noch zwei Minuten backen. Zurückdrehen und mit dem Herausnehmen warten, bis die Oberseite matt ist. Auf einem Kuchengitter kurz abtropfen lassen, anschließend die Ober- und Unterseite der Krapfen in Vanillezucker tauchen.

Beim Einrollen der Füllung, so wie es die Bildfolge zeigt, bekommt man besonders formschöne, rundliche Krapfen. Die zweite Methode ist etwas einfacher: Der Teig wird 1 cm stark ausgerollt und rund (7 cm ∅) ausgestochen. Je zwei dieser Teigplätzchen, mit der Füllung dazwischen, werden am Rand mit Wasser benetzt und zusammengesetzt. Die dritte Methode ist die einfachste: Den Krapfen wird nach dem Backen mit einer Spezialtülle die Marmelade eingespritzt. Das ist auch zugleich die schnellste Möglichkeit, ist jedoch geschmacklich mit den Krapfen mit eingebackener Füllung nicht vergleichbar.

Spritzkuchen

1/4 l Milch
100 g Butter
1 Msp. Salz
1 TL Zucker
230 g Mehl
5-7 Eier
Pergamentpapier
Butter oder Pflanzenfett zum Fetten des Papiers
Pflanzenfett zum Ausbacken
Puderzucker zum Besieben
oder Aprikotur und Arrakfondant

Milch mit Butter, Salz und Zucker in eine Stielkasserolle geben und einmal aufkochen. Das Mehl auf ein Papier sieben, damit es schön locker ist, und auf einmal in die kochende Flüssigkeit schütten. Mit einem Holzspatel so lange kräftig rühren, bis sich die Masse zu einem Kloß formt und vollständig vom Topfrand löst. Sofort in eine Schüssel umfüllen und etwas abkühlen lassen. Dazu mit einem feuchten Tuch abdecken, damit die Masse keine Haut zieht. Ein Ei darunterrühren und erst, wenn es sich mit der Masse verbunden hat, das nächste zugeben. Dann die übrigen Eier nacheinander unterrühren. Brandmasse für Spritzkuchen soll weich sein, aber beim Spritzen noch die Konturen behalten. Je nach Größe der Eier und dem Grad des »Abbrennens« (Rühren auf dem Feuer) des Teiges variiert die nötige Eiermenge etwas und ist im Voraus nie genau festzulegen.
Die Brandmasse auf die gefetteten Papiere spritzen und möglichst sofort im Fett backen, damit sich keine Haut bildet, denn dadurch könnten die Spritzkuchen nicht genügend aufgehen und bekämen Risse. Gebacken werden sie wie Krapfen. Zuerst bei geschlossenem Topf, dann gewendet ohne Topfdeckel fertigbacken und dabei stabilisieren. Die Spritzkuchen aus dem Fett heben, auf einem Kuchengitter abtropfen und abkühlen lassen. Dünn mit Puderzucker besieben.
Besonders fein schmecken sie mit einem Überzug aus Arrakfondant. Dafür werden sie, solange sie noch warm sind, nur an der Oberseite zuerst ganz dünn mit Aprikotur bestrichen. Etwas abkühlen lassen und anschließend in Fondant tauchen, der mit Arrak abgeschmeckt wurde.

1 **Ringe aus Brandmasse spritzen.** Pergamentpapier gleichmäßig dünn mit weichem Fett bestreichen. Kurz in den Kühlschrank legen, um das Fett erstarren zu lassen. Mit Spritzbeutel und Sterntülle Nr. 10 gleichmäßig große Ringe daraufspritzen. Dabei genügend Zwischenraum freilassen.

2 **Spritzkuchen in das heiße Fett geben.** Das Papier mit beiden Händen fassen und umdrehen. Die Spritzkuchen kleben an der Unterseite. Auf die Fettoberfläche senken und das Papier langsam ablösen. Durch die Hitze wird die Fettschicht auf dem Papier flüssig, und die Ringe trennen sich von selbst davon.

Bestes Fett ist Voraussetzung für gutes Gelingen. Es muß vor allem hoch erhitzbar sein, darf also bei Temperaturen zwischen 170 und 180° C noch nicht rauchen und verbrennen. Absolut reines Pflanzenfett erfüllt diese Anforderungen und ist weitgehend geschmacksneutral, sofern man diese »Neutralität« wünscht. Butterschmalz ist eine brauchbare Alternative mit dem typischen Geschmack von Butter. Es ist aber auch wesentlich behutsamer zu behandeln und ein Überhitzen sollte unbedingt vermieden werden.

TORTEN

— internationale Berühmtheiten

»Wir nähern uns nun immer mehr jenem Teile der Kunstbäckerei, der eben so viel den Sinn des Auges als des Gaumens beschäftigt, und folglich genaue Kenntnis der Zeichnung der verschiedenen Verzierungen, und endlich eine Total-Wirkung über das Ganze voraussetzt; diese und jene Stücke sind die eigentlichen Ruhepunkte einer großen Tafel, die, wenn ich mich so ausdrücken darf, dem Geiste und Magen zugleich eine interessante Aemulation geben.«

Mit dieser nicht unkomplizierten Formulierung leitet der Autor eines Wiener »Kunstbäckerei«-Buches sein Torten-Kapitel ein: als müßte er noch einmal tief durchatmen, bevor er dann hinauf- und hineinsteigt in die heikelsten Steilwände der Konditor-Kunst. Schon die frühesten Vorläufer der nachmaligen »Torte« lassen ahnen, daß es sich hier um einen besonders prätentiösen Gegenstand handelt. Die scheibenförmigen Kuchen, welche die Germanenfrauen an den Sonnwendfeiern buken, waren Symbol der Sonne, der Königin unter den Gestirnen. Die Klöster aber füllten diese Gebilde mit delikaten Farcen, wenn es galt, die höchsten kirchlichen Feiertage kulinarisch abzurunden. So nimmt es nicht Wunder, daß dieser Tradition einmal das Äußerste entstammen sollte, was Fertigkeit und Formensinn eines guten Konditors zu leisten vermögen: die Torte.

Im Grunde sind die Torten meistens nur eine Kombination der Grundtechniken und der elementaren Zubereitungen einfacherer Gestaltungen; es sind die altbekannten Teige und Massen, welche nach dem Backen aufgeschnitten werden und das Fundament der Torten abgeben. Sie werden »überzogen« mit Fondant, Sahne- oder Buttercreme, Eiweißglasur oder Schokolade; bestreut mit Mandeln und Nüssen, die gehackt sind oder gehobelt, gestiftelt, halbiert, gemahlen oder in Form von Krokant aufbereitet.

»Ausgarniert« mit karamelisierten Mandeln, ornamentiert mit Blüten aus Zuckerguß oder Schokolade, »eingeschlagen« in ausgerollte Marzipan-Platten, »gespritzt« mit Buttercreme oder mit kandierten Früchten belegt. Wer diese handwerklichen Fertigkeiten oder Teile davon besitzt, kann getrost zur Konstruktion einer Torten schreiten. Von jetzt an sind hauptsächlich, abgesehen von Geduld, sein Formensinn und seine Phantasie herausgefordert.

Die Auswahl ist groß und international. Wenn Deutschlands und Österreichs Torten manchmal fast zu schön erscheinen, um sie schnöde aufzuessen, liegt Italienern, Schweizern und Franzosen oft mehr daran, hübsche, leichte Gebilde herzustellen, die schnell verzehrt werden sollen, wie die Mille-feuille oder die St. Honoré-Torte. Doch ob man sich nun den großen Klassikern verschreibt, von der Dobos- über Linzer-, Sacher- und Zuger-Torte, bis zur Malakoff-, Prinzregenten- und Schwarzwälder Kirschtorte — oder leichten, luftigen Gebilden, deren Hauptbestandteile Brandmasse und Sahne sind, man dient einer schönen Kunst. Zwar leider der einer recht vergänglichen, denn da die Torten zu den Schönheiten unserer Erde zählen, sind sie auch vergänglich wie diese. Und je besser sie sind, um so schneller werden sie aufgegessen . . .

Mandel-Schokoladentorte

Beispiel für eine Torte aus Rouladenbiskuit

1 Mürbteigboden, 26 cm ∅
80 g Johannisbeermarmelade

50 g Marzipanrohmasse, 8 Eigelb
Mark einer halben Vanilleschote
100 g Zucker, 4 Eiweiß
70 g Mehl, 40 g Kakaopulver
50 g geriebene, geschälte Mandeln

Vanille-Buttercreme (Seite 70)
70 g Marzipanrohmasse
4 cl Mandellikör (Amaretto)

100 g Marzipanrohmasse
70 g Puderzucker
120 g temperierte Kuvertüre
16 Makronen zum Garnieren

Marzipanrohmasse mit 2 Eigelben cremig verrühren, dann übriges Eigelb, Vanillemark und 1/3 des Zuckers zugeben. Die Masse schaumig rühren. Eiweiß mit restlichem Zucker zu steifem Schnee schlagen. Mehl mit Kakaopulver sieben, mit den Mandeln mischen. 1/3 des Eischnees unter die Eigelbmasse rühren, dann den Rest unterheben. Die Mehlmischung vorsichtig unterziehen. Die Masse auf Pergamentpapier streichen (wie auf Seite 47) und bei 230° C etwa 10 Minuten backen.
Vanille-Buttercreme teilen. Gut die Hälfte für die Füllung mit der Marzipanrohmasse (mit Mandellikör vermischt) verrühren. Torte füllen (siehe Bildfolge) und mit der Buttercreme einstreichen. Aus Marzipanrohmasse und Puderzucker eine Marzipandecke von 26 cm ∅ herstellen, mit Kuvertüre bestreichen und, solange sie noch weich ist, mit dem Messer ein Gitter eindrücken. Vorschneiden, auf die Torte legen, mit Buttercremerosetten und Makronen garnieren.

1 **Mürbteigboden bestreichen.** Er wird in der gewünschten Tortengröße ausgerollt, auf ein Backblech gelegt und mit einer Gabel in gleichmäßigen Abständen eingestochen, damit er beim Backen keine Blasen wirft. Hellbraun ausbacken, abkühlen lassen und mit Marmelade bestreichen.

2 **Den Schokoladenbiskuit** mit Buttercreme bestreichen. Die Biskuitmasse auf ein Pergamentpapier in Blechgröße von 43 x 33 cm aufstreichen und nach dem Backen auf ein leicht feuchtes Tuch stürzen. Vor dem Bestreichen das Papier abziehen, die Buttercreme gleichmäßig stark aufstreichen.

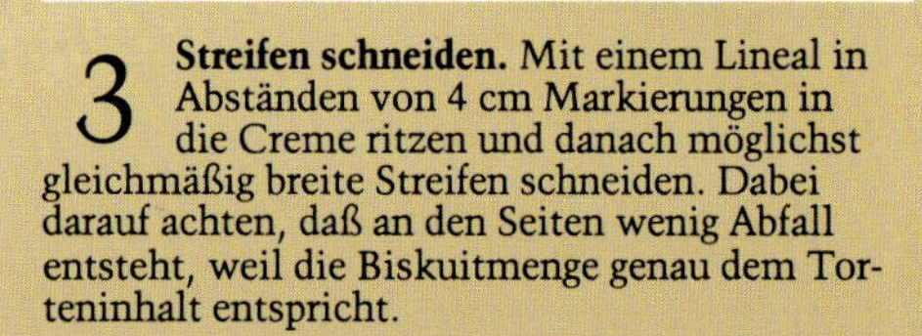

3 **Streifen schneiden.** Mit einem Lineal in Abständen von 4 cm Markierungen in die Creme ritzen und danach möglichst gleichmäßig breite Streifen schneiden. Dabei darauf achten, daß an den Seiten wenig Abfall entsteht, weil die Biskuitmenge genau dem Torteninhalt entspricht.

4 **Den ersten Streifen aufrollen.** Diese Roulade in die Mitte des Mürbteigbodens setzen und die übrigen Streifen dann nacheinander darumlegen. Die Enden so eng wie möglich zusammenschieben, damit nachher der Anschnitt ein schönes, einheitlich gestreiftes Bild aufweist.

5 **Die Torte mit einem Ring umstellen.** Dadurch läßt sich die Torte in eine gleichmäßig runde Form bringen. Es soll ein 5 cm hoher Tortenring sein, der außerdem noch als Anschlag zum Ausstreichen der Oberfläche dient. Mit der Palette einfach die Creme zum Rand des Tortenringes streichen.

Pistazientorte

Beispiel für Buttercremetorte einstreichen

Buttercreme mit Eiermasse (Rezept Seite 70)
4 cl Maraschino
60 g flüssige Kuvertüre
2 EL fein gehackte Ingwerpflaumen
80 g geriebene Pistazien
40 g Marzipanrohmasse

1 Wiener Boden (Rezept Seite 44 f.), 26 cm ∅
1 Mürbteigboden, 26 cm ∅
80 g Himbeergelee
2 cl Läuterzucker, 2 cl Zitronensaft
2 cl Maraschino

geröstete Mandelblättchen
16 Schokoladenblumen

Buttercreme mit Maraschino verrühren und aufteilen. 1/4 mit der Kuvertüre und dem ganz fein gehackten Ingwer verrühren. Ein weiteres Viertel mit den abgesiebten Pistazien (die im Sieb verbliebenen, gröberen Teilchen zum Garnieren verwenden) und der Marzipanrohmasse verrühren. Die restlichen 2/4 werden zum Einstreichen und Garnieren verwendet.
Den Wiener Boden zweimal horizontal teilen und den ersten Boden auf den mit Himbeergelee bestrichenen Mürbteigboden legen. Läuterzucker, Zitronensaft und Maraschino verrühren und den Boden damit tränken. Schokoladencreme daraufstreichen. Den nächsten Boden auflegen, darauf die Pistaziencremeschicht, dann den letzten Boden, der ebenfalls getränkt wird. Die Torte ganz dünn einstreichen, kühlen und, wie die Bildfolge zeigt, einstreichen. In 16 Stücke einteilen, mit Creme (Lochtülle), geriebenen Pistazien und Schokoladenblumen garnieren.

1 **Oberfläche bestreichen.** Die Torte wird zuerst an Rand und Oberfläche dünn eingestrichen und anschließend gekühlt, damit eine Unterlage für die folgende Schicht vorhanden ist. Dazu etwas Creme auf die Oberfläche geben und mit der Palette oder einem Tortenmesser möglichst glatt verstreichen.

2 **Den Rand einstreichen.** Ist die Oberfläche bestrichen, wird mit der Palette Creme in kleinen Portionen am Rand aufgetragen. Erst wenn die Creme ringsum gleichmäßig verteilt ist, wird sie glattgestrichen. Dabei die Tortenunterlage mit der linken Hand drehen, mit der rechten die Palette führen.

3 **Methode mit dem Teigschaber.** Den Tortenrand wie üblich zuerst mit der Palette grob einstreichen. Die Torte mit Unterlage über die Tischkante hinausschieben, mit der linken Hand drehen. Mit der rechten den Teigschaber senkrecht ansetzen und, möglichst ohne abzusetzen, den Rand glattstreichen.

4 **Eine exakte Kante formen.** Das sieht schwieriger aus, als es ist. Mit dem sauberen Messer oder der Palette den überstehenden Rand zur Mitte der Tortenoberfläche streichen. Wichtig ist dabei, daß nach jedem Strich das Messer von Cremeresten befreit wird, weil diese sich sonst an der Kante absetzen.

5 **Rand mit Mandeln einstreuen.** Dafür die Torte mit Hilfe des Tortenmessers etwas über die Unterlage hinausschieben. Mit der linken Hand die Torte anheben, mit der rechten die Mandelblättchen andrücken. Dann die Torte auf der Unterlage verschieben, um am nächsten Abschnitt ebenso zu verfahren.

Spanische Vanilletorte

80 g Kuvertüre (bittere Schokolade)
50 g Zitronat, gewürfelt
50 g Mandeln, gehackt
110 g Mehl

50 g Butter
150 g Marzipanrohmasse
50 g Zucker
1 Vanilleschote
6 Eigelb

5 Eiweiß
100 g Zucker
Eine konische Form von 26 cm ∅ oder eine Springform, 24 cm ∅
Pergamentpapier zum Einlegen
Fett und Brösel für den Rand

Aprikotur zum Einstreichen
160 g Marzipanrohmasse
90 g Puderzucker
300 g temperierte Kuvertüre
12 Blüten aus Marzipan zum Dekorieren

Die Form, gleichgültig, ob es eine Springform mit geradem Rand oder eine konische Form ist, mit einem exakt nach dem Boden geschnittenen Pergamentpapier auslegen. Den Rand fetten und mit abgesiebten Bröseln ausstreuen.
Die Kuvertüre in nicht zu grobe Stücke schneiden, aber auch nicht zu fein, weil sonst die Masse beim Backen braun würde. Mit dem fein gewürfelten Zitronat, den gehackten Mandeln und dem Mehl mischen. Die Butter mit der Marzipanrohmasse in eine Rührschüssel geben und etwas verkneten. Zucker, Mark der Vanilleschote und ein Eigelb zugeben und mit dem Schneebesen oder Handrührgerät schaumig rühren. Dann die restlichen Eigelbe nacheinander unterrühren. Eiweiß zu Schnee schlagen. Den Zucker langsam einrieseln lassen und weiterschlagen, bis der Schnee steif ist. Den Eischnee mit einem Holzspatel unter die Marzipan-Buttermasse ziehen. Anschließend mit größter Sorgfalt die Mischung aus Mehl, Kuvertüre, Zitronat und Mandeln untermelieren. In die vorbereitete Form füllen und die Oberfläche glattstreichen. Bei 190° C 40-45 Minuten backen.
Die Torte nach dem Backen etwa 10 Minuten ruhen lassen, dann stürzen. Von der erkalteten Torte das Pergamentpapier abziehen, Oberfläche und Rand dünn mit heißer Aprikotur einpinseln. Marzipanrohmasse mit Puderzucker anwirken, sehr dünn ausrollen und auf die Torte legen. Den Rand möglichst ohne Falten andrücken. Torte auf ein Gitter setzen und dünn mit der temperierten Kuvertüre überziehen. Etwas fest werden lassen. Mit einem angewärmten Messer in 12 Stücke einteilen, jedes Stück mit einer Marzipanblüte dekorieren.

Eine andere Methode eine Torte einzustreichen oder mit Glasur zu überziehen. Sie kann bei Torten jeder Größe angewandt werden, ist aber für kleinere Torten, etwa zwischen 18 und 24 cm ∅, besonders gut geeignet. Voraussetzung ist eine Tortenunterlage in der Größe der Torte oder nur wenig kleiner. Man kann dafür den Boden der jeweils zum Backen verwendeten Springform benutzen.
Mit einiger Übung kann man ein ebenso exaktes Resultat erzielen, wie mit der Methode von Seite 149. Auch das Überziehen mit flüssigen Glasuren ist unproblematisch, der Tropfrand läßt sich leicht und sauber entfernen. Kuvertüre kann man so mit einem angewärmten Messer besonders einfach abschneiden.

1 **Der Rand wird zuerst eingestrichen.** Die Tortenunterlage darf nicht größer als die Torte selbst sein. Die Torte auf der linken Hand halten, mit der rechten in langen Strichen die Creme aufstreichen. Absetzen und die Oberfläche bestreichen.

2 **Torte überziehen.** Die gleichgroße oder kleinere Unterlage erlaubt ein Überziehen ohne Kuchengitter. Die Torte wird auf einen kleineren Ring gestellt. So kann nach dem Überziehen der Rand von abgetropfter Glasur gut gesäubert werden.

Mazarintorte

Für den Mürbteig:
140 g Butter
30 g Puderzucker
1/2 Vanilleschote
1 Msp. Salz
1 Eigelb
200 g Mehl

Für die Füllung:
150 g Butter
150 g Puderzucker
abgeriebene Schale einer Zitrone
2 Eier
150 g geriebene, geschälte Mandeln
30 g Mehl
Eine Obstkuchenform, 26 cm ∅ mit 3 cm hohem Rand oder Springform gleicher Größe

Für den Mürbteig die Butter mit dem Zucker, Gewürz und Eigelb cremig verarbeiten und anschließend das Mehl schnell unterarbeiten. Nicht zuviel kneten, damit der Teig nicht brandig wird. Mindestens zwei Stunden, besser noch über Nacht, den Teig im Kühlschrank ruhen lassen.
Zu einer runden Platte von etwa 35 cm ∅ ausrollen und damit die Kuchenform auslegen, wie auf Seite 55 gezeigt. Mit einer Gabel den Boden mehrmals einstechen, mit Pergamentpapier auslegen und getrocknete Hülsenfrüchte einfüllen. Bei 180° C den Teig sehr hell vorbacken, das dauert etwa 20 Minuten. Dann die Hülsenfrüchte und das Papier entfernen.
Für die Füllung Butter mit Puderzucker und abgeriebener Zitronenschale schaumig rühren und die beiden Eier nacheinander zugeben. Dann erst die fein geriebenen Mandeln und das Mehl kurz unterrühren. Die Masse in den vorgebackenen Mürbteigboden füllen und die Oberfläche glattstreichen.
Bei 190° C etwa 40-45 Minuten backen, bis die Oberfläche schön hellbraun ist. Die Torte kann mit Puderzucker besiebt oder mit Rum-Fondant glasiert werden.

Makronentorte

6 Eigelb
120 g Zucker
60 g geriebene, abgezogene Mandeln
Mark einer halben Vanilleschote
60 g Butter
6 Eiweiß
80 g Mehl
80 g helle Biskuitbrösel

250 g passierte Himbeermarmelade zum Füllen und Garnieren
2 cl Himbeergeist
2 cl Läuterzucker

400 g Marzipanrohmasse
100 g Zucker, 6 Eigelb
Läuterzucker zum Verdünnen
80 g geröstete, gehobelte Mandeln

Von den Zutaten eine getrennt geschlagene Biskuitmasse backen, wie beim Rezept »Schokoladenmasse« von Seite 46 f. Der Boden sollte mindestens über Nacht ruhen, um dann zweimal horizontal geteilt zu werden. Zweimal mit der Himbeermarmelade dünn füllen, die beiden oberen Böden mit Himbeergeist-Läuterzucker tränken. Die Marzipanrohmasse mit dem Zucker verkneten, Eigelb nacheinander darunterarbeiten. Diese Eigelbmakronenmasse soll gerade spritzfähig sein. Etwa zwei Drittel davon in einen Spritzbeutel mit Lochtülle Nr. 6 füllen. Die übrige Makronenmasse mit Läuterzucker so weit verdünnen, daß sie sehr leicht streichfähig ist. Damit die Torte ganz einstreichen und den Rand mit leicht gerösteten, gehobelten Mandeln einstreuen. Die Oberfläche in 14 Stücke einteilen und auf jedes Stück aus der Makronenmasse eine Schleife spritzen. Bei starker Oberhitze oder unter dem Grill bräunen. Die restliche Himbeermarmelade erhitzen, in eine Papiertüte füllen und die Makronenschleifen damit ausfüllen.
Honigkuchenlack oder Gummiarabikum ergeben auf gebackener Makronenmasse einen schönen Glanz, wenn sie in noch heißem Zustand dünn damit bestrichen wird.

Gefüllte Nußtorte

Für den Mürbteig:
125 g Butter, 100 g Zucker
Mark einer halben Vanilleschote
1 Msp. Salz
50 g geriebene Kuvertüre
1 Ei
100 g geriebene, geröstete Haselnüsse
180 g Mehl

Zum Füllen und Glasieren:
100 g Aprikotur
150 g Fondant
2 cl feines Kirschwasser
300 g Ananaskonfitüre
6 Belegkirschen
1/2 Scheibe kandierte Ananas

Butter mit Zucker und Gewürz cremig verarbeiten. Dann erst die Kuvertüre und das Ei daruntermengen. Die Haselnüsse mit dem Mehl vermischen und schnell unter die Buttermasse kneten. Den Teig im Kühlschrank etwa zwei Stunden lagern.
Vier gleichmäßig starke Platten von 24 cm Durchmesser ausrollen. Auf das Backblech legen und bei 180° C etwa 10-12 Minuten schön braun backen. Während der letzten Minuten genau beobachten, weil durch den Schokoladenanteil die Bräunung sehr schnell vor sich geht.
Den schönsten Mürbteigboden für die Decke verwenden und mit der heißen Aprikotur ganz dünn bestreichen. Den Fondant im Wasserbad auflösen, das Kirschwasser zusetzen und, sollte er noch nicht genügend flüssig sein, mit etwas Eiweiß verdünnen. Den Fondant gleichmäßig auf der Oberfläche verstreichen, etwas abtrocknen lassen und dann in 12 Stücke schneiden. Die Böden mit der Konfitüre füllen und dann die vorbereitete Decke von der Tortenunterlage (am besten mit Hilfe eines Tortenringes) daraufschieben. Mit halben Belegkirschen und kandierten Ananasstücken garnieren.
Die Torte schmeckt noch aparter, wenn sie mit bitterer Orangenkonfitüre gefüllt und die Glasur mit Rum abgeschmeckt wird. Garnitur: kandierte Orangenscheiben.

Mille-feuille

der Tausendblätter-Kuchen, mit Vanillecreme gefüllt.

Sozusagen die »französische Cremeschnitte«, ein Gebäck, das nur frisch sein volles Aroma entfaltet, weil die Creme die luftigen Böden schnell durchweicht.

600 g Blätterteig (Blitzblätterteig von Seite 60 eignet sich dafür besonders gut)
500 g Vanillecreme (Seite 66)
150 g Aprikotur
180 g Fondant
2 cl Kirschwasser
150 g gehackte, geröstete Mandeln
Dragee-Mimosen zum Dekorieren

Den Blätterteig in 3 Stücke teilen und daraus 3 Böden von 24 cm ∅ ausrollen. Dabei immer darauf achten, daß der Teig jeweils nach zwei Richtungen gerollt wird, weil er sonst ungleich aufgehen würde. Die Teigplatten mindestens eine Stunde im Kühlschrank ruhen lassen. Auf Backbleche legen und mit einer spitzen Gabel häufig einstechen, damit der Teig beim Backen keine Blasen wirft.
Die gefüllte Torte mit heißer Aprikotur bestreichen und diese etwas antrocknen lassen. Den Fondant erwärmen, mit Kirschwasser abschmecken und wenn nötig noch mit etwas Läuterzucker verdünnen. Die Oberfläche damit glasieren und, wenn sie etwas abgetrocknet ist, mit den Dragee-Mimosen dekorieren.
Backzeit für die Böden: etwa 12-15 Minuten bei 220° C.

1 **Die Blätterteigböden mit der Vanillecreme füllen.** Die angegebene Menge auf zwei der Böden verteilen und jeweils bis zum Rand verstreichen. Zusammensetzen, den dritten Boden daraufgeben, etwas andrücken. Mit eventuell ausgetretener Creme den Rand einstreichen.

2 **Die Torte glasieren.** Auf die mit Aprikotur bestrichene Oberfläche eine dünne Schicht Fondant streichen, der mit etwas Kirschwasser parfümiert wurde. Etwas antrocknen lassen, den Rand mit den gerösteten Mandeln einstreuen und die Oberfläche mit Dragee-Mimosen garnieren.

Pithiviers

eine Blätterteig-Mandeltorte

Diese Torte, so einfach sie auch in den Zutaten ist, verlangt ganz exaktes Arbeiten, wenn sie gelingen soll. Aber die Kombination der Mandelcreme mit dem Buttergeschmack des Blätterteiges ist hervorragend.

1 kg frischer Blätterteig
450 g Mandelcreme (Seite 72)
1 Eigelb zum Bestreichen
Puderzucker zum Besieben

Bei der Zubereitung ist sehr wichtig, daß dem Blätterteig während der Verarbeitung jeweils genügend Ruhezeiten eingeräumt werden, damit er beim Backen seine Form behält. Auch die fertige, ungebackene Torte noch einige Minuten im Kühlschrank ruhen lassen, bevor sie bei 220-230° C etwa 40-45 Minuten gebacken wird.

1 **Die Blätterteigplatten ausschneiden.** Der Teig muß dafür absolut gleichmäßig stark ausgerollt werden, damit die Torte nicht schief aufgeht. 2 Platten à 24 cm ∅ mittels einer Schablone mit einem sehr scharfen Messer ausschneiden und die eine Platte auf ein Backblech legen.

3 **Mit der zweiten Teigplatte zudecken.** Vorsichtig darüberlegen, damit die Füllung nicht an den Rand rutscht. Mit den Fingern den Rand dann zusammendrücken, so daß die beiden Teigplatten fest verbunden sind. Die Torte etwa eine halbe Stunde im Kühlschrank ruhen lassen.

2 Die Mandelcreme daraufstreichen. Darauf achten, daß ein gleichmäßig breiter Rand von etwa 3 cm frei von Füllung bleibt. Diesen Rand mit Eigelb bestreichen. Besonders wichtig ist, daß kein Eigelb über den Rand läuft, weil sonst die Torte an dieser Stelle nicht richtig aufgehen würde.

Die Oberfläche der Pithiviers soll schön glänzen und knusprig braun sein. Um dies zu erreichen, kann man sie etwa 5 Minuten vor Ende der Backzeit dünn mit Puderzucker besieben. Der Zucker karamelisiert dann recht schnell. Deshalb diese letzten Minuten unbedingt »nach Sicht« backen. Die Karamelschicht steigert den Geschmack der ohnehin nicht sehr süßen Torte ganz wesentlich.

4 Einen dekorativen Rand kneifen. Das sieht komplizierter aus als es ist. Mit Hilfe der Finger und eines Obstmessers kann man ganz originelle Wirkungen erzielen. Ring- und Mittelfinger drücken auf den Rand und mit der stumpfen Messerseite wird der Teig schräg eingekerbt.

5 Eine zweite Möglichkeit, mit den Fingern und dem Messer einen schönen Rand zu gestalten, der auch gebacken attraktiv aussieht. Wieder wird der Teig mit Ring- und Mittelfinger fest auf das Blech gedrückt. Mit dem Messerrücken zieht man senkrecht eine Kerbe zwischen den Fingern hindurch.

6 Die Oberfläche einschneiden. Sie muß vorher sehr sorgfältig mit Eigelb bestrichen werden. Mit einem scharfen, spitzen Obstmesser wird sie nun von der Mitte aus bogenförmig eingeschnitten. Dabei keinesfalls zu tief schneiden, weil der Teig sonst durchschnitten und die Füllung auslaufen würde.

Feine Mohntorte

In Österreich eine beliebte Torte, für die es eine Menge verschiedener Rezepte gibt.

150 g Butter
200 g Staubzucker (Puderzucker)
abgeriebene Schale einer halben Zitrone
2 cl brauner Rum
1 Msp. Salz
6 Eigelb
6 Eiweiß
200 g gemahlener Mohn
30 g Mehl
30 g Rosinen
Butter und Brösel für die Form
Eine Springform von 24 cm ∅

130 g Marzipanrohmasse
80 g Puderzucker
120 g Aprikotur
300 g temperierte Kuvertüre

Butter mit einem Drittel des Zuckers cremig rühren. Abgeriebene Zitronenschale, Rum und Salz zugeben und ein Eigelb nach dem anderen unterrühren. Eiweiß mit dem restlichen Zucker zu steifem Schnee schlagen. Den gemahlenen Mohn mit dem Mehl und den kleingehackten Rosinen mischen. Etwa ein Drittel des Eischnees unter die Buttermasse rühren. Den Rest hineingeben und die Mohnmischung darüberschütten. Alles vorsichtig zu einer glatten Masse melieren und in die mit Butter ausgestrichene und mit Bröseln ausgestreute Springform füllen.
Backzeit: 45-50 Minuten bei 190° C.
Die gebackene Torte eine halbe Stunde in der Form abkühlen lassen. Erst dann vom Rand lösen und auf ein Gitter stürzen. Mit Folie abgedeckt möglichst über Nacht ruhen lassen. Das Rohmarzipan mit dem Puderzucker anwirken und zu einer hauchdünnen Platte ausrollen. Die Torte dünn mit Aprikotur bestreichen und mit dem Marzipan einschlagen. Anschließend mit temperierter Kuvertüre überziehen. Solange die Kuvertüre noch etwas weich ist, mit einem angewärmten Messer die Oberfläche in 14 Stücke einteilen, damit später beim Schneiden der Torte die Kuvertüredecke nicht zersplittert. Diese ungefüllte Torte kann mit italienischer Zabaione serviert werden. Der unverwechselbare Geschmack des Mohns harmoniert ganz besonders gut mit dem aromatischen Marsala dieser italienischen Weincreme.

Rüblitorte

Diese Schweizer Karottentorte, ein echtes Produkt der Hausbäckerei, ist gesellschaftsfähig geworden. Sie gehört zum Repertoire fast jeder guten Konditorei. Die fein geriebenen Karotten geben dem Mandelbiskuit ein ganz besonderes Aroma und sorgen dafür, daß die Torte äußerst saftig bleibt.

250 g junge Karotten
250 g Zucker
1 Msp. Salz
abgeriebene Schale einer Zitrone
6 Eigelb
6 Eiweiß
300 g ungeschälte, geriebene Mandeln
100 g Mehl

150 g Aprikotur
150 g Fondant oder Eiweißglasur
60 g gehobelte, geröstete Mandeln
Ein Tortenring oder eine Springform von 24 cm ∅

Die geputzten Karotten sehr fein reiben. Sind sie zu grob oder in langen Fäden geraffelt, läßt sich die Torte später schlecht schneiden. Ein Drittel des Zuckers, Salz und abgeriebene Zitronenschale in einer Schüssel mit dem Eigelb schaumig rühren. Das Eiweiß mit dem restlichen Zucker zu steifem Schnee schlagen. Die geriebenen Mandeln mit Mehl und Karotten mischen. Zuerst etwa ein Drittel des Eischnees unter die Eigelbmasse rühren. Den übrigen Schnee zugeben und die Mandelmischung darüberschütten. Die Masse vorsichtig melieren, in die vorbereitete Form füllen und backen.
Die gebackene Torte sollte mindestens über Nacht ruhen, bevor sie aus der Form genommen und gestürzt wird, damit die glatte Unterseite nach oben kommt. Oberfläche und Rand mit der heißen Aprikotur einstreichen. Die Oberfläche zusätzlich mit Fondant oder Eiweißglasur bestreichen. 1-2 Stunden antrocknen lassen. Den Rand mit gehobelten, gerösteten Mandeln einstreuen. Die Oberfläche mit kleinen Karotten aus Marzipan garnieren.
Backzeit: Etwa 60 Minuten bei 190° C.

Engadiner Nußtorte

»Tuorta da nusch a la veglia« heißt sie auf romanisch. Sie ist ein Paradebeispiel Engadiner Zuckerbäckerkunst, und die Konditoren dieser Gegend genießen einen hervorragenden Ruf.

160 g Butter
130 g Puderzucker
1 Msp. Salz
1 Ei
300 g Mehl

200 g Zucker
50 g Stärkesirup (Glukose)
2 EL Zitronensaft
15 cl Sahne (Rahm)
200 g Zucker
25 g Butter
50 g Bienenhonig
300 g Walnüsse, grob gehackt
1 Eigelb zum Bestreichen
Eine konische Form von 26 cm ∅

Die Torte kann auch in einer gewöhnlichen Springform gebacken werden. Sie läßt sich dann einfacher aus der Form holen. Ebenso können zwei kleine Nußtorten von 16-17 cm ∅ hergestellt werden. Bewährt haben sich dafür die Einweg-Formen aus Alufolie.
Backzeit: 30-40 Minuten bei 200° C.

Aus Butter, Puderzucker, Salz, Ei und Mehl einen Mürbteig kneten. Im Kühlschrank eine Stunde ruhen lassen, damit er sich gut verarbeiten läßt. Für die Füllung Zucker mit Stärkesirup und Zitronensaft zu einem hellen Karamel schmelzen. In einer zweiten Kasserolle Sahne, Zucker, Butter und Honig aufkochen und unter den Karamel rühren. Nochmals aufwallen lassen und die grob gehackten Walnüsse unterrühren. Die leicht konische Form mit dem etwa 3 mm stark ausgerollten Mürbteig auslegen und den Rand etwas überstehen lassen. Die erkaltete Nußfüllung hineingeben, den Teigrand daraufklappen. Er wird mit verquirltem Eigelb bestrichen. Aus dem restlichen Mürbteig die Decke ausrollen und auf die Füllung legen. Den Rand andrücken, überstehenden Teig abschneiden. Die Oberfläche mit Eigelb bestreichen und mit einer Gabel ein Muster einzeichnen. Die Nußtorte — sie ist ja beinahe ein Dauergebäck — kann bei kühler Temperatur einige Wochen gelagert werden. Dies ist mit ein Grund, weshalb sie als süßes Geschenk besonders beliebt ist..

Gâteau Saint-Honoré

Diese französische Spezialität ist international so bekannt, daß eine Übersetzung in »Honoratius-Torte« wohl nur irreführend wäre. Die Füllung ist immer eine Crème pâtissière, also eine Vanillecreme, die heiß mit italienischer Baisermasse zur Crème Chiboust verarbeitet wird. Oder die Baisermasse wird mit der kalten Vanillecreme vermischt und zusätzlich mit Gelatine abgesteift. Diese Methode wird in der Bildfolge gezeigt.
Auch die verwendete Teigart für den Boden variiert. So wird teilweise Pâte brisée, ein Mürbteig mit wenig Zucker verwendet oder Blitz- oder Abfallblätterteig, der nicht mehr stark aufgeht. Hat man nur frischen Blätterteig zur Verfügung, dann sollte man ihn in Würfel schneiden, wieder kurz zusammenwirken und 1/4 Stunde ruhen lassen.

1 Die Brandmasse aufspritzen. Mit dem Spritzbeutel und einer Lochtülle Nr. 10 wird zunächst auf den Blätter- oder Mürbteigboden der Rand so gleichmäßig wie möglich aufgespritzt. In die Mitte zusätzlich noch eine Spirale spritzen, damit später die Creme genügend Halt hat.

2 Die kleinen Windbeutel in Karamel tauchen. Zucker und Wasser zu hellem Karamel (160° C) kochen und die Windbeutel etwa bis zur Hälfte eintauchen. Sie können noch zusätzlich von unten mit der Lochtülle (die Kruste etwas eindrücken) mit Vanillecreme gefüllt werden.

3 Vanillecreme mit der Baisermasse vermischen. Unter die verrührte und leicht angewärmte Vanillecreme wurde die aufgelöste Gelatine gerührt. Zum Schluß die italienische Baisermasse mit einem Holzspatel unterziehen. Dabei sehr vorsichtig zu Werk gehen, damit die Creme nicht an Volumen verliert.

4 Die Torte füllen. Die Füllcreme zunächst mit einem Teigschaber bis zum Brandmasserand einfüllen und glattstreichen. Die restliche Creme wird mit einem Spritzbeutel aufgespritzt. In Frankreich verwendet man dazu eine spezielle Lochtülle mit einem ausgeschnittenen Dreieck.

Rezept für eine Torte von 24 cm ∅:

200 g Mürbteig oder 150 g Blätterteig
450 g Brandmasse (halbe Menge des Rezeptes von Seite 52)
1 Eigelb zum Bestreichen

200 g Zucker
10 cl Wasser

400 g Vanillecreme (Seite 66)
2 Blatt weiße Gelatine
3 Eiweiß
160 g Zucker
10 cl Wasser

Den Teig zu einer Platte von 24 cm ∅ (bei Blätterteig 26 cm ∅, weil er sich etwas zusammenzieht) ausrollen und mit der Gabel einstechen. Die Brandmasse mit Spritzbeutel und Lochtülle aufspritzen. Die kleinen Windbeutel aus der restlichen Masse auf ein zweites Backblech spritzen, weil sie schneller gar sind. Mit einem weichen Pinsel mit dem Eigelb bestreichen. Bei 220° C hellbraun backen. Den Zucker mit dem Wasser zu hellem Karamel kochen, die Windbeutel darin eintauchen und mit etwas Karamel auf dem Brandmasserring befestigen.
Unter die glattgerührte Vanillecreme die aufgelöste Gelatine rühren. Eiweiß zu steifem Schnee schlagen. Parallel dazu Zucker mit Wasser bis zum »starken Flug« (das sind 114° C) kochen und in dünnem Strahl unter den Eischnee laufen lassen. Noch etwas weiterschlagen, bis die Masse abgekühlt ist, und unter die Vanillecreme rühren. Die Torte füllen und kühlen.

Zuger Kirschtorte

Diese Schweizer Spezialtorte ist in ihrer geschmacklichen Zusammenstellung so perfekt, daß sie einfach nicht zu verbessern ist. Voraussetzung ist allerdings ein aromatisches Kirschwasser. Über die Menge gehen jedoch die Meinungen sehr auseinander. Wir meinen, mit den 10 cl Kirschwasser eine gute Lösung gefunden zu haben.

Für den Biskuitboden:

4 Eier
2 Eigelb
125 g Zucker
90 g Mehl
40 g Speisestärke (Weizenpuder)
70 g flüssige Butter

300 g französische Buttercreme (Seite 71)
2 cl Kirschwasser

10 cl Läuterzucker
10 cl Kirschwasser

2 Japonaisböden von 24 cm ∅ (sie sollten nur Mandeln enthalten, nach dem Rezept von Seite 51)

Die Biskuitmasse wird nach der Methode der Wiener Masse (Seite 44f.) angeschlagen. Der fertige Boden sollte mindestens über Nacht lagern, bevor er verwendet wird. Die Buttercreme mit dem Kirschwasser parfümieren. Aus Läuterzucker und Kirschwasser den Sirup zum Tränken der Torte mischen.

Einen Japonaisboden mit der Kirschbuttercreme bestreichen und den Biskuitboden darauflegen, von dem zuvor die obere Kruste abgeschnitten wurde, damit der Kirschwassersirup gleichmäßig eindringen kann. Er wird mit einem Pinsel über die Oberfläche verteilt. Darüber wieder eine dünne Buttercremeschicht streichen und mit dem zweiten Japonaisboden abdecken. Die Torte mit der restlichen Buttercreme einstreichen und den Rand mit gehobelten, gerösteten Mandelblättchen einstreuen. Die Torte kühlen. Dann die Oberfläche mit Puderzucker besieben, mit einem Messerrücken das traditionelle Rautenmuster eindrücken und jedes Stück mit einer halben Belegkirsche garnieren.

Dobostorte

Viele Rezepte sehen für diese ungarisch-österreichische Spezialität eine schwere Buttercreme, nur mit Eigelb und Kuvertüre angereichert, vor. Das folgende Rezept ist eine leichtere Art mit Vanillecreme.

300 g Butter
1/2 l Milch
3 Eigelb
45 g Speisestärke (Weizenpuder)
250 g Zucker
1/2 Vanilleschote
50 g Kakaopulver
120 g aufgelöste Kuvertüre

8 Dobosböden (Rezept Seite 45)
1 TL Butter
150 g Zucker
einige Tropfen Zitronensaft

Für die Creme die Butter schaumig rühren. Von der Milch 2 EL abnehmen und mit Eigelb und Weizenpuder verrühren. Die Milch mit dem Zucker, Mark der Vanilleschote und Kakaopulver zum Kochen bringen, die Stärkemischung unterrühren und mehrmals aufwallen lassen. Die abgekühlte und durch ein Sieb gestrichene Creme nach und nach unter die Butter rühren. Zuletzt die aufgelöste Kuvertüre zugeben.
Die Böden mit der Creme füllen und die Torte dann, wie aus der nebenstehenden Bildfolge ersichtlich, einstreichen. Für die Karameldecke die Butter in einer Pfanne zerlaufen lassen und Zucker und Zitronensaft zugeben. Unter Rühren zu hellem Karamel schmelzen und sofort auf den Boden streichen.

1 **Den ersten Boden** mit der vom Papier abgezogenen Seite auf die Tortenunterlage (Aluscheibe) legen. Die erste Schicht Schokoladen-Buttercreme aufstreichen. Darauf achten, daß die Creme nicht über den Rand gestrichen wird, dann den nächsten Boden darauflegen.

2 **Mit der Papierseite nach oben** wird der nächste Boden aufgelegt. Er soll am Rand möglichst genau mit dem unteren Boden abschließen. Mit der Handfläche über das Papier streichen und den Boden fest andrücken. Man kann dies auch mit einer zweiten Tortenunterlage machen.

6 **Die Karameldecke aufstreichen.** Dafür den schönsten Boden zurückbehalten und den Rand beschneiden. Die Tortenunterlage dünn mit Butter bestreichen. So kann eventuell über den Rand laufender Karamel später leicht entfernt werden. Auch die Palette muß vorher eingefettet werden.

7 **Der Karamel muß noch warm sein,** wenn die Decke in Stücke geteilt wird. Dafür ist ein langes Tortenmesser sehr praktisch, dessen Schneide vor jedem Schnitt durch ein Stück Butter gezogen wird, damit der Karamel nicht anklebt. Das Ganze muß recht flott gehen, weil der Karamel schnell hart wird.

Prinzregententorte

7 Eier
120 g Zucker
100 g Mehl
50 g Speisestärke (Weizenpuder)
50 g warme Butter
Schokoladenbuttercreme wie bei der Dobostorte
300 g temperierte Kuvertüre

Die Zutaten wie die Wiener Masse (Seite 44) verarbeiten und dann wie die Dobosmasse (Seite 45) auf Pergamentpapier streichen und backen. Diese Böden sind etwas knuspriger als die kalt angeschlagenen Dobosböden, dafür aber sehr zerbrechlich.
Die Torte mit der Kuvertüre überziehen und nach dem Erkalten mit einem warmen Messer einteilen bzw. vorschneiden. Da die Kuvertüre sehr hart wird, würde sie sonst beim Schneiden brechen.

3 **Das Papier abziehen.** Mit einer Hand den Papierrand fassen und seitlich wegziehen. Dabei mit der anderen Hand den Tortenboden andrücken, damit er sich durch das Abziehen des Papiers nicht von der Cremeschicht lösen kann. Die nächste Schicht aufstreichen und ebenso weiterverfahren.

4 **Den Rand gleichmäßig beschneiden.** Als Führung eignet sich dafür ein Ring von 26 cm Durchmesser. Man schneidet mit einem entsprechenden Messer an der Innenseite des Ringes entlang die überstehenden Böden ab. Noch leichter geht es mit den gewölbten französischen Metallschablonen.

5 **Die Torte einstreichen.** Sie wird zunächst einmal vollständig mit Schokoladencreme eingestrichen, und zwar möglichst dünn. Im Kühlschrank diese Cremeschicht etwas fest werden lassen und den gleichen Vorgang wiederholen. Besonders der Rand sollte schön glatt und ebenmäßig sein.

8 **Stück für Stück auflegen.** Man kann jedes einzeln von der Tortenunterlage lösen und auf die Torte legen. Eine zweite Methode: Den geteilten Boden auf einmal auf die Torte schieben, aber vorher mit einem Messer von der Unterlage lösen, weil diese oft durch herabgelaufenen Karamel anklebt.

Herrentorte

mit Zitronencreme

3 Zitronen
50 g Würfelzucker
300 g Butter
170 g Zucker
4 Eigelb

6 Dobosböden (Rezept Seite 45)

300 g temperierte Kuvertüre
16 Blüten aus Marzipan
Zitronen-Konfitüre zum Füllen der Marzipanblüten

Die Zitronen (auch wenn es ungespritzte Ware ist) unter heißem Wasser abbürsten und die Schale mit Würfelzucker sorgfältig abreiben. Ein Drittel der Butter mit dem Zitronen-Würfelzucker, dem Saft der Zitronen, Zucker und Eigelb in einer Stielpfanne bis zum Siedepunkt erhitzen und wieder abkühlen lassen. Die übrigen zwei Drittel der Butter schaumig rühren und die fast kalte Mischung darunterziehen. Die Dobosböden damit füllen und die Torte mit der restlichen Creme sorgfältig einstreichen. Im Kühlschrank nur kurz anziehen lassen, damit sie für das anschließende Überziehen mit der temperierten Kuvertüre nicht zu kalt wird. Die Kuvertüre würde sonst zu schnell fest werden und der Überzug zu dick ausfallen. Mit einem erwärmten Messer in 16 Stücke teilen. Die Blüten für die Garnierung werden aus 3 mm stark ausgerolltem Marzipan mit einem gezackten Förmchen von 3 cm Durchmesser ausgestochen, etwas gewölbt, mit Kuvertüre auf der Torte befestigt und mit der Konfitüre gefüllt.

Kaffeetorte mit Sauerkirschen

1 Glas Sauerkirschen (215 g Fruchteinwaage)
50 g Zucker
1 Msp. Zimt
3 TL Speisestärke

2 EL Instantkaffee
1 EL Puderzucker
2 EL heißes Wasser
Buttercreme mit Vanillecreme (von 250 g Butter, Rezept Seite 70)
1 Wiener Boden (Seite 44 f.)
3 EL Läuterzucker
2 cl feines Kirschwasser

100 g Marzipanrohmasse
70 g Puderzucker
120 g temperierte Kuvertüre

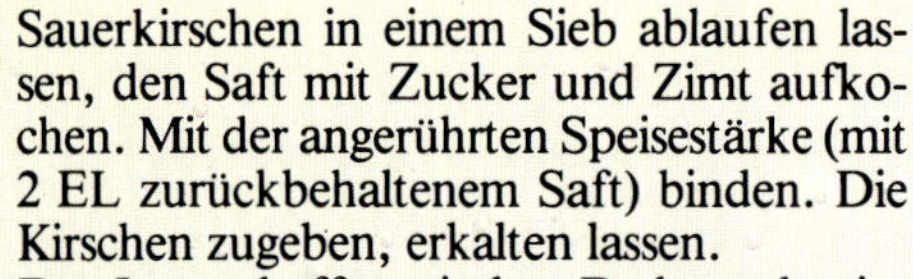

Sauerkirschen in einem Sieb ablaufen lassen, den Saft mit Zucker und Zimt aufkochen. Mit der angerührten Speisestärke (mit 2 EL zurückbehaltenem Saft) binden. Die Kirschen zugeben, erkalten lassen.
Den Instantkaffee mit dem Puderzucker im heißen Wasser vollständig auflösen und abkühlen lassen. Unter die Grundcreme rühren. Den Biskuitboden zweimal quer durchschneiden. Auf den ersten Boden eine Schicht Buttercreme streichen, darauf die gebundenen Kirschen gleichmäßig verteilen. Den zweiten Boden darauflegen und mit einer Tortenunterlage (Aluscheibe) fest andrücken, damit die Kirschen in der Creme versinken. Läuterzucker mit Kirschwasser mischen und den Biskuit damit tränken. Eine weitere Kaffeecremeschicht aufstreichen, den dritten Boden auflegen. Die Torte ringsum einstreichen, kühlen und nochmals exakt »nachstreichen«. In 16 Stücke einteilen, auf jedes Stück mit Lochtülle Nr. 5 eine sich nach innen verjüngende Cremespirale spritzen.
Marzipan mit dem Puderzucker anwirken und zu einer dünnen Platte ausrollen. Eine Tortenunterlage (Aluscheibe) dünn mit Puderzucker besieben und die Marzipanplatte darauflegen. Mit der temperierten Kuvertüre bestreichen und, solange diese noch weich ist, mit einem Garnierkamm durchziehen. Sofort mit einem Tortenring (26 cm ∅) ausstechen und in 16 Stücke teilen. Sobald die Kuvertüre vollständig erstarrt ist, die Ecken fächerförmig auf die Torte legen.

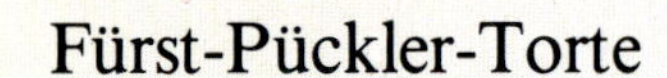

Fürst-Pückler-Torte

1/2 Biskuitboden (Wiener Masse Seite 44 f., halbe Menge)
1/2 Schokoladenboden (Klassische Schokoladenmasse Seite 46, halbe Menge)
Französische Buttercreme (von 400 g Butter, Seite 71)
40 g Kuvertüre, lauwarm aufgelöst
50 g gesüßtes Erdbeermark

3 cl Läuterzucker
1 cl Zitronensaft
2 cl brauner Rum

350 g Kuvertüre, temperiert
1 TL gehackte Pistazien
1 EL gesüßtes Erdbeermark

Aus dem Biskuit- und Schokoladenboden je zwei Scheiben von etwa 1 cm Stärke schneiden. Diese Böden kann man nun abwechselnd füllen oder, wie auf dem Bild, eine Art Schachbrettmuster daraus zusammensetzen. Dafür schneidet man mittels Schablonen die Böden in je fünf Ringe und tauscht davon dann jeden zweiten aus.
Die Buttercrememenge vierteln. Für die erste Schicht die Creme mit flüssiger Kuvertüre verrühren und gleichmäßig auf den Boden streichen. Den zweiten schwarzweiß kombinierten Boden darauflegen und etwas mit dem Rum-Zitronen-Läuterzucker tränken. Die nächste Schicht ist reine Vanillebuttercreme. Darauf wieder einen kombinierten Boden legen, tränken und mit Erdbeerbuttercreme bestreichen. Dafür wird ein Viertel der Creme mit Erdbeermark verrührt. Den letzten Boden daraufsetzen, die Torte einstreichen und nur kurz kühlen. Mit Kuvertüre überziehen. Die Torte mit einem angewärmten Messer in Stücke teilen. Mit der restlichen Creme (Sterntülle Nr. 5) Rosetten aufspritzen, jede Rosette mit einem Tupfen Erdbeermark und Pistazien garnieren.

Hunyadi-Torte

6 Eiweiß
200 g Puderzucker
6 Eigelb
200 g geriebene Haselnüsse
100 g kleingehackte Schokolade

450 g Vanillecreme (Seite 66)
1/4 l Sahne
4 Blatt Gelatine
100 g Aprikosenmarmelade
400 g temperierte Kuvertüre für Überzug und Garnitur
100 g Schokoladenbuttercreme für die Garnitur

Eiweiß zuerst mit der Hälfte, dann mit dem Rest des Puderzuckers steifschlagen. Eigelb sorgfältig verrühren. Eischneemasse locker untermischen. Geriebene Haselnüsse mit der Schokolade mischen. Unter die Masse heben.
Drei Tortenböden (26 cm ∅) auf Papier vorzeichnen. Masse darauf verstreichen. Im vorgeheizten Ofen bei 200° C 20 bis 25 Minuten backen. Böden aufeinandergelegt in Klarsichtfolie packen und auskühlen lassen. Die kalte Vanillecreme durch ein Sieb passieren. Steifgeschlagene Sahne mit der eingeweichten, aufgelösten Gelatine mischen. Unter die Creme heben. Unteren Boden dick mit Creme bestreichen, den nächsten Boden auflegen und auch dick mit Creme bestreichen. Mit dem dritten Boden abdecken. Leicht andrücken. Um den Rand herausgetretene Creme glatt verstreichen. Eine Stunde kühlen. Mit der erhitzten Aprikosenmarmelade aprikotieren, mit temperierter Kuvertüre überziehen und anziehen lassen. Für die Garnitur eine Tortenunterlage (Aluscheibe) mit Pergamentpapier belegen. Mit einer Tüte 16 Kuvertüretupfen daraufspritzen. Die Aluscheibe einmal leicht auf die Arbeitsplatte fallen lassen, damit die Kuvertüretupfen zu gleichmäßig großen Talern zerlaufen. Torte in 16 Stücke teilen. Auf jedes Stück eine Buttercremerosette spritzen. Mit den Schokoladentalern garnieren.

Haselnuß-Nougat-Torte

10 Eiweiß
400 g Puderzucker
250 g Haselnüsse, fein gerieben
150 g Mehl
1 Prise Zimt
1 Vanilleschote

50 g Nußnougat
1 cl Weinbrand
250 g französische Buttercreme (Seite 71)
200 g Himbeermarmelade
etwa 50 g temperierte Kuvertüre
80 g geröstete, gehobelte Nüsse oder Mandeln

Eiweiß zu festem Schnee schlagen und den Puderzucker nach und nach zugeben. Haselnüsse, gesiebtes Mehl, Zimt und ausgeschabtes Vanillemark daraufgeben. Vorsichtig unterziehen, damit die Masse nicht an Volumen verliert.
Drei Tortenböden (26 cm ∅) auf Papier vorzeichnen. Masse in den Spritzbeutel (Sterntülle Nr. 8) füllen. Zwei Tortenböden spiralförmig aufspritzen. Für das Deckblatt zuerst einen Rand spritzen. Diesen mit einem Gitter ausfüllen. Bei 200° C in etwa 15 Minuten saftig ausbacken.
Nougat mit Weinbrand glattrühren. Sorgfältig unter die Buttercreme rühren. Himbeermarmelade durch ein Sieb passieren, erhitzen und aufs Deckblatt dünn mit einem Pinsel auftupfen. Etwas anziehen und abkühlen lassen. Dann dünn Kuvertüre auftupfen, so daß die Konturen noch zu erkennen sind. Mit den gehobelten Nüssen oder Mandeln bestreuen. Den unteren Boden mit der restlichen Himbeermarmelade bestreichen. Zweiten Boden auflegen und mit der Buttercreme bestreichen. Den dritten, bereits garnierten Boden darauflegen. Rand mit Buttercreme einstreichen und mit gehobelten Nüssen oder Mandeln bestreuen. Torte in 16 Stücke teilen.

Maroni-Torte

210 g Maronenpüree, frisch oder aus der Konserve
8 Eigelb
Mark einer Vanilleschote
1 gestrichener TL Zimt
220 g Puderzucker
6 Eiweiß
90 g Mehl

200 g Maronenpüree
1 cl Rum
100 g Puderzucker
1/4 l Sahne
3 Blatt Gelatine
100 g Aprikosenmarmelade
400 g temperierte Kuvertüre zum Überziehen und Garnieren
100 g Marzipanrohmasse
60 g Puderzucker
2 EL gehackte Pistazien

Maronenpüree wenn nötig durchs Sieb passieren. Mit Eigelb, Vanillemark, Zimt und einem Drittel des Puderzuckers glattrühren. Eiweiß mit dem übrigen Puderzucker (in zwei Portionen zugeben) zu steifem Schnee schlagen. Unter die Eigelbmasse heben. Mehl daraufsieben und locker einmelieren. Im Ring bei 170° C etwa 45 Minuten backen. Über Nacht zugedeckt reifen lassen.
Für die Maronen-Sahne das Püree mit Rum und Puderzucker verrühren. Sahne steifschlagen. Eingeweichte, aufgelöste und abgekühlte Gelatine in dünnem Strahl einrühren. Tortenboden zweimal durchschneiden. Die Hälfte der Maronen-Sahne auf den unteren Boden streichen, zweiten Boden auflegen. Rest der Füllmasse aufstreichen. Deckblatt auflegen. Leicht andrücken. Rand glattstreichen. 30 Minuten im Kühlschrank kaltstellen. Aprikosenmarmelade leicht erhitzen. Torte damit rundherum aprikotieren. Aufgelöste Kuvertüre daraufgießen, glattstreichen und anziehen lassen. Marzipan-Rohmasse und Puderzucker verkneten. 16 Maronen daraus formen. Am dicken Ende in die temperierte Kuvertüre tauchen und anschließend in gehackte Pistazien drücken. Torte in 16 Stücke einteilen und mit den Maronen garnieren.

Kokosnußtorte

2 frische Kokosnüsse
50 g Zucker
4 cl echter brauner Rum

1 Wiener Boden von 26 cm ∅ (Rezept Seite 44 f.)

1/2 l Milch
1 Vanilleschote
180 g Zucker
45 g Speisestärke
3 Eigelb
3 Eiweiß
16 Belegkirschen

Die beiden Kokosnüsse an den »Augen« anbohren, das Wasser auslaufen lassen. Aufbrechen, das frische Kokosnußfleisch herausnehmen und fein reiben. 4 cl Kokosnußwasser mit dem Zucker aufkochen und klären, Rum zusetzen. Den Wiener Boden zweimal durchschneiden.
Milch mit der aufgeschnittenen Vanilleschote und einem Viertel des Zuckers aufkochen. Speisestärke mit Eigelb und 2 EL Milch verrühren, die Creme damit binden. Parallel dazu Eiweiß mit dem restlichen Zucker zu steifem Schnee schlagen, mit dem Schneebesen unter die kochende Creme rühren. Sobald Creme und Eischnee vollkommen vermischt sind, vom Herd nehmen. Das Füllen und Einstreichen der Torte muß nun recht flott gehen, weil die Creme sehr schnell fest wird. Den ersten Boden bestreichen, zweiten darauflegen, mit der Kokoswasser-Rummischung tränken. Darauf die zweite Cremeschicht und den letzten getränkten Boden geben. Mit dem Rest der Creme einstreichen. Torte etwas abkühlen lassen, dann mit der frisch geriebenen Kokosnuß dicht einstreuen. In 16 Stücke einteilen, auf jedes Stück eine Belegkirsche legen.

Mokka-Baisertorte

1/4 l Eiweiß (von etwa 8 Eiern)
250 g Zucker
200 g Puderzucker
30 g Speisestärke

300 g Butter
4 Eier
2 Eigelb
220 g Zucker

30 g bester Kaffee, gemahlen
8 cl kochendes Wasser
50 g gehobelte geröstete Mandeln
14 Mokkabohnen

Nach der Methode von Seite 50 eine Baisermasse schlagen. Mit Lochtülle Nr. 8 oder 9 vier Böden von 26 cm ∅ auf Pergament- oder Backtrennpapier spritzen. Im Ofen trocknen, dann vom Papier lösen.
Buttercreme zubereiten (wie auf Seite 70 beschrieben, Buttercreme mit Eiermasse). Kaffeepulver mit dem kochenden Wasser übergießen. Diesen extrastarken Kaffee etwa 10 Minuten ziehen lassen, dann abseihen und langsam unter die Buttercreme ziehen. Die Baiserböden mit der Creme bestreichen, zusammensetzen und die Torte dünn einstreichen. Kühlen, dann ein zweites Mal einstreichen. Die gehobelten Mandeln in ein Sieb geben, den Mandelstaub auf die Oberfläche der Torte sieben. Mit den Mandeln den Rand einstreuen. Die Torte in 14 Stücke einteilen, jedes Stück mit einer Rosette aus Mokkacreme (Sterntülle Nr. 5) und einer Mokkabohne garnieren.

Schwarzwälder Kirschtorte

460 g Kompott-Sauerkirschen
1/4 l Sauerkirschsaft
40 g Zucker
1/2 Zimtstange
2 gehäufte TL Speisestärke

1 Schokoladen-Biskuitboden von 26 cm ∅ (Rezept Klassische Schokoladenmasse, Seite 46)

3/4 l Sahne
60 g Zucker
6 cl Kirschwasser
4 cl Läuterzucker
Schokoladenspäne oder -röllchen und Puderzucker zum Garnieren

Die Sauerkirschen in einem Sieb gut ablaufen lassen, 1/4 l des aufgefangenen Saftes mit dem Zucker und der Zimtstange aufkochen. Zimtstange herausnehmen und die Flüssigkeit mit der angerührten Speisestärke binden. Einige Male kräftig aufkochen lassen. Kirschen dazugeben, mit dem Schneebesen vorsichtig umrühren, damit die Kirschen nicht zerdrückt werden. Nochmals aufwallen lassen, vom Herd nehmen und auskühlen lassen. 16 Kirschen für die Dekoration zurückbehalten.
Biskuitboden zweimal durchschneiden. Sahne und Zucker mischen und steifschlagen. Den ersten Boden dünn mit Sahne bestreichen, mit Spritzbeutel und Lochtülle Nr. 10 vier Ringe daraufspritzen. Die Zwischenräume mit den kalten Sauerkirschen füllen. Zweiten Boden daraufsetzen und andrücken, mit dem Kirschwasser-Läuterzuckergemisch gleichmäßig tränken. Eine Sahneschicht daraufstreichen, mit dem dritten Boden abdecken, wieder tränken. Die Torte mit Sahne einstreichen, mit Rosetten und Kirschen garnieren. Die Mitte mit Schokoladenspänen ausfüllen und mit Puderzucker besieben.

Frankfurter Kranz

Er ist ein Gebäck, das zumindest in Deutschland nahe an die Popularität der Schwarzwälder Kirschtorte herankommt. Nur ist man sich beim Frankfurter Kranz über die Zubereitung völlig uneinig. Einzige Konstante der vielen unterschiedlichen Rezepte ist die Kranzform. Der Teig wechselt von Biskuit zu Rührkuchen, die Creme von Vanille- über Mokka- bis zu Maraschino-Buttercreme. Eingestreut wird der Kranz mal mit gehackten Mandeln, gerösteten Haselnüssen oder mit gestoßenem Krokant.
Welche Zusammensetzung die beste ist, kann man natürlich nicht beantworten, wohl aber, daß Krokant das ideale Mittel zum Einstreuen des Kranzes ist. Diese knusprigen, in Karamel eingehüllten Mandelstückchen sind eine angenehme Ergänzung zu dem zarten Biskuit und der weichen Creme. Wir haben uns bei dem folgenden Rezept für eine Füllung aus Mokkabuttercreme und einen mit Kirschwasser parfümierten Biskuit entschieden.

Für die Zubereitung von Krokant 150 g Zucker in einer Stielkasserolle schmelzen. Der Karamel soll hellbraun sein. 150 g grob gehackte, geröstete Mandeln zugeben, schnell unterrühren. Sofort vom Herd nehmen und den heißen, noch formbaren Krokant auf eine eingeölte Marmorplatte geben. Auch das Rollholz vorher mit Öl einpinseln, damit der Karamel beim Ausrollen nicht anklebt. Diese etwa 1 cm starke, heiße Krokantplatte erkalten lassen. Mit einem Gewichtstein oder Fleischklopfer zerstoßen. Ein Tortenring verhindert, daß sich der zersplitterte Krokant über den ganzen Tisch verteilt.

Den Biskuitkranz dreimal durchschneiden. Den ersten Ring mit Mokkabuttercreme bestreichen. Den zweiten Ring darauflegen, mit Kirschwasser-Läuterzucker tränken. Mit den beiden nächsten Füllungen ebenso verfahren, dabei den Biskuit kräftig parfümieren. Den Kranz kühlen, mit der Vanillebuttercreme einstreichen und die Creme mit einem Pergamentstreifen glätten. Mit dem gestoßenen Krokant einstreuen und mit der Hand am Rand etwas andrücken. Mit der restlichen Creme 16 Tupfen aufspritzen, mit halben Belegkirschen garnieren.

Der Biskuit wird nach der Methode »Wiener Masse«, Seite 44 f., zubereitet.

4 Eier
1 Eigelb
120 g Zucker
1 Msp. Salz
90 g Mehl
50 g Speisestärke (Weizenpuder)
70 g flüssige Butter

Vanillebuttercreme nach deutscher Art von Seite 70
30 g Puderzucker
2 EL aufgelöster Instantkaffee
4 cl Kirschwasser
4 cl Läuterzucker
Krokant, nebenstehendes Rezept
16 halbe Belegkirschen
Eine Kranzform (22 cm ∅ innen)
Butter zum Ausfetten
Brösel zum Ausstreuen

Die Kranzform sorgfältig ausfetten und mit den gesiebten Bröseln ausstreuen. Die Biskuitmasse einfüllen, etwa 35-40 Minuten bei 190 °C backen.
Den Kranz einige Minuten abkühlen lassen, stürzen. Erst am nächsten Tag dreimal teilen. Er bleibt schön saftig, wenn man ihn mit einer entsprechend großen Schüssel abdeckt oder in Folie wickelt. Dazu muß er vollständig ausgekühlt sein.
Von der Buttercreme etwa zwei Drittel mit dem Puderzucker und Kaffee verrühren, den Kranz wie nebenstehend füllen. Dabei den Biskuit (ausgenommen der unterste Ring) gleichmäßig mit dem Kirschwasser-Läuterzucker tränken.

Aprikosen-Sahnecremetorte

50 g Marzipanrohmasse
5 Eigelb
80 g Zucker
Mark einer halben Vanilleschote
3 Eiweiß
60 g Mehl
20 g Speisestärke (Weizenpuder)
40 g geriebene Kuvertüre
Pergamentpapier zum Aufstreichen der Böden

80 g Zucker
3/8 l Milch, 3 Eigelb
5 Blatt Gelatine
50 g Marzipanrohmasse
4 cl Amaretto (Mandellikör)
3/8 l Sahne, geschlagen
600 g Kompott-Aprikosen

2-3 Baiserschalen (Meringues)
1/4 l Sahne
1 EL Zucker

Marzipanrohmasse zuerst mit einem Eigelb weichkneten, dann nach und nach das übrige Eigelb, ein Drittel des Zuckers und das Vanillemark zugeben, schaumig rühren. Das Eiweiß zu Schnee schlagen, dabei den restlichen Zucker langsam einrieseln lassen. Mehl mit Weizenpuder sieben, die feingeriebene Kuvertüre daruntermischen. Ein Drittel des Eischnees unter die Eigelbmasse rühren, dann den restlichen Eischnee und die Mehlmischung darunterheben. Zwei Ringe von 26 cm Ø auf Pergament vorzeichnen, die Masse darauf verteilen. Gleichmäßig stark aufstreichen und das Papier mit den Böden auf das Backblech ziehen. Bei 220° C etwa 10-12 Minuten backen. Mit einem Tortenring die Ränder der Böden glattschneiden, dann den Ring um einen Boden stellen.

Zucker, Milch und Eigelb bis zur Rose abziehen (siehe Seite 69) und die in kaltem Wasser eingeweichte und wieder ausgedrückte Gelatine darin auflösen. Die Creme durch ein Sieb geben. Die Marzipanrohmasse in einer Schüssel mit ganz wenig Creme glattrühren. Dann die übrige Creme und den Mandellikör unterrühren. Unter die abgekühlte, aber noch flüssige Creme die geschlagene Sahne ziehen. Etwa ein Drittel davon auf den Biskuitboden streichen. Die gut abgelaufenen Aprikosenhälften darauf verteilen (4-5 Hälften für die Garnitur zurückbehalten) und mit einem weiteren Drittel der Creme abdecken. Zweiten Boden darauflegen, den Rest der Creme einfüllen und die Oberfläche glattstreichen. Im Kühlschrank erstarren lassen.

Torte mit einem Messer vom Ring lösen und diesen abheben. Die Baiserschalen in möglichst gleichmäßig große Splitter hacken. Die Torte dünn mit Schlagsahne einstreichen, damit die Baiserbrösel gut haften, mit denen sie anschließend eingestreut wird. In 16 Stücke einteilen, mit Spritzbeutel und Sterntülle (Nr. 11) Rosetten daraufspritzen und mit je einer Aprikosenspalte belegen.

Flockentorte

mit Walderdbeersahne gefüllt

Sie ist eine ganz leichte Sahnetorte aus knusprig gebackener Brandmasse. Sie sollte möglichst nicht älter als 2-3 Stunden werden, weil sonst die Brandmasse weich wird.

70 g Butter
1/4 TL Salz
1 TL Zucker
20 cl Wasser
200 g Mehl
5 Eier
Butter und Mehl für die Backbleche

250 g frische Walderdbeeren
50 g Puderzucker
1 EL echter Rum
1 l Sahne
80 g Zucker
Puderzucker zum Besieben

Butter, Salz, Zucker und Wasser aufkochen. Das gesiebte Mehl auf einmal hineinschütten und abbrennen wie auf Seite 52 beschrieben. Die Eier nach und nach darunterrühren, bis eine sehr weiche, leicht streichfähige Brandmasse entstanden ist. Sollten die angegebenen 5 Eier dafür nicht ausreichen, kann man die Masse mit Eiweiß oder einem ganzen Ei noch weiter verdünnen. Backbleche dünn mit Mehl bestauben. Mit einem Tortenring (26 cm ∅) die Größe auf die Bleche zeichnen. Fünf dünne Böden (höchstens 2 mm stark) aufstreichen. Bei 220-250° C, also sehr heiß, knusprig hellbraun backen.
Die drei schönsten Böden zum Füllen auswählen und, falls nötig, den Rand nachschneiden. Die beiden übrigen Böden in kleine Stücke schneiden oder brechen.

Von den Walderdbeeren für die Dekoration (48 Stück) die schönsten Exemplare heraussuchen, den Rest mit Puderzucker bestreuen und mit Rum beträufeln. Mit der Gabel grob zerdrücken und eine halbe Stunde durchziehen lassen. Sahne mit Zucker mischen und steifschlagen. Etwa zwei Drittel davon mit den zerdrückten Walderdbeeren verrühren und damit die drei Böden füllen. Mit der restlichen Sahne die Torte einstreichen und dicht mit den Brandmasseflocken einstreuen. 16 Sahnerosetten aufspritzen, jedes Stück mit drei Walderdbeeren garnieren. Die Oberfläche mit etwas Puderzucker besieben.

Pischingertorte

1 TL Butter
120 g Haselnüsse
60 g Zucker

250 g Butter
50 g Zucker
1/2 Vanilleschote
1/2 TL Instantkaffee
2 Eigelb
1 Paket Karlsbader Oblaten
250 g temperierte Kuvertüre

Butter in einer Kasserolle zerlaufen lassen, die grob gehackten, leicht gerösteten Haselnüsse und den Zucker darin unter ständigem Rühren karamelisieren. Auf eine eingeölte Marmorplatte geben, etwas abkühlen lassen und dann fein zerstoßen. Man kann dabei nach dem Prinzip der Krokantzubereitung verfahren, wie auf Seite 163 beschrieben.
Butter mit Zucker, Vanillemark und Instantkaffee schaumig und ganz besonders

luftig rühren. Anschließend das Eigelb und den ganz fein gestoßenen Haselnußkaramel unterrühren. Damit die 5 Oblaten füllen, die Torte grob einstreichen und kühlen. Mit der restlichen Creme nochmals exakt einstreichen und eine weitere Kühlphase einlegen. Erst dann mit der temperierten Kuvertüre überziehen.

Die Pischingertorte ist auch eine der österreichischen Spezialitäten, die mit dem Original der vom Wiener Zuckerbäcker Oskar Pischinger erfundenen, mit Nüssen gefüllten Torte nicht mehr viel gemein hat. Diese original Pischingertorten werden industriell hergestellt und vermarktet. Seine Zuckerbäckerkollegen erfanden aber einen recht praktikablen Ausweg, von dieser kulinarischen Idee zu profitieren, und die heutige Torte kann sich sehen bzw. schmecken lassen. Voraussetzung dafür sind Karlsbader Oblaten feinster Qualität, denn mit gewöhnlichen Waffeln wäre das Geschmackserlebnis dahin.

Wiener G'schichten von einer Torte

Wie kann denn aus einer eher schlichten, feinen Torte, wie es die Sachertorte nun mal ist, eine solche Weltberühmtheit werden, die Epochen überdauert und nichts an ihrer Faszination verloren hat? Die österreichische Zuckerbäckerei darf sich glücklich schätzen, ein solches Goldstückerl zu besitzen, das über Jahrzehnte für Schlagzeilen in der Presse gesorgt hat, sozusagen ein permanentes PR-Gustostückerl. Aber für diese Imagepflege haben die beiden Kontrahenten, das Hotel Sacher und die k. u. k. Hofkonditorei Demel, gesorgt. Sie konnten sich einfach nicht einigen, wer wohl das Recht am Originalrezept besitzt, bzw. wer nach eben diesem seine Torten backen darf; aber die Gerichte haben letztlich entschieden. Beim Sacher wird sie mit Marillenmarmelade gefüllt, beim Demel pflegt man sie jungfräulich unangetastet nur mit Schokoladenglasur zu überziehen. Andernorts würde man nach einer solchen Unstimmigkeit schnell wieder zur Tagesordnung übergehen, nicht so diese beiden Traditionshäuser Sacher und Demel. Und in Sachen Tradition hört sich in Wien allemal der Spaß auf. Für einen kulinarisch Interessierten aber wird es jetzt erst interessant, nicht der Sachertorte wegen und schon gar nicht des berühmten Hotels gleichen Namens, wo man das Gefühl nicht los wird, beim Herrn Ober um Verzeihung bitten zu müssen, ein solches Kuchenstückerl bestellt zu haben.
Die k. u. k. Hofkonditorei Demel ist's (bittschön merken, dort fehlt die Marmelade in der Torte), wo sich's so »faszinant« schwelgen läßt, mitten im Duft von Kuchen und Kaffee und wo zwischen Lüstern, Spiegeln und Schnörkeln der Zuckerguß vom Gipsstuck nicht mehr so recht zu differenzieren ist. Schwarz, mit weißen Kragerln gekleidet: die »Demelinerinnen«, diese süßen Geschöpfe mit ihrer dezenten Freundlichkeit (sie Kellnerin zu nennen, käme mehr als einer Beleidigung gleich), beim Gast das persönliche Fürwort strikt verweigernd: »Haben der Herr schon gewählt?« oder »Bevorzugen die Torte mit Schlag?«, pflegen sie eine Umgangssprache, die das Ganze als eine grandiose Inszenierung wienerischer Theaterkunst der Jahrhundertwende erscheinen läßt. Aber es ist Wirklichkeit, wenn auch mit einem Regisseur im Hintergrund, der sowohl et-

was von Show als auch von Kunst versteht: Udo Proksch alias Serge Kirchhofer. Er pflegt geradezu leidenschaftlich konsequent die Tradition, und wer noch immer daran zweifeln sollte, der wird sich spätestens von der Qualität der Backwaren überzeugen lassen. Keine modischen Einflüsse wurden geduldet, und heute kann wohl keine andere Konditorei von sich behaupten, den zweifelhaften Segnungen der einschlägigen Industrie so konsequent widerstanden zu haben, wie eben das Demel. Für Meister Leschanz, verantwortlich für die Backstube, gibt es keine Kompromisse: das Frischeste und Beste ist gerade gut genug.

Darin sind sich diese Erztraditionalisten kurioserweise völlig einig mit den Jüngern der Cuisine de marché. Nur, die Rezepte werden irgendwelchen Modeströmungen, und seien sie noch so »schlank und einleuchtend«, nicht angepaßt. Dafür aber machen sie die Marmeladen und Konfitüren selbst, lassen sich von ihrer Vertragsmühle extra »ungebleichtes« Mehl mahlen und im Untergeschoß am Kohlmarkt laufen Maschinen aus der k. u. k. Zeit, die Nougat, Marzipan und selbst die eigene Demel-Schokolade produzieren. Einige Stufen weiter oben trempieren flinke Mädchen die unzähligen Pralinen doch tatsächlich Stück für Stück von Hand.

Das folgende Rezept der Sachertorte ist sozusagen »neutral« und wenn es Ähnlichkeit mit dem Original haben sollte, dann ist dies rein zufällig:

120 g Kuvertüre 60/40 (Halbbitter-Schokolade)
100 g Butter, 110 g Puderzucker
5 Eigelb, 1/2 Vanilleschote
4 Eiweiß
50 g Mehl
120 g feinst geriebene Mandeln

Ein Tortenring oder eine Springform von maximal 22 cm ∅
Butter und Brösel

Aprikotur zum Bestreichen
gekochte Schokoladenglasur (Rezept Seite 80)

Kuvertüre im Wasserbad auflösen und warm halten. Butter mit 1/3 des Puderzuckers und Eigelb schaumig rühren. Das Mark der Vanilleschote und die lauwarme Kuvertüre unterrühren. Eiweiß mit restlichem Zucker steifschlagen und zusammen mit Mehl und Mandeln locker unter die Buttermasse heben. In die gefettete und mit Bröseln ausgestreute Form füllen und bei etwa 180° C 40-50 Minuten backen. Die abgekühlte Torte dünn aprikotieren und mit der Glasur überziehen.

Das ist Wiener Tortentradition: die Sachertorte. Gefüllt mit Marillenmarmelade ist die Torte des Hotel Sacher. Sie darf sich auch »original Wiener Sachertorte« nennen. In den supermodernen Räumen der Hotel-Konditorei erhalten die Torten reihenweise den zartschmelzenden Schokoladenüberzug. Ungefüllt stammt sie aus der k. u. k. Hofkonditorei Demel. Auch die »Annatorte« vom Demel hat es zu einer gewissen Berühmtheit gebracht. Wohl durch ihr skurriles Aussehen, das an einen Turban erinnert. — In Schwarz, mit weißen Kragerln, die »Demelinerinnen«. Sie verwöhnen mit angemessener Distanz die Gäste in der k. u. k. Hofkonditorei.

KLEINE PATISSERIE

Von Mohrenköpfen, süßen Schnittchen und Rouladen

Der Gegenstand dieses Kapitels ist recht jung. Frühere Jahrhunderte liebten wohl eher das Überdimensionale, bei den Torten wie auch anderwärts. Je größer und üppiger, dachte man da, um so besser; und das Untereinander-Aufteilen wagenradgroßer Kuchen und Torten kam dem ausgeprägten Gemeinschaftssinn jener Zeiten gerade recht.
Erst das Biedermeier fand zu dem Lebensgefühl der Privatheit, welches sich in den heute sogenannten »Desserts« niederschlägt, die oft optischer Höhepunkt der Vitrinen guter Konditoreien sind. Diese zierlichen Kleinigkeiten entsprechen einer Zeit, in der harte körperliche Arbeit seltener geworden ist. Mit ihnen lösten die Konditoren die Aufgabe, auch eine Kundschaft kulinarisch zu befriedigen, die eigentlich keinen so ganz großen Hunger mehr hat. Kein Wunder, daß diese kleine Patisserie heutzutage einen immer größeren Anteil am Umsatz ausmacht.
Diese Aufgabe stellt höchste Anforderungen an die äußere Form der betreffenden Erzeugnisse. Der Grundsatz »Das Auge ißt mit« gilt noch nicht einmal bei den Torten so dringlich wie hier. Anders ist es kaum zu verstehen, daß vielfach dieselben Produkte sowohl in Tortenform angeboten werden, als auch in einer Miniaturausgabe als »Törtchen« oder »Schnittchen«. Für den Zuckerbäcker bieten diese Schnittchen den Vorteil, daß sie leichter zu portionieren sind als die großen Torten. In der Hausbäckerei lassen sich die Rezepte großer Torten halbieren und so entstehen Dimensionen für die kleine Familie. Fast alle »großen Rezepte« lassen sich so verkleinern. Bis hin zur Linzer- oder gar Sacher-Torte erscheint, Baumkuchen eingeschlossen, nahezu alles in reduzierter Form wieder, was das Handwerk und die Hausbäckerei an Torten und Kuchen entwickelt hat. Ein Spezifikum der kleinen Formen sind hingegen die Rouladen; meist dient ein Biskuitboden als Hülle, in welche delikate Füllungen aus Zitronen- oder Schokoladencreme, Nuß-, Frucht- oder Trüffel-Massen eingerollt werden. Die Rolle wird in Scheiben geschnitten und dann schnittchenweise serviert: ein Augenschmaus.
Die rumgetränkten kleinen Savarins, deren Ringformen ausgefüllt sind von leckeren Garnituren, bieten besonders dankbare Möglichkeiten für die Herstellung von Desserts. Und ein gutgemachter Mohrenkopf bleibt — trotz seiner Pervertierung durch die Industrie — eine höchst lustvolle Speise und ist die große Liebe der Kinder seit anderthalb Jahrhunderten. Er entstand in Wien im Jahr 1822, als dort ein Zauberkünstler namens Kutom Bulchia Titescan Triumphe feierte. Ein findiger Zuckerbäcker huldigte dem Inder durch die Kreation eines Desserts, dessen Sahnefüllung an die blendendweißen Zähne und dessen Schokoladenüberzug an die Hautfarbe des Künstlers erinnern sollte. Bis heute heißt diese Leckerei in Wien, wo man zwischen den verschiedenen Völkern nicht allzu genau unterscheidet, »Indianer«.

Mohrenköpfe

Nachfolgendes Rezept ist sozusagen ein Grundrezept für kleine Biskuitstücke, die durch das Backen nicht ihre Form verlieren. Die Mohrenköpfe sind wohl die bekanntesten und beliebtesten Vertreter dieser kleinen Patisserie. Sie werden zum Teil mit schlichter Schlagsahne gefüllt oder auch mit leichter Vanillecreme (Konditorcreme), doch dann setzt man die beiden Hälften zu einer Kugel zusammen und überzieht sie erst anschließend mit Kochschokolade.

5 Eigelb
70 g Zucker
7 Eiweiß
70 g Speisestärke (Weizenpuder)
60 g Mehl

Aprikotur
Kochschokolade, Rezept Seite 80
1/2 l Sahne
50 g Zucker

Die Masse nach Anleitung nebenstehender Bildfolge zubereiten. Die Technik unterscheidet sich von der gewöhnlichen Biskuitmasse, denn die Stärke wird mit dem Eischnee vermischt und das cremig geschlagene Eigelb unter den Schnee gezogen — und nicht wie sonst üblich in umgekehrter Reihenfolge.
Die Biskuitschalen aprikotieren und glasieren, abtrocknen lassen und mit der geschlagenen Sahne (mit Spritzbeutel und Sterntülle Nr. 11) füllen. Sollen die Mohrenköpfe mit Vanillecreme gefüllt werden, die Biskuitschalen zuerst mit einer Mischung aus 2 cl Läuterzucker und 2 cl Rum tränken. Vanillecreme aus 1/2 l Milch zubereiten (Rezept Seite 66), die Biskuitschalen damit füllen und zusammensetzen. Erst dann aprikotieren und glasieren.

1 **Eigelb cremig rühren.** Die Eier trennen und 5 Eigelb in eine Schüssel geben. Vom Zucker 1 EL abnehmen und mit dem Eigelb cremig rühren, aber keinesfalls schaumig, denn die Masse soll nur dickflüssig sein, damit sie sich anschließend leicht mit dem Eischnee verbindet.

2 **Eischnee und Speisestärke mischen.** Eiweiß zu steifem Schnee schlagen, restlichen Zucker langsam einrieseln lassen. Weiterschlagen, bis ein schnittfester, feinporiger Eischnee entstanden ist. Die Speisestärke mit dem Holzspatel unterziehen oder mit dem Schneebesen schnell unterrühren.

3 **Eigelbmasse und Eischnee mischen.** Die Eigelbmasse etwa zur Hälfte über den Eischnee laufen lassen. Mit dem Holzspatel vorsichtig unterarbeiten. Die zweite Hälfte zugeben und vermischen. Entgegen der üblichen Zubereitungsmethode von Biskuit kommt das Eigelb zum Schnee, nicht umgekehrt.

4 **Das Mehl untermelieren.** Als letzten Arbeitsgang das gesiebte Mehl unterziehen. Mit dem Holzspatel sehr vorsichtig hantieren, denn in dieser Phase kann die Masse sehr leicht an Volumen und — was bei Mohrenköpfen besonders unangenehm wäre — an Standfestigkeit verlieren.

5 **Halbkugeln aufspritzen.** Ein Backblech mit Pergament- oder Backtrennpapier auslegen. Mit großem Spritzbeutel und Lochtülle Nr. 12 Halbkugeln daraufspritzen. Dabei den Beutel senkrecht halten und ohne Unterbrechung drücken. Zwischenräume lassen, weil sie beim Backen entsprechend aufgehen.

6 **Korrekt gebackene Mohrenkopfschalen** sollen gleichmäßig aufgegangen sein und eine möglichst glatte Oberfläche haben. Deshalb vor dem Backen mit einem Hauch Mehl überstauben. Bei 210° C 5 Minuten anbacken. Hitze auf 180° C reduzieren, Ofentür einen Spalt öffnen und fertigbacken.

7 **Profis verwenden spezielle Bleche,** die eingefettet und mit Mehl bestaubt werden. Die Masse aus senkrecht gehaltenem Spritzbeutel über die im Blech eingebauten Halbkugeln spritzen. Die gebackenen Mohrenkopfschalen werden vom heißen Blech gelöst. Das Aushöhlen für die Füllung entfällt.

8 **Die Oberfläche aprikotieren.** Die Aprikotur soll, wie auch bei anderem glasiertem Gebäck, als Isolierschicht dienen. Sie muß sehr heiß sein, daß man sie dünn mit dem Pinsel verstreichen kann. Man kann die Halbkugeln auch kurz in die Aprikotur tauchen und diese dann mit dem Pinsel verstreichen.

9 **Mit Kochschokolade überziehen.** Sie wird wie auf Seite 80 beschrieben zubereitet. Die aprikotierten Mohrenkopfschalen in die warme Kochschokolade eintauchen. Mit Hilfe eines kleinen Spitzmessers oder eines Holzstäbchens herausholen und zum Ablaufen auf ein Gitter setzen.

10 **Mohrenkopf mit Schlagsahne.** Die beiden Hälften wurden aprikotiert und glasiert. Sie brauchen nicht ausgehöhlt zu werden, weil die Füllung dazwischen gespritzt wird. Für besonders saftige Mohrenköpfe kann man die Biskuitschalen zuvor mit parfümiertem (Rum oder Arrak) Läuterzucker tränken.

Marzipankartoffeln

Sie sind ein ganz typisches Gebäck aus Mohrenkopfschalen, für das man die runden Schalen mit oder ohne eingebackene Vertiefung verwenden kann. Die Kartoffeln werden kugelig rund und sollten, um einer aufgesprungenen Pellkartoffel ähnlich zu sein, mit dem Messer eingeschnitten werden. Die andere Möglichkeit: Ovale Biskuitschalen aufspritzen und backen, aushöhlen und mit Vanillecreme füllen, die mit der gleichen Menge Schlagsahne verrührt wurde. Dann mit Marzipan einhüllen und in Kakaopulver wälzen.

12 Mohrenkopfschalen
2 cl Rum
2 cl Läuterzucker
350 g Vanille-Buttercreme
30 g Kuvertüre
120 g Ananaskonfitüre
400 g angewirktes Marzipan
Kakaopulver

Die Mohrenkopfschalen wenn nötig aushöhlen, mit der Mischung aus Rum und Läuterzucker beträufeln und die Flüssigkeit einziehen lassen. 1/3 der Vanille-Buttercreme mit der aufgelösten Kuvertüre verrühren und damit die Hälfte der Mohrenkopfschalen füllen. Die übrigen 6 Schalen mit Ananaskonfitüre füllen und jeweils mit einer cremegefüllten Schale zusammensetzen. Mit der restlichen Buttercreme einstreichen. Das Marzipan dünn ausrollen, Platten von etwa 12 cm ∅ ausstechen und die Kugeln damit einhüllen. Überstehendes Marzipan zusammenkneifen und die Reste mit einer Schere abschneiden. In Kakaopulver wälzen, mit einem Spitzmesser dreimal einschneiden und das Marzipan so weit zusammendrücken, daß die Buttercreme darunter sichtbar wird. Die Marzipankartoffeln in entsprechend große Papierkapseln setzen.

Ovale Marzipankartoffeln sehen besonders natürlich aus. Die bereits in länglicher Form gespritzten Biskuitschalen werden gefüllt und dünn mit Vanille-Buttercreme eingestrichen. Mit Marzipan einhüllen und die »Augen« mit einem Modellierholz oder einem anderen konisch-spitzen Gegenstand eindrücken.

1 **Auf Pergamentpapier spritzen.** Das Backblech damit auslegen und mit Bleistift (und einem Ausstecher als Vorlage) Kreise mit 12 cm Ø vorzeichnen. Die Masse mit dem Spritzbeutel und Lochtülle Nr. 7 spiralförmig aufspritzen. Dabei Zwischenräume von jeweils 2 cm freilassen.

2 **Das Papier abziehen.** Die fertig gebackenen Omelettes auf die leicht mit Mehl bestaubte Arbeitsplatte stürzen, mit einem angefeuchteten Tuch abdecken und erkalten lassen. Dann das Papier abziehen.

Biskuit-Omelettes

Sie lassen sich mit allen möglichen leichten Cremes, mit Früchten, Eiscreme und Schlagsahne verschiedenster Geschmacksrichtungen füllen. Sie sind auch ein ideales Gebäck, wenn es mal ganz schnell gehen muß, weil sie durchaus dafür taugen, auf Vorrat gebacken zu werden. Sie lassen sich gut einfrieren, halten aber in Folie gewickelt auch so einige Tage frisch.

5 Eigelb
110 g Zucker
1 Msp. Salz
abgeriebene Schale einer halben Zitrone
4 Eiweiß
40 g Speisestärke
70 g Mehl
40 g Butter
Pergament- oder Backtrennpapier für die Backbleche

Eigelb mit etwa 1/4 der Zuckermenge schaumig rühren und die Gewürze zugeben. Das Eiweiß zu Schnee schlagen und den restlichen Zucker einrieseln lassen. Weiterschlagen, bis der Schnee schnittfest ist. Die Eigelbmasse darunterheben und anschließend das mit der Speisestärke gesiebte Mehl unterziehen. Zum Schluß die lauwarme Butter melieren. Dabei vorsichtig zu Werke gehen, damit die Masse nicht sehr zusammenfällt. Aufspritzen und bei 220° C etwa 10 Minuten backen. Die Omelettes dürfen keinesfalls einen dunklen Rand bekommen, weil sie sonst beim Umklappen brechen. Die Masse ergibt 18-20 Omelettes von 12 cm Ø.

Eclairs

1/4 l Wasser
60 g Butter
1 Msp. Salz
200 g Mehl
5-6 Eier

Aprikotur
200 g Fondant
2 TL Instantkaffee

3/4 l Sahne
100 g Zucker
2 TL Instantkaffee

Wasser mit Butter und Salz aufkochen. Das Mehl auf einmal in den Topf schütten und so lange unter Rühren abbrennen, bis sich die Masse vom Topfrand löst und einen Kloß bildet. In eine Schüssel umfüllen und abkühlen lassen. Zuerst ein Ei unterrühren. Sobald es sich mit der Masse verbunden hat, die übrigen Eier auch einzeln unterrühren. Die Brandmasse in einen Spritzbeutel mit Lochtülle Nr. 11 füllen und 20 Streifen auf das leicht gefettete Backblech spritzen. Bei 230° C 15-20 Minuten »mit Schwaden« backen. Die Eclairs noch warm dünn aprikotieren, abkühlen lassen und dann mit Mokkafondant glasieren. Wenn die Glasur abgetrocknet ist, die Eclairs quer durchschneiden. Sahne und Zucker steifschlagen, den Instantkaffee mit wenig heißem Wasser auflösen und unter die Sahne ziehen. Mit Spritzbeutel und Sterntülle Nr. 11 in die Eclairs füllen.

Walderdbeer-Torteletts

125 g Butter
90 g Puderzucker
1 TL Vanillezucker
1 Msp. Salz
1 Eigelb
250 g Mehl
10-12 Torteletttförmchen

80 g Zucker
40 g Speisestärke
5 Eigelb
1/2 l Milch
1/2 Vanilleschote
4 Eiweiß
100 g Zucker

500 g Walderdbeeren
1/4 l Sahne
40 g Zucker

Aus Butter, Puderzucker, Gewürz, Eigelb und Mehl einen geschmeidigen Mürbteig zubereiten. Zugedeckt im Kühlschrank 1-2 Stunden ruhen lassen. Dünn ausrollen und die Torteletttförmchen damit auslegen. Rand gut andrücken, mit einer Gabel mehrmals einstechen. Bei 200° C etwa 10 Minuten hellbraun backen, erkalten lassen. Zucker, Speisestärke, Eigelb, Milch und Vanillemark zu einer Vanillecreme (siehe Seite 66) kochen. Eiweiß zu Schnee schlagen und den Zucker langsam einrieseln lassen. Den Eischnee unter die kochendheiße Vanillecreme rühren. Von den Walderdbeeren 100 g für die Garnitur aussuchen. Den Rest mit einer Gabel zerdrücken und unter die noch heiße Creme ziehen. Sofort in die ausgekühlten Torteletts füllen. Erkalten lassen, mit Schlagsahne und Walderdbeeren garnieren.

Schlotfeger

175 g Marzipanrohmasse
125 g Puderzucker
70 g Mehl
4 Eiweiß
1/8 l Milch
Butter und Mehl für das Blech

temperierte Kuvertüre zum Bestreichen
1/4 l Sahne
2 EL Zucker

Marzipanrohmasse mit Puderzucker, Mehl und wenig Eiweiß verkneten, dann das restliche Eiweiß daruntermischen. Durch ein Sieb streichen und zugedeckt über Nacht im Kühlschrank ruhen lassen. Zwei Backbleche dünn mit Butter bestreichen und mit Mehl bestauben. Die Milch zu der Marzipanmasse geben und gut verrühren. Mit einer Palette gleichmäßig dünn auf das Backblech streichen und bei 190° C 3-4 Minuten hellbraun backen. In Quadrate von 11 x 11 cm Größe schneiden und weiterbacken, bis sie knusprig braun sind. Mit einer Spachtel einzeln noch heiß vom Blech nehmen, sofort um ein Rundholz von 2,5 cm ∅ rollen und das Ende festdrücken. Vom Holz schieben und auskühlen lassen. Die Schlotfeger mit Kuvertüre bestreichen und mit Schlagsahne füllen.
Die Menge ergibt 24 Stück.

Holländer Schnitten

300 g Blitzblätterteig oder Blätterteigreste
Pergamentpapier für das Blech
350 g Kompott-Sauerkirschen (1 kleines Glas, 225 g Einwaage)
40 g Zucker
1/4 TL Zimt
2 TL Speisestärke
1/2 l Sahne
40 g Zucker
80 g Johannisbeermarmelade
100 g Fondant

Auf einer leicht bemehlten Arbeitsfläche den Teig (wie beim Blätterteig üblich, in verschiedene Richtungen) zu einem Rechteck von etwa 24 x 48 cm Größe ausrollen, weil er beim Backen etwas schrumpft. Auf ein mit Pergamentpapier belegtes Backblech legen und mit einer Gabel mehrmals einstechen. 15-20 Minuten ruhen lassen und bei 220° C etwa 10-15 Minuten hellbraun backen. Erkalten lassen und zurechtschneiden. Die Sauerkirschen in einem Sieb ablaufen lassen. Den Saft mit dem Zucker und Zimt aufkochen und mit der Speisestärke binden. Die Kirschen zugeben und nochmals kurz aufkochen lassen. Nach dem Erkalten auf den Blätterteig geben. Die Sahne mit dem Zucker steifschlagen und darüberfüllen. Die Johannisbeermarmelade aufkochen, den Blätterteig damit bestreichen und abtrocknen lassen. Mit dem Fondant glasieren und, wie in der Bildfolge beschrieben, fertigstellen.

1 **Zwei Streifen aus der Blätterteigkapsel schneiden.** Dabei ein Lineal verwenden und darauf achten, daß die Streifen genau gleich breit (10 cm) sind. Einen Streifen mit heißer Johannisbeermarmelade bestreichen und mit Fondant glasieren. Abtrocknen lassen und in 4 cm breite Teile schneiden.

2 **An den Längsseiten zwei Holzleisten aufstellen.** Sie sollen 4 cm hoch und 40 cm lang sein. In die Mitte die Kirschen in Form eines Streifens einfüllen. Mit dem Spritzbeutel und großer Lochtülle 2 Streifen Schlagsahne an den Leisten entlang spritzen. Mit der übrigen Sahne auffüllen.

Kaffee-Kirsch-Schnitten

Sie sind in der Zubereitung fast identisch mit den Holländer Schnitten. Nur die Sahne wird mit starkem Kaffee (oder Instantkaffee) abgeschmeckt und etwas stärker gesüßt, damit der Kaffeegeschmack gut zur Geltung kommt. Für die Blätterteigdecke wird der Fondant mit Kaffee und einem Schuß Mokkalikör parfümiert.

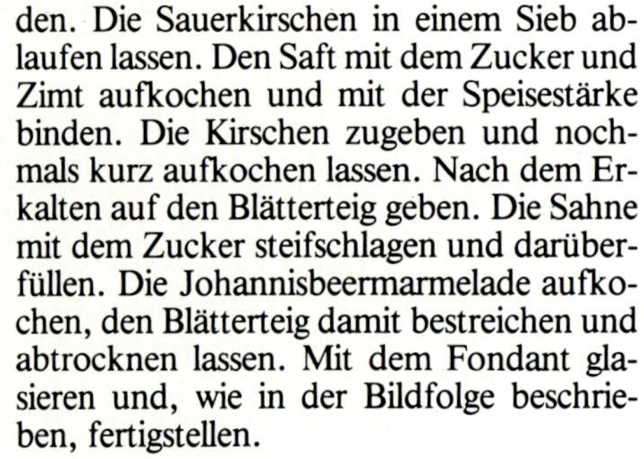

3 **Die Oberfläche glattstreichen.** Mit der Palette oder einem breiten Messer die Schlagsahne glattstreichen. Dann mit einem kleinen Spitzmesser an den Holzleisten entlangfahren und diese von der Schlagsahne lösen. Wenn nötig, die Ränder noch zusätzlich glattstreichen.

4 **Die fertigen Holländer Schnitten.** Mit einer breiten Palette unter das bereits geschnittene Oberteil fahren und vorsichtig auf den Sahnestreifen legen. Dann mit einem dünnen Messer in 10 Stücke schneiden. Nach jedem Schnitt das Messer abwischen, weil sonst die Schnittfläche unschön verschmiert wird.

Himbeerbaisers

1/4 l Eiweiß (von etwa 8 Eiern)
250 g Zucker
200 g Puderzucker
30 g Speisestärke
Backbleche, mit Pergament ausgelegt
Kuvertüre zum Tauchen der Böden

1/8 l Rotwein
60 g Zucker
2 TL Speisestärke
400 g frische Himbeeren
4 cl Himbeergeist
3/4 l Sahne
60 g Zucker

Die Baisermasse nach der Bildfolge von Seite 50 zubereiten. Backbleche mit Pergamentpapier auslegen und mit Bleistift Kreise von 8 cm ∅ vorzeichnen. Mit einem Spritzbeutel und Sterntülle Nr. 7 spiralenförmige Böden in der vorgezeichneten Größe aufspritzen. Bei 100° C und offener Ofentür über Nacht trocknen lassen. Vom Papier abziehen, mit der Oberfläche etwas in Kuvertüre tauchen.
Rotwein und Zucker aufkochen und mit Speisestärke binden. 2/3 der Himbeeren zugeben und nochmals aufkochen lassen. Den Himbeergeist zusetzen. Die restlichen Himbeeren pürieren und durch ein Sieb passieren. Sahne mit dem Zucker steifschlagen, das Himbeerpüree unterziehen. In einen Spritzbeutel mit Sterntülle Nr. 11 füllen und auf die Hälfte der Baiserböden einen Ring spritzen. Die Himbeer-Weinmischung in die Mitte geben und mit einem zweiten Boden abdecken.
Das Rezept ist ausreichend für 30 Baiserböden, ergibt also 15 fertige Baisertörtchen.

Schillerlocken

Diese knusprigen Hüllen aus Blätterteig werden in Tütenform oder als Rollen gebacken. Für beides gibt es Metallformen. Gefüllt werden sie oft mit leichter Creme, mit leicht gesüßter Schlagsahne schmecken sie aber ganz besonders gut. Die Sahne kann man zusätzlich mit Fruchtmark verrühren, zum Beispiel mit Erdbeer-oder Himbeermark.

Für 10 Schillerlocken:
450-500 g Tiefkühl-Blätterteig
1 Eigelb
etwas Milch zum Verdünnen
gehobelte Mandeln zum Bestreuen
Puderzucker zum Besieben
3/8 l Sahne
50 g Zucker

Den Teig länglich formen und auf der leicht bemehlten Arbeitsfläche zu einem Rechteck von etwa 50 x 30 cm Größe ausrollen. Beim Rollen die Richtung öfters wechseln, also mal von links nach rechts, mal von vorn nach hinten. Daraus 10 Streifen von 3 cm Breite schneiden und diese mit Eigelb (mit etwas Milch verdünnt) bestreichen. Dabei keinesfalls die Schnittkanten des Teiges mit einstreichen, weil sie sonst an den Formen festkleben würden. Spiralförmig auf die Formen rollen und das Teigende jeweils fest andrücken. Die Oberfläche nochmals mit Eigelb bestreichen und gegebenenfalls kurz in die gehobelten Mandeln drücken. Mit dem Teigende nach unten auf das Backblech legen, etwa 15 Minuten ruhen lassen und dann bei 200° C 15-18 Minuten hellbraun backen. Noch warm von den Formen ziehen und nach dem Erkalten mit Schlagsahne füllen. Mit Puderzucker besieben.

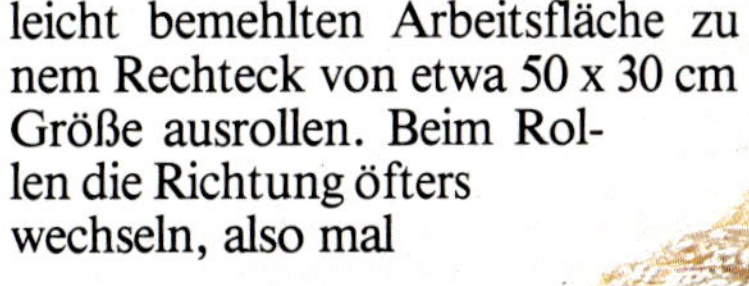

Walderdbeer-Sahneroulade

8 Eigelb
100 g Zucker
1 Msp. Salz
Mark einer halben Vanilleschote
5 Eiweiß
110 g Mehl
Ein Backblech (43 x 33 cm), mit Papier ausgelegt

Für die Füllung:
300 g frische Walderdbeeren
5 Blatt Gelatine
6 cl Sauternes-Wein
1/2 l Sahne
90 g Zucker (wenn die Früchte sauer sind, etwas mehr)
Puderzucker zum Besieben

Eigelb mit 1/4 der Zuckermenge schaumig schlagen. Salz und Vanillemark hinzufügen. Eiweiß zu steifem Schnee schlagen, den restlichen Zucker langsam einrieseln lassen und weiterschlagen, bis der Schnee schnittfest ist. Die schaumige Eigelbmasse in den Eischnee laufen lassen und vorsichtig unterziehen. Anschließend das gesiebte Mehl darunterheben. Die Masse auf ein mit Pergament belegtes Backblech streichen und bei 230° C 8-10 Minuten »nach Sicht« backen. Die Roulade auf ein Tuch stürzen und abkühlen lassen.
Die Walderdbeeren im Mixer pürieren. Gelatine in kaltem Wasser einweichen, ausdrücken, in dem erhitzten Wein auflösen und mit dem Fruchtpüree verrühren. Die Sahne mit dem Zucker steif schlagen und das Walderdbeerpüree darunterrühren. Von der Rouladenkapsel das Papier abziehen, mit der Walderdbeersahne bestreichen (siehe Bildfolge Seite 47) und einige Minuten im Kühlschrank anziehen lassen. Dann aufrollen und die Roulade mit Puderzucker besieben. In 18 Stücke schneiden.

Haselnuß-Sahneroulade

8 Eigelb, 110 g Zucker
Mark einer halben Vanilleschote
5 Eiweiß
60 g Mehl
30 g Speisestärke (Weizenpuder)
60 g geriebene, geröstete Haselnüsse
Ein Backblech (43 x 33 cm), mit Pergamentpapier ausgelegt

Für die Füllung:
3/4 l Sahne, 100 g Zucker
120 g fein geriebene, geröstete Haselnüsse

100 g Zucker
70 g gehackte Haselnüsse
18 geröstete, geschälte Haselnüsse auf Kuvertüreblättchen

Eigelb mit 1/4 der Zuckermenge und dem Vanillemark cremig rühren. Eiweiß zu steifem Schnee schlagen und den restlichen Zucker einrieseln lassen. Weiterschlagen, bis der Schnee schnittfest ist. Die cremige Eigelbmasse darunterziehen. Mehl mit der Speisestärke sieben, mit den geriebenen Nüssen mischen und unter die Masse heben. Das Backblech mit Pergament- oder Backtrennpapier auslegen und die Masse gleichmäßig darauf verstreichen. Bei 230° C 8-10 Minuten backen. Unbedingt nach etwa 6 Minuten genau den Bräunungsgrad beobachten, denn wenn die Rouladenkapsel zu dunkel wird, läßt sie sich später nicht mehr aufrollen und bricht. Nach dem Backen auf ein Tuch stürzen.
Die Sahne mit dem Zucker steifschlagen. Etwa 1/4 davon für die Garnitur in einen Spritzbeutel mit Sterntülle Nr. 9 füllen. Unter die übrige Sahne die fein geriebenen Haselnüsse rühren. Das Papier abziehen und die Nußsahne gleichmäßig stark auf die Rouladenkapsel streichen. Aufrollen, mit dem Spritzbeutel 2-3 Streifen auf die Oberfläche spritzen. Mit der Palette verstreichen und anschließend mit einem Streifen Pergamentpapier (siehe dazu auch Arbeitsgang »Frankfurter Kranz«, Seite 163) glatt abziehen.
Für den Krokant den Zucker schmelzen, die gehackten Haselnüsse zugeben und weiterverarbeiten, wie auf Seite 163 beschrieben. Den Krokant sehr fein stoßen und die Roulade damit einstreuen. In 18 Stücke einteilen, jedes Stück mit einer Sahnerosette und einer geschälten Haselnuß auf Schokoladeblättchen garnieren.

Zitronenroulade

8 Eigelb
100 g Zucker
1 Msp. Salz
abgeriebene Schale einer unbehandelten Zitrone
4 Eiweiß
80 g Mehl
20 g Speisestärke (Weizenpuder)
Ein Backblech (43 x 33 cm), mit Pergamentpapier belegt

3 Eigelb
1/8 l Weißwein, 110 g Zucker
Saft von 2 Zitronen
abgeriebene Schale einer Zitrone
6 Blatt Gelatine
3/8 l Sahne
Puderzucker zum Besieben

Von den Zutaten eine Rouladenbiskuitmasse zubereiten, wie auf Seite 46 f. beschrieben. Bei 230° C 8-10 Minuten nach Sicht backen, herausnehmen und sofort auf ein Tuch stürzen. Das Papier nicht abziehen und zusätzlich mit einem zweiten, etwas feuchten Tuch abdecken. Erkalten lassen. Eigelb mit Weißwein, Zucker, Zitronensaft und der abgeriebenen Zitronenschale verrühren. Die Gelatine einige Minuten in kaltem Wasser einweichen. Die Eigelbmischung unter Rühren bis kurz vor dem Kochen erhitzen. Die Gelatine ausdrücken, in der heißen Mischung auflösen und alles abkühlen lassen. Sahne steifschlagen und unter die abgekühlte, aber noch flüssige Masse ziehen. Von dem Biskuit das Papier abziehen und die Creme gleichmäßig aufstreichen. Einige Minuten warten, bis die Gelatine ihre Wirkung zeigt und die Creme fest wird. Erst dann zu einer Roulade aufrollen, mit Puderzucker besieben. In 16 Stücke einteilen und aufschneiden.

Schokoladenroulade

8 Eiweiß, 180 g Zucker
Mark einer halben Vanilleschote
100 g aufgelöste, untemperierte Kuvertüre
60 g Mehl
Ein Backblech (43 x 33 cm), mit Pergamentpapier ausgelegt
120 g Himbeermarmelade

Für die Buttercreme:
350 g Butter
150 g Zucker
40 g Speisestärke, 3 Eigelb
1/2 l Milch
4 cl feines Kirschwasser
Kakaopulver zum Besieben

Eiweiß zu steifem Schnee schlagen, den Zucker langsam einrieseln lassen und weiterschlagen, bis ein sehr schnittfester Schnee entstanden ist. Das Vanillemark zugeben und dann die lauwarme Kuvertüre mit dem Holzspatel unterziehen. Dadurch verliert die Baisermasse stark an Volumen. Anschließend das Mehl unterheben und die Masse aufspritzen. Bei 200° C 10-12 Minuten backen. Etwa 5-10 Minuten auf dem Blech abkühlen lassen, damit die Oberfläche etwas abtrocknen kann, um nach dem Stürzen nicht zu »schwitzen«. Sie würde sonst am Papier festkleben. Die Buttercreme nach deutscher Art (Seite 70) zubereiten und mit dem Kirschwasser aromatisieren. Für die Garnierung etwas Creme in einen Spritzbeutel mit Sterntülle Nr. 5 füllen. Mit der übrigen Creme die Roulade füllen, aufrollen und die Oberfläche ganz leicht mit Kakaopulver besieben. In 18 Stücke einteilen, jedes Stück mit einer Buttercremerosette und einem Marmeladetupfen garnieren.

1 Die Schokoladenmasse aufspritzen. Das Backblech mit Pergamentpapier auslegen. Die Schokoladenmasse in einen Spritzbeutel mit Lochtülle Nr. 9 füllen und Stränge auf das Papier spritzen. Sie sollen nicht zu dicht nebeneinander liegen, aber es dürfen auch keine Zwischenräume sichtbar sein.

2 Roulade füllen. Die gebackene Schokoladenkapsel einige Minuten abkühlen lassen, dann auf ein Pergamentpapier stürzen. Wenn sie erkaltet ist, das Papier abziehen, mit der Himbeermarmelade bestreichen und darauf die Kirschwasserbuttercreme gleichmäßig stark streichen.

Eine Roulade mit Zitronen-Sahnecreme. Nach dem gleichen Rezept für die Biskuitmasse und auch für die Füllung kann sie durch Auswechseln des Saftes zur Orangen- oder Limettenroulade abgewandelt werden. Bei Verwendung sehr süßer Orangen sollte man zusätzlich noch etwas Zitronensaft zugeben.

3 Die Roulade aufrollen. Das geht mit dem darunterliegenden Papier recht einfach. Man faßt es mit beiden Händen, hebt es etwas hoch und zieht nach vorne, so daß ganz von selbst eine kleine Rolle entsteht. Dann das Papier nachfassen und wieder durch Hochheben die Roulade vollständig aufrollen.

4 Die fertige Roulade. Die Oberfläche vor dem Portionieren dünn mit Kakaopulver besieben. Zusammen mit der etwas herben schokoladigen Baisermasse und der geschmacklich kontrastierenden Himbeermarmelade und Kirschwassercreme unterstreicht es den ungewöhnlichen Geschmack dieser Roulade.

TRADITIONELLES FESTGEBÄCK

Spezialitäten für besondere Anlässe

In Mailand lebte ein alter Zuckerbäcker, der verarmt war und fast nichts mehr besaß, außer einer wunderschönen Tochter, die er hütete wie seinen Augapfel. Doch nicht nur er, auch ein adeliger Jüngling mit dem malerischen Namen Ughetto della Tella, fand die schöne Adalgisa zum Anbeißen. Um ihrer habhaft zu werden, blieb dem jungen Herrn keine Wahl: er trat in den Laden des Vaters ein und verdingte sich bei ihm als Konditor. Die Gunst des Alten aber erlangte er, indem er einen Kuchen erfand, der das Trio über Nacht reich und für alle Zeiten berühmt machen sollte: den weltberühmten Mailänder Panettone.

Diese märchenhafte Geschichte ist zwar wahr, doch war der Panettone zur Zeit dieser »Erfindung« bereits uralt. Er gehört in den Umkreis der Weihnachtsgebäcke, welche seit unerdenklichen Zeiten um die Wintersonnenwende herum in den Backstuben der alten Welt gebacken worden sind. Dazu zählen der norddeutsche Klaben, dann der Weihnachtsstollen, der in die christliche Symbolik — als gewickeltes Kind — übernommen wurde, englische Frucht Cakes, mitteleuropäische Früchte-, Hutzel- und Kletzenbrote, der Bûche de Noël aus Frankreich, eine höchst kunstvoll gefüllte und verzierte Biskuitroulade, der dänische Kransekager aus Marzipanteig und der Dreikönigskuchen mit seiner interessanten Herkunft, die auf die »Saturnalien« der Römer zurückgeht. Schon damals gab es wohl einen Vorläufer jenes »Königskuchens«, welcher das ganze Mittelalter hindurch am Tag der Heiligen Drei Könige gebacken wurde. In ihm versteckt war stets ein kleiner Gegenstand, eine Bohne, Porzellanfigur oder dergleichen, welche demjenigen, der darauf biß, die Würde eines »Tageskönigs« verlieh. Ein Brauch, der in der Schweiz vor einiger Zeit wieder belebt worden ist. Zu diesen Gebäcken zählen auch die reichverzierten Grittibänzen zum Chlaustag in der Schweiz wie die Neujahrsbrezeln, die als Glückssymbol gelten.

Auf Ostern zu haben Osterlämmer und Hasen hohe Zeit. Ehemals heidnische Frühlings- und Fruchtbarkeitssymbole, wurden auch sie später ins Christentum einbezogen, wie auch der Name des Festes selbst auf eine heidnische Göttin zurückweist. — Als russische Spezialität stellt sich »Kulitsch« vor, ein Kuchengebilde aus feinem Hefeteig in zylindrischer Form, je höher um so besser.

Doch nicht nur die Feste im Jahreskreis bescheren uns seit Jahrhunderten köstliche Spezialitäten. Auch der Hochzeitstag ist von so großer Bedeutung, daß in vielen Landstrichen spezielle Gebäcke nur zu diesem Anlaß hergestellt werden. Am berühmtesten ist dabei der englische »Wedding Cake«, der Hochzeitskuchen, der sich auch auf dem Kontinent schon eingebürgert hat. Von den Hochzeiten der Kinder der englischen Königin Victoria sind aus dem vergangenen Jahrhundert Bilder überliefert, die zeigen, wie so ein Prachtstück verziert war: mit Tempelchen, Schlössern, Cupidos, Täubchen, Putten und Blümchen. Doch auch noch heute gilt: Marzipanüberzogen müssen die »Mehrstöckigen« sein und mit Zucker und Zuckerspritzglasur reich und äußerst präzise garniert. So zeigt sich, daß wohl kaum ein anderer Bereich so von altem Brauchtum und Traditionen bestimmt wird wie das Kuchen- und Tortenbacken.

Kulitsch

das russiche Osterbrot

Er ist ein Traditionsgebäck, das durch seine nicht alltägliche Form auffällt und aus einem besonders feinporigen, gehaltvollen Hefeteig zubereitet wird. Er gehört zum russischen Osterfest wie die Passcha, die Quarkspeise mit Früchten. Weil man sie zusammen genießen sollte, bringen wir dieses Rezept im Anschluß.

Kulitsch und Passcha, gehören beide traditionsgemäß zum russischen Osterfest, und man sollte sie auch zusammen genießen. Dieses extrem hohe Backwerk verlangt nach einer Form oder einem Ring von 15 cm Höhe und 15 cm ∅. Eine nach diesem Maß abgeschnittene Konservendose ist ein guter Ersatz.

550 g Mehl
35 g Hefe
1 TL Zucker
1/4 l Milch
100 g Rosinen
50 g Orangeat, gehackt
50 g Zitronat, gehackt
50 g Mandeln, gehackt
2 cl Rum
200 g Butter
150 g Zucker
1/2 TL Salz
Mark einer Vanilleschote
1 Msp. Safranpulver
8 Eigelb
Eine Form von 15 cm ∅ und 15 cm Höhe oder eine abgeschnittene Konservendose gleicher Größe
Pergamentpapier
Butter zum Einfetten

150 g Puderzucker
2 EL Wasser
1 EL Zitronensaft
kandierte Früchte zum Garnieren

Von dem Mehl zwei Eßlöffel abnehmen und mit der zerbröckelten Hefe, dem Zucker und der lauwarmen Milch in einer entsprechend großen Schüssel (sie muß später alle übrigen Zutaten aufnehmen können) verrühren. Zugedeckt an einem warmen Ort etwa 10 Minuten gehen lassen. Rosinen, Orangeat, Zitronat und Mandeln in ein kleines Gefäß geben, mit dem Rum übergießen und gut durchziehen lassen.
Die Butter kurz erwärmen. Sie soll weich werden, aber nicht flüssig. In einer Schüssel mit dem Zucker schaumig rühren. Das Gewürz zugeben, anschließend ein Eigelb nach dem anderen unterrühren. Diese Mischung und das Mehl zu dem Vorteig geben und alles zu einem weichen, glatten Hefeteig schlagen. Zugedeckt eine Viertelstunde gehen lassen, dann die Früchte darunterkneten. Den fertigen Teig nochmals etwa 20-25 Minuten gehen lassen, bis er sein Volumen fast verdoppelt hat. Die Form mit dem gefetteten Pergamentpapier auslegen, den Teig einfüllen und zugedeckt gehen lassen, bis er nochmals sein Volumen verdoppelt hat.
Bei 200° C etwa 15 Minuten anbacken, dann die Hitze auf 180° C reduzieren und weitere 60 Minuten backen. Mit einem Holzstäbchen prüfen! Erst nach einer halben Stunde aus der Form nehmen und abkühlen lassen. Aus Puderzucker, Wasser und Zitronensaft eine dickflüssige Glasur rühren und die Oberfläche damit überziehen. Mit kandierten Früchten garnieren.

Passcha

die österliche Quarkspeise

Die Pyramidenform kann man aus Sperrholz basteln, mit einem Loch im Boden, damit die Molke abfließen kann. Für die im Rezept angegebene Menge muß sie folgende Innenmaße haben: am Sockel 12 x 12 cm, an der Oberkante 7 x 7 cm und 13 cm Höhe. Um die Quarkmasse zu beschweren, noch ein Brettchen von 11 x 11 cm zurechtsägen. Ein Blumentopf ist — wenn auch rund — ein praktischer Ersatz. Er sollte an der weiten Öffnung einen Durchmesser von 12-14 cm haben.

1 kg Magerquark
125 g weiche Butter
1 Msp. Salz
5 Eier
1/4 l saure Sahne
80 g Rosinen
200 g Zucker
abgeriebene Schale einer Zitrone
60 g gehackte Mandeln ohne Schale
40 g Zitronat, feingehackt
40 g Orangeat, feingehackt

12 Belegkirschen
50 g Mandeln ohne Schale
Zitronat und Orangeat

Quark in ein Tuch geben, dieses zubinden und einige Stunden über einem Topf die Molke abfließen lassen. Der Quark soll möglichst trocken sein. Die Butter schaumig rühren und mit Salz, Eiern, saurer Sahne und Quark in einen Topf geben. Die Masse unter ständigem Rühren erhitzen, aber keinesfalls kochen lassen. Sobald sich Bläschen zeigen, vom Herd nehmen und unter Rühren erkalten lassen. Rosinen waschen, abtrocknen und zusammen mit Zucker, Zitronenschale, gehackten Mandeln, Zitronat und Orangeat unterziehen.
Die Form oder den Blumentopf mit einem Mulltuch auslegen, die Quarkmasse einfüllen und festdrücken. Mit einem Teller und einem Gewicht beschweren und 12 Stunden kühl stellen. Vor dem Servieren die Quarkspeise stürzen und das Tuch abziehen. Mit Belegkirschen, Mandeln, Zitronat und Orangeat verzieren.

Osterlämmchen

70 g Butter
80 g Zucker
2 Eigelb
abgeriebene Schale einer halben Zitrone
2 Eiweiß
90 g Mehl
50 g Speisestärke (Weizenpuder)
Butter zum Einfetten der Form
Brösel zum Ausstreuen
Puderzucker zum Besieben

Butter mit der Hälfte des Zuckers, Eigelb und Zitronenschale schaumig rühren. Das Eiweiß mit dem restlichen Zucker zu Schnee schlagen. Diesen unter die Buttermasse heben und anschließend das zusammen mit der Speisestärke gesiebte Mehl unterziehen. Die Masse in die vorbereitete Form füllen und bei 180° C 25-30 Minuten backen. 5-10 Minuten abkühlen lassen, dann erst die Form öffnen. Erkalten lassen und mit Puderzucker besieben.

Osterbrot

600 g Mehl
40 g Hefe
1/4 l Milch
120 g Butter
70 g Zucker
1 TL Salz
abgeriebene Schale einer Zitrone
3 Eigelb
120 g Rosinen
1 Eigelb zum Bestreichen

Das Mehl in eine Schüssel sieben, in die Mitte eine Vertiefung drücken und die Hefe darin mit der lauwarmen Milch auflösen. Zugedeckt 15 Minuten gehen lassen. Die Butter auflösen, Zucker, Gewürz und Eigelb darunterrühren und zu dem Vorteig geben. Einen glatten, mittelfesten Hefeteig schlagen und weitere 20 Minuten gehen lassen. Die Rosinen darunterkneten, nochmals gehen lassen. Den Teig teilen, rund schleifen, auf das Backblech legen und etwas flachdrücken. Mit Eigelb bestreichen, einschneiden und gehen lassen. Bei 220° C fünf Minuten anbacken, bei 190° C 25-30 Minuten fertigbacken.

Das Kreuz, österliches Symbol, wird in die Oberfläche eingeschnitten. Das Brot zuerst etwa 10 Minuten gehen lassen. Die Oberfläche mit Eigelb bestreichen, mit einem scharfen Messer kreuzweise einschneiden und weitere 10-20 Minuten gehen lassen. Das Brot soll deutlich an Volumen zugenommen haben.

Das Mehl in eine Schüssel sieben und in die Mitte eine Vertiefung drücken. Die Hefe hineinbröckeln und mit der lauwarmen Milch auflösen. Diesen Vorteig mit Mehl bedecken und zugedeckt eine Viertelstunde gehen lassen. Wenn die Oberfläche deutliche Risse zeigt, die Mischung aus aufgelöster Butter, Zucker und Salz zugeben und alles zu einem Teig vermengen. Auf die Arbeitsfläche geben und kneten, bis ein glatter, aber fester Hefeteig entstanden ist. In die Schüssel zurückgeben und zugedeckt 20-30 Minuten gehen lassen.

Osterkorb

Für den Korb kann man eine runde, ovale oder — wie hier — eine eiförmige Form wählen. Als Model diente eine halbe Eiform, wie sie für Schokoladeneier verwendet wird. Auch eine Eischale aus Pappe erfüllt den gleichen Zweck. Sie muß allerdings dafür mit Alufolie (möglichst zwei- oder dreifach) bespannt werden. Das empfiehlt sich aber auch bei Verwendung einer Metallform, weil sich der Korb dann nach dem Backen in jedem Fall leicht lösen läßt.

1 kg Mehl
50 g Hefe, 3/8 l Milch
100 g Butter
150 g Zucker, 1 TL Salz
Eigelb zum Bestreichen
1 EL Hagelzucker
Eine halbe Eiform, 28 cm lang
Alufolie zum Einschlagen
Butter zum Bestreichen
etwas Eiweißspritzglasur

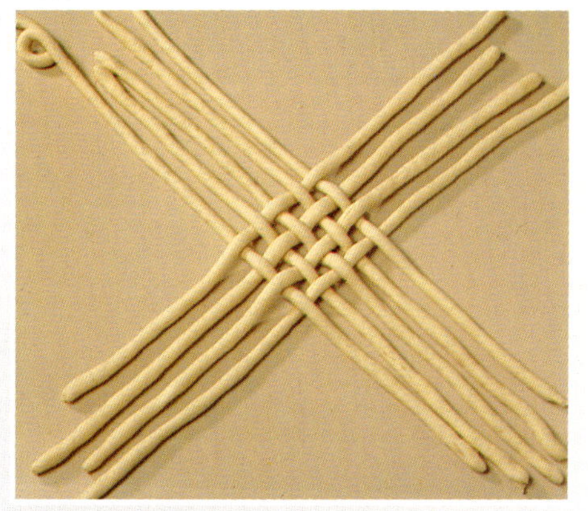

1 **Gleichmäßig dünne Stränge** aus etwa 2/3 der Teigmenge rollen. Für die verwendete Form benötigt man 15 Stränge von etwa 35 cm Länge und 18 Stränge, etwa 30 cm lang. Zuerst zwei Teigstränge rechtwinklig gekreuzt auf die Arbeitsfläche legen und von der Mitte aus zu flechten beginnen.

2 **Ein Teiggitter flechten.** Parallel zum unteren Strang einen weiteren darauflegen. Den nächsten Strang wieder quer darüberlegen, dabei unter dem ersten Strang hindurchführen. Nun abwechselnd längs und quer die Teigstränge anreihen und zu einem gleichmäßigen Gitter flechten.

3 **Über die Eiform legen.** Zuvor den Umfang der Form als Maß für den Korbrand mit Bleistift auf Pergamentpapier nachzeichnen. Die Form mit Alufolie einschlagen, das Gitter darüberlegen und leicht andrücken, damit es die Eiform gut umschließt. Die überstehenden Enden der Teigstränge abschneiden.

4 **Für den Fuß des Korbes** zwei gleichmäßig dünne Teigstränge von 40 cm Länge rollen und zu einer Kordel drehen. In Form eines Ringes am Korbboden mit Eigelb befestigen. Die Enden gut zusammendrücken. Den Korb 30-40 Minuten gehen lassen und vor dem Backen dünn mit Eigelb bestreichen.

5 **Korbrand flechten.** Aus dem restlichen Teig 3 Stränge von 110 cm Länge formen, einen 90 cm langen Zopf flechten. Das Pergamentpapier auf ein Backblech legen, buttern. Zopf darauflegen, die Enden zusammendrücken. 30-40 Minuten gehen lassen, mit Eigelb bestreichen, mit Zucker bestreuen.

6 **Form und Folie herausnehmen.** Den Korb bei 210° C 25-30 Minuten backen, den geflochtenen Rand etwa 20 Minuten bei gleicher Temperatur. Den fast ganz abgekühlten Korb umdrehen und die Form herausnehmen. Dann die Alufolie vorsichtig abziehen, den Korb vollständig auskühlen lassen.

7 **Beide Teile zusammensetzen.** Dazu müssen Korb und geflochtener Rand völlig ausgekühlt sein. Eiweißspritzglasur in eine Pergamenttüte füllen und auf den Rand des Korbunterteiles spritzen. Den geflochtenen Rand mit Hilfe einer Tortenunterlage (Aluscheibe) daraufschieben. Vorsichtig andrücken.

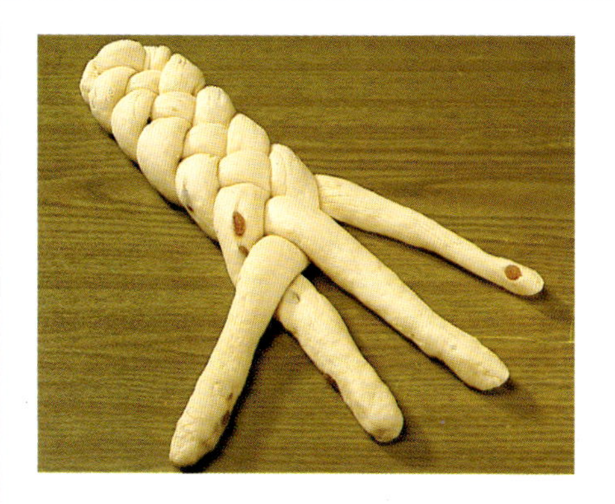

Österreichischer Striezel

Er ist ein Zopfgebäck für das Weihnachtsfest, wird aber auch während des ganzen Jahres gebacken. Die typische Form wird durch Aufeinanderlegen dreier verschiedener Hefezöpfe erreicht. Der unterste ist ein flach geflochtener Vierer-Zopf. Darauf wird ein Dreier-Zopf gelegt und obenauf eine Kordel aus zwei Strängen.

600 g Mehl
40 g Hefe
1/4 l Milch
130 g Butter
90 g Zucker
1/2 TL Salz
abgeriebene Schale einer Zitrone
1 Ei

80 g Rosinen
40 g Zitronat
40 g Orangeat
1 Eigelb zum Bestreichen
Aprikotur und Rumfondant

Aus Mehl, Hefe und der lauwarmen Milch einen Vorteig bereiten und zugedeckt 15 Minuten gehen lassen. Butter auflösen und mit Zucker, Salz, Zitronenschale und Ei verrühren. Die Mischung lauwarm zu dem Vorteig geben und alles zu einem glatten, festen Hefeteig schlagen. Nach 15 Minuten Gare Rosinen, gehacktes Orangeat und Zitronat darunterwirken und nochmals gehen lassen. Den Teig folgendermaßen aufteilen: Für den Vierer-Zopf 700 g abwiegen, für den Dreier-Zopf 350 g und den Rest (etwa 150 g) für die Kordel. Den unteren Zopf mit der Handkante breitdrücken, mit Ei bestreichen und den nächsten darauflegen. Bei dem zweiten Zopf ebenso verfahren. Den Striezel gut aufgehen lassen und mit Eigelb bestreichen. Bei 210° C etwa 30-40 Minuten backen. Noch lauwarm aprikotieren und glasieren.

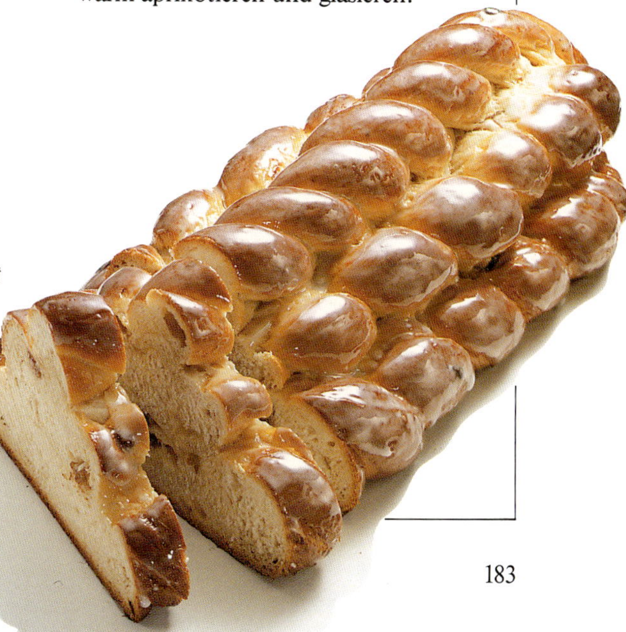

Tiroler Früchtebrot

Das »echte« Früchtebrot wird mit gesäuertem Brotteig, also mit Sauerteig zubereitet, der in Verbindung mit den Früchten dem Brot einen besonders feinen Geschmack gibt.

200 g getrocknete Zwetschgen ohne Stein
300 g getrocknete Birnen
200 g getrocknete Feigen
1 l Wasser
100 g Haselnüsse
100 g Walnüsse
50 g Zitronat
50 g Orangeat
100 g Rosinen
100 g Korinthen
125 g Zucker
1 TL gemahlener Zimt
je 1/2 TL Pimentpulver, Anis und Salz
2 cl Rum
2 EL Zitronensaft
600 g Brotteig (mit Sauerteig)
200 g Mehl
Butter für das Blech
geschälte, halbierte Mandeln und eine kandierte Kirsche zum Verzieren

Die Zwetschgen, Birnen und Feigen in einer Schüssel, übergossen mit dem lauwarmen Wasser, zugedeckt über Nacht weichen lassen. Am nächsten Tag das Wasser abgießen und die Früchte zu kleinen Würfeln schneiden. Die Haselnüsse und Walnüsse grob hacken. Zitronat und Orangeat sehr fein hacken und zusammen mit den Nüssen, Rosinen, Korinthen und den eingeweichten Früchten in eine Schüssel geben. Mit dem Zucker, den Gewürzen, dem Rum und Zitronensaft mischen und zugedeckt mindestens eine Stunde ziehen lassen. 150 g von dem Brotteig und das Mehl zugeben und mit den Früchten kräftig verkneten.
Daraus zwei längliche Brote formen und die Oberfläche mit nassen Händen glattstreichen. Den übrigen Brotteig teilen und auf der mit Mehl bestaubten Arbeitsplatte so dünn wie möglich ausrollen. Die beiden Früchtebrote mit den Teigfladen einschlagen. Die Ränder mit Wasser bepinseln und auf der Brotunterseite zusammendrücken. Auf das leicht gefettete Backblech setzen und bei Raumtemperatur, mit einem Tuch zugedeckt, 1-2 Stunden gehen lassen. Dann die Oberflächen mit Wasser einstreichen und mit den Mandeln und der Belegkirsche garnieren. Bei 220° C etwa 10 Minuten anbacken, die Hitze auf 180° C reduzieren und weitere 60-70 Minuten fertigbacken.

Birnenbrot

Dieses Gebäck entstammt dem bäuerlichen Küchenrepertoire und ist so eine Art einfaches Früchtebrot. Getrocknete Birnen, mundartlich auch Hutzeln oder Schnitz genannt, sind die Hauptzutat. Teilweise sind die Rezepte mit hochwertigen Trockenfrüchten, Mandeln und Nüssen so verfeinert, daß die »gedörrten Birnen« nur noch eine untergeordnete Rolle spielen. Im Alemannischen parfümiert man die Früchte darüber hinaus noch mit reichlich Kirschwasser.

350 g getrocknete Birnen (Hutzeln)
150 g getrocknete Feigen
100 g getrocknete Zwetschgen ohne Stein
1/2 l Wasser
250 g Weizenmehl
20 g Hefe
80 g Zucker
1/4 TL Salz
1 TL Zimt
1/4 TL Nelkenpulver
abgeriebene Schale einer Zitrone
60 g gehackte Mandeln
80 g ganze, geschälte Haselnüsse
Butter für das Backblech

Die Birnen, Feigen und Zwetschgen über Nacht in Wasser einweichen, abtropfen lassen und grob hacken. Das Mehl in eine Schüssel sieben, in die Mitte eine Mulde drücken, die Hefe hineinbröckeln und mit 1/8 l lauwarmem Einweichwasser der Früchte auflösen. Etwa 10 Minuten gehen lassen. Zucker und Gewürze zugeben und daraus einen leichten Hefeteig schlagen. Nochmals 10-15 Minuten gehen lassen und anschließend die gehackten Früchte, Mandeln und die ganzen Haselnüsse unterarbeiten. Zu einem länglichen Brot formen, auf das leicht gefettete Blech setzen und zugedeckt etwa eine Stunde gehen lassen. Bei 180° C etwa 60 Minuten backen.

Grittibänz

Sie sind die Schweizer Version vom »Nikolausmann«, einem Gebildgebäck, das in vielen Regionen bekannt ist und zum Nikolaustag gebacken wird. In Süddeutschland ist er der »Klaus oder Klausenmann«, der im Württembergischen »Dombedei« genannt wird. Es sind ganz simple Figuren, deren einziger Schmuck die beiden Korinthen sind, die als Augen in den Teig gedrückt werden. Der Körper wird von einer Teigkugel ausgehend zuerst länglich gerollt und mit einem Messer von einer Seite bis zur Hälfte eingeschnitten. Daraus die Beine formen und die Arme seitlich einschneiden. Die Nikolausfiguren aus dem Rheinland sind schon etwas komplizierter. Oft reitet der Nikolaus auf einem Pferd, und die kleinen Tonpfeifchen sind obligatorisch.
Der Schweizer Grittibänz, der als »Chriddibenz« 1850 zum ersten Mal erwähnt wurde, ist schon eine Luxusausführung, gleichgültig ob er vom Konditor oder aus der Hausbäckerei kommt.

1 kg Mehl
40 g Hefe
1/2 l Milch
150 g Butter
120 g Zucker, 1 TL Salz
abgeriebene Schale einer Zitrone
2 Eier
Butter für das Backblech
2 Eigelb und etwas Wasser zum Bestreichen

Das Mehl in eine Schüssel sieben, in die Mitte eine Vertiefung drücken, die Hefe hineinbröckeln und mit der lauwarmen Milch auflösen. Diesen Vorteig mit etwas Mehl überdecken und zugedeckt gehen lassen, bis die Oberfläche deutliche Risse zeigt. In der Zwischenzeit die Butter schmelzen, Zucker, Salz, Gewürz und die Eier zugeben und verrühren. Diese Mischung dem Vorteig zusetzen und einen glatten, lockeren Teig schlagen. Er soll weder zu weich, noch zu fest und muß leicht formbar sein. Nochmals 15-20 Minuten gehen lassen. Geformt werden die Figuren (2-4 Stück aus der Teigmenge) ausgehend von einer glattgeschliffenen Kugel, indem sie erst einmal länglich gerollt wird. Dann formt man den Kopf. Arme, Beine und Hut werden mit Eigelb angesetzt und die übrigen Garnierungen wie Bart, Nase, Augen etc. werden separat geformt oder ausgestochen. Mit Eigelb befestigen und die Figuren ausreichend (mindestens 20-25 Minuten) gehen lassen. Bei 190° C (je nach Größe) 20-35 Minuten backen.

Panettone

Er ist eines der schönen traditionellen Weihnachtsgebäcke und ist wie der Christstollen zu einem Konsumartikel geworden. Die am Fließband gebackenen Panettone haben mit dem handwerklich gefertigten oder hausgebackenen Mailänder Festgebäck meist nicht mehr viel gemein. Seine typische Form macht bei der Zubereitung (zumindest außerhalb Italiens) oft Schwierigkeiten, weil die richtige Backform fehlt. Man kann ihn aber ohne Qualitätsverlust auch in einem Ring oder in einer Springform backen. Oder einen Kochtopf mit den richtigen Maßen nehmen.

650 g Mehl
40 g Hefe
1/4 l Milch
200 g Butter
150 g Zucker
1 gestrichener TL Salz
abgeriebene Schale einer Zitrone
1 Msp. Muskat
6 Eigelb
80 g Orangeat
100 g Zitronat
150 g Rosinen
80 g gehackte Mandeln

Pergament- oder Backtrennpapier
Butter zum Fetten des Papiers

Das Mehl in eine Schüssel sieben, in die Mitte eine Vertiefung drücken, die Hefe hineinbröckeln und mit der lauwarmen Milch auflösen. Diesen Vorteig mit einer Mehlschicht bedecken und 15-20 Minuten gehen lassen. Wenn die Oberfläche deutliche Risse zeigt, die Butter auflösen und Zucker, Gewürze und Eigelb zugeben. Diese Mischung etwas schaumig rühren, zu dem Vorteig geben und davon einen glatten, lockeren Hefeteig schlagen, bis er Blasen wirft. Zugedeckt nochmals etwa 20 Minuten gehen lassen. Das Orangeat und Zitronat in kleine Würfel schneiden, mit den Rosinen und Mandeln mischen und unter den weichen Hefeteig kneten. Nochmals mit einem Tuch zugedeckt 15-20 Minuten gehen lassen.
Ein Backblech mit Pergamentpapier auslegen und den Backring daraufstellen. Den Rand mit einem leicht gefetteten Pergamentpapier auslegen und den Teig einfüllen. 20-25 Minuten gehen lassen und bei 190-200° C 80-90 Minuten backen. Mit einem Holzstäbchen kontrollieren, ob der Kuchen auch wirklich gar ist.
Der Panettone ist kein Dauergebäck, sondern das Frühstücksbrot für die Festtage. Er kann aber unangeschnitten länger gelagert werden, wenn man ihn aprikotiert und mit Fondant glasiert.

Christstollen

Abb. Seite 178

1 kg Mehl
100 g Hefe
40 cl lauwarme Milch
100 g Zucker
2 Eier
Mark einer Vanilleschote
abgeriebene Schale einer Zitrone
1 TL Salz
400 g Butter
200 g Mehl
350 g Rosinen
100 g geschälte Mandeln, gehackt
100 g Zitronat, gehackt
50 g Orangeat, gehackt
2 cl Rum

150 g Butter zum Bestreichen
200 g Zucker zum Bestreuen
Mark einer Vanilleschote

Das Mehl in eine Schüssel sieben, in die Mitte eine Vertiefung drücken, die Hefe hineinbröckeln und mit der lauwarmen Milch auflösen. Diesen Hefeansatz mit Mehl bestauben und zugedeckt 20 Minuten gehen lassen. Zucker, Eier, Vanillemark, Zitronenschale und Salz zum Hefeansatz geben und einen trockenen, festen Teig daraus schlagen. Den Teig wieder 10-15 Minuten gehen lassen. In der Zwischenzeit die Butter mit dem Mehl zu einem weichen Teig verkneten, unter den gegangenen Hefeteig arbeiten und den Teig nochmals 15 Minuten gehen lassen. Rosinen, Mandeln, Zitronat und Orangeat mischen, mit Rum übergießen und einige Zeit durchziehen lassen. Die Fruchtmischung dann rasch unter den Hefeteig kneten und den Teig wiederum 10-15 Minuten gehen lassen.
Aus dem Teig zuerst zwei Kugeln formen und diese zu etwa 30 cm langen Stangen rollen. Diese Stangen mit dem Rollholz in der Mitte dünner rollen, so daß an den Längsseiten dickere Wülste stehen bleiben. An den kurzen Seiten den Teig etwas einschlagen und dann längsseits zur bekannten Stollenform zusammenklappen. Das Backblech mit gefettetem Pergamentpapier belegen, die Stollen darauflegen und mit einem Tuch bedeckt 20-30 Minuten gehen lassen. Sie sollen deutlich an Volumen zunehmen. Bei 200° C etwa 60 Minuten backen und mit einem Holzstäbchen prüfen. Die noch warmen Stollen mit der zerlassenen Butter von allen Seiten bestreichen und mit dem Vanillezucker einstreuen. Diese Hülle aus Butter und Zucker hält den Stollen saftig und verhindert das Austrocknen.

Mandelstollen

1 kg Mehl
80 g Hefe
3/8 l Milch
2 Eier
120 g Zucker
1 TL Salz
abgeriebene Schale einer Zitrone
1 Msp. Muskat
300 g Butter
200 g Mehl
200 g Zitronat
50 g Orangeat
300 g gehackte Mandeln

150 g Butter zum Bestreichen
200 g Zucker zum Bestreuen
Mark einer Vanilleschote

Das Mehl in eine Schüssel sieben, in der Mitte eine Vertiefung anbringen und die Hefe hineinbröckeln. Mit der lauwarmen Milch auflösen und mit Mehl bedeckt gehen lassen, bis die Oberfläche deutliche Risse zeigt. Die Eier mit dem Zucker und den Gewürzen verrühren. Zu dem Vorteig geben, davon einen glatten, festen Hefeteig schlagen und diesen 15-20 Minuten gehen lassen. In der Zwischenzeit die Butter mit dem Mehl zu einem weichen Teig verkneten, unter den gegangenen Hefeteig arbeiten und den Teig wieder 15 Minuten gehen lassen. Das Zitronat und Orangeat feinhacken und mit den Mandeln mischen. Unter den Hefeteig kneten und diesen nochmals etwa 20 Minuten gehen lassen.
Aus dem Teig, wie beim Christstollen beschrieben, zwei Stollen formen und auf ein mit gefettetem Pergamentpapier ausgelegtes Backblech legen. Mit einem Tuch zugedeckt nochmals 20-25 Minuten gehen lassen. Die Stollen müssen jedenfalls sehr deutlich an Volumen zugenommen haben. Bei 200° C etwa 60 Minuten backen und die Stäbchenprobe machen. Die noch warmen Stollen mit Butter einstreichen und mit Vanillezucker einstreuen.

Pistazienstollen

1 kg Mehl
80 g Hefe
3/8 l Milch
2 Eier
130 g Zucker
1/2 TL Salz
abgeriebene Schale einer halben Zitrone
Mark einer Vanilleschote
300 g Butter
200 g Mehl
200 g Orangeat, feingehackt
120 g Zitronat, feingehackt
200 g Marzipanrohmasse
200 g Pistazien, feingehackt
100 g Puderzucker
1 EL Maraschino

200 g Butter zum Bestreichen
200 g Zucker zum Bestreuen
Mark einer Vanilleschote

Aus den Zutaten wie beim Christstollen einen glatten, festen Hefeteig zubereiten. Diesen nochmals zugedeckt etwa 10 Minuten gehen lassen. In der Zwischenzeit die Butter mit dem Mehl und dem feingehackten Orangeat und Zitronat verkneten. Diese Mischung unter den Hefeteig arbeiten und nochmals etwa 15 Minuten gehen lassen. Die Marzipanrohmasse mit den gehackten Pistazien, dem Puderzucker und Maraschino verkneten. Dieses Pistazienmarzipan etwa 1 cm stark ausrollen und davon 1 cm große Würfel schneiden. Sie sollen möglichst schnell unter den Hefeteig geknetet werden und dann als kleine Inseln im Stollen sichtbar bleiben.
Aus dem Teig zwei Stollen formen und auf ein mit Backtrennpapier ausgelegtes Backblech legen. Mit einem Tuch bedeckt nochmals 20-25 Minuten gehen lassen und bei 210° C etwa 50-60 Minuten backen. Die Butter erhitzen, die noch warmen Stollen damit von allen Seiten bestreichen und mit dem Vanillezucker einhüllen.

Weihnachtliche Schokoladentorte

400 g Kuvertüre, kleingeschnitten
1/4 l Sahne
80 g Butter
4 cl brauner Rum

1 Schokoladen-Biskuitboden (Rezept Seite 46 f.)
2 cl Rum
2 cl Cointreau
2 cl Läuterzucker

Für die Garnitur:
Kuvertürefächer
Schokoblättchen
Nikolaus aus Marzipan

Aus Kuvertüre, Sahne, Butter und Rum eine Canache-Creme zubereiten, wie auf Seite 72 f. beschrieben. Den Biskuitboden zweimal durchschneiden. Eine Schicht Canache-Creme aufstreichen und den zweiten Boden darauflegen. Rum, Cointreau und Läuterzucker mischen, den Boden damit tränken. Die zweite Cremeschicht auftragen. Dann den dritten Boden darauflegen und wieder tränken. Die Torte mit der restlichen Creme einstreichen und den unteren Rand mit Schokoblättchen einstreuen.
Für die Oberfläche aus Kuvertüre Fächer formen (siehe Seite 82) und, von außen angefangen, in drei Kreisen vorsichtig auf die Torte legen. In die Mitte den Nikolaus aus Marzipan stellen.

Bûche de noël

Der »Baumstamm« ist ein französisches Weihnachtsgebäck, das mit unterschiedlichsten Dekorationen zubereitet wird. Aber immer ist es ein Stamm aus hellem Biskuit, mit Buttercreme gefüllt, meist mit Schokoladen-, aber auch mit Kaffee- oder Nußbuttercreme. Garniert wird er mal mit grünen Stechpalmenblättern aus Marzipan, mal mit Blüten aus Schokolade oder auch, wie auf dem Bild, mit Pilzen aus Baisermasse.

Für die Biskuitmasse:
8 Eigelb
100 g Zucker
1 Msp. Salz
etwas abgeriebene Zitronenschale
5 Eiweiß
100 g Mehl
20 g Speisestärke (Weizenpuder)

Für die Creme:
300 g Zucker
1/8 l Wasser
7 Eigelb
400 g Butter
50 g Kakaopulver
70 g Kuvertüre

Für die Garnitur:
Marzipanblätter
Pilze aus Baisermasse

Von den Zutaten eine Biskuitroulade backen, wie auf Seite 46 f. beschrieben. Die Creme nach der Methode der französischen Buttercreme (Seite 71) zubereiten. Butter mit Kakaopulver und Kuvertüre schaumig rühren, dann mit der Eigelbmasse vermischen. Die Biskuitplatte zunächst mit der Hälfte der Creme bestreichen, aufrollen und ganz dünn einstreichen. Mit Spritzbeutel und kleiner Sterntülle (Nr. 4) die Oberfläche in Form von Streifen garnieren. Der Rest bleibt der eigenen Phantasie überlassen. Auf dem Bild sind es Marzipanblätter und Pilze aus Baisermasse, mit denen die Roulade garniert wurde.

Dreikönigskuchen

Zum Dreikönigstag am 6. Januar einen besonderen Kuchen zu backen, war ein weit verbreiteter Brauch, den man bis auf die römischen Saturnalien (die Feste zu Ehren des Gottes Saturn) zurückführt. Diese Feste der Völlerei, an der jedermann teilnehmen konnte, waren auch im frühchristlichen Europa üblich. Bestandteil war auch eine Königswahl, oder besser Auslosung: das Bohnenkönigsfest! In dem gebackenen Kuchen war eine Bohne versteckt und wer sie fand, war König für einen Tag. Dieses Verstecken der Bohne — oder auch eines Geldstückes — hat sich bis heute erhalten. In der Schweiz wurde dieser Brauch des Dreikönigskuchens erst nach dem letzten Weltkrieg wieder belebt und erfreut sich seither immer mehr Beliebtheit.

550 g Mehl
30 g Hefe
1/4 l Milch
100 g Butter
70 g Zucker
1/2 TL Salz
abgeriebene Schale einer Zitrone
1 Msp. geriebene Muskatnuß
2 Eier
80 g Rosinen
50 g gehackte Mandeln
2 cl Rum
Butter für das Backblech
1 Eigelb zum Bestreichen

Mehl in eine Schüssel sieben und in die Mitte eine Vertiefung drücken. Die Hefe hineinbröckeln und mit der lauwarmen Milch auflösen. Eine dünne Schicht Mehl darüberstreuen und diesen »Ansatz« mit einem Tuch bedeckt 15 Minuten gehen lassen. Butter auflösen und mit Zucker, Gewürz und Eiern verrühren. Diese lauwarme Mischung zu dem Ansatz geben und damit vermengen. Davon einen glatten, nicht allzufesten Hefeteig schlagen, der sich trocken anfühlen soll. Zugedeckt nochmals 15 Minuten gehen lassen. Inzwischen die Rosinen mit den Mandeln und dem Rum vermischen. Rasch unter den Hefeteig kneten und diesen ein weiteres Mal gehen lassen, bis er sein Volumen verdoppelt hat. Den Teig in zwei Hälften teilen und aus einer Hälfte eine glatte Kugel schleifen. Auf ein leicht gefettetes Backblech setzen und etwas flachdrücken. Die andere Hälfte in sieben Stücke teilen, diese ebenfalls zu Kugeln schleifen. Das Eigelb mit etwas Wasser verrühren. Zuerst die große Kugel bestreichen, die kleinen daransetzen und ebenfalls mit Eigelb bestreichen. 20-25 Minuten gehen lassen, nochmals mit Eigelb bestreichen, bei 210° C 10 Minuten anbacken, Hitze auf 180° C reduzieren und 25-35 Minuten fertigbacken.
Den Dreikönigskuchen kann man beliebig verschönern: mit Puderzucker besieben oder vor dem Backen mit Mandeln oder Hagelzucker bestreuen.

Galette des rois

Dieser flache Blätterteigkuchen zur Feier des Dreikönigsfestes hat im Frankreich nördlich der Loire eine lange Tradition. Mittlerweile gewinnt er auch im Süden Frankreichs immer mehr an Beliebtheit.

Für einen Kuchen für 12 Personen:
1 kg Blätterteig
480 g Mandelcreme (Seite 72)
1 Eigelb zum Bestreichen

50 g Zucker
5 cl Wasser
1 cl Rum

Die Zubereitung erfolgt wie bei Pithiviers (siehe dazu Arbeitsgang Seite 152 f.). Den gut gekühlten Blätterteig in zwei Hälften teilen und daraus zwei runde Platten gleichmäßig 2-3 mm dünn ausrollen. 10 Minuten ruhen lassen. Die Mandelcreme auf die eine Platte streichen, dabei einen 3 cm breiten Rand freilassen. Diesen mit Eigelb bestreichen. Mit der zweiten Teigplatte abdecken und die Ränder gut zusammendrücken. In den Rand mit einem Messerrücken schräg einen feinen Zackenrand eindrücken und gleichzeitig die Teigplatten miteinander verbinden. Etwa 1/2 Stunde im Kühlschrank ruhen lassen.
Den Kuchen auf ein leicht befeuchtetes Backblech legen und sorgfältig mit Eigelb bestreichen. Mit einem scharfen, spitzen Messer in die Oberfläche ein blätterartiges Muster einritzen. Nochmals 15 Minuten ruhen lassen. Bei 230-240° C 15 Minuten anbacken, die Temperatur auf 210-220° C reduzieren und weitere 20 Minuten backen.
Zucker und Wasser zu Sirup kochen, mit Rum aromatisieren. Den Kuchen sofort nach dem Backen damit bepinseln.

Englischer Hochzeitskuchen

Darüber zu diskutieren, ob er Backwerk oder Kunstwerk oder beides zugleich ist, führt sicher zu keinem Ergebnis. Er ist Teil einer Zeremonie — nämlich der Hochzeit —, und so sehen es nicht nur die Engländer, denn dieser Kuchen hat einen beispiellosen Siegeszug um die ganze Welt angetreten, wenngleich er sich dabei oft bis zur Unkenntlichkeit verändert. Kein Wunder, denn bei welchem Gebäck kann man seiner Phantasie und seinen gestalterischen Fähigkeiten so freien Lauf lassen, wie beim Hochzeitskuchen? Die Basis, der Früchtekuchen, bringt schon alle Voraussetzungen für die spätere Verarbeitung mit. Er bleibt monatelang eßbar, und seine enorme Stabilität macht es möglich, zwei, drei oder gar vier Kuchen übereinanderzusetzen. Nach englischer Sitte wird der Kuchen bei der Hochzeit auch nicht restlos aufgegessen. Man bewahrt einen Teil davon sorgsam auf, um ihn dann am ersten Jahrestag zu verspeisen. Die Zuckerglasur sorgt ebenfalls für die entsprechende Haltbarkeit, denn so ein Kuchen wird zwei- bis dreimal eingestrichen, dazwischen Ruhepausen von mehreren Stunden, damit die Glasur hart werden kann.

3 kg Rosinen
1 kg Korinthen
250 g Zitronat, gehackt
125 g Orangeat, gehackt
250 g Mandeln, gehackt
6 cl brauner Rum
10 cl Cream Sherry
1 kg Butter
900 g brauner Zucker
22 Eier
1/2 TL Salz
abgeriebene Schale von 3 Zitronen
1/2 TL geriebene Muskatnuß
2 TL Zimt
10 cl dunkler Rübensirup
1,2 kg Mehl
10 g Backpulver
Marmelade zum Einstreichen
Marzipan zum Einhüllen

Für die Glasur:
1,5 kg Puderzucker
1/4 l Eiweiß
Saft einer halben Zitrone

Rosinen, Korinthen, Zitronat, Orangeat und Mandeln in eine Schüssel geben, mit dem Rum und Sherry begießen und zugedeckt über Nacht ziehen lassen. Butter und Zucker schaumig rühren und anschließend nacheinander die Eier darunterrühren. Dabei darauf achten, daß sie nicht zu kalt sind (sie sollen die gleiche Temperatur wie die Buttermischung haben), weil sonst die Masse gerinnt. Gewürze und Sirup unterrühren und das mit dem Backpulver gesiebte Mehl mit dem Holzspatel unterziehen. Zuletzt die Früchte unter den Teig arbeiten. Ringe mit Pergament ausfüttern und einfetten, Teig einfüllen und Oberfläche glattstreichen.
Die genaue Backzeit wird von der Größe der verwendeten Formen (Ringe) bestimmt. Der Kuchen wird zunächst heiß angebacken (bei 190° C), nach 20 Minuten muß die Hitze auf 160° C reduziert werden. Bei dieser Temperatur weitere 40 Minuten backen, dann auf etwa 140° C herunterschalten und den Kuchen ausbacken. Das dauert, je nach Größe, zwischen drei und fünf Stunden. Mit dem Holzstäbchen prüfen, ob er auch tatsächlich gar ist. Damit der Kuchen während der langen Backzeit am Rand und auf der Oberfläche nicht zu dunkel wird, kann man ihn mit mehrfach gefaltetem Pergamentpapier umwickeln und abdecken. Nach dem Backen ein bis zwei Stunden warten, dann aus der Form nehmen, abkühlen lassen und in Alufolie wickeln. Er darf mindestens 10-12 Tage reifen, bevor er weiterverarbeitet wird.
Der Kuchen wird zunächst in Marzipan gehüllt. Dafür gibt es eine Faustregel: Für den Marzipanmantel und für die Glasur benötigt man jeweils die halbe Menge des Kuchengewichtes. Wiegt der Kuchen 2 kg, braucht man also 1 kg Marzipan (angewirkt aus 600 g Rohmasse und 400 g Zucker) und 1 kg Zuckerglasur.
Aprikosenmarmelade (oder eine andere passierte Marmelade) wird aufgekocht und die Kuchenoberfläche damit bestrichen. Marzipan etwa 1 cm stark ausrollen, den Kuchen mit der bestrichenen Oberseite nach unten daraufsetzen und das überstehende Marzipan abschneiden. Für den Rand wird das Marzipan zu einem entsprechend großen Streifen ausgerollt und mit der Marmelade bestrichen. Den Kuchen darüberrollen und die überstehenden Ränder abschneiden.
Aus Puderzucker, Eiweiß und Zitronensaft eine Glasur rühren, die so fest und zäh sein muß, daß sie die Konturen behält. Den Kuchen damit einmal einstreichen und abtrocknen lassen. Diese Prozedur noch zweimal wiederholen. Ist der Kuchen dann abgetrocknet, kann man mit der Dekoration beginnen. Die Garniermuster werden mit Schablonen aus Pergament vorgezeichnet. Auf einer drehbaren Unterlage läßt es sich besonders gut arbeiten. Die kleinen Tüllen mit feinsten Öffnungen sind Voraussetzung für eine exakte Dekoration.

Christmas Cake / Englischer Weihnachtskuchen. Er gehört zur Tradition des englischen Weihnachtsfestes und ist wie der Wedding Cake ein schwerer, dunkler Fruchtkuchen, der sich höchstens durch etwas mehr Gewürze von ihm unterscheidet. Er wird ebenso mit Marzipan eingehüllt und mit Zuckerglasur eingestrichen und garniert.
Da gibt es wahre Kunstwerke, wie den abgebildeten Kuchen von Susan Greenway. Nach dem zweiten Einstreichen rieft sie den Rand mit einem feinen Garnierkamm. Der kunstvolle Rand wird in Etappen gespritzt, weil die Glasur nach jedem Zug mit der Spritztüte erst fest werden muß. Der Weihnachtsmann wurde erst mit einer Schablone vorgezeichnet und dann mit teilweise gefärbter Glasur nachgespritzt. Englische Hausfrauen machen es sich meist einfacher. Sie streichen die zweite Glasurschicht mit dem Messer auf, damit der Kuchen aussieht, als wäre er tief verschneit.

Sie ist Wedding-Cake-Spezialistin: Susan Greenway vom Inter-Continental London. Mit geradezu pedantischer Akkuratesse dekoriert sie diesen zweistöckigen Hochzeitskuchen. Sie verwendet dafür kleine Tüllen mit unterschiedlichen Öffnungen, die sie in eine Pergamenttüte wickelt, und außerdem eine drehbare Unterlage, die beim Einstreichen und Spritzen gleichermaßen hilfreich ist.

Festtagstorten

Im Gegensatz zum englischen Hochzeitskuchen oder dem Christmas Cake, der Torte für das Weihnachtsfest in England, konnten sich in den übrigen Ländern keine traditionellen Rezepte oder Dekorationsformen durchsetzen. Die Torte, gemeint ist damit die leichte Biskuittorte, gefüllt mit Creme oder Sahne, hat ohnehin keine große Tradition, weil sie noch relativ jung ist. Es gibt keine speziellen Rezepte für einzelne Feste, ausgenommen der französische »Bûche de noël«, keine besonderen Garniermethoden und auch keine vorgegebenen Stilrichtungen. Erlaubt ist, was gefällt!

Die Freiheit auf diesem Gebiet hat ihre positiven Seiten, denn ob Weihnachten, Ostern, Hochzeit oder Geburtstag, man kann ohne traditionelle Einschränkungen jede beliebige Torte auswählen, je nachdem, ob sie einige Tage haltbar sein soll oder ob sie unmittelbar vor dem Ereignis zubereitet werden kann. Man hat die ganze Palette von ungefüllten bis zu Torten mit leichter Sahnefüllung zur Auswahl. Und von dieser Qual der Wahl sollte man auch Gebrauch machen, gleichgültig, ob als Kunde beim Konditor oder als eigener Zuckerbäcker. Bei der Auswahl einer Festtagstorte muß man daran denken, daß ein Kuchen oder eine Torte in erster Linie gut schmecken sollte. Dies wird oft nicht genügend berücksichtigt, man läßt sich vielmehr zu sehr von der optischen Vorstellung leiten — und tatsächlich erwartet man von einer Torte zum Geburtstag oder zur Taufe schon einiges. Sie wird meist dann aufgetragen, wenn das Fest sich seinem Höhepunkt nähert, und da sollten schon zumindest einige Kerzen erstrahlen. Auf der Torte zur Taufe wird man sich ein Baby aus rosa Marzipan wünschen, das aus den Kissen lacht. Zum Kindergeburtstag muß Donald Duck auf die Torte, und den Jubilar soll ein Spruch erheitern.

Die Wünsche werden zum Problem! Nicht für den Laien, die Hausfrau; sie gehen oft ganz unbefangen, aber mit bestem Erfolg an solche Gestaltungswünsche. Der Fachmann aber sollte seine gestalterischen Fähigkeiten und auch wirtschaftlichen Möglichkeiten realistisch einschätzen und versuchen, seine Kunden dahingehend zu beeinflussen. Es ist sicher besser, eine schlichte, aber perfekte Dekoration zu liefern, als Aufträge mit höchstem Schwierigkeitsgrad dilettantisch auszuführen. Und letztlich wird die Schlacht um Anerkennung auf der Zunge entschieden.

Mandel-Buttercremetorte

Sie ist ein Beispiel für eine Buttercremetorte mit einfachster Garnierung. Die Marzipanfiguren können auf Vorrat modelliert werden. Wenn man diese lustigen Figuren für die gängigen Gelegenheiten parat hat, ist aus einer ganz normalen Creme- oder Sahnetorte schnell eine Festtagstorte gezaubert. Sogar bereits eingeteilte und mit Stückgarnituren versehene Torten können so noch umfunktioniert werden.

50 g Marzipanrohmasse
6 Eigelb
Mark einer halben Vanilleschote
1 Msp. Salz
100 g Zucker
6 Eiweiß
60 g Biskuitbrösel
80 g geriebene Mandeln
60 g Mehl
Eine Springform, 26 cm ∅
Butter zum Ausstreichen
Brösel zum Ausstreuen

350 g Butter
140 g Zucker
40 g Speisestärke
3 Eigelb
1/2 l Milch
1 Vanilleschote
20 g aufgelöste Kuvertüre

2 cl Amaretto (Mandellikör)
2 cl Läuterzucker
Mandelblättchen
Belegkirschen

Die Marzipanrohmasse zunächst mit einem Eigelb verkneten, damit sie cremig wird. In eine Schüssel geben, übriges Eigelb, Vanillemark, Salz und 1/3 des Zuckers zufügen und schaumig rühren. Eiweiß zu Schnee schlagen, restlichen Zucker einrieseln lassen und weiterschlagen, bis der Schnee schnittfest ist. Unter die Eigelbmasse melieren, anschließend die Mischung aus Bröseln, Mandeln und Mehl unterheben. Die Masse in die vorbereitete Springform füllen und bei 190° C 35-40 Minuten backen. Den Boden am besten über Nacht ruhen lassen, dann zweimal durchschneiden.

Die Buttercreme zubereiten, wie auf Seite 70 beschrieben. Ein Viertel davon mit der aufgelösten Kuvertüre verrühren, den ersten Boden damit bestreichen. Den zweiten darauflegen und mit der Mischung aus Amaretto und Läuterzucker tränken. Als nächste Schicht Vanillebuttercreme aufstreichen und den letzten Boden auflegen. Diesen wieder tränken. Die Torte dünn einstreichen, kühlen und nochmals einstreichen. Beim zweiten Mal vor allem den Rand etwas dicker bestreichen und anschließend mit dem Garnierkamm riefen. Die Oberfläche mit zerriebenen gerösteten Mandelblättchen besieben und mit Buttercremerosetten (Sterntülle Nr. 7) und halben Belegkirschen garnieren.

Schokoladen-Igel

Daß Biskuit nicht zwingend in Form einer runden Torte verarbeitet werden muß, zeigen diese lustigen Igel. Man kann sie aus einem runden Biskuitboden herausschneiden oder auch in speziellen Formen backen. Das folgende Rezept reicht aus für 2 Igelformen von 18 cm Länge.

5 Eier
2 Eigelb
150 g Zucker
1/2 TL abgeriebene Zitronenschale
150 g Mehl
30 g Speisestärke (Weizenpuder)
90 g heiße Butter

350 g Butter
140 g Zucker
40 g Speisestärke
3 Eigelb
1/2 l Milch
1 Vanilleschote
70 g aufgelöste Kuvertüre

120 g ausgesuchte gestiftelte Mandeln
500 g Kuvertüre

Marzipan und Spritzglasur zum Garnieren

Die Wiener Masse wie auf Seite 44 f. beschrieben zubereiten. Im Ring oder in den Igelformen backen, die vorher gefettet und mit Bröseln ausgestreut wurden. Möglichst über Nacht ruhen lassen und dann dreimal durchschneiden.

Eine Vanillebuttercreme zubereiten, wie auf Seite 70 beschrieben, und mit der aufgelösten Kuvertüre verrühren. Die Igel dreimal füllen und die Oberfläche einstreichen. Mit ausgesucht langen, gestiftelten Mandeln gleichmäßig spicken, dabei den Kopf freilassen. Im Kühlschrank etwas anziehen lassen. Auf ein Kuchengitter setzen und mit der temperierten Kuvertüre übergießen. Fest werden lassen, dann von dem Gitter abschneiden. Aus Marzipan Nasen modellieren und ansetzen. Mit weißer Spritzglasur die Augen aufspritzen, darauf mit Kuvertüre die kleinen Punkte.

KUCHEN UND TORTEN LEXIKON

A

Agar-Agar, Geliermittel, das aus verschiedenen ostasiatischen Algenarten gewonnen wird.

Agenpflaume, Halbtrockenpflaume, Spezialität aus Agen, einer französischen Stadt an der Garonne.

Amaretto → Mandellikör

Angelika, Engelwurz; Doldengewächs, dessen kandierte Blattstiele als Verzierung für Süßspeisen verwendet werden.

Ansatz, Vorteig zur Bereitung von Hefeteig, aus einem Teil des Mehls, das mit Milch oder Wasser und der Hefe warm vermischt und zur Gare gestellt wird.

Antillenrum, Rumsorten, die auf den kleinen und großen Antillen destilliert werden

Apostelkuchen → Brioches, Seite 132 f.

Apricot Brandy, ein Fruchtaromalikör aus frischen oder getrockneten Früchten, auf der Basis von Weinbrand.

Aprikotur, Glasur aus Aprikosenmarmelade, Zucker, Wasser und Zitronensaft. Findet überwiegend Verwendung als Isolierschicht zwischen Gebäck und anderen Glasuren oder Verzierungen, Seite 76

Arancini, getrocknete und kandierte Orangenschalen, in runde Scheiben geschnitten.

Armagnac, berühmter Weinbrand aus dem Südwesten Frankreichs; Mindestgehalt an Alkohol 38 Vol. %. Er reift in Fässern aus Eichenholz. Sein Aroma eignet sich vorzüglich zum Parfümieren von Tortenfüllungen.

Arrak, ein Branntwein mit drei verschiedenen Zubereitungsarten: vorwiegend aus Reis aber auch aus Zuckerrohrmelasse und in Südostasien aus Palmwein, gewonnen aus den angezapften Blüten der Kokospalme. Sehr gut geeignet zum Aromatisieren von Cremes.

B

Baba, mit Spirituosen oder Sirup getränkter Hefekuchen in Ringform

Baiser, Schaummasse aus Eiweiß und Zucker, Seite 50

Baumé, Antoine, franz. Chemiker (1728-1804), Erfinder des Aräometers (Zuckerwaage). Nach ihm werden die einzelnen Grade auf der Skala kurz Bé genannt.

Bavaroise, Bayerische Creme

Bayerische Creme, Creme auf der Basis von Eigelb, Zucker, Milch, Vanille, Gelatine und Schlagsahne, Seite 69

Bénédictine, französischer Kräuterlikör mit starkem Aroma

Bergamotte-Likör, Birnenlikör

Bienenstich, flacher Hefekuchen, vor dem Backen mit einem Gemisch aus Butter, Zucker, Honig und gehobelten Mandeln bestrichen. Nach dem Auskühlen mit Schlagsahne füllen, Seite 135

Bindemittel, bewirken, daß eine bestimmte Konsistenz erzielt, zu viel Flüssigkeit gebunden wird und die Gleichmäßigkeit erhalten bleibt. Dazu gehören: Weizen-, Mais-, Reis- und Kartoffelpuder, Agar-Agar, Gelatine, Tragant, Pektin, Gummi arabikum.

Biscuits à la cuiller → Löffelbiskuits

Biskotte, österreichische Bezeichnung für Löffelbiskuit

Biskuitkapsel → Kapsel

Black Bun, schottischer Früchtekuchen mit besonders großem Anteil von Korinthen

Bremer Klaben, eine Art Stollen aus Hefeteig, mit Mandeln, Rosinen und Korinthen. Wird zu hohen Festtagen, unbedingt aber an Weihnachten gebacken.

Brösel, aus geriebenen Semmeln bzw. Weißbrot oder von süßen Tortenböden (Biskuit- oder Kuchenbrösel).

Butterteig, österreichische Bezeichnung für Blätterteig

C

Cake, allgemeine Bezeichnung für verschiedene Arten englischer Kuchen.

Calvados, französischer Apfelbranntwein, der etwa sechs Jahre in Fässern aus Eichenholz reifen muß. Ursprünglich nach der Landschaft benannt.

Cannelons, Röhrchen aus Teig, meist Hippenmasse, gefüllt mit Schlagsahne oder leichten Cremes.

Chaudeau, warmer Weinschaum → Weinchaudeau

Cherry-Brandy, süßer Likör auf Branntweinbasis von Kirschsaft und auch einigen gestoßenen Kirschsteinen.

Cognac, französischer Weinbrand aus der Charente, der mehrere Jahre in Fässern aus Eichenholz lagern muß.

Cointreau, heller französischer Likör, aromatisiert mit Orangenschalen.

Cordial Médoc, franz. Likör, der mit Cognac, der Schale von Curaçao-Orangen und Dessertwein hergestellt wird.

Crème, Name einer Anzahl von sehr süßen französischen Likören, die aus Früchten oder anderen Substanzen hergestellt werden, z. B.
Crème d'ananas — Ananaslikör
Crème de cacao — Schokoladenlikör
Crème de cassis — Schwarzer Johannisbeerlikör
Crème des fraises — Erdbeerlikör
Crème de menthe — Grüner Pfefferminzlikör
Crème de moka — Kaffeelikör
Crème de prunelle — Schlehenlikör

KUCHEN UND TORTEN - LEXIKON

Crème bavaroise → Bayerische Creme, Seite 69

Crème Chantilly, Schlagsahne, Seite 67

Crème de truffes, Bezeichnung für Canache-Creme, Seite 73

Crème fouettée, geschlagene Sahne

Crème pâtissière, Konditorcreme, Seite 66

Crème Saint Honoré, Chiboust-Creme, eine leichte Füllcreme, Seite 67

Cremor tartari, Bezeichnung für gereinigten → Weinstein

Curaçao, Orangenlikör, der ursprünglich aus den Schalen von Curaçao-Orangen, Rohrzucker und Branntwein hergestellt wurde, heute aber auf der Grundlage von Weinbrand, Gin und anderen Branntweinen bereitet wird.

D

Dampfl, österreichisch für Ansatz bei Hefeteigen

Datschi, schwäbisch für belegte Hefeblechkuchen mit Pflaumen, Äpfeln oder Weinbeeren

Diplomatencreme, kalte Vanillecreme (Konditorcreme) mit beliebigem Likör abgeschmeckt und mit der gleichen Menge geschlagener Sahne vermischt.

Doughnuts, Hefeteig in Ringform (Krapfen), in schwimmendem Fett gebacken. Englisch und amerikanisch.

Duchesses, kleine Kuchen von Brandteig

E

Eclair, franz. für Liebesknochen, Backware aus Brandmasse, länglich, mit Creme gefüllt und glasiert, Seite 173

Eier-Canache, eine Canache-Creme aus Milchkuvertüre und Eigelb

Eiermilch, Eier, mit Zucker geschlagen und mit Milch (gewürzt mit Vanille oder Zitronenschale) vermischt. Wird z. B. als Guß für Obstkuchen verwendet.

Eierschecke, sächsischer Hefeblechkuchen mit einem Guß aus Eiern, Zucker und Butter

Eierstreiche, Gemisch von Eigelb oder ganzen Eiern mit oder ohne Milch, zum Bestreichen des geformten Teiges vor dem Backen, der dadurch einen schönen Glanz erhält.

Eischnee, geschlagenes Eiweiß, das, möglichst gekühlt, nicht die geringste Spur von Eigelb enthalten darf. Beim Schlagen Zucker nach und nach einrieseln lassen.

Englische Creme → Vanillesauce

Essenz, konzentrierte aromatische Flüssigkeit

Eßkastanie, Edelkastanie, Marone

F

Feigenkuchen, gemahlene Haselnüsse mit Zucker, Butter, Eigelb schaumig rühren. Mit Eischnee melieren. Mehl, Zimt, gemahlene Muskatnuß, Datteln, Walnüsse, eingeweichte Feigen (zusammen gehackt), abgeriebene Zitronenschale locker unterziehen. Kuchenform mit Linzerteig ausfüttern. Masse einfüllen, backen.

Feuillantines, kleine Blätterteigkuchen

Fladen, alle flachen Kuchen (Blechkuchen)

Florentiner, flaches Dauergebäck aus Butter, Zucker, Honig, Sahne, Mandeln und Orangeat. Rund geformt, nach dem Backen mit Kuvertüre bestrichen und mit einem Garnierkamm gewellt.

Fondant, Glace fondante, Zuckerglasur, Schmelzglasur. Eine weiße, dickgerührte Glasur von stark eingekochtem Zucker, im Gegensatz zu der aus Eiweiß und Zucker kalt hergestellten Glasur. Fondant darf nur bis handwarm im Wasserbad erwärmt werden, Seite 76

Frangipane, gekochte Füllcreme auf der Basis von Mehl oder Speisestärke, Eiern, Milch und Vanille, vermischt mit feingestoßenen Makronen. Teilweise wird auch die Mischung aus Mandelcreme und Konditorcreme Frangipane genannt.

Fruchtmark, pürierte, auch zusätzlich passierte Früchte

Fruchtsirup, Fruchtsaft mit Zucker versetzt

G

Galette, flacher, einfacher Kuchen, auf dem Blech gebacken, mit viel Butter hergestellt.

Gâteau, französischer Sammelname für Torten aller Art

Gaufres, französisches Wort für Waffeln

Gelatine, reiner, geschmackloser Knochenleim in Pulver- oder Blattform als Geliermittel u. a. für Cremes und Gelees. Blatt- und Pulvergelatine werden in gleicher Dosierung verwendet; 1 Blatt entspricht etwa 2,1 g Pulver.

Gelee, Sulz, Gallert; erstarrte Fruchtsäfte o. a. mit und ohne Einlage

Genoise, feiner Biskuitteig, Seite 44 f.

Germ, österreichischer Ausdruck für Hefe

Glace fondante → Fondant

Glace royale, weiße Zuckerglasur aus Staubzucker, Eiweiß und Zitronensaft

Glasur, Überzug aus Zucker, Schokolade u. a. für Süßspeisen, kleines Gebäck und Kuchen

Glucose, Traubenzucker; der neben dem Fruchtzucker in den Früchten enthaltene natürliche Zucker

Grand Marnier, französischer Likör auf der Basis von Cognac mit Bitterorangen

Grappa, italienischer Tresterbranntwein

Grillage, österreichisch, geschmolzener Zucker mit grob gehackten Nüssen oder Mandeln

Gummi arabicum, (arabisches Gummi, Senegalgummi, Akaziengummi). Gewonnen aus Exsudaten tropischer Akazienarten. Harte, farblose Masse fein zerstoßen und in der doppelten Wassermenge lösen. Wird verwendet als Dauerglanz für Makronen o. ä.

Guß, Mischung aus Milch, Ei und Zucker, die über manche Kuchen oder Aufläufe gegeben wird. Siehe auch Glasur.

Hagelzucker, grob-kristalliner, weißer Zucker, den man u. a. zum Bestreuen von Gebäck und zum Anstreuen von Torten nimmt.

Haselnußtorte, Genoisemasse vermischt mit geriebenen Haselnüssen, in runder oder viereckiger Form gebacken; 3- oder 4-mal durchgeschnitten, mit Haselnuß-Buttercreme gefüllt. Mit gleicher Creme eingestrichen, mit gehackten, gerösteten Haselnüssen angestreut. Mit Puderzucker besiebt.

Hefestück, Vorteig, Ansatz

Hippenmasse, Masse, meist aus Mandeln oder Marzipan, für Desserts und Dekorationen aller Art

Honigkuchenlack, Speisestärke geröstet, mit Wasser aufgekocht. Zum Abglänzen von Honigkuchen, Makronen o. a.

Hutzelbrot, stark gewürztes Hefeteigbrot mit Backpflaumen und gedünsteten Birnen. Vorweihnachtszeit.

Indianer(krapfen), österreichische Bezeichnung für Mohrenkopf, Seite 170 f.

Irish Mist, Bezeichnung eines Likörs auf Grundlage von irischem Whisky, der mit Kräutern aromatisiert ist.

Italienische Meringue, süßer Eischnee; wird z. B. verwendet für Buttercreme

KUCHEN UND TORTEN - LEXIKON

K

Kaffee-Essenz, sehr starker, konzentrierter Bohnenkaffee

Kaneel, Zimtrinde

Kapsel, Bezeichnung für Teige oder Massen, die auf das Blech gestrichen und in rechteckiger Form gebacken werden, z. B. für Rouladen; auch Papierkörbchen mit plissiertem Rand, für Dessertstücke, Petits fours oder Pralinen.

Karamel, braun gebrannter Zucker

Kartoffelmehl, Kartoffelstärke

Kastanie → Marone

Kemiri, Samenkerne einer indonesischen Pflanze, im Geschmack zwischen Nuß und Mandel

Kipfe(r)l, österreichische Bezeichnung für Hörnchen

Kirschröster, einfacher Kirschkuchen, bestehend aus Kirschen, geriebener Semmel und Eierguß

Kirschwasser, ein Edelbranntwein, der aus vergorener Maische von kleinen, schwarzen Kirschen im Schwarzwald, den Vogesen und in der Schweiz hergestellt wird.

Kithul-Palme, bot. Caryota urens L., eine Art der Zuckerpalmen, aus deren Stamm und Blütenknospen vorwiegend Saft zur Zuckergewinnung abgezapft wird.

Kletzen, getrocknete Birnen. Kletzenbrot, Seite 184

Klöben, halbmondförmiges Hefegebäck, gefüllt mit gehackten Mandeln, Korinthen und Zitronat

Konditor-Creme, Crème pâtissière, auf der Basis von Zucker, Eigelb, Mehl oder Speisestärke, Milch und Vanille hergestellt, Seite 66

Königskuchen; Butter mit Eigelb, Zucker, abgeriebener Zitronenschale schaumig rühren, Eischnee, Mehl und Trockenfrüchte unterziehen, in gefetteter, mit Papier ausgelegter Kastenform backen, Seite 92

Kopra, das getrocknete, sehr fetthaltige Kernfleisch einer Kokosnuß

Kransekager, Dänisches Festtagsgebäck; Ringe aus Makronenmasse. Mit Eiweißspritzglasur dekoriert und zu einem turmähnlichen Kuchen zusammengesetzt.

Krokant, Mischung aus gehackten Nüssen oder Mandeln und Karamel

Kuvertüre, Schokoladenüberzugsmasse, Seite 82

L

Läuterzucker, Zuckersirup. 500 g Zucker mit 1/2 l Wasser 1 Minute kochen. Das Thermometer zeigt dann 102° C, die Zuckerwaage 28° Baumé. Kann gut auf Vorrat gehalten werden. Wird verwendet zum Tränken von Gebäcken, zum Pochieren von Obst, für Glasuren, zum Verdünnen von Fondant.

Lebkuchen, Gewürzkuchen, Pfefferkuchen, Honigkuchen

Liebesknochen → Eclair

Linzerteig, feiner Mandelmürbteig, Seite 56 f.

Löffelbiskuits, zartes Gebäck, das zur Herstellung verschiedener Torten verwendet wird. In der Patisserie unentbehrlich.

M

Makronen, Gebäck auf der Basis von Mandeln, Zucker und Eiweiß

Mandarine, Mandarinette; ein mit Mandarinenschalen aromatisierter Likör

Mandelcreme, Konditor-Creme mit Mandeln, auf der Basis von Butter, gemahlenen Mandeln, Puderzucker, Eiern und Speisestärke. Wird verwendet zu Füllungen, auch für Törtchen mit und ohne Obst, Seite 72

Mandelessenz, feingeriebene, süße Mandeln werden in Milch oder Wasser erhitzt und dann in einem feinen Tuch ausgedrückt. Verwendung bei Mandelmilch, Blancmanger u. a.

Mandellikör, aus Mandelbrei unter Zusatz von Sprit und anschließender Destillation gewonnener Aromalikör.

Mandelmasse, getrennt geschlagene Biskuitmasse mit geriebenen Mandeln oder Marzipanrohmasse

Maraschino, italienischer Gewürzlikör, der aus Kirschbranntwein von vergorenen Maraska-Kirschen (Dalmatien) hergestellt wird.

Margarine, Butter- und Fettersatz, der früher meist aus Rindertalg, heute aber aus Pflanzenfetten hergestellt wird.

Marille, österreichische Bezeichnung für Aprikose

Marone, Edelkastanie, eßbare Kastanie, bot. Castanea sativa oder C. vesca. Wird vorwiegend in den Mittelmeerländern angebaut. Ihren Namen hat sie von der pontischen Stadt Kastanis. Maronen werden im Herbst und Winter frisch, das ganze Jahr über in Dosen angeboten, süß, naturell und als Püree.

Maronenpüree, Butter und Zucker erhitzen, geschälte Kastanien darin karamelisieren lassen, Milch zufügen, weichkochen. Im Mixer pürieren, geschlagene Sahne darunterziehen.

Marsala, italienischer Dessertwein, süß oder trocken; eignet sich gut zum Würzen der verschiedensten Cremes.

Marzipanrohmasse, Zubereitung aus süßen Mandeln und Zucker. Verwendung bei Hippenmasse, Mandelcreme, Gebäck u. a. m.

Melonen- oder Kürbiskerne, die getrockneten Kerne haben sich als Mandelersatz, besonders als Bestreumaterial bewährt.

Meringue, gesüßter Eischnee, der mehr getrocknet als gebacken wird, Seite 50

Mikado-Torte, je 3 dünne Böden Genoise und 3 gebackene Baiserböden mit Rum-Buttercreme zusammengesetzt, rundum mit gleicher Creme bestrichen, mit gehackten, gerösteten Mandeln eingestreut, Oberseite mit Puderzucker besiebt.

Mince Pie, Füllung aus Rosinen, Sultaninen, gehackten Mandeln und Äpfeln, Rindernierenfett, Zucker, Gewürzen und Rum oder Weinbrand. Zwischen 2 Lagen Blätterteig in Tarteletteförmchen gebacken. Wird heiß gegessen. Englische Spezialität, besonders zur Weihnachtszeit.

Mirabell, Mirabellbranntwein; die im Elsaß und Baden übliche Bezeichnung eines Edelbranntweines aus Mirabellen, der sowohl im Gärungsverfahren als auch von der unvergorenen Frucht destilliert wird.

Mirliton, gefülltes Blätterteiggebäck in Tarteletteförmchen

Mostacciole, italienische, kleine rechteckige Kuchen aus einem mit Nelken und Muskat gewürzten Teig mit Schokoladenguß.

Muffins, englisches Hefegebäck

Muffkuchen, Braunschweiger Biskuitkuchen mit Zimt und Mandeln

N

Napfkuchen, meist Hefekuchen, gebacken in einer tiefen (Gugelhupf-) Form

Necci, italienischer Kastanienkuchen

Negerküsse, kleines Gebäck aus Biskuitmasse oder Waffeln mit Meringue- oder Schlagsahnefüllung, mit Schokolade überzogen.

Nid de Pâques, französischer Osterkranz; Biskuitkranz mit Buttercreme gefüllt und mit einer Spaghetti-Lochtülle überspritzt. Mit Dragee-Eiern dekoriert.

Nonpareilles, kleine farbige Zuckerdragees

Obers, österreichische Bezeichnung für süße Sahne; Schlagobers: Schlagsahne

Oblaten, aus Weizenmehl und Wasser gebackene, dünne weiße Platten. Dienen als Unterlage beim Backen von feinen Mandelbäckereien oder finden als Einlage bei gefüllten Kuchen Verwendung.

Obstbranntwein, aus vergorenen Früchten oder deren Saft gewonnen. In Frage kommen Beeren-, Kern- und Steinobst. Wird auch »Wasser« genannt, z. B. »Kirschwasser«. Werden unvergorene Früchte mit Alkohol destilliert, nennt man das Endprodukt »Geist«, z. B. »Himbeergeist«.

Orangeat, kandierte Apfelsinenschale, Seite 34

P

Palmier, Blätterteiggebäck; auch als Schweinsohren bekannt.

Paris-Brest, Brandmasse, zu dickem Kranz auf ein Blech gespritzt, gebacken. Waagerecht durchgeschnitten, gefüllt mit Saint-Honoré-Creme, vermischt mit feingestoßenem Krokant. Mit Puderzucker besiebt.

Pariser Creme, eine Schokoladencreme. 1/4 l Sahne wird aufgekocht und darin 200 g Kuvertüre glattgerührt. Erkaltet wird sie schaumiggeschlagen (Canache, Seite 73)

Pâte à choux, Brandmasse, Seite 52

Pâte brisée, Geriebener Teig, Seite 53

Pâte feuilletée, Blätterteig, Seite 58 f.

Pâte levée, Hefeteig, Seite 62

Pâte sucrée, süßer Mürbteig, Seite 53

Peach Brandy, ein Pfirsichlikör, der meist auf Grundlage von Weinbrand mit frischen oder getrockneten Pfirsichen hergestellt wird.

Pektin, planzlicher, wasserlöslicher Gelierstoff, der mit Fruchtsäuren und Zucker Gallert bildet. Kommt besonders in unreifen Früchten wie Äpfel, Quitten, Johannisbeeren, Zitronen und Zuckerrüben vor. Im Handel: Apfelpektin und Rübenpektin in flüssiger oder Pulverform. Verwendung: u. a. als Bestandteil von Tortengüssen, zum Kochen von Gelees und Marmeladen.

Persipan, Marzipanersatz aus geschälten, entbitterten, in feuchtem Zustand geriebenen Aprikosen- oder Pfirsichkernen, mit Zucker unter Erwärmung hergestellt.

Petits fours, alle sehr kleinen für den Nachtisch oder zum Mokka bestimmten Backwerke, gefüllt und ungefüllt, trocken oder glasiert.

Pflanzenfett, aus ölhaltigen Früchten, aus Kokosnüssen oder Erdnüssen. Zum Backen für Schmalzgebäcke sind Pflanzenfette sehr beliebt.

Pie, englische Pastete, salzig oder süß, in einer Keramikform, mit Deckel aus Mürb-, Blätter- oder geriebenem Teig gebacken.

Pinza, italienisches Osterbrot aus Hefeteig, versehen mit einem tiefen Kreuzschnitt.

Pithiviers, dünner, runder Boden von Blätterteigresten mit aufgesetztem Blätterteigrand. Gefüllt mit Mandelcreme, abgedeckt mit Blätterteig. Seite 152 f.

Platz, thüringischer Hefekuchen

Platzek, polnische, in flachen Formen gebackene Kuchen verschiedenen Geschmacks

Portwein, portugiesischer Dessertwein, der in roten und weißen Sorten angeboten wird. Er muß drei Jahre in Fässern aus Eichenholz lagern; Alkoholgehalt bis zu 25 Vol. %. Er ist trocken bis leicht süß.

Pralin, geröstete Mandelmasse

Profiteroles, kleine, gefüllte Windbeutel aus Brandteig

Prophetenkuchen, großer Hefekuchen (Brioche)

Puder, sind feine Speisestärkemehle wie Weizen-, Mais- und Kartoffelpuder. Verwendung für Tortenmassen, Cremes und als Bindemittel.

Purée, Brei oder Mus, hergestellt aus dem Fruchtfleisch der verschiedensten Obstarten

Putitz, ein in Strudelform gebackener Hefeteig

Q

Quark, ist der sich bei der Milchgerinnung absetzende Käsestoff. Zur Verwendung für Gebäcke muß er glatt sein und einen frischen Geschmack und Geruch haben.

Quillets, Biskuittörtchen

R

Raffinade, Streuzucker, Seite 33

Rahm, süddeutsch und schweizerisch für Sahne

Regententorte → Prinzregententorte, Seite 158

Rehrücken, in länglicher Form gebackene Schokoladenmasse mit Schokoladenglasur, mit gestifteten Mandeln gespickt, Seite 93

Rindertalg, wurde früher zum Backen der Christstollen verwendet und unter die Butter bei Blätterteig gemischt.

Rodonkuchen, abgerührter Napfkuchen

Roquille, eingemachte Pomeranzenschale

Roulade → Biskuitrolle, Seite 46 f.

Royale, Eiermilch, Eierstich, Eiergelee

Rum, ein Destillat, dessen Spitzenqualitäten (z. B. Rhum agricole) aus frischem Zuckerrohr gewonnen werden. Weitere Sorten werden aus Melasse hergestellt; es gibt auch reinen Kunstrum. Abgesehen von den verschiedenen Sorten der Herkunftsländer wie Jamaika, Kuba etc., unterscheidet man weißen (farblosen) und braunen Rum, der mit Zuckercouleur gefärbt ist.

S

Sabayon, Weinschaum, -sauce; eine aus Eigelb, feinem Zucker, Gewürz und Weißwein im Wasserbad abgeschlagene Süßspeisensauce.

Saint-Honoré-Torte, Gâteau Saint-Honoré, benannt nach dem Schutzheiligen der französischen Bäcker, Seite 156

Salambos, kurze, breite Blitzkuchen, gefüllt mit Vanille-Konditorcreme, Oberseite in Bruchzucker getaucht, mit gehackten Pistazien bestreut.

Sandtorte, Sandkuchen in runder Form

Sankt Honoratius Torte → Saint-Honoré-Torte

Savarin, feiner, in Ringform (Savarinform) gebackener Hefekuchen, noch heiß mit Sirup und Spirituosen stark getränkt, dazu beliebige Füllung.

Savoyer Biskuit, ein feiner Biskuit in konischer Tortenform gebacken, der ungefüllt mit Fruchtsauce, Kompott oder Schokoladensauce gegessen wird.

Schlotfeger, Hippenmasse über ein Holz gerollt und mit Kuvertüre überzogen. Gefüllt mit Schlagsahne, Seite 173

Schmelzglasur → Fondant

Schokoladenfettglasur, Ersatz für Kuvertüre, hergestellt auf Pflanzenfettbasis mit geringem Kakaoanteil

Schuhsohlen, dünn ausgerollter Blätterteig, rund ausgestochen, auf Streuzucker zu ovaler Form ausgerollt, gebacken und gleichzeitig karamelisiert, Seite 142

Schwaden, Wasserdampf im Backofen; entsteht durch Eingießen von Wasser unter das Backblech. Der Dampf treibt das Gebäck schön auf, z. B. Brandteig.

Schweinsohren, Blätterteig, auf Streuzucker ausgerollt, zweimal nach der Mitte zu zusammengefaltet, in dicke Scheiben geschnitten. Backen und gleichzeitig karamelisieren, Seite 143

Sherry, spanischer Dessertwein aus Jerez, wird in trockenen und milden Sorten angeboten.

Sirupe, konzentrierte, dickflüssige Zuckerlösungen auch mit Fruchtsäften oder Pflanzenauszügen. Auch Stärkesirup (Glukose), Handelsbezeichnungen: Bonbonsirup, Kapillärsirup.

Sliwowitz, feiner Zwetschgenbranntwein, dem bei der Destillierung auch zerdrückte Zwetschgenkerne beigefügt werden.

KUCHEN UND TORTEN - LEXIKON

Spanischer Wind, getrockneter Eischnee in Form von kleinen Halbkugeln

Speisestärke, quillt in 60-70° C warmer Flüssigkeit. Dient als Bindemittel zur Bereitung von Cremes, süßen Saucen etc.; bindet jedoch erst beim Siedepunkt, Seite 28

Spinnzucker, Zucker mit 3% Glukose auf 145° C gekocht, wird mit abgeschnittenem Schneebesen hin- und hergeschleudert, so daß ein feingesponnener Zuckerschleier entsteht.

Sponge, englischer leichter Biskuitkuchen, mit oder ohne Butter, der in verschiedenartigen Formen gebacken wird.

Spritzglasur, eine sehr dicke Zuckerglasur, die für zarte Dekorationen wie Ornamente, Blumen etc. aus einer Papiertüte aufgespritzt wird.

Spritzkuchen, runde Ringe aus Brandteig, mit Sterntülle gespritzt und in heißem Fett gebacken, Seite 145

Strauben, in Fett gebackene Süßspeise

Striezel, Hefegebäck in langgestreckter Form, geflochten, Seite 183

Strudel, Mehlspeise von dünn ausgetriebenem Teig, der mit einer Fülle belegt oder bestrichen, zusammengerollt und in einer flachen Kasserolle gebacken wird.

Stuten, niederdeutsche Bezeichnung für längliches, kuchenartiges Brot mit Rosinen und Korinthen.

Süster, Hefeteigkuchen mit Mandeln

T

Tarte, französische Bezeichnung für jede flache Obsttorte (Blechkuchen), im Gegensatz zu »Gâteau«.

Tartelette, französisch für kleines, blindgebackenes Törtchen (Tortelett), meist aus Mürbteig. Kann mit Cremes, Gelees, Früchten und Sahne gefüllt werden.

Tausendblättertorte → Gâteau Mille-feuille, Seite 152

Terrassentorte, Torte aus zwei verschieden großen Böden zusammengesetzt. Auch Stufentorte genannt.

Tia-Maria-Likör, ein Mokkalikör

Topfen, österreichische Bezeichnung für Quark

Torte, feiner Kuchen, auf verschiedene Arten und in verschiedenen Formen hergestellt, gefüllt oder ungefüllt, glaciert oder nicht glaciert, meistens, jedoch nicht immer dekoriert.

Tragant, Pflanzengummi; wird in der Konditorei als Bindemittel verwendet, um Zuckerteig zur Herstellung von Ornamenten und Verzierungen geschmeidig zu machen, Seite 17 f.

Treacle, ein Sirup, der aus dem Saft der angezapften Palmblüten gewonnen wird

Tunkmasse, österreichische Bezeichnung für Kuvertüre

Überzugsmasse, Kuvertüre, Schokoladenfettglasur, Nußfettglasur

Vacherin Chantilly, Füllung von vanillierter Schlagsahne. Garnierung mit Schlagsahne, kandierten Kirschen und Angelikablättchen.

Vacherin glacé, Vacherin mit beliebiger Eisfüllung, mit Schlagsahne garniert.

Vanillesahne, Schlagsahne mit Vanille parfümiert: Crème Chantilly, Seite 67

Vanillesauce, englische Creme, Sauce aus Milch, Eigelb, Zucker und Vanille. Wird verwendet als Beigabe zu verschiedenen Desserts oder als Grundsauce für eine Reihe weiterer Cremesaucen.

Vanillezucker, Gewürzzubereitung aus mindestens 5% zerkleinerten Vanilleschoten mit Zucker.

Vanillin, Aromastoff mit an Vanille erinnerndem Geruch und Geschmack. Bildet sich natürlich in der Vanillefrucht bei der Fermentation, wird auch in großen Mengen synthetisch in gleichmäßiger Qualität hergestellt.

Wähe, Schweizer Bezeichnung für mancherlei Blechkuchen (süß und pikant)

Wasserglasur, Zucker mit heißem Wasser zu einem dicken Brei anrühren, nach Wunsch aromatisieren.

Weihnachts-Baumstamm → Bûche de noël, Seite 188

Weinbrand, gehört zu den Edelbranntweinen, aus Weindestillat gewonnen. Herstellung wie Cognac.

Weinchaudeau, österreichische Bezeichnung für Weinschaumsauce

Weinstein, saures, weinsaures Kalium, das sich während der Gärung mit zunehmendem Alkohol aus dem werdenden Wein abscheidet.

Weizenpuder, gewonnen aus Weizenmehl

Whisky, Branntwein, hergestellt aus Destillaten vergorener Gerste, Roggen, Weizen und Mais. Schottischer Whisky wird vorwiegend aus Gerstenmalz gebrannt, schmeckt leicht rauchig. Der Getreidebranntwein aus Irland wird »Whiskey« geschrieben, ebenso der aus den USA, der jedoch vorwiegend aus Mais hergestellt wird. Der Mindestalkoholgehalt aller Sorten beträgt 43 Vol.%.

Wiesbadener Ananastorte, Waffelböden mit Nougat, Marzipan und Ananaskonfitüre gefüllt. Mit Schokolade überzogen.

Windmasse, Baisermasse, meistens mit gekochtem Zucker

Z

Zabaione, italienische Bezeichnung für Weinschaumsauce, vorwiegend mit Marsala zubereitet

Ziehbutter, mit Talg angereicherte Butter, auch Bezeichnung für Spezialmargarine, besonders geeignet zur Herstellung von Blätterteig.

Zitronenzucker (Orangenzucker), Würfel- oder Hutzucker, mit dem man die Schale von unbehandelten Zitrusfrüchten abreibt.

Zuckercouleur, dunkelbrauner Zuckersirup. Karamel wird über 180° C erhitzt, also verbrannt. Er wird mit heißem Wasser aufgegossen und nochmals aufgekocht. Wird verwendet zum Färben von Cremefüllungen, Fondant u. a.

Zucker kochen, 500 g Zucker mit 1/4 l Wasser bis zu einem bestimmten Grad kochen.
Schwacher Faden: 104° C; Zeigefinger und Daumen mit Wasser anfeuchten, etwas Sirup daraufgeben. Beim schnellen Öffnen und Schließen der Finger entsteht ein kurzer Faden.
Starker Faden: 108° C; Gegenprobe wie beim schwachen Faden. Es entsteht ein langer Faden. Dieser hochkonzentrierte Sirup wird verwendet für Kompott, Konfitüre etc.
Flug: 112° C; eine kleine Drahtschlinge kurz in den Sirup tauchen, vorsichtig durchblasen. Es entstehen kleine Bläschen.
Starker oder Kettenflug: 114° C; wie beim Flug, jedoch kräftiger blasen. Es sollen große bzw. zusammenhängende Blasen entstehen. Wird für Fondant oder italienische Meringue verwendet.
Ballen oder Kugel: 116-118° C; Daumen und Zeigefinger in Eiswasser anfeuchten, etwas Sirup vom Kochlöffel nehmen und sofort in das Eiswasser tauchen. Der Zucker muß sich leicht zu einer Kugel formen lassen. Wird verwendet für italienische Meringue oder Buttercreme.
Bruch: 140° C; wird etwas Zucker in Eiswasser gegossen, muß er sofort festwerden, bleibt aber etwas klebrig. Durch Weiterkochen wird der Bruch immer härter. Bei etwa 153-155° C bricht er wie Glas und klebt nicht mehr. Wird zum Glasieren von Früchten, für Spinnzucker, zum Gießen und Ziehen von Dekorationen verwendet.

FACHAUSDRÜCKE

A

abbrennen, eine Masse (Teig) auf dem Feuer so lange mit dem Holzlöffel bearbeiten, bis sie sich glatt vom Löffel und der Kasserolle löst.

abflämmen, einem Gebäck oder einer Backmasse (Eischnee) im Ofen rasch Farbe geben.

ablassen, Eiweiß und Eigelb voneinander trennen.

abnetzen, leichteres Ablösen von Makronen etc. durch Anfeuchten des Papiers.

abrühren, eine flüssige Mischung bis kurz vor dem Aufkochen rühren.

abschäumen, der aufsteigende Schaum einer flüssigen Mischung wird abgenommen, um die Sauce z. B. zu klären.

abschrecken, eine heiße Speise mit kaltem Wasser abkühlen.

absterben, Vorgang, bei dem mit Fondant, Zucker oder Kochschokolade glasierte Gebäcke trockene Stellen erhalten, matt oder fleckig werden.

abtreiben, österr., Butter oder Fett mit anderen Zutaten zu einer glatten Masse rühren.

abtrocknen läßt man bei mäßiger Wärme glasiertes Gebäck und glasierte Früchte, damit sie ihren Glanz beibehalten und nicht matt werden.

abziehen, eine Flüssigkeit leicht mit Stärke binden (z. B. für Früchte);
auch: Mandeln oder Pistazien kurz in kochendes Wasser legen, um dann die Haut zwischen einem Tuch abzureiben.

abziehen, zur Rose, eine Creme unter Rühren bis kurz vor den Siedepunkt erhitzen, so daß sie auf dem Kochlöffel leicht angedickt liegenbleibt oder sich beim Daraufblasen Kringel zeigen, die an die Form einer Rose erinnern.

anschlagen, Rühren verschiedener Zutaten für verschiedene Massen, auch das Untermischen von Eischnee.

aprikotieren, mit eingekochter, durchgestrichener Aprikosenmarmelade überziehen oder bestreichen.

au four, im Ofen gebacken; überbacken

aufschlagen, eine Sauce oder Creme mit dem Schneebesen bearbeiten, um sie locker und luftig zu machen.

ausbacken, Teigstücke oder Beignets in reichlich heißem Fett goldbraun backen.

ausfüttern, eine Form mit dünn ausgerolltem Teig auskleiden.

auslegen → ausfüttern

ausrollen, einen Teig mit Hilfe eines Rollholzes durch Darüberrollen gleichmäßig auseinandertreiben.

ausstreichen, eine Form oder Förmchen innen mit Butter oder Öl bestreichen, um später die Trennung des Inhalts von der Form zu erleichtern.

ausstreuen, die innere Wand einer Form mit Mehl, Zucker, Semmelbröseln o. a. gleichmäßig und dicht bestreuen. Vorher die Form mit Butter ausstreichen.

auswellen → ausrollen

B

bähen, österr., leichtes Rösten im Backrohr, ohne zu dörren.

Bain-Marie (Wasserbad), ein zum Teil mit heißem Wasser gefüllter Behälter zum Warmaufschlagen von Cremes oder Massen, auch zum Warmhalten.

Batterie, zusammengehörige Gefäße, z. B. Schüsseln oder Kasserollen verschiedener Größe.

Batterie de pâtisserie, Konditoreieinrichtung

bestauben, Backblech oder Förmchen mit Mehl bestreuen, vorher mit Butter bestreichen.

Beurre Manié, Mehlbutter

binden, sämiger machen durch Eier, Gelatine oder Stärke.

blanchieren, kurz kochen, Früchte (z. B. Pfirsiche) kurz in kochendes Wasser tauchen, abschrecken, um die Haut leicht abziehen zu können.

blindbacken, Törtchen aus Mürbteig ungefüllt backen oder mit trockenen Erbsen füllen, diese nach dem Backen entfernen.

brandig werden, die Bindung verlieren. Kommt besonders bei Mürbteig vor, wenn er zuviel bearbeitet wurde und infolgedessen zu warm geworden ist.

C

canneliert, gerippt, z. B. Formen

Chemise, Hülle

chemisieren, eine Form gleichmäßig dünn mit Gelee ausgießen, bevor die Füllung hineingegeben wird.

collé(e), mit Gelatine versetzte Masse

colorieren, färben

Couleur, Farbe, insbes. braune Zuckerfarbe

croquant, knusprig gebacken

D

Dekor, Verzierung einer Torte oder eines Gebäcks.

demoulieren, eine Speise aus der Form nehmen (stürzen), in der sie gestockt oder gegart wurde.

dessechieren, abtropfen lassen

doré(e), goldgelb gebacken

Dotter, andere Bezeichnung für Eigelb

doublieren, verdoppeln, verzweifachen; Zusammensetzen von je zwei Gebäckstücken.

dressieren, anrichten, mit Spritzbeutel und Tülle einer Masse eine bestimmte Form geben.

Dressiersack, Spritzbeutel

durchpassieren → passieren

durchstreichen, durch ein Sieb streichen

E

Eiklar, österr. Bezeichnung für Eiweiß.

einkochen → reduzieren

Einlaßmanier, Garniermethode, bei der gespritzte Konturen ausgefüllt werden.

erstarren, Zeitpunkt, zu dem eine Masse, Gelee, Creme anfängt, sich zu verdicken oder festzuwerden.

F

façonnieren, Form geben, gestalten

filtrieren, filtern, durchseihen, durchgießen

flambieren, einen Kuchen (Plumpudding) mit hochprozentigem Alkohol übergießen und abbrennen. Der Alkohol verflüchtigt sich und zurück bleibt das feine Aroma.

flämmen, einem Gebäck oder einer Backmasse im heißen Ofen rasch Farbe geben.

fleurieren, aufgehen (z. B. Blätterteig)

foncieren, eine Form mit Teig auslegen

frappieren, in Eis kühlen

Fritüre, Fettbad zum Backen von Krapfen oder Beignets. Fritüre wird auch das Backfett genannt.

G

Gare, Gärung; zum Beispiel einen Hefeteig reifen lassen.

garnieren, verzieren, umkränzen, belegen

FACHAUSDRÜCKE

Garnitur, Zutat, Verzierung

Gimblettes, Kringel, Brandteig-Ringe

glacieren, mit einer Glasur bedecken, glänzend machen.

glasieren → glacieren

Glasur, Zuckerglanz, Glanz

gratinieren, überbacken, überkrusten

K

kandieren, Früchte oder Fruchtschalen mit dicker Zuckerlösung überziehen, dann trocknen.

karamelisieren, mit zu Karamel gekochtem Zucker überziehen oder vermischen (z. B. Nüsse oder Mandeln).

klären, bei Gelees alle trübenden Bestandteile entfernen. Mit Hilfe von Eiweiß werden diese gebunden und entfernt.

kolorieren → colorieren

Konditorei, Herstellungsbetrieb für feine süße Backwaren; oder auch Ladengeschäft für süße Backwaren, meist mit Café.

L

läutern, klären, von fremden Stoffen reinigen

leerbacken → blindbacken

legieren, binden, abziehen

leichtrühren, schaumig rühren

liieren, binden, vermischen

M

marinieren, würzen, beizen, mürbe machen

maskieren, bedecken, überziehen. Kuchen oder Torte mit Buttercreme, Schlagsahne, gehobelten Mandeln o. a. bedecken.

Masse, Sammelbezeichnung für Biskuit, Baiser etc., vorwiegend aus Eiern, die bei der Herstellung gerührt oder geschlagen wird (im Gegensatz zu Teig).

mazerieren, kleingeschnittene, auch ganze Früchte, Biskuitwürfelchen usw. mit Puderzucker und Spirituosen oder Likören einige Zeit ziehen lassen.

melangieren, vermischen, mischen

melieren, mischen, vermengen, unterziehen

mitonnieren, langsam einkochen, verkochen

Model, alte Backform, oft aus Holz geschnitzt

modellieren, formen, z. B. Marzipan

O

ölig werden von Marzipan, entsteht durch zu langes Bearbeiten mit den Händen. Dabei trennt sich das Mandelöl von den festen Stoffen.

oxydieren, Himbeeren, Johannisbeeren und schwarze Kirschen verändern ihre Farbe und werden blau oder violett, wenn sie in bleihaltigen oder verzinkten Gefäßen gedünstet wurden. Es sollten dazu nur emaillierte oder Nirosta-Töpfe verwendet werden.

P

panaché, mehrfarbig gestreift

parfümieren, durch einen wohlriechenden Zusatz (Essenz), Likör oder Spirituose einer Speise einen besonderen Geruch und Geschmack geben.

passieren, durch ein Sieb gießen oder streichen.

Patisserie, Abteilung im Hotelrestaurant, in der die feinen Backwaren hergestellt werden. Im französischen Sprachgebrauch steht es für Konditorei.

Patissier, in Frankreich »Konditor«; im deutschen Sprachgebrauch ein Mitglied der Küchenbrigade, das für die süßen Nachspeisen zuständig ist.

pochieren, langsames Garziehen ohne zu kochen

pralinieren, in Zucker rösten, z. B. gehackte Nüsse oder Mandeln, → karamelisieren.

Pulpe, Halberzeugnis aus frischen Früchten

R

rafraichieren, abschrecken, abkühlen

Ratafia, Sammelname für alle süßen Fruchtliköre

reduzieren, Flüssigkeit stark einkochen, sämig kochen. Verringert die Menge und verstärkt den Geschmack.

renversé(e), gestürzt, aus der Form gestürzt

royal(e), königlich; Eiergelee

S

schleifen, Teigstücke (Hefeteig) mit der Hand auf der Arbeitsfläche rund formen.

servieren, auftragen, anrichten, vorlegen

T

tablieren, Rühren oder Reiben von gekochtem Zucker am Kesselrand oder auf einer Marmorplatte, bis der Zucker weiß wird (zu Fondant).

Teig, Sammelbezeichung für Mischungen von Zutaten, entstanden durch Kneten (im Gegensatz zu Masse).

temperieren, Kuvertüre (Schokolade) zum Verarbeiten von einer niedrigen Temperatur langsam auf 32° C erwärmen, um einen gleichmäßigen Überzug und den Geschmack feiner, echter Schokolade zu garantieren.

Touren, mehrfaches Ausrollen und Zusammenlegen von Blätter- oder Plunderteig.

tränken, Tortenböden, Schnitten, kleine Gebäckstücke mit Läuterzucker (mit Fruchtsäften, Likören oder Rum versetzt) anfeuchten.

trempieren, Eintauchen von Gebäck oder Pralinen in Kuvertüre.

V

vanilliert, mit Vanille gewürzt

Z

Zeste, dünn abgeschälte Schale von Zitronen, Orangen und Pomeranzen.

Zuckerbäcker, in frühreren Zeiten Arbeiter, die die Rohrzuckerraffinade in Hutformen preßten. Der Ausdruck erstreckte sich später auf die ganze Berufssparte, die süße Backwaren herstellte, meist in Verbindung mit aufwendigen Zuckerdekorationen. In Österreich heute noch offizielle Bezeichnung für Konditor.

zur Rose abziehen → abziehen

zusammenwaschen, beim Zuckerkochen an der Kesselwand haftende Zuckerkristalle mittels Pinsel in die Zuckerlösung schwemmen.

Torten einteilen

Sehr einfach und exakt werden Kuchen und Torten mit einem Einteiler aus Plastik oder Weißblech (siehe Abb. Seite 202) in gleichgroße Stücke geteilt. Die hier gezeigten Schemas sollen demjenigen das Einteilen erleichtern, der keinen solchen Einteiler besitzt und sich nur mit Tortenmesser und gutem Augenmaß behelfen muß.
Grundsätzlich gilt: je höher und gehaltvoller der Kuchen oder die Torte ist, um so mehr Stücke werden daraus geschnitten, natürlich immer von gleichem Durchmesser ausgehend. Außerdem sollte bei der Wahl der Stückzahl noch berücksichtigt werden, daß bei sehr weichen und empfindlichen Füllungen nicht zu schmale Stücke geschnitten werden können. In 12 Stücke werden hauptsächlich flache Kuchen wie Obstkuchen aller Art eingeteilt. Halbhohe Kuchen und Torten (Mohntorte, Zitronentorte) werden meist in 14 Stücke, Sahne- und Buttercremetorten je nach Größe und Höhe in 16 oder auch 18 Stücke eingeteilt.

Für 12 Stücke sind 6 durchgehende Schnitte nötig. Mit dem ersten wird die Torte in zwei Hälften geteilt. Der 2. und der 3. Schnitt teilt die Torte in Sechstel. Zum Schluß werden diese Sechstel mit weiteren drei Schnitten halbiert.

Für 14 Stücke sind 7 durchgehende Schnitte nötig. Die Torte wird wieder in zwei Hälften geteilt. Mit dem 2. Schnitt markiert man zwei Vierzehntel. Schnitt Nr. 3 halbiert die beiden großen Segmente. Mit den nächsten beiden Schnitten werden zwei gegenüberliegende große Stücke in Drittel unterteilt, bei Schnitt Nr. 6 und 7 ebenso.

Für 16 Stücke sind 8 durchgehende Schnitte nötig. Mit Schnitt Nr. 1 und 2 ist die Torte geviertelt. Mit den beiden nächsten Schnitten werden die Viertel halbiert. Zuletzt werden diese Achtel mit vier weiteren Schnitten unterteilt.

Für 18 Stücke sind 9 durchgehende Schnitte nötig. Die Torte wird in zwei Hälften geteilt. Mit dem 2. Schnitt werden zwei Achtzehntel markiert, mit Schnitt Nr. 3, 4 und 5 werden die großen Segmente geviertelt und diese mit vier weiteren Schnitten nochmals halbiert.

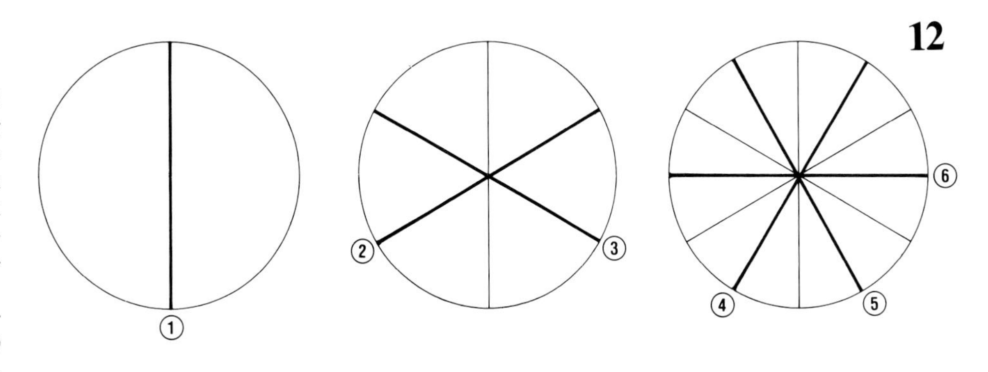

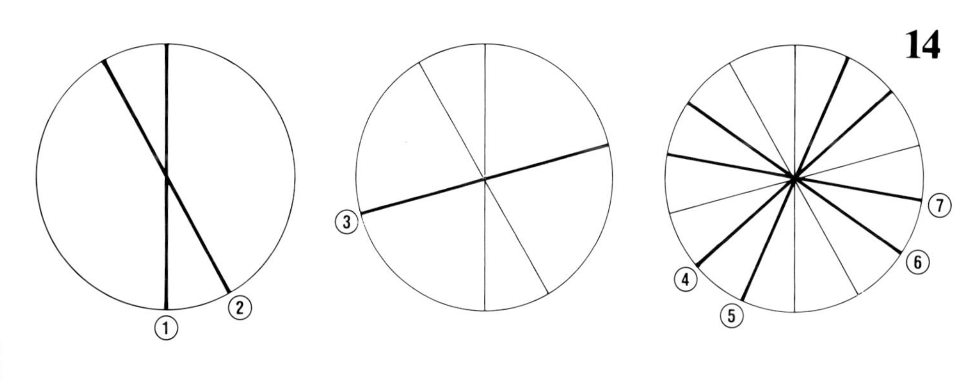

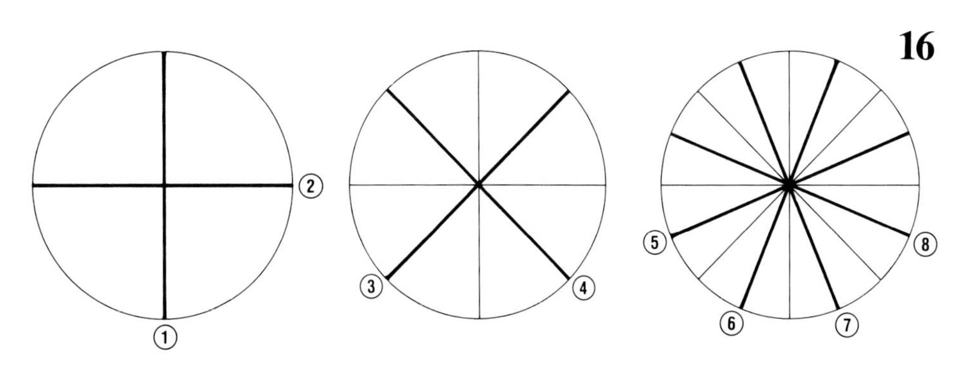

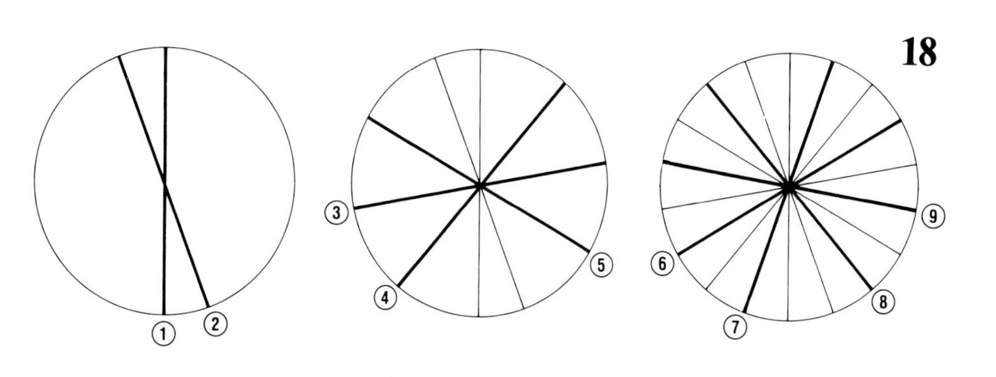

Geräte und Formen

Für eine Backstuben-Einrichtung und -Ausrüstung gibt es nach den heutigen Maßstäben eigentlich keine Obergrenze, weil es jedem selbst überlassen bleiben muß, welche Geräte er anschaffen und welche Arbeiten er einer Maschine anvertrauen will. Eine große Anzahl von Handgriffen und kompletten Arbeitsabläufen ist auch bereits mechanisiert bzw. auch schon automatisiert. Aber darüber zu berichten, kann und soll nicht Aufgabe dieses Buches sein.
Die nebenstehenden Abbildungen stellen schon fast eine komplette Ausstattung für eine kleine Backstube dar, aber begrenzt auf Handarbeit. Genauso, wie wir bei den vielen Bildfolgen in diesem Buch der Handarbeit den Vorrang eingeräumt haben, so ist die gezeigte Auswahl der Geräte auch dementsprechend begrenzt. Welche mechanischen und elektrischen Hilfen schon in einer normalen Haushaltsküche vorhanden bzw. nötig sind, ist ohnehin bekannt.
Die Abbildung und Beschreibung der Geräte und Formen soll aber dem angehenden Fachmann und dem interessierten Laien eine kleine Übersicht verschaffen und ihm die Auswahl erleichtern. Sicher verlangt das Backen speziellere Geräte und vor allem Formen, als sie in einer »Standardküche« vorhanden sind. Aber selbst mit diesen Mitteln kann man schon beginnen, und der Erfolg ist nicht allein auf die gute Ausrüstung zurückzuführen.
Beginnt man nun im Haushalt mit seinen »Backkünsten« mit den einfachen Rezepten (in dieser Reihenfolge sind auch die Basisrezepte mit den Bildfolgen in diesem Buch gegliedert), so benötigt man nur eine Minimal-Ausstattung an Geräten. Wichtig ist allerdings, daß der Backofen zuverlässig ist und einwandfrei arbeitet und daß man zumindest so viel Bewegungsspielraum in der Küche hat, um zwei Rührschüsseln nebeneinander aufstellen zu können und daß man dann noch zusätzlichen Raum hat, ein Backblech abzustellen.
Die weitere Einrichtung und Beschaffung von Geräten wird immer davon abhängen, ob es eine professionelle Backstube (auch Patisserieraum) werden soll oder ob man seine Haushaltsküche den speziellen Anforderungen anpassen will. Wenn man nur ab und zu seiner Backleidenschaft frönen will, dann müssen es nicht gleich die teuersten Geräte sein. Formen und Kasserollen aus Kupfer sind zwar ideal (und auch recht dekorativ), aber für den Anfang tut's auch ein anderes Material. Rührschüsseln gibt es auch aus Kunststoff in tausendfach bewährten Formen und Abmessungen, und wem das Rollholz mit Kugellager fehlt, der muß diesen Luxus eben mit mehr Handfertigkeit ausgleichen, eine Fähigkeit, die in diesem Metier nie schadet, wenn man sie besitzt.
Improvisation ist auch beim Backen möglich, aber nicht in allen Phasen. Da der Erfolg, zumindest wenn die nötige Erfahrung fehlt, vom exakten Nachvollziehen der Rezepte und Anleitungen abhängt, ist genaues Wiegen und Messen oberstes Gebot und deshalb sind die nötigen Hilfsmittel dann unerläßlich: eine Waage, die wirklich genau wiegt und ein Meßbecher zum Abmessen der größeren Flüssigkeitsmengen; für die kleinen und kleinsten Mengen muß es nicht gleich eine Mensur sein, es geht auch mit einem geeichten Schnapsglas, das zumindest 2 cl anzeigt. Kleinste Gewichtsmengen sind in den Rezepten ohnehin mit Teelöffel (TL) angegeben und bei den allerwinzigsten Dosierungen ist das Fingerspitzengefühl des angehenden Zuckerbäckers gefordert. Doch lasse sich niemand deswegen vom Backen abschrecken. Schon nach dem zweiten Backversuch wird man die eigenen Fortschritte bemerken.
Den Fortgeschrittenen noch kluge Ratschläge für die Ausrüstung zu geben, wäre sowieso verfehlt, weil sie ganz sicher schon genug eigene (auch negative) Erfahrungen gemacht haben. Sie haben sich bestimmt schon eine Marmorplatte angeschafft, weil sich auf keinem anderen Material kühle Teige oder Marzipan so gut verarbeiten lassen, und sie werden elektrische Hilfen dort einsetzen, wo sich Muskelkraft einsparen läßt, ohne daß man einen Qualitätsverlust hinnehmen muß. Und wirklich nur da sollten mechanische Hilfen von einem verantwortungsbewußten Zuckerbäcker eingesetzt werden.
Wenn wir elektrische Geräte solcher Art in diesem Kapitel nicht berücksichtigen, so nur deshalb, weil es für die Hausbäckerei keine speziellen Maschinen gibt, die nicht ohnehin schon bekannt sind und die wir auch teilweise bei den Bildfolgen der Basisrezepte verwandt haben. Für den Profi gelten andere Gesetze — natürlich nur die maschinelle Ausstattung betreffend und nicht die Qualität des Gebäcks, die für alle gleichermaßen das vordringlichste Gebot ist.

Stielkasserolle aus Edelstahl; sie ist speziell für die Benutzung auf dem Elektroherd ausgestattet. Edelstahl erlaubt die Verarbeitung aller Materialien.
Stielkasserollen aus Kupfer mit Edelstahlinnenwandung. Ideale Behälter für Kochvorgänge auf der Gasflamme. Das Material leitet hervorragend. Bestens geeignet für Zuckerarbeiten.
Holzrahmensiebe mit Metall- oder Kunststoffbespannung. Zum Sieben von Mehl oder anderem Material. Ideal zum Durchstreichen von Cremes oder Fruchtmark.
Glasmensur, zum Abmessen kleinster Mengen von Flüssigkeiten.
Meßbecher aus Kunststoff, zum Abmessen von größeren Flüssigkeitsmengen.
Meßbecher aus Edelstahl, mit dem Vorteil, auch heiße Flüssigkeiten abmessen zu können bzw. darin zu erhitzen.
Zuckerwaage, zum Bestimmen der Zuckerdichte, z. B. bei Läuterzucker.
Zuckerthermometer mit Celsius-Grad-Einteilung, in einem schützenden Metallgitter. Zum Bestimmen der Grade beim Zuckerkochen.

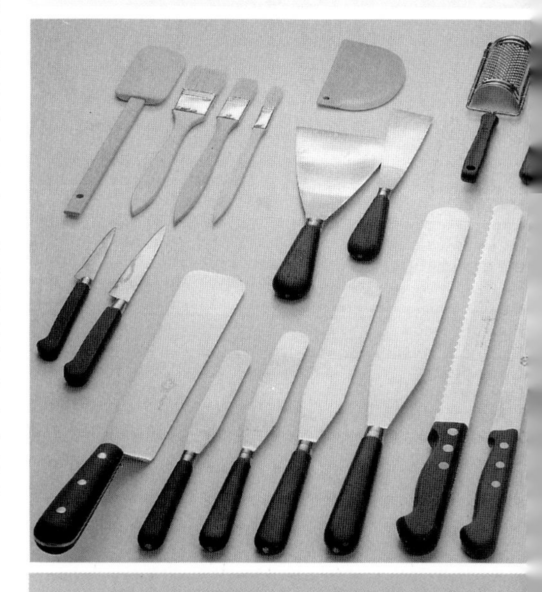

Tortelettförmchen, glatt oder gewellt, in 8, 10 und 12 cm Durchmesser erhältlich.
Obstkuchenformen gewellt, von 18-26 cm Durchmesser, 3 cm Randhöhe. Ideal sind die Formen, deren Boden herausgehoben werden kann.
Tortenringe aus Aluminium; in den Höhen 4,5 und 6 cm und im Durchmesser von 16-28 cm erhältlich. Zum Backen mit Papierunterlage oder als Füllbehälter.
Backtrennpapier, hat sich als Unterlage beim Backen für alle möglichen Gebäckarten bewährt.
Pieformen; als kleine Backbleche für runde Kuchen mit schrägem Rand. In den Größen 25, 30 und 32 cm erhältlich.

Kugelgelagertes Rollholz; die Rolle hat einen Durchmesser bis zu 9 cm. Durch die Kugellager ist gleichmäßiges, müheloses Arbeiten möglich.
Teigroller aus Pyrex; bietet den Vorteil, daß verschieden starke Ringe als Anschlag mitgeliefert werden, die gleichmäßig starkes Ausrollen garantieren.
Rundholz; eine gute Hilfe beim Auslegen von Tortenformen. Wird als normales Rollholz in Frankreich eingesetzt.
Karierholz; zum Strukturieren von Marzipan oder Teig. Auch als Riefholz erhältlich.
Teigrädchen mit glattem bzw. Zackenschnitt.
Lineal, zum Markieren von ausgerolltem Teig.
Teigschablonen; diese gewölbten Schablonen aus Weißblech, mit einem Loch in der Mitte zum Anfassen, sind zum Vorzeichnen von Kreisen ideal.
Tortenunterlagen aus Aluminium oder Pappe.
Zuckerstreuer für Puderzucker, zum Gebrauch in der Küche.
Torteneinteiler aus Plastik oder Weißblech. Sie sind erhältlich für Stückzahlen von 12-18.
Weißblech mit Kuchengitter; als Unterlage beim Überziehen von Torten oder Kleingebäck.

Schneebesen mit Edelstahl- oder Holzgriff in verschiedenen Größen. Zum Schlagen von Biskuit, Schnee, Sahne und Rühren von kleinsten Mengen.
Kochlöffel, zum Rühren bzw. Abziehen von Cremes.
Holzspatel, zum Melieren von Massen. Die gebogene Form bietet beim Melieren von größeren Mengen einige Vorteile.
Schneekessel aus Kupfer; das ideale Behältnis zum Schlagen von einwandfreien Baisermassen.
Schüsseln aus Edelstahl; in dieser runden Form mit leicht abgeflachtem Boden lassen sich Massen leichter schlagen, als in den flachen Schüsseln.
Rührschüsselsatz aus Kunststoff; diese preiswerten Behälter sind eine ideale Hilfe beim Rühren und Schlagen, solange sie nicht mit direkter Hitze in Verbindung kommen.
Kleine, flache Schüsseln aus Kunststoff; ideal zum Rühren kleinster Mengen und — mit Folie verschlossen — geeignet zum Aufbewahren.

Spritzbeutel in vier verschiedenen Größen, aus imprägniertem Gewebe.
Spritztüllen; sie werden in Verbindung mit dem Spritzbeutel gebraucht. Die gängigen Typen sind die Sterntülle in den Größen 1-12 und die Lochtülle in gleicher Abstufung. Daneben sind noch eine ganze Menge von Spezialtüllen erhältlich, zum Spritzen von Blättern, Blüten etc.
Garnierkämme aus Kunststoff, zum Garnieren von Sahne- und Cremeoberflächen.
Ausstechersatz rund und gewellt; diese Ausstecher gehören zur Grundausstattung für die Kuchenbäckerei.
Figürliche Ausstecher; sie werden in allen möglichen Formen angeboten.
Herzformen; bis 22 cm Größe, zum Ausstechen und als Backformen verwendbar.
Schillerlockenformen, leicht konische Röhrchen oder in Tütenform erhältlich.
Blattausstecher/Blattform; für Garnituren aus Marzipan oder Mürbteig.
Küchenwaage, zum exakten Wiegen der Zutaten.

Tortenmesser; gerade Form zum Schneiden und Streichen aller möglichen Materialien.
Paletten in vier verschiedenen Größen, zum Verstreichen von Cremes und Glasuren.
Winkelpalette; erleichtert das gleichmäßige Aufstreichen von Teigflächen, vor allem auf Backblechen.
Obstmesser, Spitzmesser zum Bearbeiten von Obst aller Art.
Officemesser; es wird überall da verwendet, wo es um die Bearbeitung kleinster Details geht.
Metallspachteln, zum Abheben von Gebäckstücken oder Reinigen von Backblechen.
Pinsel in verschiedenen Größen. Zum Dünn-Verstreichen von Aprikotur oder Glasuren.
Gummispatel und Teigschaber aus Kunststoff. Unentbehrliche Hilfen bei der Zubereitung von Massen und Cremes.
Zitrusreibe, zum feinen Abreiben der Schalen.
Garniermesser für Zitrusfrüchte (Zesteur); damit können gleichmäßig starke Schalenstreifen abgeschnitten werden.

Springformen, im Haushalt bewährte Kuchenformen. Erhältlich in den Größen 22-28 cm Durchmesser. In Weißblech, Schwarzblech oder mit Kunststoff beschichtet.
Glatte Kranzform; sie gibt es in verschiedenen Größen und Materialien, z. B. Aluminium, Schwarzblech, Weißblech und auch kunststoffbeschichtet.
Kastenformen mit Kunststoff beschichtet; es gibt sie in den Größen 25 und 30 cm.
Kastenformen aus Schwarz- oder Weißblech, in den Größen 20, 25, 30 und 35 cm erhältlich.
Kastenform mit variabler Größe; variabel von 22 bis 38 cm, aus Aluminium.
Briocheformen; diese gerippten Formen aus Weißblech sind auch für andere Gebäcke verwendbar.

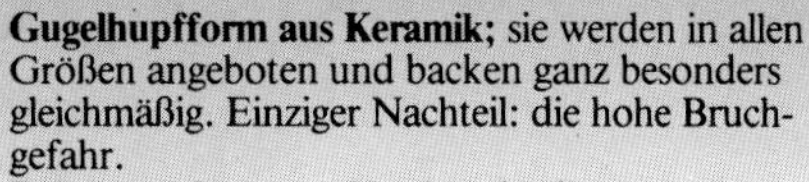

Gugelhupfform aus Keramik; sie werden in allen Größen angeboten und backen ganz besonders gleichmäßig. Einziger Nachteil: die hohe Bruchgefahr.
Rehrückenform aus Kupfer; sie gibt es auch aus anderem Material. In der Größe 27 x 11 cm erhältlich.
Margaretenkuchenform; eine Kupferform mit Strahlenoberfläche. Sie wird traditionell für den Margaretenkuchen verwendet, ist natürlich für andere Gebäcke gleichsam tauglich.
Kranzform aus Kupfer; ideal zum Backen von Sand- und Rührkuchen, aber auch als Form zum Füllen für gestürzte Cremes.
Gugelhupfform altdeutsche Art aus Kupfer; sie gibt es ebenfalls in verschiedenen Größen und auch aus anderem Material, z. B. Eisenblech, Emaille oder Jenaer Glas.

REGISTER

A

B

C

D

E

F

REGISTER

N

O

P

Q

R

S

T

Z

Quellennachweis

Baxa, Jakob und Bruhns, Guntwin: Zucker im Leben der Völker, Berlin 1967

Berceviczy-Pallavincini, Frederico von: Die K. u. K. Hofzuckerbäckerei. Ein Wiener Märchen, hrsg. von Christian Brandstätter, Wien-München-Zürich 1976

Bickel, Walter: Kochkunstbibliothek: Garnituren, Hilfsmittel, Fachausdrücke und Fremdwörter, Gießen 1962, 5. Aufl.

Dassler, Ernst: Warenkunde für den Fruchthandel, Berlin 1969

Deutsches Brotmuseum Ulm, Braunschweig 1980

Franke, Wolfgang: Nutzpflanzenkunde. Nutzbare Gewächse der gemäßigten Breiten, Subtropen und Tropen, Stutgart 1976

Genest, Gerhard: Sechzig Jahre Sarotti. 1868—1928, Berlin 1928

Glanner, Wilhelm: Die historische Entwicklung der Müllerei, München, Berlin 1939

Gorys, Erhard: Heimerans Küchenlexikon, München 1975

Günther, Felix: Mehl und Brot der deutschen Vergangenheit im Licht der Gegenwart, Leipzig 1937

Hagger, Conrad: Neues Saltzburgisches Koch-Buch, Augsburg 1719

Hansen, Hans Jürgen: Kunst der Konditoren Oldenburg 1968

Heckmann, Adolf: Neues Großes Konditoreibuch, Gütersloh 1950, 2. Aufl.

Hering, Richard: Lexikon der Küche, hrsg. von Walter Bickel, Gießen 1978, 18. Aufl.

Nach Höfler, Max: Vom Ursprung der Gebildbrote und ihrer früheren Bedeutung, München 1926

Koenen, Karl: Wissen über Butter, Kempten 1974, 6. Aufl.

Kramer, René/Hrsg.: Das große internationale Konditoreibuch, Kempten 1973

Mayer, Eduard: Wiener Süßspeisen, Linz 1968

Mehl und Brot. Ihr Werdegang vom Korn zum fertigen Lebensmittel, Berlin 1936

Mohr, Walter und Koenen, Karl: Die Butter, Hildesheim 1958

Mueller, Wolf: Seltsame Frucht Kakao. Geschichte des Kakaos und der Schokolade, Hamburg 1957

Oetker, August, Fa.: Lexikon Lebensmittel und Ernährung, Von Aal bis Zwiebel, Bielefeld 1977

Riedel, Walter: Wissen um die Milch, Kempten 1952

Schiedlausky, Günther: Tee, Kaffee und Schokolade. Ihr Eintritt in die europäische Gesellschaft, München 1961

Schraemli, Harry: Das große Lehrbuch der Bar, Luzern o. J., 8. Aufl.

Suhr, Chr.: Hamburgische Trachten, 1806

Thormius, Valerian: Das Buch über die Schokolade. Eine kulturgeschichtliche Plauderei, Leipzig 1931

Wagner, Margarethe: Aus alten Backstuben und Offizinen, Esslingen 1961

Währen, Max: Brot seit Jahrtausenden, Bern 1953

An dieser Stelle sei auch der Centralen Marketing Gesellschaft der deutschen Agrarwirtschaft / CMA für ihr hilfreiches Entgegenkommen bei der Materialsuche gedankt.

6. Auflage 1997

Copyright © 1983 by Teubner Edition
Postfach 1440 • D-87620 Füssen

Bildnachweis 1 Foto auf Seite 144: Union Deutsche Lebensmittelwerke/Teubner
Großes Foto auf Seite 20: Ulla Mayer-Raichle
Die Fotos auf den Seiten 71, 72, 132, 133, 140, 141, 150, 152, 153 und 156 wurden im Centre Expérimental Pâtisserie EXCEL, Naterre/Frankreich realisiert.

Reproduktion City-Klischee GmbH, Düsseldorf; Offset Repro, Kaufbeuren
Fotosatz Holdenrieds Druck- und Verlags-GmbH, Füssen
Druck Dr. Cantz'sche Druckerei, GmbH & Co., D-73760 Ostfildern

Alleinauslieferung für den gesamten Buch- und Fachhandel Gräfe und Unzer GmbH, Grillparzerstr. 12, D-81675 München

Das Werk einschließlich aller seiner Teile ist urheberrechtlich geschützt. Jede Verwertung außerhalb der engen Grenzen des Urheberrechtsgesetzes ist ohne Zustimmung des Verlages unzulässig und strafbar. Das gilt insbesondere für Vervielfältigungen, Übersetzungen, Mikroverfilmungen und die Einspeicherung und Verarbeitung in elektronischen Systemen.

ISBN 3-7742-3278-4